叛乱論／結社と技術

増補改訂新版

長崎 浩

—

On the Rebellion /
Political Association and its Techne
Hiroshi Nagasaki

革命のアルケオロジー
10

航思社

を、私は思い出す。それがじきに、一九六八年に始まる世界同時的な急進主義的政治運動は、学生反乱とか若者たちの叛乱と呼ばれるようになり、今日に至っている。

「叛乱論」もこうした動向に掉さすものだったが、私はここで大衆の叛乱を近代世界への反乱と性格づけようと腐心している。背景には六〇年代を通じての日本社会の急激な変貌があった。六〇年安保闘争が戦後政治の終わりを決定づけ、これを契機にして経済の高度成長のもとで大衆消費社会が、それこそ大衆的に世の中を浸すようになる。日本の歴史上初めての大衆的な近代化である。その変わり目の著しさに不適応を起したのが「若者たちの叛乱」であった。彼らに遭遇するまでの私の歩みは、『1960年代——ひとつの精神史』（作品社、一九八八年）に書かれている。この著作はちょうど六七年一〇月八日の記事を以て巻を閉じている。この日までが「私の六〇年代」である。

『叛乱論』に比べて、『結社と技術』は文字通り六八年叛乱のさなかに、その推移にそって月々に発表した論稿を集めてある。「叛乱論」が大衆叛乱の内的論理を明らかにすることにかまけて、その固有の組織思想の考察が希薄である点を、現下の情勢に対応する形で急遽補おうと意図していた。私は七〇年代一杯、毎月のようにどこかの雑誌に書いていたが、本書に収録した論稿以外に、主要なものは『日本の過激派』（海燕書房、一九八八年）に集めてある。

今回の両書を通して、技術あるいは技術的という言葉が多用されていて、今となればあるいは読みにくいかと思われる。技術といってもただちに科学技術（テクノロジー）のことではない。近代世界の成立根拠を、技術的労働に求めたのである。技術の合理性と合体した近代の労働は、存在事物を押しなべて人間にとって計量可能で制作可能な対象として取り込んでいく。その結果、存在するものは技術的労働の対象だとする、一個のブルジョア的な世界像が促された。加えて、政治（運動）における人間同士の活動の交換にあっても、政治とは主体とその操作対象としての他者たちとの関係だと見なされる。労働といい政治といい、この主体による相手の対象化という活動の在り方を、私は技術という言葉で言い表そうとしていた。こうした近代の存在論を破綻させるのが、反近代の大衆叛乱の意味だと告げたかったのである。

けれども「結社と技術」になると、「技術」は政治集団の結合と行為のそれぞれの形（あるいはその政治文書の構文の特徴）を名指す用語として使われている。「叛乱の組織問題」である。ただ、組織問題を絶えず（くどいほどに）、叛乱における〈私〉の在り方に差し戻して論じているところに、この時期の特徴が出ているだろう。そうすることを通じて、技術は次第に主体の実践論・存在論から解放されて元の科学技術の技術に戻されるとともに、同時に、政治という概念の自律性に置き換えられていくだろう。

また、本書の時期に技術という用語が頻出するのも、日本の戦後の唯物論における技術論に、弱年の私自身が長く捉われていたという事情が反映している。今回収録した武谷三男や黒田寛一をめぐる論稿に、経緯は伺えるだろう。技術概念はまた私が日本の戦後マルクス主義を抜け出る際の鍵となった。

技術論にしても政治論にしても、「叛乱論」を中心とした当時の私の思考が、なおも自身の六〇年安保闘争の経験に多分に制約されていたことは、明かに見て取れるだろう。理論的には、戦後日本の主体性派唯物論とルカーチおよびハイデガーによる反近代思想とが、いささか角突き合わせて同居しているかもしれない。『叛乱論』は私の著書としては例外的に広く読まれたものだが、一般的に言って、発刊とともにブームになるような書物とは、体系的な理論というよりむしろ、それ自身の中身になお試行錯誤や不整合がせめぎ合っている、そのせいではないかと思う。

本書は航思社版「革命のアルケオロジー」の一冊として、当時のままに復刊される。先ずは文字通り、革命の考古学の一史料として、本書を読み進めていただければと願っている。また今回、廣瀬純氏には若い世代の読者のために、新たに推薦文を寄稿していただいた。心から感謝したい。廣瀬氏は最近の著書で、この十年間に世界各地で出没し続けている大衆反乱のクロニクルをまとめておられる（『新空位時代の政治哲学』、共和国、二〇二三年）。

叛乱論／結社と技術　増補改訂新版

目次

叛乱論／結社と技術

【凡例】

・本書は『叛乱論』（合同出版、一九六九年）と『結社と技術』（情況出版、一九七一年）を合本し、書き下ろしの「はじめに」「あとがき」、解説（廣瀬純「長崎浩の世紀はすでに到来している」）を増補したものである。

・改訂にあたり、旧版の誤字脱字は可能なかぎり訂正し、新たに編集部による補筆・注釈を追加した。

・注釈は＊で示して傍注として左頁端に掲載した。原注と編集部注をあわせて通し番号を付し、原注は冒頭に「原注――」と記して区別した。編集部による短い補筆・注釈は本文中に〔 〕で記載した。

・注釈作成にあたり、主に以下の文献を参照した。

安東仁兵衛『戦後日本共産党私記』文春文庫、一九九五年
菅孝行・貝原浩『全学連』現代書館、一九八二年
蔵田計成『安保全学連』三一書房、一九六九年
――『新左翼運動全史』流動出版、一九七八年
小山弘健『戦後日本共産党史　増補版』芳賀書店、一九七二年／こぶし書房、二〇〇八年
斎藤一郎『戦後労働運動史』社会評論社、一九七四年
島成郎記念文集刊行会編『島成郎と60年安保の時代』全二巻、情況出版、二〇〇二年
絓秀実ほか『LEFT　ALONE』明石書店、二〇〇五年
高沢皓司・高木正幸・蔵田計成『新左翼二十年史』新泉社、一九八一年
高沢皓司編『ブントの思想』全七巻、批評社、一九九〇－一九九九年
東大学生運動研究会『日本の学生運動』新興出版社、一九五六年
毎日新聞『シリーズ20世紀の記憶』毎日新聞社、二〇〇〇年

・今日の観点から見て差別的とされる語句や表現については、著者の意図はそうした差別を助長するものではないこと、論考の発表された時代・歴史的背景を考慮し、そのままとした。

第Ⅰ部

叛乱論

叛乱論

I　政治の経験

1

一九六〇年の私たちの政治闘争にあって、自分を政治家だと自認することが、私たちの顕著なモラルだった。べつに偽悪家や陰謀家を気どっていたわけではない。一流の心理家たらんとしていたのでもない。大衆にたいする党のアジテーター・オルガナイザーたることに私たちは固執していたのだといえば、幾分かは正確にひびくだろう。大衆の前に立つアジテーターの経験のうちで、「私にとってはたして何が政治か」という設問を私は意識していたと思う。

アジテーターといっても、彼の行為を記述することはむずかしい。アジテーターの行為はその都度一回きりのものであり、彼の行為は彼が訴えている言葉の内容によっても彼の熱情によっても、ともに一面的にしかとらえることはできないのである。だが、ともあれ、アジテーターの表情をかいまみることから、政治の経験の記述を始めてみよう。次に引用する文章は、かの安保闘争の最中、一九六〇年六月十五日の前日に、さる大学の自治会によって学生に配布されたビラからとったものである。
もちろん、ここでは一九六〇年六月の政治の経過や学生の行動方針をあとづけることが問題になっているわけではない。ただアジテーターの当時の姿勢をできるだけ現場にそくして記述してみようとするのである。

六・一五　憤怒の国会デモで現情勢を一変せしめよ!!
延々と続き来たった大衆の行動！
改定承認に大きく動く政治の舞台
アイク休戦[*1]から「改定断念」へ歯車を回せ！

「登院阻止」のスローガンに恐れをなした政府自民党は、遂に今日の公聴会を中止してしまった。確かに、参院単独採決の強硬方針は一頓挫をきたした。だが、その裏で何が進行しているだろうか。昨夜、岸・西尾会談がおこなわれた。安保改定をめぐって、妥協のない対立が続く中で全く存在する基盤を失っていた西尾民主社会党が急速に舞台の表面に登場してきたのだ。そのスローガンは何か。〝アイク休戦〟だ。安保改定によって、その連帯を強化せんとする日米支配層が、岸・アイク会談でその儀式を国際的に誇示しようとしているとき、その本質をバクロすることなく国際儀礼の名の下にアイク歓迎を叫ぶことは、岸政府のワナに落ち込む以外のなにものでもない。漸く広汎な大衆が安保改定反対に立ち上り、労働者が再度ゼネストで起とうとしているこの瞬間に、〝アイク休戦〟と称する岸自民党と握手することは、大衆闘争に水をさす以外のなにものでもない。岸主流派は反主流派と社会党との妥協工作は黙殺しそれには高姿勢でもって答え、他方で民社を抱き込み、アイク歓迎のパレードを華々しく展開するなかで、高揚した大衆のエネルギーを雲散霧消させようとしているのだ。

　このようなとき、我々の闘う方向は何か。戦後最も深く最も広汎に存在している膨大なエネルギーを一点に集中し、岸政府打倒の衝撃を与えることだ。延々と繰り返される盛り上ったデモやストは一切眼中になく、ただひたすらその疲れ消えてゆくのを待っている岸政府に

＊1　アイクとは当時アメリカ大統領だったアイゼンハワーの俗称。アイゼンハワーは日米安保条約改定案が自然承認される六〇年六月一九日に来日予定だった。それに先立ち、大統領秘書（報道官）のハガチーが一〇日に来日。日本共産党系の労働者や全学連反主流派（都自連）の学生約一万五〇〇〇人が羽田空港周辺でハガチーを乗せた車両の通行を阻止。ハガチーは米海兵隊のヘリコプターで脱出してアメリカ大使館に逃れた（ハガチー闘争）。翌日の新聞各紙がこの直接行動を非難したのを受け、岸信介は一三日、民主社会党（委員長＝西尾末広。のちの民社党）、社会党に政治休戦を呼びかけた。それを受け、総評指導部（太田薫・岩井章）・社会党は一九日の羽田デモを中止、国賓として歓迎するという後退姿勢を見せた。なお、全学連主流派を主導するブント（共産主義者同盟、五八年一二月一〇日結成）はハガチー闘争に対し、「日帝に対する闘いを反米民族闘争に歪曲するもの」と位置づけ闘わなかった。六・一五闘争については一六五頁注10参照。

肉迫し、その心胆を寒からしめるような強烈なデモも組まねばならぬ。岸首相が改定断念を宣言し、自ら首相の座を去りゆかねば収拾しえないような状況を我々の行動でつくりださねばならない。十五日、再度のゼネストを背景に国会に結集してくる戦闘的労働者との固いスクラムの下、「改定断念」まで国会に坐りこむという程の固い決意で闘おうではないか。六・一五のデモで「アイク休戦」のヴェールを粉砕し、「改定断念」へコペルニクス的転回をかちとれ。

このいわゆるアジ・ビラからうかがい知ることのできるのは、もちろん紙上のアジテーターの姿でしかない。けれどもアジテーターは気ままな煽動者ではなくて党のアジテーターである。彼はその時点での党の言葉（方針）を宣伝する者なのであって、宣伝文書は彼らの集団の産物である。したがって、ここにひきあいにだした文章も、アジテーターのなかから産みだされ、同時に彼の言葉の筋書きを与えるものである。前の晩にアジテーターたちは集まってビラを構想し、朝はやく登校する学生にこれを配布し、そして昼にはこのビラを懐中にいれて学生大衆の面前に立つ。それゆえまた、アジ・ビラにはそのときのアジテーターの表情が言葉のえらび方や行間に、明瞭にすけてみえるのである。

アジテーターと大衆というとき、アジテーターは後者をはなれては存在しえぬことはいうまでもない。アジテーターは大衆のアジテーターである。大衆的アジテーターであればあるほど、彼は大衆の気分を共有し、大衆の言葉を発する。けれども、アジテーターはまた大衆の一員では決してない。彼は大衆の気分のバロメーターでもなく、大衆の代弁者につきるものではない。彼は彼らとは異なるものとして大衆のまえに立つのである。大衆に最初の言葉を発するとき、アジテーターは文字どおり大衆の面前に立つのだが、この位置関係はたんに物理的なものではなく、両者は性格の別のものとしてそれぞれに立っているのである。

別の言葉でいえば、アジテーターにとっては、大衆とは彼自身でも偶然の所与でもなくて、むしろ彼のたてた像である。アジテーターの対面する大衆はあるなま身の身体の集合でもなく、それらの算術平均でもなく総じて彼にとって即自的なものなのではない。彼の大衆の性格や状態についてアジテーターはまえもって了解しているかもしれないし、あるいは大衆のまえに立った瞬間にそれらを測度しなければならない場合もある。いずれにしても、アジテーターは大衆のまえに立つとき、同時に彼は自分の面前に一個の大衆像をたてている。アジテーターの像としての大衆は、逆にいって、アジテーターと一体化することもはなれていることもできないのである。

たとえば、一九六〇年の六月十四日に大衆のまえに立ったとき、アジテーターは彼の聴衆が、これまで幾回にもわたる安保改定阻止の統一行動に参加してきたものであり、しかも自分たちの行動にすでにゆきづまりを感じているものとしてとらえている。大衆の感じとっているこの焦燥は、同時にアジテーターのものでもあり、彼はこれを合理的に歴史的に説明することができる。岸内閣は大衆のエネルギーの疲労をひたすら待って逃げきる態勢に入っており、統一行動はなお以前からの欠陥をぬけ切っていないのだ、と。「延々と続き来たった大衆の行動」という表現には、対象のこうした認定とアジテーターの焦燥とがみえている。そして、かかる大衆像のまえに立って、「ではどうしたらよいか」に回答しうるものとしてアジテーターは存在する。もちろん、大衆もまた行動のゆきづまりに絶望するとともに打開の方向をさぐっているのだが、アジテーターはこのような大衆に明瞭な言葉を与えようとする。「アイク休戦のヴェールを粉砕して改定断念へのコペルニクス的転回をかちとれ」と。

いずれにしても、大衆のなかにありながら、なお大衆に直面していないようなものはアジテーターではない。大衆は普通アジテーターにとって学生仲間や労働組合員であって、大衆の体臭は彼には親しいものであるにちがいない。けれども、政治の流動のなかにあっては、アジテーターの言葉はその都度大衆にとって未知であり、言葉をおいては存在しえないアジテーターにとっても大衆はその都度に未知なる存在なのである。だから、アジテーターは孤独で不安な存在である。彼が大衆から孤立しているからではなく、逆に大衆のうちにあればそれだけ一層彼の孤独は深まる。未知なる大衆の面前に立つときのほとんどナイーヴな不安のうちに、自分にとっての政治を感じとっていたと私は思う。

このようにアジテーターは、大衆のうちに大衆と直面して立つ存在に固執するのだが、それというのも大衆を自己に獲得せんがためにほかならない。アジテーターの存在は逆説的である。彼は大衆と一体化するために大衆にはなれて立つ。安保改定阻止統一行動のゆきづまりを打開し、岸内閣のもくろみを粉砕するという目的のために、六月十五日の「強烈なデモ」が提起される。首都を収拾困難なデモンストレーションで埋める行動を大衆がつくりだしていくことが呼びかけられているわけだが、このようなデモは、「延々とくりかえされてきた」大衆行動がなお実現することができなかったものである。こうした行動を自らひきうける意志のあるものとしてアジテーターは大衆の「先に」立ち、この行為に大衆もまた「高まる」ことがめざされている。そして、もしも成功裏に彼の方針が大衆のものとなるならば、その瞬間大衆とアジテーターの一体化は政治の行動となって実現される。するともはやアジテーターと大衆の区別の意識はうせ、政治行為の主体は同時にアジテーターであり大衆であるということになる。これは、まさしく叛乱である。そして叛乱ののちには、アジテーターは大衆――昨日とは別の大衆の面前に、新たなるアジテーターとして立たねばならない。両者の関係は、政治の新しい局面で再び出発する。

アジテーターの存在は不断の疲労に満ちている。八面六臂の活躍が休む間を与えないということではない。彼は大衆との緊張関係に固執するものとしてアジテーターの存在を選びとったのだったが、結局大衆との一体化をかちえんがためにそうしたのだった。いいかえれば、彼は自分の存在を否定するためにアジテーターの存在を決意したのである。アジテーターの行為にあって、彼は自分が同時に何か別のもの、いやむしろ無であるのを感じとっている。アジテーターは自分の存在の否定をむしろもとめる。彼は政治関係の外にとどまっていたかつての自分の存在をうらやむ。市民であれ労働者であれ、また知識人でもよい、それらは政治の外にあるときには日常的関係のなかでしっくりと安定していたようにみえる。彼は自分の敵＝権力をすらうらやむ。けれども、アジテーターとして政治の関係と行為にとどまる以上、彼は彼の政治が成就してこの流動のうちに大衆へと一体化していく以外に、自分を否定する方途は残されていない。それゆえ、アジテーターの不安と孤独は、彼の言葉と方針が的中するか否かの予測をまえにした不安につきるものではない。不安は行為する存在の不安である。

2

アジテーターと大衆の関係は、以上のように媒介的なものである。そして両者を媒介するものこそは、カリスマの神秘的放射ではなく、アジテーターの言葉である。言葉はさしあたっては党のうちで用意される。私たちが「情勢分析と方針」とよんでいたものがそれであった。安保改定問題の大づめの段階では、今日の情勢は昨日の動きとはすでに異なっている。アジテーターは文字どおり日々自分の言葉を構想しなくてはならない。六〇年の六月十四日、国会の空白の裏で新たに進行しはじめた政府の方針を、ビラは「アイク休戦」ととらえている。すると、「アイク休戦を粉砕せよ」という言葉が、その日あらゆるアジテーターによって大衆にむけ放射されることになる。そして、安保条約改定阻止というそもそもの目的は、ことにこの時点で、「六・一五デモによって政府を改定断念においこめ」という行動方針として具体化される。個々のアジテーターでその日の「情勢と方針」の説明のスタイルは区々であろう。しかし、基本的な言葉は党によって用意されたものなのである。党はこの一日を支配する情勢とこれに的確にかみあう方針とを、「科学的に」判断しなければならない。「科学的に」ということは、「科学的マルクス主義」の方法を使うことをさしているかもしれない。あるいは、日本の歴史をもっと広いパースペクティブのもとで研究した「社会科学の成果」を利用することであるかもしれない。ともかくも、ここでアジテーターはカリスマとしての身体と個性、いわゆるボリシェヴィキ的体質を意味するよりも、むしろ端的に彼は言葉である。そして、この言葉はさしあたりアジテーター（党）のある種の知的営みによって選びとられたものである。より一般的にいえば、アジテーターの言葉は党の理論であり綱領である。

けれども、アジテーターは教師ではなく行為するものであった。したがって行為しつつ彼が発する言葉は、決して何かある客観的な言葉の体系の宣伝なのではない。党にとっての理論というのも、科学や科学の成果を適用したものではない。アジテーターの行為では、客観的な言語は行為に選びとられて行為と相関している。俗にいって、彼の言葉は根拠なき主観的情熱の発露でもなければ客観的理論の説明でもない。六月十四日「アイク休戦から改定断念へ歯車をまわせ」というスローガンは「正しい情勢分析」にもとづいた「唯一正しい」方針だと主張される。しかしこの言葉は演説のなかで容易に一本立ちして、愚直なまでにすべてのアジテーターで反復され、ほとんど思弁的な一つくりかえしに変貌していく。しかし、言葉そのものにアジテーターの存在をみいだすことはできない。政治の外側から「客観的に冷静に」観察するものからみれば、アジテーターとは愚かしい熱狂である。

政治の内側にいたことのあるものならば、アジテーターの言葉が発揮する威力というものを経験したおぼえがあるだろう。アジテーターは大衆を政治の関係にひきとめ、たえまなく大衆を造形していくのだが、この過程ではそれまで一定の意志と方向をもっていた大衆が無定形な群衆のなかに溶解してしまう瞬間がしばしば経験される。この契機は権力側の出方にある場合もあるし、党の形成した政治行動の成功や失敗であることもある。たとえば、六〇年六月四日の「整然たるストライキ[*2]」の翌日に、アジテーターは大衆のうちにある膨大な空白に直面することになる。これだけエネルギーをついやし、これだけの注目をあつめた労働者階級のストライキだったのに、政府もまた「平穏」である。一体「六・四ゼネストとは何だったのか」という啞然たる気持が大衆を領し、このストライキを形成してきた大衆像は一挙に溶解しさる。そしてこうした瞬間に、アジテーターの言葉は魔術的なほどに

＊2　安保改定阻止国民会議が社会党・総評・全学連（ブントが主導）など一三四団体で五九年三月に結成され、六〇年六月四日に第一七次統一行動として、総評などがゼネストに突入した。国鉄労組は東京で午前七時までの政治スト、東海道線の完全運休など、二二二〇本の列車運休。全商連加盟の全国二万店が閉店スト。総評・中立七六単産四六〇万人、全学連主流派四〇〇〇人および反主流派六〇〇〇人をふくむ学生・民主団体・中小企業者一〇〇万人の計五六〇万人が整然と参加した。全学連は前日の六月三日、九〇〇〇人が首相官邸前に結集して官邸内に突入、日比谷公園でゼネスト支援集会を開いた後、品川や尾久、東十条駅に移動して座り込み、徹夜で翌日のゼネスト支援を行った。

決定的である。この瞬間ほどアジテーターという大衆とは別の存在が必要とされるときはないし、またアジテーターの言葉が力をもつ瞬間はない。彼の言葉を核として一瞬のうちに新たな大衆像を形成する流動が生じるか、でなければ旧き大衆像のうちで大衆の力は腐蝕を開始する。このようなアジテーターの魔術的言葉はたしかに経験された。しかし、この言葉の性格を記述することは、言葉の「理論的正しさ」によってもアジテーターの個性の輝かしさにもとづいても、ともに一面的にしかなされえないのだ。

さて、アジテーターと大衆との以上のような媒介的関係がめざすものは、権力集団に対抗する政治の流動である。アジテーターは大衆の造形を通して明瞭な政治的潮流を形成しようとする。党の政治的潮流は他の潮流とともに進む場合もそれに参加する場合もありうる。しかし党のめざすものは、他の諸潮流に依存しない独自の政治を創造することなのである。アジテーター＝政治家の立場に固執する政治は、「政治に参加する」ことを第一義的なこととは考えない。アジテーターにとって、政治とはなによりもまず自らがつくりだしていく独自の力を意味している。もちろん「政治の創造」といってもたんに主観的なものではありえない。政治がアジテーターと大衆の政治的関係の現実的な創造であったことを基礎にしてはじめていえることである。政治の潮流はすべての創造行為の場合と同様に、ある人間的な格闘の産物なのである。六月十四日のアジテーションにみてとれるのも、結局アジテーターの創造する姿勢である。統一行動に参加することは結果の一つにすぎない。政治の「コペルニクス的転回」をかちとるのは第一義的に自分たちの政治的力でなければならないとされている。これはあの時期の他の諸党派と彼の党との対立関係が彼に強いた態度にすぎないものではない。自覚したアジテーターは、党として政治のヘゲモニーをつくりだしそれを単独でもひきうけようと決意しているのである。逆にいえば、こうした政治の力を創造するために、党はアジテーターの存在に固執し、大衆の面前に立とうとしてきたのだ。

したがって、またアジテーターの立場では、政治の結果を測定することがさけられないこととなる。政治の成功とか挫折とかいった政治の測度の概念は、アジテーターにとってだけ生きたものとして感じられる。アジテーターの言葉と同様に、それはアジテーターにとって客観的な事実の測定でもなければ、また逆に行為の産物などどうでもよい行動主義を意味するものでもない。自分のアジが大衆に「入ったかどうか」をアジテーターはいつも気にかけるのだが、「アジが入った」とは大衆のうちに行為の衝動が形成され、アジテーターがこれとの一体化に近づきえたという事実をさしているのである。政治の創造にみずからを賭けたことのない者は、ついに政治の敗北、挫折ということを理解することはできない。

私のうちで政治が経験されたのも、せんじつめていえば、アジテーターのあやうい決意性においてであり、大衆と切り結ぶ以上のような政治的人間関係がたしかに感受された瞬間であったと思う。政治家を自認することが私たちの政治の顕著なモラルだったと私は冒頭に書いたけれども、あのとき私は一流のアジテーターを自認していたのだ。アジテーターの孤独とでもいうべきものを私は幾分か努力してひきうけようとしていた。

3

人はあるいはいうかもしれない。アジテーターのかような姿勢は党にとって当然のことにすぎない、と。けれども、私がわざわざ自分たちの姿勢を「顕著なモラル」などというのも、あの時点での他の様々な政治のスタイルに対比していっているのである。私たちの気質は、セクト的な党派の意図をもちながらもそれと裏腹に、大衆の一員というスタイルをくずそうとしない政治の助平根性を嫌っていた。未知なる大衆の面前にたつ者のナイーヴな表情を、彼らのセクトのどんな未熟な一員すらもすでに失っていた。裏をかえせばそれは未知なる体制的な大衆の面前にたつことの恐怖だった。自分の表情を、大衆の顔つきに似せようと腐心し、しかも党派を通そうとするための姑息な押しつけとひきまわし。彼らの手慣れたアジテーションとオルグのスタイルを横目でにらみ、俺は意地になっても「労働者」になどはなるまいと心に決めて、私たちは私たちのモラルに固執した。

それはモラルや気質の問題につきるものではなかった。というのも、いわゆる戦後に、政治を創造しひきうけるという姿勢はなく、あるものは政治への「参加」の論理だけだったのだ。市民の「政治への参加」ということがいわれた。その場合、参加すべき政治とは何を意味したろう。知識人たちは、投票という議会政治への受動的な参与から、もっと積極的な抵抗権にまで拡大して主権をとらえようとしたかもしれない。もしそうであるならば、市民は市民の運動を創るのであって、どこかに参加することは第二の問題であったはずだ。ところが、あたかも市民の参加する運動の実体が別に存在するかのような錯覚が支配的だった。市民運動だけではなく、ときのすべての政治組織が、この政治参加という自己欺瞞におちいっていたのである。統一行動＝国民運動に参加するという。だが裏をかえせば、皆が参加するから統一行動なのであった。この同語反復の撞着を、ぶしつけにも暴くものはいなかった。すべてが労働者階級のストライキを中軸とした闘いに参加する心づもりだったかもしれない。ところが、ほかならぬこの労働者が、「日本国民として日本の政治に対して意志を表わすことに遠慮はないと考え」て運動に参加していたのである。

したがってここでは、「参加の論理」は相互の「もたれかかりの論理」になっていた。もたれかかられるべき実体が、逆に相手にもたれかかっていた。一体どういうことになるのか。結果は統一戦線という閉じた系の内部の平衡状態である。こうした系から、どうして別の系——支配の体系へむかう政治の流動が流れでようか。巨大な相互もたれかかりの系の内部で、腐蝕の発酵状態が生まれていくのである。これこそ、政治を何かへの参加とみた政治の論理の表現だったのである。どんな組織も、政治が参加の対象ではなく自らのうちなるものであることに目をつむっていた。誰も、自ら主導的に運動を創造していき、これをひきうける姿勢を示さなかった。

ただ、思いちがいをしてはならない。ここでの「政治の経験」の記述は、幾年もまえの私たちの政治経験を「正当化」するためになされたのではない。また、安保闘争での政治とそのスタイルを総括的にあとづけることも問題だったのではない。この経験は私の政治の思考にとって端緒だった。記述は当時私が固執していたスタイルにそくしてなされているけれども、同時に以降の記述の端緒をなすものとして再構成されている。なにか唯一正しい政治のあり方を構成することは私には興味のないことだ。問題は政治をめぐる私の了解にあるにすぎない。

Ⅱ　アジテーターと大衆

1

さて、政治経験の記述のうちからアジテーターと大衆の内在的関係だけをいまいちどとりだして考えてみよう。ただ以下の記述では、アジテーターに固執する経験の立場というものはもはやすてられなければならない。

アジテーターと大衆の政治的な関係は、内在的にいえば相互に「他人の死」を追求する行為の関係である。アジテーターの側からいえば、彼は大衆の殺害をめざす。けれども殺害行為は自爆ではない以上、彼はひとまず大衆をアジテーターにとっての他者とみたてなければならない。アジテーターが大衆のまえにたって言葉を発するとき、彼の大衆は街を流れる群衆のごとく無色で無定形の対象ではない。しかしそうはいっても、逆に、大衆がすでに労働組合などの特定な社会集団に属していて、その政治的状態はあらかじめアジテーターにはわかっているのだということはできない。アジテーターにとっては、大衆は即自的所与なのではなく、政治の関係のうちで彼によって構成されてきたものである。つまり、さきに触れたように、大衆はアジテーターにとっては彼の像である。それゆえ、アジテーターの大衆像は、始めからにしろアジテーションの中途でにしろ「誤った」ものになる可能性がいつも存在する。アジテーターの言葉が誤っていたためであるかもしれない。また彼の人格に問題があったのかもしれぬ。それはいま問うところではないが、ともかくもアジテーターにとって大衆はその都度表象的なものである。彼は自分ならざるものとして他者＝大衆を自らのまえにたてるのである。普通、アジテーターといい大衆というとき、それはそれぞれ規定的な一者である。たとえば、アジテーターは知識人だとされる場合、大衆は概念としても人格としてもまさにアジテーターの否定＝他人である。ただ、いまの段階では、アジテーターとは知識人という特定の規定性をうけとったものを名づけているのではない。彼は政治のうちの自覚的な対他存在一般である。

けれども、いうまでもなくアジテーターが大衆に直面して立つのも、大衆を自己に獲得せんがためにほかならない。ここに「自己に獲得する」というのは、アジテーターの言葉を大衆自身が発することになり、彼のめざす行為を大衆みずからが行為することを意味している。つまり、アジテーターは大衆がアジテーターへと変貌することをめざしている。彼が自己否定的にたてた他者＝大衆を、ふたたび否定して自己に奪還し、大衆との一体化をはからねばならない。まさにアジテーターは大衆の死をめざすためにこそ大衆に直面する立場に固執していたのである。

　けれども、これは逆説的である。大衆がアジテーターに変貌することは、大衆の死であると同時に、大衆とは異なるものとしてのアジテーターの立場が無に帰したことを意味している。これはアジテーターにとってのアジテーターの死である。だから、アジテーターは他者たる大衆の死を追求することによって、実は自分の死を希求するのだといわなければならない。これはアジテーションの「失敗」によるアジテーターの空中分解とは全く異なる、アジテーターの本質的な死である。アジテーターは自分の死によってしか自己を実現しえない逆説的存在なのだ。

　同じ関係は大衆の側からもいえる。現在では所与としての大衆は、無定形の群衆として存在するというよりある社会集団の影響下に存在しているだろう。けれどもこのことは大衆が大衆であるから反権力的な存在であるということは意味していない。スローガン化された言葉のうちに、反体制者大衆をとらえることは愚かしい。いわゆる大衆社会状況にあってはことに、大衆のうちで体制と反体制の区別の意識は失われている。大衆は反体制者であって体制者である。こうした多かれ少なかれ無定形の所与としての大衆を、アジテーターはまずもって政治の関係のうちにとらえようとする。アジテーターと大衆の政治的関係が成立するといっても、これは大衆がアジテーターに同意したということではない。むしろ逆に、大衆は自分たちとは異なるアジテーターという存在を多少ともうさん臭い顔つきで眺めている。ただこうして相手を意識することによって、大衆はアジテーターの言葉の放射にたいしてすでに開かれているのだといえるだろう。

このように大衆がアジテーターとの政治的人間関係のうちにたつかぎり、大衆もまた相手の死を実現する以外に自己を実現することができないこととなる。両者の人間関係の実現は、しばしば「大衆運動の高揚」といわれる政治の流動を意味しているのだが、ここでは大衆はアジテーターを多少とも自己の内にのみこんで、真の主役として登場している。すべての叛乱の意味するところはまさしくアジテーターの死である。だからこのとき、主役となった大衆はもはや大衆ではない。大衆はアジテーターを殺すことによって、いまや自らの大衆という規定性をも否定して行為しているのである。

しかし、大衆の自己実現は大衆が「アジテーターになる」ことを意味しているのではない。自らの言葉をもたない非アジテーターとしての大衆が、アジテーターとの政治的関係にとらえられたときには、この規定的関係、アジテーターと非アジテーターの境界が動揺を開始する。大衆の中に生じた大衆の裂け目は、アジテーターによって全力をあげて拡大されなければならぬものであるが、ともかくもアジテーターと大衆の葛藤が大衆自身の内部で再生産されはじめたことの証左である。大衆の心にひっかかったアジテーターの言葉は、逡巡し消え去りかけてはまたしても反響し、大衆の不安を醸成していく。大衆はともかくもアジテーターの次の言葉を待つ。こうして政治的関係の大衆内部でのいわば拡大再生産がおこなわれ、大衆自身による大衆の否定――自己規定への反逆が開始される。アジテーターとの関係でとらえるならば、これはまさに大衆がアジテーターを喰っていくこと、アジテーターの殺害である。

2

このように政治的な関係においてアジテーターと大衆がそれぞれにめざすものは、相手の死とこれによる自分の死＝自分の実現なのである。両者はこのようにしか関係しえない。両者の関係はまさに死闘である。それゆえこの不安な関係はスタティークな対応関係ではありえず、ただたえず自己を生成していく過程としてのみ存在しうるのである。政治の関係が同時に政治の運動であるのはこのようにしてなのだ。アジテーターと大衆が相互の死を幾重にも追求して生みだす人間関係の流動的な生成こそ、内なる政治を形成する。アジテーターの仕事は自分と自分の像との距離を埋める大衆の流動を創りだすことにあったのだが、この結果大衆がもはや単に像であることをやめたとき、アジテーターは大衆という危険な毒を飲み下して燃焼し、政治は成就される。大衆の側からしても、同じようなことがいえる。このような政治の成就は、つまり叛乱である。叛乱はまさにアジテーターと大衆の死闘の燃焼である。そして叛乱ののちには、両者の格闘は別の局面で再び顕在化していくのである。

さきにふれたように、私たちの経験では、アジテーターと大衆のこのような関係を意識しひきうけることはそれ自体「党派的」意味をおびていた。けれどもここでの記述は、かつての私たちの経験を正当化するためになされたのではないと、ふたたびことわっておく必要があろう。アジテーターと大衆の媒介的で弁証法的な関係は政治の流動に内在する本質的構造であり、叛乱をめざす政治がいずれの場合にも必ず触れてこざるをえない実質なのだというべきだろう。両者の関係は不可避的に叛乱の流れの形成をもとめるものとしてここでは描かれている。現実政治の次元では、両者の本質的関係はその様々の頽落形態と相関せざるをえないのだが、この点を考慮に入れて政治の全体像を描くことはここではまだ可能ではない。

ただ、アジテーターおよび大衆という概念は、私たちの経験のうちから経験の意味を透明にするものとしてとりだしてきたのだった。そして、両者がアジテーターと大衆として関係を結ぶかぎり、これらの概念は相互に自己を否定する運動をよびおこすものであった。けれども日常の政治の世界では、アジテーターと大衆は政治における人間の二様のあり方とは考えられずに、党の知識人および知識なき労働者というふうに別々の人格に固定されてうけとられている。あるいは、この区別を嫌うときには、政治における人間は一様に市民という規定をうけとっている。しかし、このように固定した分裂の関係にとどまるかぎり、この関係がうみだす政治はどんなにしても支配の必要な契機以外のものではない。もともと、近代市民社会は人間の丸ごとの支配を放棄するところでなりたっている。近代社会では人間は一個の表象――市民、労働者等のもとにとらえられており、またそのかぎりで近代の権力は存続しうるのである。近代国家の政治は、人間の形式的規定がおこなわれるまさに現場である。ところが、アジテーターと大衆との政治的関係は、まさしくこの規定性への叛乱を生産するのであった。市民――知識人でも労働者でも同じことだが――のうちに大衆とアジテーターの分裂、葛藤がよびおこされかつ担われることによって、市民はもはや市民という表象のもとにとどまれなくなる。このようにして創造される政治――叛乱をめざす政治だけが、近代の根底に触れうるのであって、この地点におりたたない政治思想や政治学は私にはどうでもいいことなのだ。

3

してみればここでの記述では、アジテーターと大衆はとりたてて最初から別人として考えられてはならないというべきであろう。アジテーターであろうと大衆であろうと政治の関係のうちにたったときには、彼は自らのうちに両者の分裂と葛藤をめざめさせ、かかえもっている。アジテーター自身、もとはといえば市民社会の政治過程におけるアトムであったのであり、この市民の自己否定を通じて市民と反市民との葛藤を生きるべく決意したものであったはずである。大衆もまた自分の内部に自らとは異質のもの——むしろ自己の否定態——との葛藤をひきうけて旧き規定性から変様する。したがって、政治の構造はまさしく政治を生きる一個の叛乱者（彼の規定態が何であろうと）のうちでみてとれるのであり、この個体の生こそ政治の思考が出立し、そして帰還する根源をなすのだ。いま多少予断的にいうならば、自己規定とその否定との避けがたい運動は、近代の技術的関係の根拠ともなっているものである。政治の内なる死闘というのも、結局近代人の自己と反自己の葛藤に根ざしている。だから逆にいって、政治的人間関係は、つきつめればかならずこうした葛藤に触れてくるのであり、かくして日常の技術的関係は疎外態としてさらされ、私たちの日常世界がまた一個の歴史的形態であることが露呈されるのである。

もしも政治の可能性というものが問われうるとすれば、政治の関係で近代の人間が自己の全体化を実現する行為においてしかないであろう。近代の政治の地平で形式化された人間が、叛乱をめざす政治的人間関係のうちで自分がまた他者であることを生きるとき、絶えず自己の疎外態を殺害し乗り越えて人間の全体性へ接近していくことが可能性をもってこよう。叛乱は、結局のところ近代への叛乱にゆきつくのだ。

しかしながら、これまでに記述された叛乱の内的な人間関係、アジテーターと大衆との関係は孤独で疲労にみちた関係である。両者が自己の規定性のままに他者に帰属し、あるいは両者一体となって他の何か第三者に帰属するとき、これは両者の関係そのものの解消――近代そのものへと頽落していくことになる。アジテーターと大衆の弁証法のなかでは行為主体は絶えず反自己へと直面せねばならず、こうしていわば世界の無へとさしかけられるのであり、この孤独と疲労のために彼は関係から脱落せんとねがう。大衆は人間を実現する行為を生きることをやめて、一個の惰性体に変貌し、近代の政治あるいは党の政治の素材となる。アジテーターはまた、大衆という毒を喰らうことからのがれ、官僚的な言葉の使い手等々へと頽落していく。かかるアジテーターと大衆の弁証法の解消こそ、日常の市民社会の政治現象としてたち現われてくる当のものなのだ。これはまたこれで近代の政治の宿命的な頽落の姿である。

だが私は予断的にやや先へすすみすぎてしまった。アジテーターと大衆の関係として記述された政治の内在的構造を現実の場にすえて考えるためには、いわゆる近代世界という私たちには責任のない私たちの所与を、もっと広いパースペクティブのもとで了解しておく必要があると思う。では、次にこの地平に移ろう。

Ⅲ　近代世界と叛乱

1

叛乱の政治にみられる人間関係は、いわゆる指導と被指導の関係やカリスマとその群衆といったものとは別の叛乱者に内在するアジテーター＝大衆の関係として了解された。そしてこの叛乱は予備的に近代への叛乱として記されたのだったが、叛乱が近代世界にとって何を意味しているかをいまや主題として考えてみよう。

叛乱をアジテーターと大衆の関係としてとらえた場合にも、さきに触れたようにこの関係はとてももろいものであった。日常の政治では——市民社会の政治過程でも党の内部でも——両者はむしろ別人として対立しており、この意味で政治も近代の表象の地平で営まれている一つの事象にすぎないものである。人間存在や人間関係にまでおよぶこの規定性の著しさは、どのような歴史的意味をもつものなのだろうか。近代の世界像による存在の対象的な把握・支配はどのみち一個の倒錯にすぎないものだけれども、この倒錯を批判する衝動は、近代の地平を一つの歴史的形態としてとらえることなしには了解しえないだろう。

近代のブルジョア的確信は、この世界が近代の労働によって開示された世界であり、労働という対象的活動によって開示しえないような存在は原理的にありえないと自負している。資本主義的商品経済は中世共同体を内部から動かしこれを解体し、やがて世界的に一つの経済圏——世界市場を形成した。中世ヨーロッパ諸国で長い時間をかけて徐々に成長した近代商品経済は、一度支配的となるやたちまちにして全世界を征服し、人間の世界ははじめて一つの全体的なものとなった。いわば地球が一個の球形であることを、いまや人々は実感するようになった。故国を出発しても、どのみちやがてはそこに帰還する。それは別に「死の跳躍」などを必要としない同質のものを通過しての帰還であるにすぎない。もはや探険などというものはこの地球上のどこをさがしてもむなしいこととなった。

このような商品経済の世界性は、いうまでもなく、人間の認識視野の拡大の結果なのではなく、近代の生産労働の成果であった。生産実践としての人間労働が、近代にいたって世界を席巻し、世界性をえたのである。労働はかつてのように個別的で具体的活動、自然にたいする人間の孤独な闘いではなくなった。人間にとっての世界はいつの時代にも歴史的に生成されたものなのだが、近代世界はことに労働実践という人間の歴史的エネルギーが開示したものとして存在している。逆にいえば、商品経済をになうものとしての労働が、近代では人間の世界へのかかわり方の基本的な形となったのである。

もともと、労働は他と取り替え不能な個別者の行為だった。この行為の場で、人間は自分（の目的）を自然的対象に移して実現する。労働は相手を自分にとっての対象として自分のまえにひきたて、これを分解・加工する。いつの時代にも、生産労働のこの構造は変わらない。けれども、近代になって生産労働が人間と世界との交流の基幹的活動となり、労働行為が近代の全体的地平を開くまでになると、労働の対象的な性格は労働主体に特殊な規定性を与えることになる。共同体内部での自らが使用するための個別的生産は姿を消し、かわって近代労働は測定可能で相互に比較できる等質な社会的労働となる。労働主体にしても、独自的で固定的な身分としての存在ではなく、相互に等質で交換可能なアトムとなる。つまり労働は「労働力商品」として、生産の力でありながら同時にその素材・手段となるわけだ。人間は彼の最も基本的な実践行為において、いまや一つの抽象的規定性——社会的必要労働の担い手——をうけとる。人間の世界性をになった基幹的な行為の場で、人間はこのように形式的に把握されているために、彼の身体的な存在は闇に没して、ただ抽象的一般者として世界にかかわらねばならない。人間主体の個別的意志は、近代の地平では必然的にかかる一般者としてしか発現しえないこととなる。

このことは、労働の対象化の射程が労働主体にまでおよんだことを物語っている。労働はただ自然的対象を自分のまえにひきたてて配置するばかりでなく、他者をも対象化の地平で射とめるのである。

自己と他者は同じく労働実践の規定をうけたものとして、相互に自己のうちに他人を発見する。取り替え不可能の他人にたいするのでもなく、また抽象的な類としての発見でもなく、あくまで自己の外化の地平で他者にたいするのだ。

こうして、近代にいたってはじめて、人間関係は「自己」と「他者」との個々の具体的で非可逆的な関係であることをやめて、社会関係となる。近代の社会関係は市民社会の「政治的に解放された」人間が切り結ぶ人間関係の姿である。このようなアトム化された人間の社会的関係を基礎として、法や国家もまた、端的に経営のアナロジーのもとに組織されることになる。

それゆえ、いまでは資本主義経済の現場にとどまらず、人間関係や人間の意識にまで対象的な規定性はおしつけられるようになる。近代労働が世界を世界として開示したといっても、別の意味からすればそれは同時に労働による対象化の世界支配だというべきだろう。というのも、近代のブルジョア的確信こそ、この世界には人間労働によって対象化しえないものは何もないと主張しているのだ。かつては、共同体の枠を一歩ふみ出せば人間の関知せぬ闇が広がっていた。自然は人間労働のその日その日の具体的交流を離れては、神秘的で呪術的な世界——神が造ったとしても何かしら恐ろしいものであった。けれどもいまでは、自然の神秘的な彼岸は原理的に放逐されている。なお人間の関知しえない問題はあるとはいえ、それとても単に物質的な限界、エンゲルスのいういわゆる「未解決の問題」(offene Frage) にすぎない。「物自体」はついには認識可能だというわけである。人間にとっての自然的世界は、このようにして人間が労働実践と認識の対象として自分のまえに立てならべた存在の構成するところとなる。いまや自然は「社会化された自然」というカテゴリーをうけとっている。天然としての自然を見いだすためには、人は生活の現場から離れて旅行に出ねばならない。

決して自然的対象についてこのようにいいうるだけではない。人間の主体もまた労働の対象としての人間である。人間からは、非合理の闇や神秘の彼岸が追放され、生産過程でも工学や科学においても、人間は果てしない対象化の攻撃にさらされている。近代以前では、「人間の科学」などという冒瀆は許されなかったのだ。近代技術の発達は、こうした労働の対象的性格の展開の表現であり、その直接の成果である。単に機械技術という成果のみならず、技術合理的思考の勝利である。「技術とは生産実践における客観的法則性の意識的適用である」というかつて高名な技術の定義があったが、[*3] 技術はまさに対象より計量・算定可能なもののみをそれこそ「意識的」にとりだしてくるものとみなされている。

普通、以上のような歴史的過程は神の造った世界からの人間の解放と自立として描かれている。してみれば一見するところ、近代世界の対象的規定性はこの人間個体とヒューマニズムの成立とは矛盾する事柄のようにおもえる。解放され自立した人間主体は抽象的ないしは自然的な人間一般、類としての人間なのではなく、対象化する労働の主体という特定の歴史的形態をとって成立したのだった。それゆえ近代という地平も、人間実践の歴史的エネルギーによって開示されたものとしてたしかに人間的な地平である。労働がその対象をとらえこれを目的にしたがって造りかえ並べかえていくことは、人間の意識、自己自身を他者たる対象に移して他者のうちで実現するということである。したがって存在は、自然であろうと人間であろうと、労働の対象としての存在であるかぎり人間的なものである。つまり、労働によって開示された世界はまず人間的なものなのだ。神からの人間の解放が、同時に神の創りし世界から人間の構成した世界への転換を意味したのも、この解放の力が歴史的な人間実践にもとづいていたからにほかならない。

しかし他面からみるならば、近代世界の物的な性格もまた人のよく知るとおりである。それというのも、人間実践は観念の発動なのではなく何よりも「第二の自然」としての人間の物質的な活動である。自然的他者の否定としての人間化は、同時に自己の自然化・物化であるという弁証法のなかで、労働実践は可能となっている。人間労働が労働力商品という物的規定性をうけとってはじめて、商品経済は成り立っているのだ。それゆえ、近代労働実践の世界は、労働対象として物的規定性をうけとるかぎりで、人間的な世界として成立しているのだというべきだろう。

2

さて、以上のように近代の労働実践は近代世界を構成し開いたのだったが、この事実の力はあまりにいちじるしいために、近代の観念のうちで容易に転倒され一個の存在観・世界観をうみだすことになる。この世界観は労働の対象化に彼岸がない以上存在するものはすなわち労働活動の対象であり、素材であると確信する。対象化された存在がすなわち世界であるとするこの確信が、近代人の存在への視線を決定づけている。近代人は一貫して多忙をきわめ、対象化形態をうけとらぬ「存在自体」などにかかずらわっているいとまをもたなかった。彼の多忙さはつまり存在するものに対象化の構造をおしつける仕事の多忙さなのだ。認識は計算や計算可能性を目的として世界をはてしなく合理化して

＊3　武谷三男『弁証法の諸問題』理論社、一九五四年、一九〇頁。引用中の「生産実践」は、原文では「人間実践（生産的実践）」。技術論にかんする著者の批判的考察は後出「技術について——武谷三男論」を参照。

いく。ハイデッガー風のいいまわしを使えば、自然的人間的存在はそのようなものとして人間の目前に徴発され、立たされているのである。

けれども、以上のような近代的世界像はそれ自体一つの倒錯である。それというのも、この世界像定立の力であった近代の労働実践が、人間実践の一つの抽象的規定性、行為の疎外態であるからにほかならない。もともと、労働は自然的所与を加工の対象として立てる活動として、この所与の事実性との相関をはなれてはありえないはずのものである。商品経済の現場にそくしていうならば、労働は使用のため個物を作るいわゆる有用労働をはなれてはありえない。けれども資本主義経済にくみこまれた社会的必要労働は、その具体的な素材からの具体的な拘束性をはなれて形式化される。労働主体はまた、なま身の人間身体を労働力商品として測定可能な量に形式化する。このように人間主体も自然的素材も事実性との弁証法を断ち切って形式化され、かかる労働対象＝素材相互の弁証法として、近代資本主義経済は展開する。ルカーチのいう「二重の弁証法性」[*4]において、一方から他方へ、いわば「弁証法の転移」ともいうべきことがおこなわれる。一方の弁証法こそ行為にとってむしろ根源的であるにもかかわらず、世にいう「科学の対象とはなりえない」ものとして捨象されるのである。たとえば『資本論』の場合、労働が有用労働との相関を離れ労働力商品として一般的に成立していることを前提にして、はじめて原理的・弁証法的に展開されるべきものといわれるゆえんである。商品の弁証法だけでなく、他の経験的諸科学の領域で存在＝認識の弁証法として語られるものはこのような「弁証法のロジック」である。近代的な科学——ことに数学をモデルとした科学の発達にとって、かかる素材の形式的把握は必要な前提だった。事実的所与の観察・記載を旨とする「博物学」的科学からする抵抗のむなしさを科学史はよく示してくれる。しかしながら、学問論の議論はおくとしても、近代の科学・技術の発達をもたらした労働実践が素材の事実性との相関を捨てていること、この近代の根拠への忘却は巨大な倒錯以外のものではない。

たしかに、近代の歴史のそこここで、この倒錯した夢がやぶられ事実的所与がぶしつけで荒々しい姿をあらわにした瞬間が経験されてきた。資本主義経済の形式的首尾一貫性は恐慌という形でしばしば永遠性のみかけをおびやかされてきた。これも原理としては、商品経済が労働力の商品化という「元来無理な」形式化を支えとしており、労働の身体という非合理性を合理的体系は産出することができないという一点にもとづいている。したがって経済恐慌は、近代資本主義社会の忘却された根拠を一瞬明るみにだすのである。しかしながら、このような場合に瞬時近代の根拠が覚醒されたとしても、近代にとってはこれすらも自己の蘇生と発展のための必要な契機でしかない。近代はただ「未来」のために狂奔する。未来は実践の限界なき無差別の対象化の進歩であり、ただ技術的計算の問題となるのだ。

認識についても同じことがいえる。もと、一七世紀の合理論は、「私の認識」は同時に数学的普遍性をもって形式的に展開できると考え、ブルジョア的確信を全面的に体系化しようとした。しかし、この体系の努力が放棄されたのちには、認識体系は近代の経験的諸科学へと分解した。実証科学はそれぞれの存在分域の科学的認識をめざすとしても、その科学性は科学の根拠の了解、事実あるものとしての存在のトータルな了解を犠牲として成功するのである。近代技術こそ、このような思考のグロ

＊4　たとえばジェルジ・ルカーチ『歴史と階級意識』城塚登・古田光訳、白水社、一九九一年、一〇七頁などを参照。

テスクなまでの成果をみせている。技術はもともと人間の行為の本質であり、合目的的な手続きや合理的な成果につきるものではない。しかしいままでは、技術にとっては技術化可能な対象を選ぶことは問題ではない。対象化の外延的限界は原理的には存在しないのだから、すべての存在は技術の素材である。技術の問題はむしろ対象から都合のよい規定性をとりだすことにある。都合のよい規定性とはせんじつめれば計算可能としての合理性のことである。だから、技術的な思考は存在するものの反合理性をことさらに忘却するのだ。

3

近代的世界像の倒錯をその根拠にまでわたって了解することはもちろん近代にたいする批判の立場を意味する。けれどもこの批判は何かあるロジックの完全性に固執する立場から発せられているのではないし、また「科学的必然性」の予見にもとづくのでも決してない。われわれの世界像が人間身体の特殊な規定性にもとづいているといっても、何か論理として人間の全体性といったものが前提されているわけではない。理想的な人間性の想定はたしかに思弁としては可能であろうけれども、近代がほかならぬ思弁とは対極に位置するものにもとづいているのだから、この人間性の思弁は近代に触れてくることはないであろう。いつの場合にだって、思弁は思弁の衝動を了解することなしには空虚なのだ。だから、たとえば類としての人間を想定する場合にも、歴史的展望にアナロジーをもとめて自然主義的人間主義が構想される。「この美しい緑の牧場こそ自然と人間だ」とフォイエルバッハは叫んでいる。けれども、原自然、原人間、総じて共同体の夢よりする技術文明へのレジスタンスは近代の力のまえではむなしい。それというのも、近代の分裂は技術主義と素朴自然人との対立にあるわけではないからだ。この対立ならば、近代の地平は対象化の彼岸を放逐することによってすでに克服している。技術合理性に対立するものは、パスカルがすでに知っていたように、理性の背にはりついた闇、主観性の深淵、何か救いを要するもの等々であって、この反合理性は緑の牧場で労働する自然児の明朗さには似ても似つかぬものである。

他方では、近代の演ずる未来への狂奔に対して、ある「物質的限界」を想定して近代への批判の座を獲得することが行われるが、これとて一つの自己欺瞞にすぎない。近代の人間の本質的否定性は外からくるのではない。例えば「希少性」（サルトル）というような「否定としての物質」が歴史の永続的で偶然的な契機を用意するとしても、近代人の飢餓はそのように外在的なものではないのだ。そうかといって資本主義に内在する矛盾をあげ、これが近代の「必然的崩壊」を用意するのだと予言し待望することは、かえって内在的批判の裏切りである。資本主義社会は成熟すればするほど、一層胎内に矛盾をはらんでいくといっても、生産力の発達が解放を準備するということとは全く別の事柄である。資本主義の社会的性格の増加によってその改良の根拠と余地とが生まれたとしても、それはなお近代が蘇生する契機であるにすぎない。また経済恐慌などのカタストローフは近代の自己否定にはちがいないとしても、近代の必然的崩壊の証明にはならない。むしろそれは近代の延命のための契機である。疎外態すらも近代にとっては必要な契機なのである。

結局、近代世界を全体として乗り越える批判の契機は、思弁や科学の発見しうるところではない。近代がすでに歴史的に克服してしまった地点に固執するか、あるいは近代の地平そのものの論理におち入る。かくて、いずれも近代への叛乱を用意することはできないのだ。総じて、近代の乗り越えの契機は近代の外部にも近代の地平の上にも存在しない。ただ近代を開示した人間の歴史的行為（労働実践）が、かえって近代の世界像の根拠を明るみにだし、近代を一つの歴史的存在として断罪する鍵を提供する。いいかえれば、近代世界を歴史的な生成において了解することだけが、また近代を俯瞰しうる。くりかえすけれども、この了解は思弁的構成でも科学的認識でもない。歴史を創る人間の行為は近代ではおしなべて形式的規定性をうけとった生産実践となっていた。こうして、行為主体それ自身のうちで、事実存在と形式との分裂が生産されることになる。近代の地平の明るさは自己の生成の根拠である行為の本質を忘却し、これを深い闇のなかにとり残す。けれどもこの闇は消えてなくなりうるはずのものではない。かつて共同体の外なる闇は近代によって徹底的に放逐された。けれどもこのことによって、近代は自分のかかわりえない闇を自分の内部に生みだした。近代の労働主体はおしなべて合理的形式化をこうむり、またそのように世界を対象化しつくすことによって、かえって行為の近代的発現形態にたいする根源的否定性を自分の内部にはぐくむのだ。だから近代を生成する歴史的な行為だけが同時に近代の否定性を受苦している。歴史的実践のうちにのみ近代を全体として乗り越える契機が存在するというのも、受苦的な行為の本質によるのである。行為とは本来何かしら本質露呈的で悲劇的なものだ。

近代における合理化の原理の成功はあまりにも著しいために、人は「存在するものは合理的」だという錯覚から覚醒するのがむずかしい。事実的所与の非合理性や行為の本質などというと、すぐに神秘主義・非合理主義の非難が投げつけられよう。しかし近代が人間行為のうちで生産する分裂は一つの非合理的事実であり、この分裂は万人にとって存在する。ただたしかに万人によって生きられてはいない。けれども実際、近代の忘却された根拠である反規定的な事実性との相関の弁証法が生きられている領域がたしかに存在するのだ。これこそ、こんにち大衆と呼びならわされている者たちの次元である。

大衆の次元は日常的な飢餓の次元である。大衆の飢餓といえば普通は物質的な飢餓が想起されるけれども、ここでいうのはそのようなものではない。大衆の日常的行為は受苦的なものとして近代の構造の矛盾をまさしく生きている。彼の存在は近代の対象的存在の地平では弁証法の一つの契機にすぎないものであり、そのようなものとしてしか自己を現実的に発見しえないのだけれども、徹底してこの弁証法の素材となることによってかえって近代の弁証法を一つの疎外態として意識する。もちろん、この意識は近代の明るみに言葉となってあらわれ出るはずのないものだが、彼はまさに自分の行為を全体性の欠如態として感受している。大衆にとって飢餓は、このように行為の本質への飢餓なのだ。

もともとこうした次元はプロレタリアートの概念として構想されてきたものであった。近代の根幹をなす行為である労働実践のまさに現場に生活するものとしてプロレタリアートは労働（主体）の自己分裂そのものであった。資本主義経済の商品化された労働力として、彼は近代の規定性を一身にこうむって行為するのだが、労働は決して商品労働という性格には規定しつくしえぬ全体的な人間の行為である。そこで、プロレタリアートは近代の分裂を糊塗することも傍観することもできない。まさに「受苦的な」存在としてあった。彼の行為はこの分裂を生きること以外にはありえない。したがってプロレタリアートにとって自己の実現がありうるとすれば、それはどのみちこの分裂の総体を把握することなしにはありえない。近代のいわゆる合理性を労働という一つの根本的行為からの疎外として意識せずには生きえないのだ。こうしてプロレタリアートにとっては、自己の存在と自己の意識（自己の否定）とが必然的に相関せざるをえない。だから、全体性の実現という近代の克服の意識が、プロレタリアートの行為のうちでこそ意識せられはぐくまれていく。ここにはじめて、克服の目的が実践的な行為と相互作用せざるをえない場が開けてくる。プロレタリアートにとっては、自己の解放とは、どのみち「近代からの解放」となるのだ。近代の物象化の地平は万人のものでありながら、労働行為の現場でこそこの矛盾にかかわりこの内在的な意味を意識し、この構造を実践的に打破せんとする運動がおこりうるものとされた。変革の行為のなかで、よしそれがどんなに個別的なものであろうと、人間の全状況は開示され個人の実践が人間の全体性の実現をになうものとなる。

以上のようにみるならば、従来プロレタリアートの概念として思考されてきた次元こそが、近代の乗り越えの契機、乗り越えの意識にとって決定的なものとなる。くりかえすけれども、それは資本主義の法則性が生産する絶対的窮乏の次元なのではなく、近代が忘却している根拠への飢餓、行為の本質への飢餓の次元である。かくして、近代の乗り越えの問題は、端的に、歴史的に行為する個体の切り開くべき問題となる。近代は、一見するところ歴史的な未来をめざす行為に狂奔しておりながら、その実、自分の存在を歴史的なものとして了解することができていないために、けっして歴史というものにふれることはできないのだ。まさしくマルクスではないが、「かつて歴史はあったがもはや歴史は存在しない」といわなければならない。

4

さて、以上に主としてルカーチのマルクス主義にそって、近代世界の批判の根拠を了解する道筋をえがいてみた。マルクス主義の思想をことさらに近代の批判として把握するルカーチの思想は、たしかにマルクス主義の常識だなどとはいえまい。むしろ、マルクス主義の思想史のうちで、空前絶後の試みだとすらいいうるだろう。ことに、私たちの政治の経験が主としてかかわりをもっていた戦後のマルクス主義は、とくに日本では近代化の意識に強く彩られていたために、決してルカーチの方法を知ることはなかったのだ。私の場合にも、政治の経験ののちに（「戦後」ののちの時代に）、マルクス主義を自己了解しようとして、はじめて現象学とともにルカーチの方法を受容したのだった。したがって、ここでえがいた近代の存在・地平とその乗り越えの契機について周到を期すためには、マルクス主義哲学史、ことに日本の戦後マルクス主義の思想史的反省にふれながら、さらに私は書きたしていくべきところであろう。

けれども、スターリン批判に関連した日本の戦後の時期とは異なって、いま思考の課題はマルクス主義の上手な「再構成」にあるのではない。一九六〇年以降「これが正しいマルクス主義だ！」などといっても、もはや誰も驚きはしない。こうした議論が、それにふさわしいもてなしを受けるための思考の根源的な衝動がみうしなわれてしまっている。私が政治の経験での自己の崩壊という事実に固執しつつ、おそまきながらルカーチを発見したのも、他の諸流派と比較してルカーチのマルクス主義が最も正しいと結論するような高尚な次元でのことではない。それというのも政治経験の了解を衝動としていたために、初期ルカーチの思考こそはマルクス主義思想を政治の行為の現場にまでラディカルに追いつめているのである。つまり、マルクス主義の何が実践的革命的なのかという教科書風の問いを逆転させて、革命的行為にとってマルクス主義は何を意味するのかとルカーチはつめよっているわけだ。そして、こうしてはじめて、近代の批判の契機は歴史的な行為の主体のうちで了解すべきものとなる。

それゆえ、このような批判の道筋はルカーチ・マルクス主義の特徴というよりは、マルクス主義を思想史上の出来事としてではなく、むしろ自分の出来事にひきつけてとらえようとする者がたどる当然のなりゆきだというべきだろう。プロレタリアートの概念はこの場合、アルファでありオメガである。これまでにもいわゆる「思弁以降かつ科学以前」の次元でなされたマルクス主義の追求は、当然にもプロレタリアートの概念にゆきつかざるをえなかった。ただ、いつもこのプロレタリアートを思考の追求者にとって外にある労働者階級の原像のごとくみたてることによって、論理の終着点は現実の労働者階級の「にがい真実」をまえにして土壇場で難破してしまうのだった。プロレタリアートの概念はマルクス主義の要であり、同時にそのデッドロックだったのだ。ルカーチだってこの難破をまぬかれてはいないのだが、彼のラディカリズムは近代の乗り越えを、行為する個体に内在化してとらえる方向を示しているように思われる。このときにはじめて、思考する者は自分のうちに大衆の次元を開くことになるのだ。

5

ところで、ふたたび叛乱の主題にもどろう。さきには叛乱の構造は叛乱者に内在化されたアジテーター＝大衆の相剋としてとらえられたのだが、このような叛乱は近代世界にたいしてどのような意味で衝撃力をもっているか。

叛乱がそのなかでおこなわれ、それに敵対する近代の政治現象は、アジテーターと大衆の格闘関係の端的な頽落形態をみせている。現代社会では、政治は多かれ少なかれ技術的な過程と考えられている。いくつかの階級や社会集団の利害の方向の相違対立は社会を構成する本質的な要素ではあっても、いずれかの集団のヘゲモニーのもとに妥協と均衡が保たれている。ヘゲモニーにしても、被支配諸集団をあらわに名指してこれと対立するよりも、むしろ集団間の対立や妥協の現場から離れてこれと均衡している自立した政治過程のみせかけのもとに機能する。政治や法は「統治の技術」となり、政治の分析は政治学や法律学となって、学問として自立する。たしかに政治の技術的な自立性が攪乱されることもときにはあるだろう。カオスとなって湧出した群衆とその英雄の時期には、政治の様相は全然別のものとなる。けれども、ボリシェヴィズムにしてもファシズムにしても、これら「民主主義の危機」の合理的な解決が可能となる時期はじきに回復すると信じられている。いかなる党派も、結局は近代の経済的・政治的「法則性」を利用せずにはやっていけないのだから。

民主主義社会の政治は、こうして結局「よき指導」の問題となる。指導といっても、個人や党のカリスマによるのではなく、非個人的で英雄というにはほどとおいが堅実無比のテクノクラートの仕事である。いわゆる公と私との分裂はあたかも私の社会化によって消滅し、公的なものの勝利こそが近代から現代を区別するのだとされたりする。この事実はむしろ現代が闇に葬ったものの深さを示している。身体的人間の深層と人間関係の赤裸な葛藤は政治と社会のまさに背後でしか検出されない。それは、政治にみはなされたもの、例外、何か病理的現象でしかない。「前衛党」の領域においても同じ光景が見られる。大衆は自分の規定性の疎外を意識することのない政治過程の素材であり、だから近代の克服の真理を外部から知識人によって注入されなければならない存在である。知識人は科学的知識のにない手であり、科学的洞察によって、近代資本主義社会の限界を知り、かつこれを大衆に教えこむべき存在である。科学的真理を認識した知識人・アジテーターは非知識の大衆とは最初から別人として対立しており、両者の取り替えが可能だとしても、それは深淵を飛び越えて彼岸へと達することによってでなければならない。これが党の政治の実際の姿であり、「政治のリアリズム」である。全状況が個人的実践の次元で開示されるなどとは一個の空想であって、解放の仕事は実際、党の仕事でなければならないと主張されている。

現代の政治の風景はくどくどのべる必要のないほどなじみ深いものであり、民主主義についての多弁な議論のなかで再現されているところである。いずれも、近代世界の存在性格が政治的に展開した姿なのであり、叛乱者の関係の頽落形態としてのちにふたたび触れることになるだろう。ともかくここでは、近代政治のみなれた風景に抗して、叛乱の原的関係をとりあげようとしているのである。アジテーターと大衆の相剋を生きるものとしての叛乱者はまさに近代そのものへの叛乱を企画するものだ。ただ、これまでの文脈にしたがって、叛乱者をプロレタリアートといいかえてすますわけにはいかない。プロレタリアートを労働者階級とみたて、両者の合致・離反を現状分析的に議論する思考をいまや決定的に断ち切って、プロレタリアートが受苦している相剋をアジテーター＝大衆の関係として顕在化させ、ここに近代への位置を確保しなおすことが必要なのだ。

近代の批判は実践的命題だと結論することによって、近代からの「解放」の問題は端的に歴史的な行為の問題へと集中してくる。アジテーターといい大衆というのも、近代を乗り越え人間の全体性を実現する行為主体の二様の呼び名である。両者は近代の根幹をなす行為の規定性とこれが忘却した闇との相剋をいいあらわす関係概念としてとらえられたときには、叛乱者のうちに内在化される。つまり、両者の関係はこの関係を生きるものとして叛乱者である。これに反して、アジテーターと大衆が行為のうちでの葛藤関係から脱落するならば、両者は別々の人格関係として対立し、叛乱者はいわゆる知識人または大衆へと頽落することになる。

したがって叛乱が近代にあたえる衝撃力の強さは、まずもって叛乱のスローガンや政治過程にあたえる攪乱作用にあるのではない。近代の叛乱は世に入れられない一派の謀反行為やマス化した群衆の暴力のごときものとは異なる。むしろ、叛乱の内在的構造自身が近代をおびやかすのだ。叛乱をめざす政治の実践主体は、たとえ事実上知識人と大衆というように分類されようとも、近代のおしつけた自己の規定性との死活の格闘のうちに身を持することになる。近代の構造もその意識もともに忘却していた近代の歴史的根拠にこのようにかかわるために、叛乱の政治は近代を乗り越える歴史的な実践となるのだ。知識人と大衆という近代の規定性を相互に交換してみても、近代の構造は脅かされない。ただ両者の相剋が実践主体のうちでもって生きられたときにのみ、実践は近代の根幹に触れてくる。なぜならそうした実践は、知識人と大衆が交換可能だということを示すのではなく、両者が各自の形式的規定性を全体化しつつ政治的な関係を切り結ぶことによって、人間そのものの全体性をめざすことを意味しているからである。近代が存在するものすべてに対象化の形態をおしつけているのも、労働という行為によって人間がもたらしたものであり、一度この行為が形式化を拒否するならば近代の世界像が存在にかけた魔法は消えうせる。近代の魔術は近代の世界像を切り裂き、その背後の闇を血のように噴出させることによってしか解けてこないのだ。

かつて現象学は意識の決意性によるこのような切開の方途を教えてくれた。このとき、世界の意識対象の親しさはにわかに瓦解しすべりさっていき、世界の根拠としての無が明るみに出されたのだった。たしかに、個人的主観性の極みで、かえって近代の世界像の崩壊が経験されるという発見はおどろくべきことだ。けれども、かかる決意性の瞬間を「世人」大衆が経験しておらず、非本来的な日常世界に頽落してしまっていると考えるのは愚かしい。むしろ、本来性への志向はまさに「本質への飢餓」として大衆の次元で生きている。実際、何か鮮烈なものへの希求が、いま日常世界のそここでくすぶりつづけている。政治が、こうした大衆の飢餓意識を行為のうちにとらえたとき、それはまさしく近代への叛乱となる。政治が真にドラマとなるのはこのときである。

マルクス主義もアナキズムも、またブランキ主義にしても、一九世紀にその鼻祖たちにとって労働者大衆の暗愚は最大の壁であった。彼らはそれぞれの方向でこの壁を破るための現実的方法をこうじたのだったが、大衆の教育にかけた希望はおしなべてかわらない。いまではこの希望は、どうなったか。教育の普及は真の教育ではなかったといってみてもはじまらない。大衆が現代のテクノクラートになることが馬鹿げた希望であると同じように、科学的思想が大衆を開明すると考えるのはいまでは充分にむなしい。大衆は自分を暗愚だとみなす自己欺瞞のうちにむしろすすんで身を持しており、これはこれでテクノクラートにたいする抵抗の身構えなのだ。

6

叛乱は大衆の飢餓感が行為となって噴出する場所である。それで、頂点にたっした叛乱のスタイルは内部からみればいささか祝祭のスタイルに似てくる。アンリ・ルフェーヴルが彼の文体のスタイルからすれば唐突に思えるが「パリ・コミューンのスタイルは祭りのスタイルだった」といっている。[*5]祝祭はもとおしなべて闇のなかの祝祭であり、闇とは夜中というにとどまらず比喩的に体制の闇をも意味していよう。祝祭の夜に、大衆は我を忘れる。彼は分をわきまえず「無礼講」で羽目をはずし、一瞬体制と反体制の境目はゆらぎ、支配と抑圧から「解放された」ように思えてくる。ちょうど闇が人をおしなべて等しくするように、闇のなかの祝祭は各人から自分の規定性を取り払ってくれる。祝祭の夜には、人間関係は上下の身分関係であることをやめて、ひとしくなま身の人間相互のかかわり合いとなり、端的にいって赤裸な性の闘いとなる。ものいうことはもはや必要ではない。「たらふく食う」といった食物の飢餓感の充足だけでなく、祝祭の夜に噴出するのは人間が人間を実現することへの飢餓なのだ。こうして、人々は日常苛酷な体制をあたかも闇の底に没したかのように忘れさる。かわって人々が対面するのは闇を支配する何か神秘的なもの、宇宙的な存在である。大衆の自己破壊の情勢と闇の世界とは、この存在のみまもりのうちに、一体となって燃焼する。

もと神話の時代に、祝祭はカレンダーのうえの一日なのではなく、日常的行為であり、超越的な世界への人間のかかわり方の基本的な形だった。この祝祭の行為が世界を神話的に形象したのであろう。祝祭が変わらずくりかえされるように、世界もまた恒常的に存在する。近代は、闇のなかの祝祭を技術のどぎつい光のなかに照らしだし、世界から闇を追放する。そして叛乱こそは、近代のただなかに明るい闇を切り開くのである。

祝祭と同じように、叛乱もそれ自身のうちで自己を実現しようとする。自己を破壊し自己を実現することに熱中して、叛乱者は無慈悲な権力が門口にせまっているのを忘れ、しばしば気づいたときにはすでにおそすぎる。従来の敗北した叛乱の例について、反革命の力にたいする無邪気ともいえる無関心ぶりが指摘されるのだが、これとて叛乱が内的に熟していなかったからなのではない。これまで歴史家は叛乱の外部との権力関係だけに注目し、両者の技術的優劣を論じることにかまけて叛乱の歴史をだいなしにしてきた。叛乱者の自己変革と自己実現の熱度からいえば、彼は体制に囲繞されている事実をむしろつとめて忘却する。技術的関係の次元で外部とかかわることが、かえって叛乱の内的

＊5 アンリ・ルフェーヴル『パリ・コミューン』河野健二・柴田朝子・西川長夫訳、岩波文庫、二〇一一年、上巻四二頁。

関係を堕落させるのをおそれているわけだ。だから、この点で本来叛乱にとって敗北は不可避のものなのだ。もしも叛乱の内部に実現されていた熱情の特異性をみないならば、叛乱が敗北した場合にも近代に深い衝撃をおよぼすという事実がうやむやにされてしまうだろう。叛乱は近代世界の事実との対話をラディカルに拒むがゆえに、近代にとっては「理不尽」なものだ。

7

叛乱者が自分を表現する仕方は、近代にとってはまさに理解不能のものである。表現の手段として日常の言語の使用を余儀なくされるとしても、叛乱者がそれにこめようとする意味はつねに言語をはみでている。叛乱は通常の言語体系にたいしていつもあまりに過剰だ。叛乱する大衆は知の言葉をラディカルに欠いている者としての自分が、しかも言葉によってしか自分を表現しえないという背理を体現することになる。いつの叛乱の場合にも、闇との葛藤を言葉にだそうとする大衆のぎこちない自己表現こそ、叛乱の最も生気ある光景となっている。ジョン・リードは一九一七年十一月にマルクス主義学生と叛乱兵士との駅頭での対話を記録している。

「ところで兄弟」と兵士は真剣な顔で答えた、「君にゃわかってないんだ。二つの階級があるんだ、分らないかね、プロレタリアートとブルジョアジーだ。俺たちは――」

「あー、僕にゃそんな馬鹿げた話はわかっているんだ!」と学生はぞんざいに口をさしはさんだ。「君らのような無知な百姓の群は、誰かがちょっとした人気言葉をわめくのを聞くんだ。君らにゃその言葉の意味がわかっていないんだ。君らはまるでオウムみたいにそんな言葉を口まねす

るんだ」〔…〕

「君は教育のある人間だ、そんなことはたやすくわかるよ、そして俺は馬鹿な人間にすぎんさ。〔…〕ところで、二つの階級があるんだ、ブルジョアジーとプロレタリアート——」

「君は馬鹿だ！　ねえ君、君がまだ革命家を射ち殺して、『神よ、ツァーリを救い給え』を歌っていたころに、僕は革命的活動のために、二年をシュリッセルブルグ〔監獄〕ですごしたんだぜ」〔…〕

「俺は全くかんたんだと思うんだが——ところでしかし、俺はいい教育をうけていないんだ。ただ二つの階級だけがあるように思うんだ。プロレタリアートとブルジョアジー——」

「君のばかげた公式がまた出てきた！」と学生は叫んだ。

「——ただ二つの階級だけが」と兵士は頑固につづけた。「で、一方の側にいない者はだれでもみんな別の側にいるわけなんだ。……」[*6]

叛乱兵士にとって、「プロレタリアート」も「ブルジョアジー」も所詮ボリシェヴィキの宣伝があたえた異国の言葉にすぎない。「ブルジョア・インテリゲンチアが深淵な科学的洞察によって」えた概念として、大衆とは異物の言葉である。だから当然にも、大衆はこの言葉をカリカチュアしてオウムがえしするしかない。叛乱の現場で発せられたのでなければ、大衆のこの言葉は馬鹿げた公式以外の

＊6　ジョン・リード『世界をゆるがした十日間』原光雄訳、岩波文庫、一九五七年、上巻二五五－二五七頁。

ものではないだろう。ここでは、「言葉」は裏切られ深く傷ついている。兵士の自己表現は「プロレタリアートとブルジョアジー」という言葉が単なる名辞にすぎないような領域でなされているにもかかわらず、彼はこの言葉に頑固に固執して叛乱を表現しなければならない。叛乱は前衛党の言葉の宿命を露呈するのだ。党の宣伝は言葉が拒否されている領域に言葉によってかかわらねばならない。ロシア革命の場合、党の大衆は無知文盲のムジーク〔ロシア帝政時代の農民〕だったからというのは理由にならない。ムジークであったから、対話を拒む叛乱の原光景が典型的にみられたにすぎないのだ。

したがって、知的な営為、言葉にとって叛乱の意味は背理である。叛乱は認識対象と認識用具の自明の前提を破壊する。しかもなお知識人アジテーターは言葉をもってこの叛乱にかかわることに固執する。だから、アジテーターは決して科学的な言葉の使い手として知識人につきるものではない。だからといって、知識人にとって「自覚してプロレタリアートの立場に立つ」というのもまた自己欺瞞である。彼はどのみち言葉の使い手としての宿命をのがれるわけにはいかない。それゆえ、叛乱にとって言葉は自らの背理を生きなければならないものだ。もと言葉は言葉の発射の衝動と格闘することとからおくりだされてくるはずのものだが、日常の技術的思考にそって必然的に技術化しかつそのことによって逆に事実を合理化する手段となる。しかし、叛乱の言葉として生きる場合には、言葉はこの頽落の道すじを不断にたち切って自己の根拠の闇にたちかえらねばならない。叛乱の言葉は、それがどのようなものであろうとも、「言葉が絶たれてある」という反言語の経験からおくりだされてくるものなのだ。叛乱の政治はこのようなものとして知識人をも大衆をもアジテーターにするのである。「おそれながら天朝様に敵対するから加勢しろ」——秩父事件のある農民アジテーターはこのようにいっている（井上幸治氏による）[*7]。「天朝様」というこっけいでまさにユニークな言葉には、この農民アジテーターの全存在がこめられているのだとみなければならない。知識人ならもっとましな言葉を選びとるとしても、知識人アジテーターが言葉にかけるものはこの農民と同じく自分の全存在なのだ。叛乱のよびかけが、かならず「科学的情勢分析」の言葉でなされなければならないと考えるのは合理的精神の不遜である。知識人アジテーターは、自分が第一級のインテリゲンチアでしかもなお無名の大衆であるという関係を生きることになるのである。

8

叛乱者にとって言葉はこのように難渋をきわめたものだといっても、叛乱は土俗のごとく寡黙なのではない。反対に叛乱は自己表現の熱にうかされている。叛乱者の飢餓はまさに言葉を渇望する。旧来の秩序とこれを合理化する言葉に対抗して、叛乱は独自のイメージを構想する。しかし、イメージは決して技術的な未来図のごときものではない。叛乱に内在する独自の行為のスタイルと根源的言語衝動とは、近代の物理的未来を受容することを拒み、むしろ叛乱のただなかで叛乱の自己表現を構想する。これこそ、ユートピアとよばれてきたイメージの構想である。

現代の技術的世界では、未来社会像は「計画」と同義語となっている。ソヴェトのフルシチョフ報

＊7　井上幸治『秩父事件』中公新書、一九六八年、八三頁。秩父事件とは、一八八四（明治一七）年、埼玉・秩父地方の農民が困民党を組織し、自由党員とともに高利貸しへの返済延長や村民税の減税などを要求して蜂起した事件。武装した一万人近い農民が高利貸しを襲撃、郡役所・警察などを占領。蜂起から一〇日後、軍隊の出動によって鎮圧された。

告でよく使われたように、共産主義の未来は「豚肉の生産高」ではかられている。ブルジョア的な政治は、決してユートピア的構想力にふれてはこない。そこでは、未来は科学的青写真でなければならず、従来のユートピアは科学の未発達な時代の非科学的な人間の荒唐無稽な夢として一笑にふされてしまう。けれども、ユートピアの問題はさしあたり「理想郷」の当否の問題、その「科学性」の問題にあるのではない。人間が何故にユートピアを構想しこれと相関して行為するのか、ということがユートピアの問題性をあからさまにするのである。ユートピアが確実な生産高の予想やコンピューターのはじきだす未来であるならば、それは人間の歴史的行為とは無関係の未来の技術的な到達点にすぎない。

ユートピアは近代の地平で自己を破壊し実現しようとする人間の行為のうちで構想され、かかるものとしてユートピアは叛乱の自己表現である。叛乱者は自己の疎外態を意識し、人間の分裂の総体を把握せずには自分を実現することができない。この把握こそ意識的なものとしてのユートピアの構想力である。この構想力は、つねに自己反省をともなう行為が産出するものであるために、たしかに空想のたわむれや狂気の発作なのではない。しかしだからといって、ユートピアの構想は未来の設計図や綱領のプログラムといった次元でなされるのではない。だから、ユートピアを「空想的」「非合理的」といって非難するのは馬鹿げている。ユートピアは、叛乱者がかかえこんでいる弁証法の受苦から生まれでる叛乱者の呻吟なのだ。

史上いくたりかのユートピア作家は、たんにユートピア作品を残したにとどまるものではない。彼らは叛乱者の行為を生き、この行為がユートピアをうんだのである。トーマス・モアにしてもカンパネッラにしても、こうした行為に生涯をかけている。だから、ユートピア作品よりもユートピア作家のもの生涯の方がいわば断然おもしろい。といっても、なにもユートピアの内容はすでに時代おくれのものとなっていて「おもしろくない」というのではない。ユートピアの本質はユートピア世界そのものにあるのではなく、これを構想し創造する人間の歴史的行為においてみいだしうるからなのだ。

たしかにこれまでに書き残されているユートピア世界は、場合によっては現代そこのけの鉄の合理性が支配している。独裁者の羨望の的となるような一糸乱れぬ組織性を誇るのもある。あるいはまたたんに退嬰的な桃源郷にすぎないものもある。あるいは、荒唐無稽で「科学的批判」に耐ええないばかりでなく、空想の産物としても現代の想像力の鋭さにはおよばないガラクタだってあるだろう。もちろんまた現代の技術の進歩によってすでに実際上も原理としても実現されてしまった代物だって構想されただろう。けれども、こうしたいわば玉石混交のユートピア作品群は、決定的な一点で近代の未来像とは異なっている。それはまさに「未来」というものの把握の根本的な相違である。人は近代の進歩主義的な歴史観によってユートピア作品を批判する。しかしユートピア作品の世界はおしなべて物理的に進歩する「時間」という概念を欠いている。『太陽の都』(カンパネッラ)のように、都市の組織はあたかも星座の四季のごとくただ巡っていくだけである。人々は過去に耽らずまた未来に狂騒するのでもなく、ただ永遠の「現在」があるだけである。ユートピア世界の現実は過去と未来に挟撃された現在という近代の常識的な時間に支配されていない。一見するところこれは、ユートピアが叛乱者の歴史的な行為から構想されたという事実とちぐはぐな対照をなしているようにみえる。しかしながら、人間的行為の全体性が触れる歴史とは決して近代の進歩する歴史なのではない。むしろ近代の歴史と歴史学とを拒絶する時間意識に行為はささえられているはずである。近代はそれが一つの歴史的形態であることを知ろうとしない世界像の倒錯のために、かえって歴史に触れえない。この意味で、「もはや歴史はない」といわれたのだ。したがって、全体性をめざす叛乱の行為が歴史的だというのも、近代をもっと進歩させんがための歴史意識をいうのではなく、近代の疑われることなき技術的時間を根源的な時間意識にさしもどして乗り越えることをいっているのである。ユートピアの世界が実際上、時の歴史的状況の批判的克服をめざして構成されたとしても、それが政治的プログラムではなくてまさにユートピアだったのは、このような叛乱の時間意識によるのである。

9

さて、以上のように近代の叛乱をことさらその内部に生きている諸関係に固執して考えてみるならば、叛乱が近代世界にあたえる衝撃の深さが了解できるだろう。叛乱によって震撼させられるのはときの権力につきるものではない。叛乱者の経験は近代世界のいわば根底に触れることによって、近代の政治的道徳的支配の根幹をあばきさらす。とりわけ、叛乱は職業化した思想と認識の領域を揺り動かす。

たしかに、科学的な思考の営みは所与の素材内容から不断に無制限に合理的な知を実現していく。この貪婪な触手をのがれる対象もとどめる手だてもこの世界にはない。けれども、科学的知の自己確認はこの現実的実験的確証の成功によってももたらされはしない。合理的な知にとってはなお不分明の領域との葛藤から知がたえず離陸することが知の宿命だとしても、知識はこれを宿命として了解することができないのだ。

戦争と革命の危機の時代をしばしば人々は認識の危機としてとらえる。このとき、人はめざましい思いで、対象をとらえようとする知の働きそのものの反省に駆られることになる。知ははたして対象を把えているのだろうか。科学的思考がとらえたと自負している諸対象は、はたして事実、現実の対象として存在しているのだろうか。それは人が自分に似せて描いた幻影にすぎぬのではないか。社会と人間の歴史的構造は、この時代には確かな切り口をのぞかせるように思える。知の地盤がとりもどすこの新鮮さのために、認識はにわかに活気づき、日常の自律的な過程に身をゆだねていた知的営みは、健康にも緊張して自己自身への反省にむかう。近代の世界像が世界にかけた魔法は解かれ、存在のカオスは解放される。新しい学派の名に値する学派はこのようなカオスと格闘することのなかから誕生する。そして、叛乱が死に政治がふたたび合理的過程を回復するとともに、学派の二代目は学派の知を「何人も認めざるをえない科学的真理に」純化することに専念し、認識主体と客体との葛藤の地平から離陸していく。

政治的危機の局面では、認識の問題は認識が対象に的中するかどうかの問題にとどまりえなくなる。認識主体についての反省は今や不可避になる。「対象的真理が人間の思惟に達するかどうかという問題は、何ら理論の問題ではなく、一つの実践的な問題である」[*8]（マルクス）──こういう御託宣で認識の問題にけりをつけたつもりになるわけにはいかない。むしろ不断に認識は「問いかけつつ自己に直面する」ことを回避できないのだ。この時、多かれ少なかれ認識はユートピア的な構想力と関わりをもたざるをえない。思考は近代の疎外の一形態であることを拒否して、自己の言語の闇にむかって降下し、思考の根をここにボルトでとめようとする。本来、思想とは人間にとってこのように根源的なも

＊8　マルクス「フォイエルバッハにかんするテーゼ」『マルクス＝エンゲルス全集3』大月書店、一九六三年、三頁。

のではないか。

　こうしていま、近代における無数の叛乱が何であったかがみえてくる。たとえどんなに地域的でとるにたりないものであっても、叛乱は近代そのものへの叛乱なのだ。近代世界がその根拠を失わないかぎり、近代の根拠にかかわるものとして叛乱はつねにある。叛乱が権力を獲得するかいなかは叛乱にとってなお本質的なことではない。叛乱の歴史は、権力の展望なき永遠の叛乱の連鎖であったし、これからもまたそうであろう。レーニン主義からアナキズムまで、叛乱のヘゲモニーが叛乱をとらえあるいはとらえそこなったとしても、近代への叛乱はなお存在しつづけるのだ。

Ⅳ　叛乱の宿命

1

　近代にはむかう叛乱を叛乱者の内部にまで下降して確保しようとしたとき、近代の諸権力と叛乱勢力とがあらわに出合う局面はことさらに背後においやられたままだった。叛乱は近代世界に対抗するものとしての叛乱である以上、両者が出合い闘う場面を抜きにしては、叛乱の考察は思弁的で非現実的なものだといわれるかもしれない。けれども、いわば「叛乱それ自身」の記述に固執してきたのも、叙述上のさしあたっての都合や、あるいはまず現実の叛乱の「理想型」をたてて分析するためだったからでは決してない。叛乱はさきのようなものとしてそれ自体現実のものであり、それ自身が現実的に近代世界の諸権力に衝突格闘するのである。そこでいまや、この衝突の局面に主題を移そう。

叛乱の自己運動の構造がアジテーターと大衆の相関・相剋の関係として捉えられたとき、同時にこの政治的人間関係の弁証法から叛乱者は容易に転落することもまた指摘された。叛乱において燃焼をとげるまで停止しえないアジテーターと大衆の相互転化の運動は、最初からあるいは中途で、おのおのの別々の人格へと分解し、両者の関係は硬直して指導と被指導の関係となる。むしろこれこそ、現実の政治的人間関係の目にみえるありふれた姿である。こうした人間関係の頽落は、内在的にみれば、「弁証法の疲労」とでもよぶべきもののために起こる事柄であった。プロレタリアートとして概念的に思考されたとき、大衆はその歴史的行為において不可避的に人間の全状況を背おって立たねばならぬ者であった。しかし大衆は自分自身の行為が開示した近代の秘密を耐えがたいものと感じる。彼の行為が政治関係から脱落するならば、もはや余人では自己の実現の行為に入りえないことを知りつつも、大衆はむしろ受動的な惰性体にもどりたいとねがう。知識人にしても、もとはといえば自分の知の営みの本質的限界のためにアジテーターへと決意したのだったが、政治の関係で自己否定と自己実現のきわどい尾根を歩むことの疲労は、彼にしても耐えがたい。彼はふたたび専門家としての知識人にたちもどるか、あるいは官僚的な党の言葉の使い手となり対岸の大衆と硬直した関係を結ぶことになる。いわゆる運動の激しさについていけずに脱落するという現象は、党員の官僚化と同じことを意味している。「弁証法の疲労」とは言葉のアヤではない。政治を経験したものは誰でも知っている実感である。

　こうしてみると、叛乱の自己運動の生命はもろいもののようにみえる。近代への叛乱という叛乱の本質的な意味は、ただ自分の生活と思想とを大衆の飢餓の次元に結びつけてはなすまいと決意した少数の「思想家」個人の生涯でのみ生きつづけていくことになる。しかしいずれにしても、それは叛乱と政治の死を意味する。

以上は叛乱の内在的な疲労に関した事柄である。けれども、叛乱の頽落をもたらす原因はそれだけではない。叛乱はいうまでもなく近代のただなかでの叛乱である。叛乱が何をめざすにせよ、既存の権力にたちむかいこれと闘わねばならない。ところが近代権力は気まぐれで恣意的な権威とは異なって、全近代を背景とも味方ともしているものなのである。叛乱の相手はそれこそ「歯まで武装している」。これにたいして、叛乱のもっているものは近代世界の生命の秘密をにぎっているという意識の熱度であるにすぎない。両者の力を、それが装備している暴力装置でくらべるならば、闘いの結末は最初から明らかである。さらにそれだけにはとどまらない。権力は叛乱の鎮圧に武力を行使するよりも、一層しばしば叛乱者の動揺と疲労につけいって叛乱を内部から瓦解させようとする。もともと近代権力は、人間主体を叛乱者に転化させないための不断の影響力にもとづいてこそ成立しているのである。だから、権力による叛乱の死というのも、最初にふれた叛乱の内部構造の頽落ということと同じことにゆきつくであろう。近代以前だったなら、叛乱と権力との闘いは身分間の闘いであり、勝敗にとって双方の「物質力」の相違は決定的だった。ところが、近代の叛乱はその存在そのものが近代の反対概念なのであり、両者の敵対関係は根底的なのだ。

2

ともかく、叛乱は近代の権力の物質的かつ道徳的な全影響力にたちむかって生きなければならない。これはいいかえれば、近代の合理性の囲繞の中で叛乱は生きつづけなければならないということである。心情の反逆でも個人的な憤死でもなく、まさに政治として叛乱は革命でなければなるまい。かく

＝革命は権力に対抗しうる物質力であり、また知的、道徳的能力であることが必要となる。「戦略」や「戦術」を生みだし、叛乱を未来にむかってみちびいていかねばならない。

うして、叛乱にヘゲモニーの問題が生じてくる。けれども、ヘゲモニーは叛乱それ自体の構造か生まれてくるものではない。叛乱内部の人間関係の弁証法にみられる自己破壊＝自己実現の熱情は、れ自体「指導」とは無縁な人間の歴史的行為の熱度そのものである。叛乱は、コミューンの内なる祝祭に憑かれている。だから、ヘゲモニーの問題は、叛乱の原基的構造にたいして外からやってくる。叛乱は、ヘゲモニーの問題をいわば押しつけられるのだ。それゆえ敵の権力がよってたつ合理的な地盤に叛乱の物質力もまた打って出ていき、これとまみえなければならない。叛乱は一個のヘゲモニー集団としてブルジョア的な諸集団に対抗し、よって政治過程の一要因——しだいに強大となっていく要因として介入していくようになる。こうして、近代の合理性を叛乱は「利用し」あるいは身にこうむることが不可避となってくる。図式的にいえば、叛乱のヘゲモニーは叛乱者のかかえもつ弁証法のみならず、対象化された存在相互の弁証法をも二重にひきうけねばならないのである。

革命集団がひきうけるべきこの二重の弁証法性は、これまでの叛乱の記述ではあからさまに示されてはいなかった。叛乱の構造をアジテーター＝大衆の関係としてとらえたとき、これらの呼称はすでにヘゲモニーの問題を予備的に含んでいたとうけとられるかもしれない。しかし、叛乱の原基的な構造にあっては、アジテーターと大衆の関係はそれぞれ別々の人格として存在するのではなく、むしろそうした規定性を拒絶する叛乱主体の歴史的行為に内在する弁証法なのであった。そしていまやこの段階で、アジテーターと大衆とはヘゲモニーの光のなかではっきりと区別されて前面にでてくることとなる。

ところで、叛乱のヘゲモニーの問題はこのように叛乱の外側からおしつけられてくるものであるから、叛乱がヘゲモニーを必然的に生みだすなどということはできない。そのものとしての叛乱は、むしろつとめて外的世界を視線の外におく傾向をもっているのだから。それゆえ、ヘゲモニーは叛乱する者のうちで誰かが決意してひきうけなければならないものなのだ。そして一度ヘゲモニーを掌握するならば、彼はこれを叛乱の成就にいたるまでもはや自ら手放すわけにはいかない。このヘゲモニーひきうけを決意する叛乱者こそ、レーニン以降「前衛党」と呼ばれてきたものなのである。一九一七年六月の第一回全ロシア・ソヴェト大会の席上、全権力を一身に担う用意があると言明できる政党はロシアにはないだろうといったメンシェヴィキに対して、レーニンは次のようにいってのけたのだった。

「ある！　わが党はいついかなるときにも全権力を掌握する用意がある！」[*9]

3

けれども、叛乱のヘゲモニーの問題が一度提起されひきうけられたときには、ヘゲモニーは逆に叛乱の内部にも特別な規定性をもちこむようになる。レーニン主義は、ヘゲモニー集団におけるアジーターと大衆との関係を次のように公式化している。

(1)実際上、大衆はブルジョア・イデオロギーの影響のもとにとどまっている。このイデオロギーは、古くからありよく仕上げられており、圧倒的に多くの普及手段をもっているから、大衆自分の力だけでは組合主義的な改良の意識しかもちえない。

資本主義を乗り越える意識は、大衆が自然発生的に会得することは不可能であり、大衆にたいして外部からしかもたらしえない。
(3)この意識は科学的洞察にもとづくものであり、これを練りあげかつ大衆に注入するのはブルジョア・インテリゲンチアの仕事である。
(4)大衆がこの仕事に参加するとしても、それは大衆としてではなく、インテリゲンチアとなってするのである。

ここには、近代の地盤で権力に対抗し、権力を打倒しようと決意したとき、叛乱の構造がどのように頽落せざるをえないかが、きわめてぶしつけな言葉で語られている。アジテーターと大衆の関係は画然と知識人対大衆の関係となっている。知識人は科学的知識の担い手である。というより、「ブルジョア・インテリゲンチアによって仕上げられた」科学的社会主義の理論そのものといった方がいいだろう。知識人は大衆にむかって立つのであって、これに身をかがめ、実質上相手を侮辱するようなことがあってはならない。他方で大衆はといえば、彼は圧倒的なブルジョア・イデオロギーの影響のもとにあり、自力では解放のイデオロギーを身につけることのできない存在である。アジテーターと大衆は、まさに別々の人格として対立しているのであり、両者の関係は指導と被指導の関係となる。「これがにがい真実なのだ」といわれるのである。

両者をめぐる言葉も、大衆の飢餓意識からその都度おくりだされてくる難渋をきわめた言葉にとど

＊9　レーニン「労働者・兵士代表ソヴェト第一回全ロシア大会　一九一七年六月三日－二十四日（六月十六日－七月七日）」『レーニン全集25』大月書店、一九五七年、七頁。

まりえない。それは「深淵な科学的洞察によって」えられた理論であり、アジテーターが外から大衆に注入すべき言葉の体系である。言葉は党にとっての理論――つまり党の綱領なのだ。党のアジテーターは大衆に「身をかがめる」ことを拒否し、非知識としての大衆の面前に立って党の言葉を体現する。叛乱の未来もまた、もはやユートピアの構想につきるものではない。革命の未来ははっきりと現実的に「権力獲得」という到達点である。支配集団の権力に対抗して叛乱を成就させるために、ヘゲモニー集団もまた物質的に思想的に拡大し強化されなければならないのであり、これはなによりも叛乱大衆を党の理論、方針のもとに獲得することによってなされる。叛乱の未来は現実の政治過程での問題となるのだ。

このようにして、ヘゲモニーの問題の提起とともに、叛乱の内部構造もまた対象化の形態をおびることとなる。アジテーターも大衆も、いまではそれぞれ対象化の形態をとっている。両者は一者のうちでの弁証法的関係であることを最初からむしろ意識的に拒絶されて、技術的な人間関係となっている。これは極端にいえば、自然的所与と労働主体との技術的関係が、大衆と政治家の関係に映されたものにほかならない。媒介の理論――綱領もまた実践上の目的を媒介するものとして対象的認識の形態をとることとなる。活動家としてのアジテーターは、党の理論を指針として、自己を大衆的所与に映し、かつこれを自己に獲得しようとする。技術が労働の合目的性の不可避の媒介であったように、党の理論はアジテーターの実践にとってその死命をせいする役割をもつこととなる。

ここにはじめて、政治を測度しうる局面が開けることになる。「蜂起は十一月六日は早すぎるだろう。しかしまた十一月八日では遅すぎる」といった風にである。敵の権力に打撃を与えこれにとって代わりえたか否かということにとどまらず、党の政治の成功・失敗を党の理論が大衆をとらえたか否かとして内在的に測定することが可能となってくる。アナロジーでいえば、近代の労働がその対象の加工の成功・失敗の原因を、対象の神秘性への拝跪によってではなくて、技術的媒介の適否によって測定することにくらべられる。叛乱のテクニックということが文字通りに問題化されてくる。ただちょうど労働にとって技術の本質が機械（労働手段）ではなかったと同様に、叛乱のテクニックもアジテーターに内在化していえば敵に対抗する武器や戦術なのではない。近代権力は決してその基礎を諸々の暴力装置においているのではない。市民社会とよばれてきた大衆のアトム的な人間関係に地盤はあるのであり、叛乱の技術というのも根本はこの地盤を掘りくずすことにかかわるのである。

かくして、アジテーターはまた叛乱のテクニシャンとなる。これらは叛乱のヘゲモニーが近代の権力にはむかうために飲み下さなければならない近代の毒である。党は近代の合理性の地盤でこれと闘わなければならない。人間関係の規定性を止揚するに叛乱の内部に規定性をもちこむことをもってしなければならない。この背理こそ、叛乱が叛乱のヘゲモニーであるときに示す叛乱の宿命的な頽落の姿である。

4

けれども思いちがいをしてはならない。ここでレーニン主義の特徴を思いおこしたのも、レーニン主義のカリカチュアのためでもなければその歴史的な反省のためでもない。ヘゲモニー集団としての前衛党が、逆に叛乱の構造をどのように規定せざるをえないかをレーニン主義の党の特徴のうちにみいだすことが目的だったのだ。実際、レーニンの書いたもののあれやこれやをもってレーニンの歴史的位置をおしはかろうとすれば必然的に種々のカリカチュアになってしまう。一九〇二年の前衛党論[*10]

をもって、一九一七年の革命におけるレーニン主義を理解しようとすることなどはこれに類する。前者は叛乱という事実のうえにおいてはじめて意味をもってくる。一九一七年には、ロシア大衆の広範な崩壊状況が頂点にたっしていた。古い封建的な身分規定の崩壊、兵士の破滅、またペトログラード〔現サンクトペテルブルク〕の近代的大工場がはじきだしたプロレタリアート――つまり労働者・農民・兵士がそれぞれに近代の合理的過程の規定性から離脱し革命の地平にあふれでていた。古い世界像の地平はくずれかけ、大衆はなじみない不安な地平に立つ自己を発見した。まさにトロツキーの演説ではないが、「生起したことは叛乱であって、陰謀ではない」のだった。[*11] この叛乱の不安な地平こそレーニンの党の生きる地盤だった。たしかに党は大衆の意志を「公然と鋼鉄のようにきたえてきた」としても、叛乱はレーニンの党にとっても、かつてバクーニンがいったように「暗夜の泥棒のよう」にやってきたのだった。だからここでの党をえがくためには、一九〇二年の党の描写では不充分であるどころではない。レーニンの党組織論は、たしかにルカーチのいうように、「時代の根本問題として」革命を認識したにすぎない者のそれではなく、「革命の事実を、革命の現実性を前提にしていた」のである。

したがって、レーニンのヘゲモニー論は叛乱を現実の所与としてはじめて生きてくる。たしかに、一九〇二年の党組織論は党の政治が根底でアジテーターによって「創造されるべき」ものだという政治にとって本質的な点をついている。けれどもこのことはみすごされ、むしろアジテーターと大衆のスタティークな関係の方が強調され、後世必然的に党のカリカチュアとなってしまった。だから、レーニン主義的な党のヘゲモニーも、所与としての叛乱の構造を変形しつくすことなどはできはしない。叛乱者に内在化された叛乱の根源的な運動は、ヘゲモニーによってレーニン主義的な対象化の形態に変移するのではない。革命の現場にあっても、叛乱の構造はまさにそのものとしてヘゲモニーと相関し葛藤するのである。叛乱とレーニンの党は、まさしくこの両者の相剋を生きつくすことによって、「十月革命」を成就したのである。

5

したがって、ヘゲモニーは叛乱の「現実論」を意味するものでは決してない。つまり、叛乱の根源構造は革命の「原理論」であり、この原理の現実的な適用がヘゲモニーであるというのではないのだ。このことは、もっと根本的にプロレタリアートの概念についていえることである。プロレタリアートは本来自己の現実存在とその克服の意識とを相関させずには行為しえないものとして構想されていた。しかしのちの時代に、マルクスの時代とちがってこの概念では現実の労働者階級の状態をとらええないことがしきりととりざたされるようになった。もちろんこれは由々しい問題だ。けれども、いつの時代にだって、プロレタリアートという労働者階級などは存在しなかったのだ。労働者階級の現実像は当然時代を通じて変化するはずのものだが、プロレタリアートの概念はこうした労働者階級の現状分析とは別のものであり、現状分析に適用すべき分析の原理なのではない。そうではなくて、労働者

＊10　レーニン「なにをなすべきか」『レーニン全集5』大月書店、一九五四年、三六三－五七三頁などを参照。
＊11　トロツキー『ロシア革命史5』山西英一訳、弘文堂、一九五一年、一六二頁／藤井一行訳、岩波文庫、二〇〇一年、二四四頁。

は大衆として、いつの時代にもプロレタリアートとの相剋を身のうちにかかえもっている。プロレタリアートとは、歴史的行為主体が（個人であろうとも）そのうちにはらまなければならない自己規定と背後の闇との葛藤を名ざしており、プロレタリアートは歴史的行為の本質である。この本質が与える傷を大衆が日常的行為のうちで忘れ去っていると考えるのは愚かしい。それは合理主義の不遜である。

たしかに、レーニンの時代はベルンシュタインの時代であり、プロレタリアートの原像と労働者階級の現実的存在とのずれが決定的に意識されずにはすまされない時代だった。この問題にケリをつけることは、レーニンやベルンシュタインにしても、またルカーチ、ローザ・ルクセンブルクにとっても、不可避的なことだった。しかし、この問題は、プロレタリアートという「原理」を何か現状分析的思考で媒介し労働者階級の「現実論」へとつなげることでは、決して解決しうるものではない。これは二重の自己欺瞞であり、たかだか現実の労働者階級に頭の上がらないプロレタリアートの原像と、プロレタリアートの原理に負目を感じる現実の労働者階級とをもたらすだけである。こうなればまたマルクス主義思想も、そののちに実証的な諸科学のなかに吸収されて生かされる「原理論」となり、自立性を失ってしまうことになる。つまり、思想は生きられることをやめて、現実に適用されるべき法則・公式の類になってしまう。マルクス主義を帝国主義時代に適用したものがレーニン主義で、かくしてマルクス＝レーニン主義なのだと。

このような意味で、テクニシャンとしての党は叛乱の現実論なのではない。プルードンが信頼をおいた労働者階級の「階級的本能」は、すでにレーニンの時代には昔日のおもかげを失っていたとしても、ヘゲモニーは「このにがい真実」に対処するためにとられる手段ではないのだ。つまり、叛乱大衆を一つの対象とみたてこれを技術対象的に操作するのが党のアジテーターの性格・機能なのではない。党は叛乱の地盤そのもので生き、同時に叛乱のヘゲモニーのために叛乱のうちに技術的頽落の宿命を背負う。いいかえれば、叛乱の所与と相剋することは、同時に党のうちで、否アジテーター個人のうちでこの相剋が再生産されつづけることにほかならない。もともとアジテーターは自覚した叛乱者なのであり、たんに知識人につきるものではなかった。叛乱の宿命はアジテーターをたえず党の言葉の語り手へとおくりだすとはいえ、彼は叛乱者の懐胎性をのがれることはできないのだ。ヘゲモニーとしての党もまた、一個の叛乱者である。アジテーターと大衆の根源的関係は叛乱から党へと幾重にも循環して運動する。党は叛乱の噴死か、叛乱の技術的転落かへの分解に抗し、両者の弁証法的相剋によく耐えるものとして党なのである。党はたしかに背理である。だが、この背理は党の宿命である。党はまさしく叛乱の生であり死である。

前衛政党はヘゲモニーのうちに叛乱との相剋を生きる。――これこそが革命政党を他の指導組織のあり方から区別する点である。たとえば改良主義的指導部は、革命党がはらみつづける根本的な困難性・背理を避けたところで機能する。改良主義は社会的利益の分配をもとめて近代社会のテクノクラシーの過程に介入しようとする。無視されつづけてきた愚昧な社会集団の知的・物質的力を代弁し、これを相手方にみとめさせようとするのである。いいかえれば、改良主義的指導部とその集団は、テクノクラート内部のマイノリティー（少数派）として自己を主張しているわけである。改良主義の指導層を特徴づけるものは、「専門的政策」であり、マイノリティーの性格たる傲慢さと卑屈さの交錯したものである。ところが党の宿命たる叛乱の体現するものは、テクノクラートにとって理不尽で目にみえぬものなのだ。それゆえ、改良主義と前衛党との相違は決して「窮極目的がすべてか否か」という対立につきるものではない。

他方では、ファシズムはデクラセ群衆[*12]にたいして顕著な指導の役割をはたした。ファシズムに指導された「群衆の蜂起」は、この群衆がもともと属していた社会集団の相違という点をのぞくと、近代への叛乱の性格に類似していると思われるかもしれない。ところが、歴史的経験からみるならば、ファシズムの叛乱はここでの主題である革命的叛乱の諸性格を欠如しているというのが顕著な事実である。叛乱の影響にしても、前者の場合にはときの思想状況全般を深部から揺り動かしたことはなかった。たしかに、叛乱の大衆はいずれの場合にも近代の合理性にくらべれば「情緒的な」性格をもっているといってもいい。けれども、ファシズム大衆の情緒的高揚は、いわば詩精神にまで高まることはたえてなかった。それというのは、ファシズムの叛乱にはもともと叛乱の内的構造などは存在しないからなのだ。いってみれば、ファシズムの叛乱は指導そのものである。しかも、指導はテクノクラートの指導とは違って、非合理主義的な強制を意味していた。ファシスト大衆の非合理的な自己破滅の情緒が直線的指導をうみだし、かつこの強制を受けいれたのだ。また、ファシストの指導がプロパーな非合理だったために、近代の社会組織を支配するためには暴力的強制を必要としたのだった。それゆえ、ファシスト叛乱は内部に否定的なものの相剋をはらんではいない。前衛政党の所与としての叛乱は、決して非合理主義の自己運動なのではなく、そして党もまた近代の合理的過程の非合理的矯正とは反対のものなのだ。

6

「革命の問題は権力の問題である」といったのはレーニンである。[*13]この「権力の問題」を叛乱のヘゲモニーの問題としてとらえ、私はこれを叛乱の宿命的な頽落といった。けれども、ヘゲモニーの問題が叛乱にとって「宿命的」だなどというのは早合点にすぎないといわれるかもしれない。なぜならば、ヘゲモニーが宿命的であることをあくまで拒絶しようとした革命の実践的潮流があるのだから――それはアナキズムである。

　アナキズムは叛乱の主役として登場した場合にも、ヘゲモニーの掌握を拒否する。しりごみするのではない。たとえ革命的党派の権力掌握なしには当面の叛乱の運命が無に帰してしまうことが明白な場合にも、それを犠牲にしてでもアナキストは彼のドグマを守ろうとする。アナキストたちのほとんど奇怪なまでに頑固なヘゲモニーの問題の回避は、革命が権力の問題であるというレーニンの命題を前提としてしまうと、まるで馬鹿げたことにしかみえまい。事実、多くの論者によって革命におけるアナキストの実践は革命のドン・キホーテであるとされ、すでに死滅してしまったものとみなされている。これに反して、アナキストの思想は永遠だといわれるのである。

　しかし、これは逆である。アナキズムの重要性はリバータリアンの思想にあるのではない。近代世

＊12 デクラセ（déclassés）とは「階級落伍者」を指す。マルクスにおいてはルンペンプロレタリアートに括られ、「〔革命において〕反動的陰謀に買収される」（マルクス&エンゲルス「共産党宣言」『全集４』四八五頁）が、ブランキでは、ブルジョア階級から落伍してプロレタリアの先頭に立つ革命主体である（ブランキ「共産主義――未来の社会」『革命論集 改訂増補版』加藤晴康編訳、彩流社、一九九一年など）。

＊13 たとえば「二重権力について」でレーニンは「あらゆる革命の根本問題は国家権力の問題である」という（『レーニン全集24』大月書店、一九五七年、二一頁）。なおトロツキーも「革命は第一にかつまっ先に権力の問題である」という（トロツキー「附録 権力のための闘争」『１９０５年革命・結果と展望』対馬忠行・榊原彰治訳、現代思潮社、一九六七年）。

界の権威主義的・全体主義的傾向を批判する思想として政治的実践と別のところでみるならば、アナキズムは現代のニヒリズムの深度におよぶものではない。叛乱の実践のなかでこそ、アナキズムの意味と重要性はみえてくる。また逆にいえば、アナキズムは叛乱の意味、なかんずくレーニン主義のきわどい位置に照明を投げるのである。

ヘゲモニーとの関連でみるとき、アナキズムの運動にとって決定的な事件はロシアとスペインの革命であった。前者ではアナキストの勢力は党派としてはとるにたりないものだったが、スペイン革命ではそれどころではなかった。アナキストはスペイン革命の主役だったのであり、しかも同時にこの革命のうちにアナキストは過去百年にわたるアナキズム運動の墓碑銘を刻んだのだった。これら二つの革命のなかで、アナキストは戦争と権力の問題に不可避的にまきこまれ、こうしてバクーニン以来のアナキズム運動の問題性を集中的に明るみにだした。それまで、アナキズムの運動は、バクーニン時代の地域的ないくつかの叛乱、一八八〇年代のテロルから二〇世紀初頭のサンディカリスムへと変遷し、一つのサイクルを閉じたかに思われていた。このサイクルのどこにあっても、アナキズムは明確な党派として権力掌握の問題——この極端に政治的な問題にまきこまれることはなかったのだといえよう。

もちろんここでもまた、アナキスト運動の歴史的な総括がめざされているのではない。たとえば共産党の運動とのくらべっこなどは問題ではない。アナキズムの運動の問題は、決して革命のプロセスに関する事柄にとどまらず革命的社会の建設の問題もからんでくる。だが、ここではただ以前からの文脈にしたがって、叛乱のヘゲモニーの問題に関するアナキストのかかわり方を、レーニン主義と対比させて描こうとしているのである。

アナキストは叛乱のヘゲモニーの問題を拒絶する。しかし、アナキストの教義は、革命が権力の問題であることを容認するどころではないのだから、このことはあたりまえの話におもえる。けれども問題は教義の範囲にはとどまらない。ロシアとスペインの二つの革命では、アナキストはあまりに「政治的革命」にまきこまれており、権力の問題に現実的に決断を下さないことは叛乱の未来について決断を下さぬに等しかった。ロシアでは、ブルジョアジーとケレンスキー[*14]の無力を前にして、誰が代わって権力をひきうけるかという問題が革命の諸党派に即座の決断をせまっていた。たとえばメンシェヴィキは、権力の掌握は明白に革命の失敗をひきおこす冒険であると考えて、ひきうける気のないことを表明していた。また革命後の国内戦のときには、内戦に勝つか否かに革命の未来がかかっていたことは明らかである。スペインでは、改良派とスターリンの党による革命の抑圧を粉砕するために誰が共和国政府をひきうけるかという問題、さらにフランコの叛乱についてロシアの内戦と同じような事態。アナキストは、ヘゲモニーのひきうけ方に問題があるのだというかもしれない。つまり、上からの指揮による押しつけではなくて、下からの自発的組織化によるべきだ、と。けれども、事態のあの局面では、このいい方は無内容な抽象にすぎない。むしろ、この時点でのアナキストの決断は次のようだったというべきだろう。——革命が重大な反革命に直面しており、どのような形ではあれともかくもこれを打倒するヘゲモニーをひきうけることなしには、反革命の勝利は不可避であり、し

*14 Александр Фёдорович Керенский（1881-1970）一九一七年のロシア二月革命において、社会革命党（エスエル党）指導者として臨時政府に法相、のちに首相兼陸海軍相に就任。反革命勢力の中心となり、十月革命によって打倒された。フランスを経てアメリカに亡命。

たがって自らの生命のみならず、労働者階級の勝利も灰燼に帰するような決定的瞬間にあったとしても、このヘゲモニーはひきうけてはならない。たとえこの問題の回避によって当面の労働者階級の勝利を犠牲にすることになったにしても、権力を掌握することによって革命におよぼす害毒の方がもっと甚大なのだ、と。まさに、予言者精神の崇高さと悲惨さというべきか。ヴォーリンのいうように、アナキストたちは「アナキズムの思想、まことの解放をもたらす革命は、アナキストによっても同様に実現されないだろう」と考えているのだ。[*15] ただスペインの場合、フランコの内乱に勝つためにアナキストは政府に参加する必要を認めた。しかし、これはアナキズムの教義にたいする裏切りであって、「戦争のために彼らはすべてを犠牲に供した」と非難されるのである。この言葉を逆転させれば、アナキストはその思想のために「戦争を犠牲に供する」といいうるであろう。

7

アナキズムの運動は、ヘゲモニーの掌握は革命そのものをあやうくするばかりでなく、反革命を重大な危険にまで高める原因ともなると考えている。権力の掌握によってではなく、「下からの革命」つまり工場管理や農村コミューン等の経済の人民管理を通じて、ブルジョア権力を「事実上」破壊することがもくろまれている。この「真の革命」が強化されていけば、政治過程のヘゲモニーあらそいにかかわることなしに、権力・国家なき社会が建設されるのだと彼らは主張しているようにみえる。それゆえ、アナキストの革命は、本来近代の合理的諸過程の外で発生する叛乱を、ヘゲモニーによってこの諸過程にかみあう革命に頽落さすことをあくまで拒絶して、政治過程の底辺で純粋に培養しようとするのである。これに反してレーニン主義は、党のヘゲモニーをも含めて、政治過程全般が近代の合理性を帯びざるをえないといわば観念している。それゆえ、叛乱する勢力を一個の力としてこの過程にかみあわせ、過程自身のヘゲモニーをねらい、かくして近代の泥にまみれることをレーニン主義は決意しているのである。レーニンは近代の毒に自ら手を染めようとしない政治のロマンチシズムにたいして非難を投げつづけてきたのだが、この非難には、大げさにいえば、叛乱の逆説を背負う者の大審問官風のひびきがいつもききとれる。しかしながらアナキストは、叛乱はこんな悲劇風の決意などを誰にもたのんだおぼえはないのだといいすてる。彼らは近代政治の合理性それ自身を拒絶し、こうして近代政治の伝統を全面的に排除しようとする。

それゆえ、革命が権力の問題を日程にあげたときにも、アナキストにとってはそれはたんに権力の問題にまきこまれたことにすぎず、このとき彼らは問題を回避するという決断を下すのである。回避は、他の革命の党派の場合のように、「ボリシェヴィキ的根性」の不足や「客観的情勢判断」にもとづくのではなくて、回避自身が決断——しばしば大いなる決断——なのだ。アナキストは自分の思想は自分では実現できないのだという予言者的精神につらぬかれている。ところがレーニンは、自らが

＊15　ヴォーリン『1917年・裏切られた革命』野田茂徳・野田千香子訳、現代評論社、一九七一年、三七頁。ヴォーリンはロシア出身のアナキストで、本名ヴセヴォロド・ミハイロヴィチ・エイヘンバウム（Vsevolod Mikhailovich Eichenbaum　1882-1945）。一九〇五年の蜂起（第一次ロシア革命）で指導的役割を果たしたが、〇七年にフランスおよびアメリカに亡命。一七年の第二次革命でロシアに帰国し、マフノ運動の参謀として活動したが、ボリシェヴィキによる弾圧を受けて再度ドイツとフランスに亡命、その地で客死した。他の邦訳に『知られざる革命』（同前、国書刊行会、一九七五年）。

実現しうる思想以外は我慢がならぬのだ。思想はアナキストにとっては予言であり、レーニンにとっては党の綱領を意味する。

したがって、いわゆる自然発生性か指導性かという対立は、アナキズムとレーニン主義の対立にとって無意味である。自然発生的暴動はことさらアナキスト的だとはいえない。アナキストのコミューンにも、「非政治的な」指導と被指導の関係は必ず存在する。つまり、アジテーターと大衆の関係は、アナキストの叛乱の場合にも必ず顕在化する。また、アナキストの革命は一切の権威・権力にすがらない「心情の叛逆」だとみても、自然発生的な群衆はこれと全く逆に、むしろ無定形であり権威や指導に本能的（心理的）に強くすがろうとするものなのだ。対立は、叛乱――おのぞみなら「自然発生的」と形容してもよい――の所与にたいしてこれをどうするか（「せまりくる破局、これとどう闘うか」[16]）、という政治的決断の相違にあるのだ。政治を拒絶する決断とまさに政治的な決断――両者の対応の仕方はこのように対極的なのである。叛乱それ自身をことさらアナキスト的といってはならない。叛乱は党派によって生みだされるものでもなければ、どれか一つの党派にその表現をみいだすべきものでもない。叛乱はあるのだ。たとえばロシア革命を、叛乱のアナキスト的ムードにプラスするにレーニン主義の「権力の意志」ととらえるのでは、両者の本質的対立をみうしなってしまう。アナキストに特徴的な文脈でいう「上からではなくて下から」等といった対立は、この根源的対立のうえで考えねば、政治の現場ではほとんど愚にもつかないものである。たとえばアナキストの典型的文体は次のようにいう。「真の解放は、政治的党派あるいはイデオロギー組織の旗の下にではなく、結集した利害関係者、労働者自身の直接行動によってしか、そして大衆の上にではなく、その中にあって働く革命家に、支配されるのでなく、援けをえた『自らによる管理』と具体的な行動とに支えられた彼ら自身の階級的組織の中にしか実現されえないであろう」[*17]（ヴォーリン）。この文体は遺恨ある注釈家のそれでないとすれば、現実に裏切られた予言者の文体であろう。
以上のように、叛乱の生の本質的契機として、レーニン主義とアナキズムは叛乱の運動に対極的位置をしめる双生児である。両者は二者択一的な関係にあり、事実歴史上の叛乱は双方の峻烈で悲劇的な対立に彩られてきた。どちらがより「正しいか」などという設問に答えようとすることは、論理的にいっても歴史的にいっても馬鹿げたことである。たしかに、この権力の時代には、叛乱の未来に関するアナキストの展望はなおおぼつかないことは明白であろう。近代世界の地平からみれば、アナキズムは叛乱の「理不尽」と「愚かしさ」を象徴している。アナキズムは「自己運動する叛乱」の死の象徴である。しかし、レーニン主義もまたほとんど奇跡のように思える。一方ではヘゲモニーそのものを乗り越えて自爆しようとする叛乱のネイティブな息吹きによっておびやかされる。他方では、党の人間関係の完全な技術的疎外態への転落——これはいまではなじみぶかい「わが党」の風景となっている。こうした二様の傾斜のあやうい尾根で、レーニン主義は叛乱の生と死の弁証法を生きかつ生かさねばならない。レーニン主義は、近代の知にとってアナキズムにくらべればまだ「理解可能」なものといわれても、これはレーニン主義の自慢にはならない。

*16　レーニン「さしせまる破局、それとどうたたかうか」『レーニン全集25』大月書店、一九五七年、三四八―三九三頁参照。
*17　前掲ヴォーリン『1917年・裏切られた革命』三六―三七頁、強調引用者。

8

レーニン主義的党の官僚化は、以上のような党というものの存在のあやうさに由来する。ことに「権力の展望」なき時代には、党の疎外形態への転落はなじみぶかい光景となっている。だが、それだけにとどまるものではなく、党は叛乱せる人間関係に硬直した関係を逆におしつけることによって、叛乱を手っとりばやく殺す力になってきた。実際、一九〇二年のレーニンの党組織論を個条書にしてとりだしてくるならば、しばしば「スターリン主義的」と呼ばれる党のカリカチュアを容易に描くことができるだろう。それは、アジテーターと大衆との根源的関係の硬直化として、二つの方向をとってあらわれる。

第一には、アジテーターと大衆との一体化という仮象が党の内外を支配することである。アジテーターは自分と大衆との疲労にみちた死闘を他の何か第三者に帰属させて一体化し、かつこれより逃れようとする。この第三者こそ、アジテーターと大衆にとって外的なものとしての権力の状況である。「かかる状況のもとで、我々は何をなすべきか」というのは、政治のアジテーションの手慣れた前文である。別にアジテーションの形式的主語にこだわっているわけではないが、ここでは対立は「我々」と「状況」との対立という形をとっている。「状況」にたちむかう「我々」のうちにアジテーターと大衆の一体化がすでに前提されている。状況を変革すべき行為の目標と行為とが行為主体のうちで相関することなく、あたかも行為は自然的対象の技術的変革といった趣を呈することになる。けれども、「我々」として一体化された主体は仮象である。たんに「我々」がアジテーターと大衆との関係を明るみにださないばかりでなく、「我々」は実は一方的にアジテーターたる知識人を意味しているからである。というのも、変革すべき状況をしかじかと認識するのはアジテーターの知の働きなのである。それゆえ、「我々は」というとき、この知の働きによって認定された状況とそれにもとづく「科学的」運動方針に、大衆もまた高まるべきことがいわれている。つまり「我々」と「状況」の対立として政治を考える図式の根本には、知識人の立場からする知識人と大衆の対立の一方的解消がすでに前提されているのである。こうして結局は、政治に内在する根源的分裂は知識人集団たる党にすべて帰属してしまうことになる。

第二の方向では、逆にアジテーターと大衆の対立の硬直化があらわに前面にでている。レーニン主義のカリカチュアのうちに、技術的な大衆操作主義ともいうべきものをみてとることは容易であろう。けれども大衆の操作といっても、陰謀やテロルによって大衆を覚醒させてひきずるという意味ではない。また、かのブランキズムのように、認識と決意とが強固な小集団の叛乱行為のうちで統一されているような形態でもない。党による大衆操作主義とは大衆にたいする知のテロルの頽落形態である。党にとっては理論は不可避のものであった。党員としてのアジテーターは彼の知の働きによって大衆の状況と階級の状況とを明確な形象に描き、ここより大衆の従うべき闘いの方針をひきだしてこようとする。だがこれは容易に逆転する。アジテーターの知の体系としての党の綱領は、逆に知の対象化形態として万物を支配するようになる。綱領は、自然的対象物の変革に「意識的に適用」される技術のごときものとなる。党の認識と変革の対象たる非知識の大衆は、その発すべき言葉を綱領としてあたえられる。そして、この関係は容易に党のアジテーターのあいだで再生産され、アジテーターは対岸の大衆にたいして単に言葉の使い手――「法王庁の歌い手」にすぎぬものとなってしまう。大衆の操作主義が支配権力と同じように暴力装置によって保証される場合もしばしばなのだが、けれどもこれはいつも物神化された言葉によって媒介されているのである。こうして、叛乱にとって宿命的な媒介であった党にとっての理論は、アジテーターと大衆の硬直化した関係によって、ついには「綱領主義」という疎外態をとるようになる。

したがってまた、叛乱のヘゲモニーが失敗した場合には反省――それがなされるとして――はいつも綱領内容のリアリティーに関するものとなる。アジテーターの言葉の忘失は、党にとっていつも単に「より科学的」な理論の創造の問題にすぎないことになる。新しい「帝国主義論」「科学的マルクス主義の再構成」といったことが党の知識人の仕事になってくる。また、マルクスによる原理的なプロレタリア像に対するに、現実的な労働者の階級分析の重要性がとりざたされたりする。要するに、綱領主義への反省もまた綱領主義的に、つまりただ実証的現状分析の思考としてなされるのだ。

以上のようにみるならば、レーニン主義のカリカチュアは、いずれにしても同じことに帰着する。叛乱における大衆とアジテーターの根源的関係が、いずれも党の立場に一体化され、逆に党は物神化した理論――綱領主義に支配されるようになる。けれどもこれは党の側にだけいえることではない。大衆もまた、この綱領主義の言葉を拒絶する闇の如き性格を大衆自身の奥底にしまいこんで気づかない。大衆は党の言葉を聞き流して、依然として党の射程の圏外にとどまっている。彼はブルジョア的政治過程を脱落して自分のうちに危険な弁証法をかかえこむような「不合理な」ことから身をさけ、前衛にとって一個の巨大な惰性体として存在する。くりかえすように、これは党の言葉がこの惰性体を分析し認識していないからではない。党が自分のうちに大衆をめざめさせてはいないからなのだ。

多かれ少なかれ、党と大衆との関係の硬直化は叛乱の後の時代には避けがたい頽落傾向である。そうだとすれば、レーニンの如く大衆が「政治に突入」してくるのを確信して十余年辛抱強く待てばよいことにもなろう。けれども、レーニン以後のレーニン主義の疎外態は逆にかえってこの疎外態を叛乱する大衆に強制するようになった。スターリン主義の歴史の数々の事例は、党の立場に叛乱を「改造」するために、党がどのようなことを――「物質力」をもって――やってきたかを示している。しかし、これはスターリン主義の党の「情勢把握」の誤りの結果なのではない。この党の利己主義は叛乱と大衆にたいする文字通りの恐怖に根差している。叛乱せる大衆は党を時の主役に押し上げるだけでなく、このとき大衆は党と死活の葛藤の中に入る。党は大衆を自己に獲得せねば党の死を招くし、大衆はまた党と一体となって逆に党を無に帰する瞬間を用意せずには叛乱を成就しえないのだ。ここでは、党とアジテーター対叛乱と大衆との関係はもはや内と外との関係ではなく、党と大衆のそれぞれの内部で再生産された関係となる。この意味で、党は叛乱において生命を賭ける。失敗すれば権力の弾圧に倒されるというにとどまらず、党自身が身の内の弁証法の振幅に耐ええずについに再びプロパーなる「党」と「大衆」とに分解する。党は大衆を無視して「先走る」か、一層しばしば大衆に乗り越えられる。このような党の生命への恐怖のために、党は叛乱にあってもその弁証法から身を避け、あくまでも叛乱と大衆とを自己の外なる操作対象にとどめておこうとする。「党の方針で叛乱を導く」といえば聞えはいいが、むしろ「党の方針」は党を大衆的暴力の圏外に保全するために逆に大衆をおさえる「方針」である。叛乱が失敗すれば「党の指導は不充分だった」ということになり、知識人たちは失敗の「客観的原因」を探すことになる。これはまさに綱領主義のグロテスクな現象である。いくら「客観的原因」を解明しても、ひとたび確立した党の立場を叛乱の場合にも保全しようとする党の保守主義を根底から告発することはできない。レーニンのようなほとんど絶対的な個人的権威をもってしても、彼の古いカルテに固執して権力問題の外部にとどまろうとした「古参ボリシェヴィキ」の考えを変えるのにはほとんど一ヶ月を要した。いまでは、党という惰性体の改革は波状的な叛乱の幾重もの犠牲によってしか実現されるみこみはないだろう。

現在のように党と大衆との関係が硬直し、しかも党の「権威」すらが散逸してしまったとき、党はもはや「党の方針を押しつける」こともしなくなった。「党の人間」と党外の人間は別々の集団である。だから党は「党外の人間」に語りかけるとき、極端に気を使って党派性をのぞかせないようにする。党のアジテーターはもはや大衆の面前に立つ姿勢をもっていない。彼らは「大衆の一員」であり、指導者をも政治家をも文字通り自覚していない。党が大衆を獲得するとは、大衆を党の仲間に入れることであり、人格的な問題にすぎないこととなった。党はもはやいか様にせよ、叛乱にかかわることをやめた。しかも党は解体するどころか、ますます「党勢を拡大」している。

9

冒頭で、私は私の「政治の経験」がどこで感受されたかを記述してみた。それはアジテーターの立場よりする「アジテーターと大衆とのたしかな関係」だったのであり、いいかえれば私はそのときレーニン主義を通じて叛乱をかいま見ていたのだと思う。もちろん、叛乱というも恥ずかしいささやかな闘争にすぎなかったし、アジテーターとしての経験もレーニン主義の実験のごときものだった。だから、私たちが非合理的狂気や大衆操作主義に無縁だったなどとはいえない。ただ、私たちはレーニン主義をプロセスとしてみていたことはたしかである。「大衆の高揚」を一つの生成としてとらえ、これにかかわりつつ自らをも運動させていった。このような生成の過程が私たちにとっては政治だった。

叛乱はまたその頂点での燃焼（蜂起）にいたる不断の生成である。レーニン主義的な党の宿命はこの過程＝政治で生きたものとなるのだ。叛乱の過程は、党にとっては必然的で自動的なものでもなければ、党による革命の「製造・配達」の過程でもない。問題は政治の創造意志――アジテーターの姿勢（自己了解）にかかっている。アジテーターは彼の想像力を――綱領という形をとっていようと、たんなる自己実現の熱情にすぎないとしても――大衆的な所与にかかわらせ、彼と彼の闇を政治的関係のなかにとらえようとしなければならない――所与をこじあけ動揺させて彼の面前に立たせるのだ。外からみれば、「外的状況の好転が四季のめぐりのように訪れる」ごとくであるけれども、この「好転」はまたアジテーターの「創造」したものなのだ。政治のボヘミヤンたちは、このことを理解しようとしない。

レーニン主義の硬直化は、ただその歴史的生成のうちでしか止揚不可能である。ということは、党は不断に大衆の惰性体をこじあけかつ党の構造を叛乱する大衆へとさしもどすことによって、不断に蘇生していかなければならないことを意味している。

けれども、「叛乱の所与」から遠く、ヘゲモニーの展望なき時代はしばしば長きにわたる。ヘゲモニーの問題が提起されぬ以上、レーニン主義もアナキズムも、また両者の対立も、その問題性を露呈するにはほど遠い。レーニン主義やアナキズムについての談論はまるで歴史の事件に付随した蛇足みたいにみえてくる。こうした時代にこそ、政治のアジテーターは大衆の「教育」や「組織への登録」、また「改良の蓄積」といった仕事にではなく、まさに叛乱の問題性に直面するのである。大衆の闇に不断にひそむ叛乱の気を権力に反逆してときはなとうとするとき、アジテーターは叛乱の本質をラディカルに主題化せざるをえない。かくして、近代の長い安定の時期――「文化史」的な時代――に、権力の展望なき永遠の叛乱が――自己のうちで、またコミューンとして、醸成されなければばならない。このようにして近代の権力にラディカルに直面することの衝撃力に、深まりゆく日本の近代はますます気づくようになっている。アナキスト叛乱が、典型的には前近代の没落に根ざしていたのとは反対に、近代が「技術とニヒリズムの時代」として成熟するにつれて、近代の叛乱の深度は増大していくのだ。

V　戦後精神の敗北

1

さて、以上で私は近代の叛乱についてほぼ語りおえたと思う。そこで、最後に、このような叛乱論が私たちの政治的経験のどのような特異性にもとづいて発想されたのかをやや別の観点から指摘しておくために、戦後の知識人の政治にたいする姿勢について考えておこう。

政治の局面でみるならば、歴史的状況の拡散は知識人像の拡散として生じている。ロシアで生まれたときから、知識人という言葉は宿命的に大衆（ナロード）という影を負っている。知識人は学者につきるものではなく、苦悩するナロードとの関係におちいってしまった知的階級を名ざしていた。ロシアのインテリゲンチアは、物言わぬナロードのなかで身をこがし身をもちくずした。けれども、レーニン以降、党というものが知識人と大衆を結ぶ不可避的媒介として登場してくると、この三角関係は耐えがたくもつれてくる。そしてレーニンの決定的成功は、知識人を端的に党の知識人として位置づけおおせたかにみえた。党は党のアジテーターとして大衆ならざる知識人を必要とした。というより党は党の言葉を発する知識人の集団であった。知識人はまた、大衆と身を滅ぼす関係を結ぶのではなく、いつも党を――言葉を――通じてしか関係しえないものとなった。大衆をいかに把握し、かつそれにいかなる方針を提示するのかが――つまり言葉が――知識人にもとめられた。党のうちにいようと周辺にいようと、知識人は党の戦略に関連した言葉の手練れであった。

日本の戦後の時期になじみ深かった「知識人と大衆」という図式は古きロシアのナロードを復活したかにみえた。知識人たちは戦前の自分の知的営為をいまや大衆の力のうちで破壊し、これと一体化しようと望んだ。だから戦後のこの図式は、自己破滅を希求する知識人の願望に支えられていた。けれども、やはり党があった。「知識人と大衆」の図式は、他方では知識人に党の知識人という姿勢を強制した。党の言葉は科学的真理であり、この言葉の使い手として知識人の知的営みもまた「科学的」であることが強調された。大衆の立場と「社会科学的真理」の立場とがここに統一しえたかにみえた。知識人が経済学者であることが時代の流行であり、「個別科学」ではない哲学に従事する者は肩身の狭い思いをしていた。まさに、「哲学はいかにして有効性をとりもどしうるか」という威嚇が通用した、権威あるマルクス主義の時代だった。知識人の仕事は、結局現状分析かマルクス主義思想の「空隙補塡」かになるのだった。現状分析的思考がどのみち王道だった。党の戦略に関連する現状分析のうちで、思考することと知識人が分かちがたく結びついていた。知識人は、実証科学者でも大衆への同情者でもない、科学的現状分析家・宣伝家としての自分を信じていたろう。

けれども、ロシアにおけるスターリン批判（一九五六年）が、このような知識人像を二重にうちくだくことになった。根本的な事実は大衆の政治の忘却にあった。党と大衆の関係の硬直化はついに大衆を市民的自我と市民的政治生活のなかにおしやり、もはや党の暴力をもってしても動かすことはできないものに変えてしまった。だからいざ党がスターリン主義の「誤り」に気づいたときには、党は叛乱にかかわるすべてを失っていた。党は、ただ大衆の市民生活の保全と政治的な保守主義に訴える以外に言葉をみいだせなくなった。戦後の日本の場合にも同じような事態が形成されていく。叛乱を遠いものにしていった戦後民主主義の定着過程が、党の知識人の機能を根本で無力にしていったのである。

衝撃はまた上からもやってきた。知識人にとって、スターリン批判はなによりもまず外国から舞い下りてきた「神の一撃」だった。彼らの発していた党の科学的言葉が、いまやいささかドラマチックに動揺を開始した。かつて彼らが科学的だと信じていた大衆の把握と理論の把握は、いま覚醒してみれば信じがたい一種の迷妄だったかのようだ。こうして、いまや「科学的」なる言葉のひそかな意義転移がおこなわれ、それは何人も拒否できない実証的科学の真理の意味で使われるようになる。党の立場から浮遊した多くの知識人は「恥ずかしがりやのマルクス主義者」の如き者となり、「政治にゆがめられない科学」の独立を求めて、実証科学への身売りを始めるようになった。まるでかつては自分が「科学的」ではなかったかのようだ。しかし、実は思考の対象的性格は彼らに終始一貫しているのだ。ただ叛乱の時期には党の科学的言葉の使い手となり、その後の時期に実証科学の分析家という姿をとったにすぎない。実証主義的思考は綱領主義とあいいれないものではない。いずれも、自分の思考をただ対象的な対象にかたむけて自足している思考の疎外態を意味している。アジテーターとしての知識人にとってプロレタリア大衆はついに一個の分析・改造対象たることを出るものではなかったし、科学者として知識人となってもこれは同じことである。

こうして、かつての「知識人と大衆」という図式は、完全に解体した姿を呈することとなった。けれども、いまでは思いちがいをしてはならない。古き知識人像の崩壊も彼らの理論が複雑になった世の中をとらええなくなったからではない。大衆がプロレタリアートの概念を裏切ったゆえに、知識人の大衆像が虚像になってしまったのではない。綱領が呪文ですらなくなったとしても、それはまずもって古い「帝国主義論」が現実に適合しなくなったからではないのだ。いかなる科学的な現状分析、正しいマルクス主義の上手な再構成も、いまや人々をおどろかさなくなった。いまでは、そうしたものを正当にうけ入れるための何か根本的なものが思考の営みに欠けている。

社会主義国であろうと日本のような国であろうと、知識人はいま真の「下放」に直面している。人民の政府・人民の党という後楯があるから自分の言葉はすなわち大衆の言葉だとする錯覚から、彼らは醒めざるをえない。どんな「人民の言葉」もはぐらかされてしまう地点——この恐ろしい発見に耐えることこそ、知的階級の「下放」が意味するところのはずだ。そうでなければ、「下放」は知識階級のお忍びであることをやめないだろう。

安保闘争が終わってこのかた、この闘いをひきあいにだして政治の思想について語る多弁なジャーナリズム左翼たちを、苛立たしい気持で私は眺めてきた。彼らは六〇年以降の現実を政治運動と政治思想の危機とみることなく、かえって安保闘争から逆の確信をえたかにみえる。古いヘゲモニーを打倒したこの闘争を利用して、彼らはスターリン主義的党の知識人にたいする免罪符を買った。左翼的権威や原理の失墜した平坦な地平は、彼らにとっては自分の行為が開示したものでもなければ自らのこうむったものでもない。それゆえに、彼らはこの与えられた地平を自由と感じて多弁なのだ。戦後の大衆は、戦後民主主義のなかで政治生活をおくり自らの常識の体系を形成してきたことが事実であるとともに、今では自分たちの加担したこの体制によって傷をうけてもいるのである。六〇年以降、この傷は政治のなかに明瞭な跡を示しつづけているのに、ジャーナリズム左翼たちは大衆の政治生活にあるこの逆説的な傷を思考にもたらそうとしない。

ジャーナリズム左翼のことは私にはどうでもいいことにすぎないが、ともかくも、政治の思考はいまでは充分に深くこの地平の底に達せざるをえない。叛乱と叛乱をめざす政治そのものの拡散が著しいこの地平に叛乱の核を確保することは、私たちにとっては自分の存在と思考の確保と同位にあるのであって、政治の思考は対象的認識の次元ではかえって見失われてしまうのだ。

2

政治の領域を自らの知的営為からラディカルに切り離して、実践家の専断にまかせようとしたのは宇野弘蔵氏だった。これに関して、最近おかしな文章が私の目にとまった。日高普《ひろし》氏の宇野弘蔵論（『中央公論』一九六八年六月号）のことだが、[*18]これは学生運動に影響をあたえている人物を紹介するシリーズの一つである。ここで日高氏は、よりによって宇野理論が学生運動に影響をおよぼしているというのは「よくわからない」ことだといっている。宇野氏の考えは、(1)社会科学はイデオロギーや実践からは分離されて自律的なものとなるべきだ。後者は前衛政党の任務である。(2)『資本論』を原理論として論理的に純化し、これより段階論や現状分析の混入を排除した三段階論。(3)原理論の基礎は労働力商品化にあるとし、この事実がまた資本主義経済の恐慌の原理をなすこと、しかしながら恐慌は資本主義の「必然的崩壊」を証明するものではない、等を主要な特徴としているのだが、これらはいずれも前衛党がただちに利用できる現状分析とは縁遠い性格のものである。それどころか、むしろ革命のイデオロギーから積極的に自らの理論・方法を分離することを強調している。それゆえ、こういう理論内容が史上最も過激な運動にうけいれられるのは奇妙なことなのだが、しいていえば宇野氏の社会主義論のもつ影響力だろうと、日高氏は考えている。宇野氏によれば、社会主義の概念は生産の「社会的所有」などにあるのではなく、氏の資本主義論つまり労働力商品化を極端に拒否する社会としてとらえられている。したがって社会主義をめざす運動は「生産手段の国有化」などに矮小化されるべきでなく、人間の自己疎外の全的な回復を目標とすることになる。

日高氏の一文は私にはおかしみを誘う。おそらく現在の学生運動に宇野理論が理論として影響をあたえていることはないと思う。むしろ影響といえば、一九六〇年の私たちの運動がこうむったものであり、いまの学生運動はいわゆる安保全学連とのかかわりを断ってはじめて可能となったものなのである。私たちにたいする影響は、たしかにあった！　しかもこの事実の理解に、宇野学派の高弟がとまどっている！

もちろん、宇野氏の社会主義論の影響力は日高氏の指摘するように重要である。これは結局宇野理論の労働力商品化の説がもっている影響力に帰着するだろう。資本主義経済は恐慌をも自分の再生の契機として延命していくのだが、この合理的体系の要ともいうべき労働力の商品化は、なお人間の身体という非合理の闇を体系外に残さざるをえない。したがってこの点こそ、近代資本主義社会の基礎にある抽象化の秘密を明るみにだしてくれる。なるほど、これだけならばすでにルカーチや革命初期のロシア経済学が強調したことであるかもしれないが、ともかくもこれは資本主義社会の廃棄をめざ

＊18　日高普「宇野弘蔵論」『精神の風通しのために――日高普著作集』青土社、二〇一一年所収（初出時には「現代急進主義の思想的基盤1」という副題が付いていた）。

す実践がぜひとも自己の根底にもたねばならぬ了解事項であった。
しかしながら、私たちの運動にたいする宇野理論の力は、こうした論点の受容ということのうちにあったのではない。宇野理論の逆説的な影響力は、政治の領域を理論の領域から解放したことにあった。たしかに、マルクスをすらものともしない宇野弘蔵氏の学問的態度が、すべての既成の権威を疑おうとする私たちの知的な営為をも解放したのだったが、政治運動の次元でみても、古い前衛党論の諸々の足枷から私たちの行為の衝動を解き放つ契機の一つになったのである。だから、私たちにとって、宇野理論は端的にいえば宇野理論自身からの解放の契機を提供した。資本主義社会の崩壊は科学的必然なのではなく、むしろ、この必然性は実践活動のうちでこそ確保されるという宇野理論の主張を、私たちは額面通りに受けとってこの「実践活動」をプロパーにひきうけるべく政治の領域へ出かけていったのである。ほかの社会科学の理論にたいしてと同様に、私たちは宇野理論を「利用」したのではなく、宇野理論が意識して終わったところから私たちは出発した。いいかえれば、現実的実践との関係をラディカルに欠如する宇野理論のラディカルな理論主義が、かえって私たちの実践に影響をあたえたのである。まさに、日高氏がとまどうた科学の抽象的論点が逆に私たちを解放した。

3

このようにして、私たちの政治経験にうけいれられた宇野理論のラディカルな客観主義は、政治のうけもつべき無垢の領域を開いたのである。「科学的必然性」の看板をはずし、「実践的理論」の必要性を新たに鎧として、私たちはこの領域におりていったといえるであろう。それゆえ、宇野理論の影響力は、一九六〇年の私たちの政治経験の特異な歴史的地位を考えなければ、理解に苦しむ逆説であろう。いまでは、政治の領域の分離が一つの実践的な決断であった時代はすでに過去となった。社会科学者たちがこの決断のうえにのっかって学問領域に精勤するようになったということだけではない。政治の思想がまず「科学的必然」の前提から離れねばならない段階はすでに昔のことである。いままでは、政治の思想はすでに充分に現代社会の闇のなかにまで降下しているのだ。

ところが、いまになっても、たとえば渡辺寛氏は宇野氏の政治への発言を敷衍することをやっている（「資本主義の矛盾と労働者の意識」『思想』一九六七年九月号）[*19]。労働者は「自分の力だけでは」社会主義の意識はもてず、インテリゲンチアによって外部から注入されなければならないという一九〇二年のレーニンの主張は、資本主義経済の矛盾の性格のなかに科学的根拠をもっている――渡辺氏はこのようにのべている。資本主義の矛盾は、俗説のいうように、生産の社会的性格と所有の私的性格の矛盾として露呈されるのではない。もし矛盾がこのように実体間の矛盾であれば、現実の労働者も日々の労働を通じて自らの力で資本主義の矛盾を認識することができ、したがって、科学的社会主義の意識をもつこともできよう。しかし、資本主義の矛盾は、かかる直接的関係における矛盾として存在しているのではない。たしかに労働力商品化は資本主義の矛盾の基礎であるが、これは資本と労働力、つまり、

＊19　渡辺寛『レーニンとスターリン――社会科学における』（東京大学出版会、一九七八年）に第一章「組織論――『なにをなすべきか』によせて」として所収。渡辺寛（わたなべ・ひろし　1931－1997）マルクス経済学。東日本国際大学経済学部国際経済学科教授、学部長。東北大学名誉教授。他の著書に『レーニンの農業理論』（御茶の水書房、一九六三年）、訳書にルカーチ『レーニン論』（青木書店、一九六五年／こぶし書房、二〇〇七年）など。

社会的実体と価値形態の矛盾という形をとらない。産業資本は、価値の自立的運動体となることによってこの矛盾は解決している。資本主義特有の矛盾は「資本の過剰にたいする貸付資本の規制という、資本形態相互間による処理を通じて」展開し、またこれを現実的に解決している。したがってこれは、「個々の資本との直接的関係のうちに労働力を商品化して、資本家的生産関係に包摂されている労働者にとって、容易に認識できるものではない」ことになる。社会主義的意識は工場ではなくブルジョア・インテリゲンチアの思考のうちではじめて発生するゆえんである。レーニンのいうごとく、これはたんにブルジョア・イデオロギーの普及手段の優位や法的規制によるばかりでなく、資本主義の経済過程そのもののうちに、発生してくるものである。渡辺氏はこのようにのべて、理論と実践を結合するものとしての前衛組織の「巨大な任務」を強調する。前衛は、『資本論』などの「社会科学の成果を利用しつつ」「実践的理論」を打ち出してゆかねばならないのであって、労働者に「身を屈する」ことであってはならない。これは同じようにして、社会科学者の社会主義運動にたいする関係についてもいえることだ、と。

もちろん、宇野理論がその欄外においだした領域について宇野学派の人々がどのように語ろうとも、私はいまとやかくいう気持はない。また宇野理論としてもその欄外で何が起ころうがそれを種にしてとやかくいわれる筋合はないだろう。けれども、現在なおレーニン主義が渡辺氏のように問われるということは私を少なからず驚かす。政治の問いの位置は、私の場合とほとんど逆転している。氏のいう「実践的理論」がどのようなものかは知らないけれども、もちろん私たちも政治の地平でそうしたものをもとめよう。けれども、それは渡辺氏の文脈からするように社会科学の真理を「実践に役立て」ようとするためなのでは決してない。むしろ極言すれば、いま政治の思考は「社会科学の利用」

を断念したところよりはじめられねばならない。たしかに近代資本主義の経済過程は労働力の実体とその形式的規定性との矛盾を克服したところから自己展開しているのだとしても、労働主体にとっては経済過程もしょせんは一つの抽象にすぎない。労働者にこの秘密を説きつけて彼を「インテリゲンチアの一員」とすることがよしおこなわれたとしても、それは労働者の行為が秘めている叛乱の本質にとってはほんの部分的な結果を意味するにすぎないだろう。いま政治を何らかの形ででも思考しようとするならば、経済過程の合理的構図に根底で反逆している叛乱の存在領域にまで下降し、ここから出発する以外にはないのだ。

社会科学の成果を利用せよといわれ「実践的理論」が必要だといわれても、当の相手の「社会主義の前衛組織」はいまどこへいってしまったのか。社会科学者が前衛党に「身をかがめ実質上むしろこれを侮辱する」ことのないようにといわれても、いま前衛の科学者への暴力が事実上霧散してしまっている以上、社会科学者の方では一方的に一層イデオロギーから離陸し純化していく以外にないではないか。運動との関連を方法的にラディカルに切りすてるという形でのネガティブな現実との関与の仕方も、スターリン主義的党の暴力が市民生活のうちに沈没してしまったいまでは、相手を失ってしまったというべきだろう。そしてそれゆえにますます「実践的理論」なるものの必要性がうごめいている政治の領域は、社会科学者にたいして深い闇を広げるようになっている。社会科学者が政治的現実より離陸するのは、政治の地平がまさに社会科学的思考から離れこれとの間に底深い淵を開いていることの表現であって、決して逆ではないのだ。

宇野理論は社会科学のラディカルに客観的な把握によって、かえって実践運動の心情を解き放った。「資本主義の崩壊の必然性は実践活動のうちで実証される」——これだけとりだせばたしかに社会科学者の御都合主義以外のものではないのだが、ともかくもこの御託宣を真にうけて、私たちは新しい党の方向をまさぐった。こうして、宇野理論の欄外の闇を切り裂いて私たちが感知したものは、くりかえすけれども、この闇の底深さにすぎなかった。政治の思考はすでに充分に現代社会の底深くもぐりこんでなお鮮烈に浮上しえてはいないのだ。

「革命の科学的根拠」の放棄は私たちには自明の前提だった。この前提からは、容易に二つの実践的な方向がでてくるであろう。一つは体制の技術的な改良の道で、ベルンシュタインから現代の構造改革派に至っている。この方向は、革命の必然性のみならずその現実性を信じない。それゆえここでは、政治のイメージはいたずらに飛翔することなく、むしろ技術的な未来図となる。改良の体制内的性格は、この点に最も重大な特徴をもっている。もう一つの方向は、いうまでもなくアナキズムであり、政治的前衛の自己分解の方向であった。六〇年の私たちの短い政治の経験は、なおこの二方向への分解をみせてはいなかった。事実、私たちの政治経験以降に、この二つの傾向ははじめて日本に登場したといえよう。それらは、私たちの政治の局面の不安定な性格からひきだされた両端の結論だったようにみえる。私たちはそののち、自分の気質や政治的地位にしたがって、そのどちらか一方にひかれていったかもしれない。けれども、あの時点で、私たちの政治の思考は決して一方へと偏行することはできなかった。このため、私たちは依然として、私たちの短い経験が暗に包含していた懐胎性といったものに固執している。

（一九六八・九・二〇）

叛乱と政治の形成

全ては神秘にはじまり、政治に終わる。（ペギー、パリ五月革命「壁の上の言葉」[*1]）

1

私達が、政治家ときけばそれだけで彼等を隠れた悪徳の擁護者として、一方の心理の隅で侮蔑し、他方の心理の隅で畏怖するのは、彼等が愚昧であり、しかも、その愚昧なるものの掌のなかに黒い死があることを知っているからである。深夜、ふとゆくりなくも政治について考え、人類の歴史について想いをいたすとき、このような悪徳の擁護なしに歩み得なかった数千年の幅の充実に私達は愕然とする。貧困と階級性にその悪徳が支えられてきたのではなく、逆に、その悪徳が数千年の政治を支え、そしてさらにまた、私達の数千年の生をも支えてきたかのごとくに愕然とするのである。（埴谷雄高『幻視のなかの政治』[*2]）

けれども、私のなかでは、政治の印象は変に明るい。愚昧であれ残忍であれ、そこには固有名詞で名指しうる権力者が欠けている。愚かしさも悪徳もともにある種の人間臭さにはちがいないのだが、政治はむしろこうした人間の臭みに結びつかない。舞台は、あくまで変に明るいのだ。

あたかも、薄明のなかの無言劇のごとくに、この舞台の上で人々が行為し、人々が倒れていく。私たちの生々しい死の経験は、この風景の白々しい色に染まる。政治のドラマの非人格性は、いつもこれを想うものに一つのいらだちをよびおこす。政治は、この世界における技術的なものの宿命の影のごとくである。

権力にはすべてが許される——たしかに、こういう個別の経験がいつも私たちを永続する反逆者に変貌させるのであり、この経験が底深ければ底深いほど、私たちは後もどり不可能なまでに遠く歩みだすのである。けれども、この道のりにおいて不断に再生される権力への私たちの原体験は、同時に体験の理念を僭称する政治の技術性をも露呈するのである。

近代の階級社会の構造は、しかと名指しうる権力の所在を私たちからマスクする。この構造の論理を、私はいま技術的なものと総称しよう。

もともと、技術とは近代人の存在へのかかわり方をさしている。人々は技術の形式、技術の「法則性」を介して人間と物に触れる。一つの歴史的地平としてのこの世界は、近代の労働という技術的に規定づけられた人間行為によってはじめて「発見」されたものであるが、この発見は同時に特殊歴史的な存在世界の「構成」をも意味した。つまり、人間主体をも含めた自然の存在は技術対象的なものとして表象され、この特別に加工された存在者が私たちにとっての世界を構成する。この世界では、人々の行為も思考も、ただ技術的なものの原理に即してのみ価値——歴史的な価値を有することになる。近代の常識の体系にとっては、前近代的な非合理性も価値なきものであり、また技術合理的なものへの近代的自我の成熟を背景とした反逆行為も、同じように「仕方のないもの」「無駄な行為」として評価される。

このような価値概念の形式化は、もしもこれを歴史的な脈絡でとらえるならば、ほかならぬ近代資本主義社会の歴史的な価値——この世界の階級構造の価値以外のものではないといいうるだろう。したがって、かかる構造に抗う叛乱者は、自分の外部に存在する一個の具体的人格的な権力支配に直面するのではなく、自分たちの生活の原理をまでつらぬいている歴史的な総体としての権力構造に対決しなければならない。この構造は、それはそれで、権力に肉迫しようとする私たちの行為をその都度はぐらかしてしまう支配の狡智をも示しているのだが、私たちが自分を普遍的な革命者に形成していくためには、権力構造の総体への透視が不可欠であることに変りはない。革命的行為にとっての理論の立場がもつ意味もここにあるのであり、権力への私たちの個々の原体験はこのような抽象化の宿命のうちに政治のかたちを露呈させるのである。

権力にたいする叛乱者の原体験は、権力の歴史的構造の暴露という革命政治の見取図へと、一方では昇華されるのだが、これは同時に、個別的な叛乱者を一つの抽象的な名辞＝階級へと形成していく契機となる。政治の形成がすすむこうした契機として、これまでにしばしば語られてきたのは経済恐

＊1　J・ブザンソン編『壁は語る』広田昌義訳、粟津潔構成、竹内書店、一九六九年。
＊2　埴谷雄高『幻視のなかの政治』未來社、一九六三年、一二一―一三頁。

慌である。たとえば、次のようにいわれる。

外見上たえず進行し、人間の肉体的および精神的な存在の最深部にまで達する世界の合理化は、しかしそれ自身の合理性の形式的な性格に限界がある、ということを見いだすことになる。すなわち、生活の孤立化された諸要素の合理化や、その結果生じてくる――形式的な――合法則性は、たしかに直接には、また表面的にみると、普遍的な「諸法則」の統一的体系に組みいれられてはいるが、しかしこの法則性の基礎である法則の素材がもつ具体的なものを軽蔑するために、法則体系は事実上支離滅裂となり、部分体系相互の関係は偶然的となって、これらの部分体系相互の自立性が――相対的に――増大するのである。このような法則体系の支離滅裂さがまったくはっきりと示されるのは、恐慌の時期である。（ルカーチ『歴史と階級意識』[*3]）

ここで指摘されていることは、近代の技術的なものの法則性が実はそれ自身のうちに自己の否定をはぐくむのであり、恐慌はこの否定性の近代自身による自己暴露なのだということである。このとき、形式的なものが隠匿していた体系の秘密が「突然すべての人間の意識のなかに入り込んでくる」のだとされるわけである。いいかえればこれは、外見上の非人格的自律性をまとっていた資本主義社会の合理的構造が、実のところ一つの歴史的権力のかたちなのだということが露呈されることを意味している。近代の技術的なものが権力として露呈される契機が技術的法則性自体にはらまれているというこの見解の正否を問うことはいま問題ではない。いずれにしても、分断された経営の内での個別的な権力関係の経験から、労働者たちが一つの横断的な階級として自分を形成していく二重の契機が、ここに提起されている。すなわち、恐慌という全社会的な攪乱によって露呈される体制の限界と、および、この攪乱から総体としての階級支配構造の抽象的な透視を可能にする理論とである。

レーニン以降、革命理論は工場ではなくブルジョア・インテリゲンチアの書斎で誕生したといわれ、ここに前衛党の位置づけもなされるわけだが、これはたしかに、労働者がなお遅れた地位にあるからなのではなく、この社会の階級支配の構造は総体としてみなければ透けてはこないのだという認識に根ざしていた。そして、党にとっての政治のかたちというのも、まず次のような現象のうちにみてとれるものであった。すなわち、恐慌や戦争を契機に「政治に突入してきた」大衆が、それぞれに一般意志を僭称して自分を社会集団ないしは階級として形成し、かかる集団相互の物質的・道徳的せめぎあいが、ある特定の集団の「権力獲得」にいたるまで政治過程のダイナミックな流動をつくっていくのである。もしもこのような政治の性格を、一個の叛乱者に執拗にまつわりつく個別権力への原体験の立場からみるならば、認識と政治のいずれのかたちをとっても、個別者の経験が宿命的に抽象化される過程がみてとれるのである。

もう一つ例をあげよう。日本のいわゆる戦後期における「市民」の形成についてである。さきにあげた革命運動のオーソドックスな例に比較するならば、戦後日本の政治の推移はあたかもそれに先行する革命の定着過程であったかのごとくにも、また同時に逆に、正統的な革命が問題とされうる出発地点をようやくに確保した過程のごとくにもみなされうるという特異な印象をもっている。もしも、明敗戦を明治以降の天皇制支配の崩壊として旧秩序の秘密が全面的にさらされた事件とみるならば、明

＊3　ルカーチ『歴史と階級意識』城塚登・古田光訳、白水社、一九九一年、一八八頁。

らかに以後の過程はこの古い秘密にたいする決算として進行した。この過程が戦後民主革命の敗北過程であったか定着過程であったかはともかくとして、一九五〇年からのほぼ十年間の自立的な政治過程は、戦争と反動にたいして「平和と民主主義」というスローガンを対決軸として形成された事実にあやまりはない。「戦争体験」と名づけられる敗戦前後の経験は、人々の個別的な生活の深部まで破壊し尽した権力にたいして、個別の生が泥沼のなかで交錯した場面だったのだが、これらの経験は一九五〇年以降敗戦期の混乱から自立した政治のうちで平和と民主主義の運動として理念化されていった。そしてこの理念が一種の被害者同盟を介して形成していったものこそ、戦後日本の市民像にほかならない。おそらく、戦争と敗戦における多くの反逆者にとっては、この過程は許しがたい敗北とはぐらかしの過程であったろうが、その怨念は政治による戦争体験の理念的な僭称の影に潜行し堆積し、そして反政治的な発酵を開始するのである。

日本の戦後における市民と市民的政治生活の形成は、逆にいえば、支配の技術的性格がはじめて生活と意識のレベルにまで浸透定着したことを意味しているだろう。政治は、技術的なものとしての民主主義、非人格的な体制の論理を日本の市民像のうちに確保しえたかにみえる。戦後期の伝統的な反体制運動の政治は、もはや体制を権力支配として露呈させこれに直面する道すじとはなりえなくなっている。一九六〇年の安保闘争から最近にいたるまで、「何事もなかった」六〇年代の政治的情勢は私たちにこの事実を示しつづけてきたのである。

2

さて、以上にあげた二つの例は、政治の形成の「クラシックなパターン」をあらわしている。いずれの場合にも、個別的叛乱者の権力にたいする原体験が、政治の形成において必然的に理念化される事例がみてとれる。つまり、この世界の階級構造の総体的（歴史的）透視と、叛乱者の抽象的一般意志のもとへの階級形成として、この理念化は二重である。といっても、政治の形成は経験の地盤からの単なる一方的発生ではないのだが、ともかく、経験を「法則化」することはすべての技術的なものの本性なのであり、この技術性の宿命は逆に現実をその理念にそって強力に組織・統制していくのである。階級性の廃絶をめざす政治の場面においても、政治の技術的な本性は叛乱者の権力体験にたいして強大な抽象力を発揮する。革命的政治の形成がもっている栄光もおとし穴も、ともに深い根拠をここにもつのである。

ところで、さきにあげた二つの例が「クラシックな」と形容されたのは、政治の技術的なものへの執着が、すでに長い間叛乱の経験にたいする裏切り行為を重ねてきたからである。空語となったアジテーションと硬直した組織が叛乱の経験を醸成しえないばかりか、権力への経験が革命戦略へとつなげられていく過程が経験の疎外にしかならなくなっていく。この道すじは、叛乱経験の組織という根拠をはなれて技術化し、これをくり返すことによって私たちの経験には無関係なものになっていく。私たちがいま前衛党やプロレタリアートの名前で呼ぶものは、叛乱−革命という近代における根源的経験とその革命戦略への構成とが空疎な理念と化し、逆にこれがその担い手をスローガン風に再構成した者の呼び名にすぎないまでになっている。それゆえ、私たちの政治の思考は、この六〇年代に、かかる理念化の道すじの延長上にではなく、ひとまず理念化された存在の意味の露呈へと遡及するものでなければならなかった。この反省過程は、同時に私たち自身とその地平の存在の意味へとたどっていくことでもあった。そして、この遡行する思考の歴史的意味は、一方ではここ一年ほどの学生叛乱によって、あたかもだしぬけに照明を投げられることになった。私たちがいま政治について何を発言しようと、私たちはこの六〇年代の底に潜行してきたものの深さを問われている。

現在の学園闘争では、戦後民主主義体制が技術的なものの本性にそって反逆する者の意志をはぐらかしつづけてきた事実、このはぐらかしによって体制の地下に潜行した暗い意志の堆積が噴出しているのがみてとれる。学生たちが自分の存在を、権利を奪われた被害者とみたてることを拒否しているのは、決して自分たちが民衆にたいする特権者の地位にあることを自ら告発したというにつきることではない。むしろこれは、権力に直面してたつ叛乱者の地位は、いままでは、体制の論理を権力として自ら暴露していく体制への加害者の行為によってこそ確保されるのだといっている。ここでは「戦争と反動」にたいする戦後の被害者同盟が形成した政治的潮流の拡散が背景の事実となっている。もしもいま、権力が外部より粗暴な姿で日常生活におよんでくるのであったならば、私たちの経験が一つの政治潮流へと構成されていくことは自然である。だがこのパターンが決定的な思考放棄にまでなっているとき、学生の闘争は、いま闘いうるものは状況を切開する加害者なのだと主張する。

フランスの五月革命について、コーン＝バンディは「この社会とは完全に断絶した地点での、一つの実験」だとのべている。[*4] この言葉は、もともと叛乱が近代の技術的なものに断絶した地点での祝祭としてはぐくまれることをいいあてている。叛乱主体の側からいえば、彼は技術過程の素材としての自分の存在を拒否して、自ら全体制に直面して立つのである。こうした意味での叛乱者によってなされる体制の切開によって、逆に体制はその技術と力とをまさに支配権力として露呈する。だからここでは体制の一員としての自分を拒否する意志的な行為が、権力を暴露する叛乱を形成する。支配的な理念が隠匿していたものを露呈さす行為が、権力にたいする叛乱の衝撃力を生みだすのである。

さきにあげた伝統的な政治による権力体験の位置づけと比較するならば、学生の闘争の場合には加害‐被害の関係のある種の転倒がみられるであろう。このことを象徴的に示すものこそ、学生の「暴力」にほかならない。その場合、暴力は端的に民主主義的秩序にたいする反対概念として使われている。もともと、革命運動の歴史的脈絡からみれば、暴力はむしろ支配権力の暴力に対抗する防衛‐暴力と考えられてきた。すなわち、ブルジョアジーこそ実のところ暴力装置の完備に支えられているのであり、プロレタリアートの非合法暴力はこれに対抗するものとしてその正当性と必要性とが強調されてきた。つまり、暴力とは革命運動におけるプロレタリアートの武装である。

けれども、学生たちの暴力、一般に叛乱のもつ暴力‐武装はこうしたものとは意味を異にする。暴力はむしろ叛乱者の叛乱行為の象徴であり、その機能からいえば暴力は民主主義体制の本性を権力として映す鏡のごときものである。近代権力の技術的支配は、面前に自分の反対概念をつきつけられることによってその欺瞞的仮象をやぶられるのである。体制の地盤に開いたこの反‐体制の裂け目を四方より埋めようとして、体制はその秘密を露呈する。学生の闘争が実証したように、それは「紛争収拾」策としての民主主義の技術であり、また国家の暴力装置、端的に死としての権力の相貌なのであ

＊4　ダニエル・コーン＝バンディ他『学生革命』海老坂武訳、人文書院、一九六八年、一一六頁。コーン＝バンディ（ベンディット、Daniel Cohn-Bendit 1945‐）政治家。六八年五月ではナンテール校で「三月二二日運動」の結成を主導し、代表的な活動家だったが、外国籍（ユダヤ系ドイツ人）を理由に、途中で国外追放された。八〇年代にドイツ緑の党に参加したのち、欧州議会議員をつとめた（一九九四‐二〇一四年）。他の訳書に『左翼急進主義——共産主義の老人病にたいする療法』（海老坂武・朝比奈誼訳、河出書房新社、一九六九年）など。

る。民主主義はその反対概念としての暴力によらずには自分の意味を知りえないまでに、体制内の自律的過程となってしまったのか。

このような一種象徴的な暴力にくらべて、「プロレタリアートの武装」は、たんに、支配の暴力装置への対抗措置という点で異なるだけではない。近代国家の暴力装置は、頂点にたつ権力者が下部被支配者を従属させる手段のごときものではない。国家暴力もまた支配の全体系にくみこまれこれに条件づけられている。したがって、この世界の政治的・経済的体系の中枢が崩れるときには、暴力装置はしばしば膨大な無力と化すのである。革命におけるプロレタリアートの武装もまた、決して、軍事力の優位を目的に追求されるのではなく、支配権力のヘゲモニーの奪取を可能にする条件の一つとして発動される。いいかえれば、プロレタリアートの武装は革命における権力奪取の条件に、つまり政治に従属するのであり、毛沢東ではないが「決定的なのは武器ではなく人である」というときの武器を意味する。

これにたいして、世界に断絶した地点での叛乱の暴力は、いつも端的に国家権力との軍事的対決をせまられる。そしてしかも、この対決の局面では、勝敗は最初から明らかである。もしも、近代以前のように城と城との軍事的対決であったなら、装備・人員の優劣は決定的要因だったろうし、戦いのイメージも直截である。しかし、国家の暴力装置にたいする叛乱の軍事的対決がしばしば児戯に等しいのは、叛乱者の「貧しさ」からくるだけでなく、国家権力の地盤における暴力装置の条件づけられた地位に由来するのである。叛乱の技術に執着した者としてブランキはよく知られているが、彼にはなお、体制の技術的政治的本性が透視されてはいなかったのである。支配の優位は叛乱のバリケードにたいするシャスポー銃[*5]の威力によるのではなく、また、叛乱の力もむしろ反‐技術性にこそある。

したがって、叛乱の暴力は危うくも象徴的である。ヘルメットの上に林立するゲバ棒のイメージは、反‐民主主義のシンボルである。これにくらべれば、いうまでもなく防衛としての暴力はまだしも現実的であり、また、暴力の他の例、つまりテロルに対比してすらそうである。テロルはすなわち敵の肉体的抹殺であり、権力を権力として映す象徴の透明さをもちえないのである。

3

こうして、いま政治の地位は、戦後民主主義の歴史的顚末のうちに、はっきりした照明をうけることになった。権力にたいする原体験の理念化・技術化としての政治はすくなくともこの十年のあいだに個別者の権力経験をはぐらかしつづけることによって、かえって逆に、政治の自立の経験的地盤へと全面的にさしもどされることになった。羽田闘争[*6]から学園闘争を経て七〇年安保闘争へとつづく闘いは、戦後民主主義と政治の技術性への行為による反逆という意味をとりつづけたし、またとってゆくであろう。一見するところ、この一連の闘争のなかでは、政治過程も前衛党の存在もますます闘争の背後におしやられて、政治というとあたかも古ぼけた遺物をイメージするがごとき観を呈している。しかし、むしろ逆に、このような状況のうちでこそ、はじめて、政治というものがその生成にまでわたって問われるようになったのだといういうべきだろう。現在の闘争は、政治の思考をその母胎へとさしもどす直接的な契機となっているのである。政治がその経験地盤から生起するという自明ともいうべ

＊5　ボルトアクション後装式歩兵銃で、一八七〇‐七一年の普仏戦争でフランス軍が使用し、七一年のパリ・コミューンがヴェルサイユ軍によって弾圧されるさいにも使用された。

き事実を、私たちは自明のままに放置しておくことはできない。

政治の立場からいえば、現在の一連の暴力‐叛乱はまさに政治の形成の現場にほかならない。けれどもこの場合、革命の政治の形成は決して自明の理ではない。たとえば暴力‐武装の概念にしても、これが政治に従属する手段のごとく考えられるならば、この暴力は政治の本性と概念的に乖離することはない。事実、これまでの革命運動にしても広範な叛乱の事実を地盤にして形成されてきたのである。しかしながら、むしろ文明史的意味をもつ現在のような叛乱‐暴力については、それが必然的に政治を形成するなどとはいえない。むしろこの暴力は、個別的叛乱者の経験に固執する意志として、それ自体は反‐政治的なものですらある。もともと叛乱は、技術的過程に外在する一点で噴出するために、地域的コミューンの形成と「自己権力」――反権力としての権力の思想、いわば「たてこもりの思想」を本来もっているのである。

現在の闘争における政治と叛乱の乖離は、しかしなお、おなじみの対立項としてしか表現されてはいない。「改良か革命か」「大衆組織と党」また「アナルコ・サンディカリスムかレーニン主義か」等々と。別に、学生の闘争にたいする「識者」の忠告の数々を問題にしているのではない。これらの対立図式は、いずれにしても、大衆との前線にいる闘争主体に生ずる矛盾の意識の便宜的な表現にはなっているのである。いま、闘争者の内部で生ずる困惑は、卑近にはたとえば次のようなかたちをとってあらわれる。

第一には、永続する闘争主体の確立に固執する立場と、大衆の組織化との関係である。闘争主体は、なによりも、「この社会と断絶した地点」で権力とむきあっているのだが、このような反‐体制者の社会への背きは、意識的であればあるほど「一般大衆」との断絶を深めていく。ところが、都市にしても学校にしても、それが闘争に「まきこまれる」と、この疑似的共同体の構成員のスペクトルは重層した階層に分離することになる。実はこの事実こそ、個別的な反逆行為が本物の闘争へと拡大した証左であり、疑似共同体の内部にも権力の支配が投影されていることをあからさまにするのであるが、このとき、反逆者は自分の周囲にアモルファスな同情者の視線をひきつけて突進する者たるにとどまりえず、同時に周辺部分の組織者でなければならなくなる。ことに、勝利にしても敗北にしても、彼の集団と権力集団との明確な対峙・抗争が解ける時点では、この必要性は闘争自体の存続にかかわってくる。しかし、彼にとって組織化のための姿勢は、「他人」への深い断絶感・絶望感にたいする一種の心理的な自己欺瞞のごとくに感じられるのである。

第二には、問題は、闘いが権力集団とのぬきさしならぬ抗争関係をつくりだしたときの政治方針の必要として生じてくる。コミューンの内部でいかなる祝祭が祝われようと、コミューンが権力との政

＊6　ベトナム戦争が激化していた六七年一〇月八日、佐藤栄作（首相）のベトナム訪問の実力阻止のため、羽田空港周辺に、三派および革マル派全学連の反日共系学生と反戦労働者の二五〇〇人が集結、ゲバ棒とヘルメットで身を固めて、空港出入口付近の三つの橋で機動隊と衝突した。弁天橋上では京大生の山﨑博昭が機動隊に殺害された（第一次羽田闘争）。同年一一月一二日、今度は佐藤の訪米阻止のため、三派全学連および反戦労働者三〇〇〇人が京急・大鳥居駅・羽田産業道路付近でふたたび機動隊と衝突した（第二次羽田闘争）。第一次、第二次羽田闘争で学生と一般市民・労働者による実力闘争が行われた結果、六八年一月以後、原子力空母エンタープライズ入港阻止闘争、王子米軍野戦病院開設阻止闘争、三里塚空港阻止闘争などの高揚へと引き継がれていった（日共・民青は六七年一〇月八日、多摩湖畔で「赤旗まつり」を開き、歌と踊りに興じていた）。

治的な対抗のうちにおかれていることに変りはない。このときに、叛乱集団は政治方針の明確化としてヘゲモニーの問題を自覚せざるをえない。けれども、叛乱者の創造した闘争の「大衆化」は、彼にとってはいわば自然発生的現象のごとくに思われ、この大衆化によって顕在化する政治の問題を避け、あくまで自己の核にたてこもろうとするのが叛乱の純粋な自己運動の姿である。

ところで、こうした政治の問題の顕在化は、現実のどの運動でも生ずるものであり、それはそれとしてその都度現実に結着がつけられていく。つまり、問題を放置しておくか、あるいは叛乱の指導部によって技術的に処理されたりする。

けれども、この問題は、こうした現実の技術的な処理のレベルにとどまるものではない。政治の形成の根拠は、実は、深く叛乱者の行為の内部に宿っている。

叛乱のエネルギーは、権力集団にたいする別種の権力意志によって生じるものではない。叛乱は人間の規定性にたいする自己否定であり、技術社会における本質的な飢餓の噴出である。だから、このレベルでの叛乱者の行為衝動はいかなる理念化をもこばむものである。したがって、叛乱者の立つ地点の反‐規定性、「反」の根源は底深い。この地点は、技術的なものへの一つの「対案」として反体制なのではなく、技術的なものの生成の母胎の闇である。そして、この闇の反‐規定性こそが、かえって政治による規定の宿命的侵入を呼びおこすのである。

くりかえすけれども、政治は本質的な飢餓‐行為を組織化していく宿命の一形態なのだが、政治が一方では市民的生活原理にまで拡散し、他方では政治的党派の空語のうちで硬直すると、叛乱者の行為はなによりもまず行為のエネルギーの理念的僭称にたいする反逆として噴出する。したがって、このレベルでは、対立は、あたかも自己と外部世界、コミューンと体制権力との対立のごとくに顕在化

「すべての闘争ですべてを賭けよ、というのはトロツキストだ！」、ぼくのうちでそういう反響が聞こえる。だが問題は心情のことではなくて、政治の行動のことなのだ。アジアの民衆の闘いにむかって、今ぼくらがおかれている立場は、今日の日本の政治行動がたっている地位にとって象徴的意味をもっているのだ。「他国の死」をぼくらはどのようにひきうけて闘うことができるか――ここに現在の政治の行動の基本的問題が集約されている。ぼくらの政治の行動が、アジアの民衆と軌を一にした状況に対し、同じような精神の高揚をもってたちむかいうるとしたら、それはどのようにしてか。

　アメリカ原子力潜水艦の寄港、ベトナム戦争――いってみればアメリカ対アジアの問題に最も深く連関するとみられた事実に、ぼくらがどのように対処しえたかを考えてみるといい。一口にいえば、戦後の政治闘争の伝統的なイメージで「基地闘争」あるいは「民主主義擁護のカンパニア」[*1]といわれてきた二つの闘争形態のうち、どの一つも高揚しなかった。闘いの規模と直接の成果――こういった外面的なことだけをあげつらっているのではない。たとえば、原潜の寄港を数日後にひかえた横須賀でのデモに参加してみたことがあるだろう。[*2]街のはずれの臨海公園に集まったときからすでに、隊列はどちらを向いているのかもわからない。ここから整列してデモに出発するが、たとえば米軍基地のゲートの前でも、シュプレヒコールをするでもなく立ち止まるのでもない。横目でみながら通りすぎて二時間、海沿いの細長い街を右に左にまた丘を越えて、最後にドブ板の朽ちかけたどこやらの小路

＊1　もともと「カンパニア」は政治的動員を意味していたが、六〇年安保闘争以後は実力闘争に対置され、事前に日程を定めた集会への大衆動員、党派的な宣伝のための動員主義などの意味で用いられるようになった。

で流れ解散ということになった。描写する必要はあるまい——プロレタリアートのデモにはごくありふれた事の次第である。だがこうしたデモに幾度か参加し、再び今日も参加しているプロレタリアートの意識内部のおぞましい状態をかいま見るだけで、こうした政治の行動の腐蝕度がその形態上の停滞以上に深いことがすぐに明らかになる。「横須賀まで何しにきたのだ」「地域にもぐりこむのでもなく、米軍に抗議するのでもない」「二度と参加する気になれない。参加するたびに行動への絶望が深まる」「指導者の体面のために利用されているだけだ」——等々、いくらでもいうことはできるし、それはそれで正しいのだ。けれども、これは多かれ少なかれ、運動の批判者の見方である。事実は、デモに参加している労働者のうちに、政治の行動の意識というものがないのだ。意識していないがために、絶望は一層深いのだ。そこにあるのは政治の行動にたいする乾いたニヒリズムである。運動の組織者は、「組織の弱さ」ということをいつも後手に後手にと指摘することで、運動の腐蝕を加速していく。闘争のゆくえにペシミスティクであり、生はんかの学生の「やる気があるのか」という詰問を秘かに鼻でわらいながら、当面の労働者の欲求不満を解消するためにデモの要所要所で意志表示をする——こういった政治の功利主義すらも発揮されていないのだ。

もっと端的には、こうした腐蝕現象は、たとえばインテリゲンチアの集会などにみることができる。大学内のいろいろの組織が闘いの目標をまぢかにひかえて集まる。「指名団体」の経過報告と決意表明が拍手のうちにすすんでいく。「決議」をし、「声明」が十を超えている。ほとんどすべての学部で集会がもたれ、いろいろ深く討論された。さまざまな闘争が連日おこなわれ、初めて参加したがよかったという感想が聞かれた、等々。そして闘いを成功させるにはやはり統一と団結、まだ関心を十分にくみとっていない、学内共闘を強化し、どうしても忘れてならないことは物価値上げ反対と結合して闘うこと、安保のような闘いを！　これこそ、歴史を知り、真理を求め、平和を求める全ての心あるものの共通のスローガンとならなければなりません——等々、すべての発言はこれにつきるのである。これらの滑らかで数多い言葉は、しかし、政治を目標にむけて動かすために、未知なる大衆の面前に立ったことのある者たちの言葉ではない。運動がいまどのように進んでいるかを見ようとしない極端なまでの観念論の言葉、空々しいオプティミズムである。決して自分の秩序を賭けようとしない大学内の信条左翼の空語である。結局、運動は目的をとげえないのではないか——こういう率直な疑問に耐えることの出来ない弱々しい言葉だ。知性というものが、ここではどうなっているのであろうか。人々は、この集会のもっている恐るべき頽廃に気づいた様子はない。かつては全人格的な闘いの言葉であったものが、およそこれほど空虚に観念的で、きらきらした輝きを失ってしまったとは。「団結」ということが、ほかほかとした仲間意識ではなくて、むしろ権力にたいする憎しみに対応する仲間うちの緊張に支えられて輝きを増していたという事実をはなれて口にのぼる。

安保規模の闘い——あの安保闘争が人々のどれほどの決意と焦燥に支えられていたかは思ってもみない。政治にたいする闘う知性の絶望は、こうした言葉と実在との肉ばなれのうちで真に深いのだ。

＊2　六四年八月、池田内閣は米軍の原子力潜水艦の寄港承認を正式決定し、これに対して社会・共産・民社各党が反対を表明。社会党・総評の呼びかけで九月二七日、寄港が決まった横須賀に七万人が集結したのを皮切りに、連日、寄港阻止統一行動を開催し、反日共系諸党派も学内ゼネストや街頭デモなどを展開したが、一一月一二日に佐世保に「シードラゴン」が入港、以後佐世保と横須賀への原潜寄港は常習化した。

こうした言葉のよどみをつきぬけて、はげしい絶望をもって身をもちくずしたいという不断の欲求、人々の中でつむじ風をまきおこし、権力のあの闇の部分で粉々にくだけ散りたいという欲求——こうした欲求を不断に背にして、知性を保とうとしてきたのだ。知性が闘う知性でありうるとしたら、このようにして実在にかかわる以外にはないのだ。今や、闘いの組織、集会のうちで、空しい数々の言葉の放射から身を防ぐすべもない。

インテリゲンチアの場合にかぎったことではない。政治行動の組織が、信条の上で馴れ合った内輪どうしでなされているにすぎないのだ。政治行動の組織は、未知で体制的な大衆の面前に立ったときのナイーヴで不安な表情を失っている。結局、これらの人々の中では、すでに闘いの組織の段階で、政治というものが欠落しているのだ。

政治——日本の常識では、これはチョビ髭をたくわえた田舎紳士のいささか泥くさい権謀術数ということになっている。だが、ぼくらにとって政治とは大衆社会状況の流動のはずである。大衆意識の落差である。よどんだ沼の如き権力状況がゆれ動き、不純のガスは放たれ、それぞれの集団が一つの大きな動揺のなかに投入される事態こそ、政治の表現である。政治の行動の組織者とは、社会のうちにある潜在的落差を意識にまで高め、一つの目的にむけて激しい流れに変えていく工作者のはずだ。現在、権力支配の操作が、大衆のミクロな意識の落差を相互に算術平均して零に保つことにある以上、政治行動の工作者の仕事は、この算術平均の魔術にはむかうことである。一つの闘争目標にむかって、体制者と反体制者の基本的陣営に意識の落差を顕在化することはもちろんである。だがこのことが、両体制の意識の固定化、反体制者の観念的オプティミズムに支えられているとしたら、落差はみせかけのものにとどまって流動を呼ばない。社会党共産党は反体制者である——このこと自体は権力をおびやかしはしないのだ。問題は、政治の流動のなかに大衆の全人格がどれほど没入しているかにかかっている。政治の流動のうちでは、硬直した陣営間の区別は消えうせ、大衆自身のうちで体制と反体制の境界は転変としてゆれ動く。なぜなら、大衆社会状況とは、ほかならぬ大衆自身のうちで両陣営の区別の意識が失われていることを意味するからである。大衆は反体制者であってかつ体制者である。スローガン化された言葉のうちに、反体制者大衆をとらえることは愚かしい。まさしく、大衆運動こそ唯一の政治の可能性である。にもかかわらず、この運動のうちにある大衆の巨大な反革命の可能性をひきうける気のないものは政治の組織者ではない。現在の政治行動のうちで、一見大衆が信じられ、大衆の味方が自認されていても、実際にはそれは未知なる大衆への恐怖である。一つの政治的利害をめぐって、大衆のうちでさまざまな利害の意識がめざめ、その相互の衝突のうちから一つの政治の流動が生じてくる――そのような大衆の秩序の崩壊をみずからひきうけることへの恐怖である。人々は味方の陣営内の分裂を極端にきらう。大衆のうちに落差を拡大し、問題をあからさまにすることを恐怖する。逆説的にいえば、反体制者の体制秩序をこわすことへの度しがたい恐怖心である。大衆社会にあっては、もはや労働者＝反体制者という同一律は仮象である。このみせかけの恒等式は、行動組織の過程ではさまざまに動揺せずにはすまされない。労働者がそれ自体、意識の上でも居住地域の上でも同質であった時代は去った。団結も、状況全体の流動のうちで再確認された団結でなければ成りたたない。だから、現在、みせかけの反体制を温存したままで運動をおこそうと思うものは、大衆社会にふれえないのだ。闘いのすべての言葉が、淀んだ状況の上を滑らかにすべっていくにまかせる以外にない。この滑らかさにふくまれている巨大な頽廃に人々は気づいた様子がない。これこそ、ほかならぬ政治の行動のうちで、政治が欠落していることの真の意味なのだ。

2

政治運動のこうした内的な頽廃は、日本の政治の行動のどのような歴史的位置に存在根拠をもっているのだろうか。前衛が告発しその内で自己増殖していくべきどのような歴史状況にこの事態はよってきているのか。ぼくは以下でこのような歴史的反省をしてみようと思うのだ。

安保闘争から池田内閣の時代へと、ぼくらは日本の変転の諸相を身に蒙ってきた。「東京も変わったなあ」というのが一種の挨拶になった。たしかにこの五年間、かつて国会周辺を砂塵を上げてかけぬけ、街路の敷石でもって身を守ったことのある者にとっては、今や、歩をはこぶたびにきしんで音たてた議員会館は見上げるビルと変貌したのを見れば、そしてそこから道幅も広いインターチェンジがゆるやかに湾曲し浮沈しているのを見れば、いくばくかの感傷を禁じえない——としてもすでに、「安保後の時代」はまぎれもない現実となった。ちょうどぼくらは、自らの投じた小石による波紋が次第に拡大し変貌して、ついには自分の体内をもつぎつぎに貫通し、身体の内外に幾重ものなじめないフェーズがあたかも定常的にゆらいでいるといった光景のうちにある。

このなじめない風景の底にぼくらは安保闘争後の闘いの停滞の状況をみ、これを思考しようとしてきたのだ。池田時代の五年間が闘いの停滞局面を政治的に象徴している。[*3] 政治的な対決を回避した池田路線は、「安保騒動」の教訓などというものによるのではない。それは安保闘争と三池闘争という象徴的な闘いにおける大衆の敗北を通して切り開かれた地平であり、支配者の一定のヴィジョンにもとづく可能な支配形態であった。池田時代にはブルジョア的な計量化のイデオロギーが信じられていた。一方では経済の高度成長が大衆の生活のレベルまでもまきこみ、これを高度化し安定化することが宣伝された。電子計算機とグラフ用紙をのぞきこんで、一九七〇年は「所得倍増」の年であると信じられた。他方ではまた、経済成長とともに産業構造の変化がおこる。農村は近代化され、都市に流入したプロレタリアートを米国型の労働組合に組織して保守的な労働者を育てていく。そしてまた産業合理化と二重構造の解消、総じて戦後の日本的特徴の一掃が信じられたのであった。いうまでもなくニューライト構想である。ニューライト構想は計量化を信奉する官僚、経済エリートによって代表される。政治的支配層の構成が、戦前型の政治家、つまり戦後民主主義の定着期にたえず「逆コース」への志向を示した天皇制時代からの政治家が、かかる近代的エリートたちへといれ代わる過程が進行してきたのである。

安保条約改定以降の日本支配層の世界政策の登場も、国内的な計量化の確信にささえられてはじめて可能となったのである。これまでアメリカの陰にかくれていた外交政策から、対東南アジア外交を中心として「世界における日本」というイメージがつくられていっている。安保改定は同じく米国との同盟関係の強化でありながら、日本帝国主義の独立自主の表現としてサンフランシスコ条約の示すものとは別種の局面を示している。いうまでもなく、この裏には世界資本主義への日本の「投企」があるのである。こうして、日韓会談は安保改定後の日本の国際的初舞台となった。それは「日本帝国

＊3　池田勇人の首相就任期間は六〇年七月一九日－六四年一一月九日。日米安保条約の自然成立・締結後に岸信介は退陣し、第一次池田内閣が発足。二度の総選挙を経て、東京オリンピック閉会式翌日の一〇月二五日に退陣表明した。池田内閣はこの間、所得倍増計画の公表、日韓交渉の再開、日本のＩＭＦ８条国への移行およびＯＥＣＤ加盟を行った。

主義の延命策」などという段階で提起されているものではない。他の東南アジア諸国および北朝鮮、中国といういっそう市場価値のある地域へと進出するための第一歩であり、日本資本主義の世界政策として政治的意味を強くもっているのである。イデオロギー的には、日本は高度工業国となったという確信にもとづいて、国際的な分業体制という形で主張されている。

ニューライト構想をうみだしたこうした日本資本主義の自信が、池田時代の「均衡ある政治過程」の根拠となっていたのである。「戦後は終わった」というかけ声のもとで、憲法的秩序がすでに支配者むきに空洞化されたことが確認された。このために、憲法調査会の考える程度の改正などは、名を捨て実をとるものとして回避されたのである。

「自民党の党員のなかには、労働組合というと頭から社会党だとか共産党だとかきめつけて、対決気構えをみせる者もいるが、そんな考え方は時代遅れだ。産業構造の変化に伴（ママ）なって、農村から都市へと移行する労働人口は日ましにふえているが、彼らを直ちに労働組合だから敵であるときめつけるのは間違いだと思う。戦後の混乱期とちがって、現在のように世の中が安定してくると、労働組合員の中にも保守意識を持った層が芽生えつつある。そういった層に対し、努力と情熱を傾けて話し合えば、結構自民党にも労働者の味方がふえてくるはずだ」。自民党ニューライトのこうした発言[*4]（江崎真澄）に対応するかのように、労働者戦線のうちに構造改革派[*5]が擡頭したのも池田の時代だった。これは民主主義の定着と経済成長の確認の上に立って、この枠内で自己を体制の別種ではあるが積極的なにない手としていこうとするものであった。彼らが確認する労働者の「現状」は、基本において自民党ニューライトの労働対策がよって立つものと一致しているといってよいだろう。

池田時代の「世相」の諸特徴を指摘するのはこれでやめておこう。ただ日本の「近代化」の政治的な指標に注意を喚起し得れば当面はことは足りる。そして問題は、このような池田時代からの政治的指標の歴史的性格をどのように理解するかという点にある。安保闘争後のどのような転換が池田時代をもたらしたのか、それはどのような歴史的矛盾を内にかかえているのか――こうした点にぼくらの分析の目的はあるのだ。これまでにあげた池田時代の一般的特徴の指摘に加えて、ぼくらは、最近の顕著な二つの出来事のなかでさらにくわしく転換の現象をさぐってみよう。

第一は原水協の分裂[*6]と米国原子力潜水艦寄港阻止闘争以降の平和運動の停滞をとりあげるべきである。その際、この「平和擁護」は従来の日本のカンパニアの伝統的な素材であったことに、ぼくらは注意する必要がある。総評‐社会党という日本の大労働組合の指導部は、これまでこの主題をかかげ

---

*4 江崎真澄「保守党危機に警鐘する（インタビュー）」『現代の眼』一九六五年九月号。

*5 五〇年代後半から日本共産党および日本社会党内において始まった新しい政治傾向。イタリア共産党の指導者トリアッティが主導した路線に強い影響を受けたグループで、修正主義・改良主義ともいえる立場から資本主義体制内での変革を志向した。六〇年代に入ると日共内では春日庄次郎、安東仁兵衛をはじめ同グループの大部分が除名され、統一社会主義同盟（統社同、現在のフロント〔社会主義同盟〕の前身）、共産主義労働者党（共労党）などが結成された。一方、社会党内では江田三郎がグループを形成、その息子の江田五月も社会主義青年同盟（社青同）内にグループを形成した。

*6 原水協とは原水爆禁止日本協議会の略称。五五年の第一回原水爆禁止世界大会直後に超党派で結成。その後六一年のソ連の核実験再開への対応をめぐり、社会党系はいかなる国の核実験にも反対することを主張したが、日共系が社会主義国の核実験は資本主義国のそれとは根本的差異があるとして擁護。前者は原水協を六五年に離脱し、原水爆禁止日本国民会議（原水禁）を結成した。

て能率よく街頭カンパニアを組織することができたのである。[*7] だが原潜反対闘争から今日の日韓・ベトナム闘争にいたるまで、運動は街頭カンパニアという領域でさえ、周知の停滞を示している。運動の低調ぶりは、単に安保闘争後四年にわたって冷却期間があったため、とだけはいえないであろう。運動組織の内的な描写をぼくは冒頭に与えたつもりだ。それだけではない。形式的にみても、全国的な動員数は著しく少なく、これは原潜寄港の前日の総評の「総動員令」下ですらそうであった。またカンパニアは何らかの事件にすかさず対処するという意味での機動性を欠き、散発的なものになっている。そして、「創意ある」市民運動がみとおしを欠いたまま運動を先導しているという昨今の倒錯した現象こそ、大組織の街頭カンパニアの欠落を端的に示すものである。

「平和擁護運動」の極端な崩壊は十年間の日本原水協の運動が分解したことのなかにも示されている。今では、これは伝来の「平和擁護」に縁切りして、党派の内輪の示威運動になってしまっている。

ベトナム戦争が誰の目にも明らかに理不尽なもくろみをもってアメリカによって拡大されており、そして日本の支配層も安保条約にくみこまれる形で独自の平和にたいする態度を明らかに示しつつあるまさにその時に、戦後十年間の「平和擁護」カンパニアの崩壊にぼくらは直面しているのである。

第二の現象は、今回の参議院選挙〔六五年七月〕の結果にみることができよう。その際に、ぼくらは東北農村での自民党の減少と、大都市における社会党の横ばいないし減少という特徴を指摘することができると思う。農村では社会党は逆に増加し、都会においては農村からの流入人口と自民党の票を喰ってむしろ公明党と共産党が進出している。[*8]

自民党の減少は、多分高度成長期の農村解体と、都市への流入人口が不況の圧迫をうけている、といった事態を反映しているものであろう。そして社会党の減少は、これまた高度成長期における総評大組織の内的な解体傾向、また不況と生活苦による政府批判を社会党が組織しえていない、ということを示すものである。これらはいずれも、高度成長の十年間の後に、戦後期の一貫した票田であった自民党の農村、社会党の都市大組合という地盤に、再編のきざしがみえはじめたこととして、ぼくらはうけとることができるであろう。だから、これまで万年与党、万年野党を構成してきた両党にとっては、これはいずれの場合にも決定的な問題のはずである。最近、一方では自民党のニューライトによって「保守党の危機に警鐘する」とさけばれており、他方では社会党が総評組織を通じての党員倍増運動にのりだしていることの背景をなしている事実がこれなのである。

ほぼ以上のようにして、ぼくらは安保後の時代の新しい政治的指標を描くことができた。そしてほかならぬこの池田時代の「近代化」のうちで、革命的イデオロギーは、はぐらかされ展望を失い、いたずらに理念的な立場へとおいこまれていったのである。現在、ぼくらの前に二通りの立場が提起さ

＊7　一方、第二次大戦敗戦後の日本共産党による平和擁護運動は当初、五〇年のコミンフォルム批判による所感派と国際派の分裂の影響を強く受けた。同年三月のストックホルム・アピール（核兵器禁止など）を受けて八月に平和擁護日本委員会が結成されたが（平和を守る会を改組）、五一年二月の第一回総会、三月の同代表者会議で両派が激しく対立した。所感派はすでに五一年一月に全面講和愛国運動協議会（全愛協）を結成、独自に平和運動を展開していた。

＊8　六五年七月四日の第七回参院選挙（投票率六七・〇二％）の結果、改選・非改選を合わせた会派別の議員数は以下のとおり。なお当時は全国区と地方区に分かれていた。
自民党141（－2）、社会党73（＋7）、公明党20（＋5）、民社党7（－4）、共産党4（±0）、第二院クラブ4（－7）、無所属1（＋1）

れている。それらはともに池田時代の現実から出発していながら、まるで対立する現状認識と展望とを主張するのである。一方は民主主義運動論とでも呼びうる一連の見解である。たとえば現在の「工業化」と「民主化」とが一つの大衆運動の展望のうちで結合されうると主張される（松下圭一『戦後民主主義の展望』）。「現代の民主主義がはらんでいる問題は工業との連関においてもっとも鋭くあらわれる。今日の資本主義・社会主義という体制の対決・選択の座標軸は、民主主義と工業の政治的結合の方法、あるいは工業化の民主的イニシアティヴの組織方法にあるといって過言ではないであろう」。これは一般論であるが、日本の政治状況の場合には、「『新憲法』を制度的前提とする戦後民主主義」と「日本資本主義の戦後的成熟をもたらした『高度成長』」に注目しなければならない。民主主義の血肉化と工業社会への移行によって、「民主主義と工業の問題は日本においても現在、具体的に成熟してきたといえる」。日本の革新理論も「〔この二点を〕展望におさめた理論へと再構成されるべき」であり、こうして「戦略構想における具体的課題」が提起されることになる。それは「反独占民主主義の国民的基礎の拡充」、つまり「政策転換と自治体改革の闘争」であり「新憲法の完全実現」でありこれを通じての「戦後的革新ナショナリズム〔の〕構成」等々である。[*9]

これに対立する他方の意見では、安保後の事態は全然別の様相を呈することになる。たとえば、安保を境として、基本的にブルジョア民主主義的妥協体制は根拠を失いつつあると主張されている。民主主義は今やその擬制的性格をあらわにしつつある。池田政権から佐藤政権への移動は「新たな階級対立の激化の時代への突入」を意味する。既に今年度（一九六五年）春闘は、昨年の四・一七闘争を「はるかに越えた」「巨大なストライキの高揚」となってあらわれているのであり、原潜から日韓ベトナム闘争へのカンパニアの激しさにもみられる特徴である。こうして、われわれは「平時の意識と訣別し、決断して前進しなければならぬ」と主張されるのである（いずれも、『マルクス主義戦線』一〇号）。

けれども、もしもぼくらが政治組織の主体的活動という観点から事態をみようとするならば、いずれの場合にも理念的な議論は避けなければならない。安保闘争の後の時代というぼくらの現状を具体的に媒介することによって展望をえなければならない。日本の政治組織にとっての所与である民主主義体制から出発して、その内在的矛盾を分析していくべきなのだ。こうした政治的現状分析を欠く場合には、危機の時代へのぼくらの歩みは、政治組織の確立強化の歩みとして現実化されずに、理念化されてしまうからだ。

政治の行動の問題に焦点を合わせて、政治状況の分析にぼくらはとりかかっていこう。

3

池田時代に現象してきた様々の転換のきざしは、一体いかなる歴史過程からの転換であろうか？まさに、「戦後」からの転換であろう。ブルジョアジーとともに、ぼくらもこれを認めよう。こうして、「戦後」期の政治過程、「戦後」期の政治行動の分析に、ぼくらはみちびかれていくのだ。この分析によって、「戦後は終わった」ことを示す真の指標を、ぼくらは政治過程の面でみいだしていくことができるであろう。

「もはや戦後ではない」ということが初めていいだされたのは、ぼくらの「戦後」の意識からすればかなり早くの一九五六年である。けれども、政治過程という点で、疑いもなく戦後が傾くには安保闘

＊9　松下圭一『戦後民主主義の展望』日本評論社、一九六五年、三頁、五四－五六頁。

争という政治的事件がなお必要であった。このため、政治過程における「戦後」の分析は、安保闘争へと流れてきた過程の特徴を明らかにするものでなければなるまい。その場合には、この意味での戦後をぼくらは一九五〇年から出発させなければならないだろう。第二次吉田内閣の崩壊にいたる戦後の短いが史上初めて左翼的政権樹立の可能性があった時代が終わり、[*10] 一九五〇年以降は日本のブルジョアジーのヘゲモニーが確立されていく時期として特徴づけうる。ドッジ・プラン[*11]による整理政策、朝鮮戦争の特需ブームを通じて、日本資本主義は立ち直りから高度成長へと展開していくのである。一九四九年の第三次吉田内閣の成立はこのメルクマールである。そして政治過程もまたこれに対応して一九六〇年までの十年間、一時期を画するある連続性を示していると、ぼくはみたい。それは一口にいって、与えられた「憲法的秩序」と支配・被支配のそれぞれとの間にある不均衡をめぐって動いたのである。これにくらべれば、敗戦から一九五〇年にいたる時期は、民主主義の問題というよりははるかに日本資本主義の体制的危機をめぐって問題は進展した。この戦後革命の時期を、ぼくらは当面の関心からはずすことにしよう。

「法の支配」が古くブルジョア革命によって獲得された諸国、つまりブルジョア民主主義的諸制度が民衆の闘いによって確立された諸国の場合には、ブルジョアジーの支配者への昇進にともなって、この民主主義は自然に革命性を失い習慣化していく。民主主義の伝統とは、支配体制の長きにわたる無害な習慣のことである。

これに反して日本では、明治維新以来の急激な資本主義化は、なお天皇制を中心とするブルジョア的には不合理な体制と思想とを温存し利用する形ですすめられてきた。天皇制に対する闘争は、大衆闘争としてはもちろんブルジョアジーのいかなる集団によってもなされはしなかった。こうして日本

*10 第二次吉田内閣（四八年一〇月－四九年二月）の幕切れは「なれあい解散」と呼ばれ、そこに至るまでに次の経過をたどった。

四七年四月の衆院選で、日本社会党（片山哲委員長）が143議席と躍進し第一党となり、124議席の民主党、31議席の国民協同党との連立による片山内閣が成立。吉田茂が率いた日本自由党は131議席で下野。しかし片山内閣は、社会党の左右両派の対立や民主党の分裂などから九ヶ月余で倒れた。続いて四八年三月に芦田均・民主党総裁を首相とする内閣が発足したが、同年六月に昭和電工事件が発覚。西尾末広・前副総理（社会党）や福田赳夫・大蔵省主計局長（後の首相）らが逮捕され、一〇月に芦田内閣は総辞職。芦田も一二月に逮捕されたが、収賄側は裁判で多くが無罪。

紆余曲折を経て民主自由党（四八年三月に日本自由党と民主党離党議員による民主クラブが新党結成）により第二次吉田内閣が発足。少数単独政権のため、安定勢力を確保すべく早期解散・総選挙を目指す。野党の社会・民主両党は反対したが、日本の政局安定化をもくろむGHQの仲介で、民主自由党との協議の結果、出したくもない内閣不信任決議案を提出、衆院解散・総選挙となった。

*11 吉田内閣が四九年二月、GHQ財政金融顧問のジョゼフ・ドッジの指導に基づいて実施した厳しい財政金融引き締め政策。ドッジ・ライン。ドッジは、アメリカ政府が吉田内閣に指令した強力なインフレ収束策の九原則（予算の均衡、徴税強化、資金貸出制限、賃金安定、物価統制、貿易・為替管理、輸出振興、生産増強、食糧供出の促進）を踏まえ、国債償還を盛り込んだ超均衡予算の実施、復興金融金庫および財政補給金の廃止、シャウプ勧告に基づく税制改革、一ドル＝三六〇円の単一為替レートの設定などの措置がとられた。その結果、インフレは収束したが、中小企業の倒産、合理化による失業者の増大などを招き、社会不安を激化させた。左翼政党と労働組合の陰謀とでっち上げられた下山事件・三鷹事件・松川事件も起きた。さらに池田勇人蔵相は五〇年三月の記者会見で「五人や一〇人の中小企業の業者が倒産し、自殺してもやむをえない。ドッジ・ラインという政策の大転換をやっているときだから仕方がない」、同月の予算委で「カネのない貧乏人は米を食わずに麦を食べればよい」などと発言した。

の支配層は敗戦と占領軍による民主主義的改革に唐突に直面することになる。それゆえ、彼らは当初この改革に対して反革命としてたちむかうことになる。新憲法制定過程での彼らの抵抗はこのことをあさましくも示している。だが、いうまでもなく、「憲法的秩序」にたいする反革命は、当時の大衆闘争と占領軍の「押しつけ」によって放棄を余儀なくされるわけである。かくして日本の戦後の支配層は、資本主義が順調な軌道に乗りだした時点で、戦後の民主主義的改革にたいしてなお二面的な姿勢で臨むことになるのである。基本としては、むろんこれを採用しなければならない。改革の全面的ボイコットは彼らの支配の死を意味した。新憲法制定過程での彼らの抵抗が粉砕されたこと、そしてまた労働運動の高揚の中で第二次吉田内閣の崩壊にいたる政権の不安定を通じて、彼らは思い知ったのである。これが、ブルジョア的に合理的な決定であったことはいうまでもない。資本主義的成長を政治的に保障する大衆操作の体系として、民主主義をもたない近代ブルジョア社会は本来ありえないのだから。

けれども他方、戦後危機にあって大衆運動が求めた方向、天皇制の廃止にまでいたるかもしれない改革の尖鋭化は、もちろん彼らの防止せねばならない課題だ。そこで、改革は採用するとともにこれを本来的なブルジョア民主主義、いわば資本主義のイチジクの葉へと変質させていく過程をも同時に真剣に配慮せねばならない。経済成長の成功がこれを背後から保障していった。だが彼らがいみじくもいうように改革が「押しつけ」であったために、これを空洞化していく過程では、旧体制的感覚の抵抗の突出もなお不可避であった。基本的に憲法ルールに従いつつも、民主主義の大衆操作からいえばなお粗暴で「ファッショ的」な挑発が、安保改定での「岸の暴挙」*12にいたるまで、ブルジョアのヘゲモニーのもとで均衡している政治過程を時おり中断したことをぼくらは知っている。いわゆる「逆コース」である。

戦後危機をきりぬけて独占強化にむかった日本の支配層は、彼らに固有の天皇制的秩序感と、「押しつけられた」憲法秩序＝平和と民主の体制との乖離をいかに処理するかという問題に直面した。そしてその処理過程はこのように二面的だったのである。けれども、不均衡状態は憲法的秩序と支配層との間にあっただけではない。

＊12　六〇年五月一九日、岸内閣・自民党は、日米安保条約改定案・日米地位協定承認案について、慎重審議を名目に会期延長を強行したにもかかわらず、審議を一切せずに条約批准も強行採決した。労働者・学生三万人が国会周辺を取り囲むさなかのことだった。

この日、自民党は衆参両院議長に国会の会期五〇日間の延長の申し入れと、安保委の審議打ち切りを提案。衆院議会運営委員会理事会での話し合いは不調のためいったん散会となったが、その直後、荒船清十郎委員長が議運委の開会を宣言、自民党だけで会期延長を決定した。この暴挙を知った社会党議員は本会議の開会を阻止しようと衆院議長室前の廊下に座り込み。二一時三一分、清瀬一郎衆院議長は警官五〇〇人を国会内に導入して社会党議員を排除すると、二三時四五分に本会議場に入りただちに開会、三分で会期延長を議決。一方の安保委では、社会党議員の大半が議長室前占拠で出払っているにもかかわらず、小沢委員長（自民党）が二二時二四分に突如開会を宣言、議場が大混乱となり聴取不能な状況のなか、二分間で質疑打ち切り、新条約の承認、新協定の承認などを賛成多数で可決と主張した。さらに本会議場では二〇日〇時六分、野党や自民党反主流派が出席していないなか、わずか一三分で、討論抜きに新安保条約などを単独強行採決。記名採決も行われず、起立多数で可決批准とされたが、衆院定数の過半数に達しない一三二人だったという。これにより安保改定条約は会期末の六月一九日に自然成立することが決まった。

憲法的秩序はまたブルジョアジーに対立する大衆が闘いとったものでもなかった。社会党の憲法草案がマッカーサーのものよりも右で使いものにならなかったという点に、[*13]長く抑圧された大衆の歴史の悲喜劇が露呈されている。憲法的秩序は戦後民主主義革命の過程で確かめ獲得しなおされ、かくして新たなる「常識の体系」へと受肉されるべきものとして存在していた。だが、一九五〇年までの体制的危機における闘いの敗北は、この課題をそれ以降にもち越すことになる。常識の体系の外的で唐突な変動による不均衡状態が、ブルジョア支配の順調な確立過程になお存在をつづけることになるのである。これに加えて、さきにみた支配の側からの改革の空洞化、なかんずく「逆コース」的挑発が、大衆に自らの生活と闘いによって民主主義をわが物としていくべき機会を不断に提供していくことになる。この意味で、一九五〇年以降を、「戦後民主主義の定着期」ということができるであろう。

憲法秩序という他ならぬ政治的体制の基幹で生じた、以上のような支配・被支配双方のしっくりいかない関係――これが、独占の立ち直りの時点以降の政治過程の流動を主として規定していくのである。経済成長の成功という資本主義体制の根本的安定要因が確立されていないながらも、政治過程はなお憲法秩序をめぐって流動した理由がここにあるのだ。一九五〇年から六〇年までの日本の政治行動のきわだった特徴はこうした背景をもっているとぼくはみたいのだ。また、以上の状態こそが、社会党－総評、いわゆる「日本的社会民主主義」の存在根拠となったのである。

一九五〇年までの反合理化、[*14]反レッドパージ闘争[*15]の敗北以降、日本の大衆闘争のきわだった特徴は全国的な政治闘争・街頭カンパニアの連鎖である。五二年の破防法反対闘争[*16]に始まり、原水禁運動、教育闘争[*17]をへて警職法[*18]から安保闘争につながるカンパニアこそ、五〇－六〇年の闘争の主流だったということができるだろう。そしてこの一連の街頭行動のスローガンは、ポジティブには「平和擁護」

＊13　社会党の「憲法改正要綱」（四六年二月二三日発表）は「民間の憲法研究会案の作成にも加わった高野岩三郎、森戸辰男等が起草委員となり、党内左右両派の妥協の産物という色合いが強い〔…〕。「主権は国家」にあるとし、統治権を分割、その大半を議会に、一部を天皇に帰属させることで、天皇制を存続するとともに、議会の権限を増大し、国民の生存権の保障や死刑制度の廃止等を打ち出した」（国会図書館「日本国憲法の誕生」資料と解説2－12）。

＊14　ここでいう反合理化闘争は四九年、ドッジ・ラインの実施に伴う大量解雇や工場閉鎖に対する企業整備・行政整理反対闘争および労働法規改悪反対闘争。政府は五月三一日、二八万五一二四人の解雇を含む行政機関職員定員法を公布。国鉄も九万人以上の大量解雇が求められたため、六月九日に国電ストが開始され、東神奈川では組合管理の「人民電車」が運行された。なお、労働省『資料労働運動史昭和二十四年』によると四九年一年間で八八一四事業所において四三万人強に及ぶ大規模な解雇が行われた。

＊15　日本では五〇年の朝鮮戦争勃発前後に、GHQの指示と支援のもと、日本共産党員と支持者に対して一方的解雇が行われた。伏線は団体等規正令で（四九年四月四日公布・即日施行）、政治団体の構成員の登録義務づけや解散指定を受けた団体役員の公職追放が定められた。五〇年六月六日に共産党中央委員二四人（うち国会議員七人）、翌日には『アカハタ』編集委員一七人が公職追放。朝鮮戦争勃発の翌二六日『アカハタ』が停刊指令。さらに七月二八日からの新聞・通信・放送関係を皮切りに、レッドパージの対象者は民間企業では五三七社で一万〇九七二人、政府機関で一一九六人となった（労働省・人事院）。一方、全学連は、四九年七月一九日の総司令部民間情報教育局顧問イールズによる「赤色教員追放」声明に対し、九月一日レッドパージ反対闘争を宣言、二五日法政大学、二九日東大教養学部、一〇月二日早大・東京外大などで試験ボイコットおよび学内デモ、五日には都学連のゼネストなどを行い、イールズ声明・レッドパージを粉砕した。

「民主主義擁護」でありネガティブには「逆コース反対」であったのだ。これらのスローガンは、それをかかげた運動がどのような政治過程に根ざしていたかをはっきりと示している。憲法的な平和と民主を自らの手で定着していかなければならない大衆は、支配層によるその空洞化、なかんずく「逆コース的」な手直しに対して、大衆運動という形で立ちあがり、この点では支配の企図に咬みあって抵抗していくことができたのだった。

戦後民主主義定着期での民主主義擁護がなお抵抗の形態になりえ大衆的高揚を示しえたのはこのためだったのだ。そしてこれこそがカンパニアの組織者たる社会党‐総評の一定の戦闘性と、彼らによる反体制運動のほとんど一元的な支配をもたらしたのである。政府与党の必然的な逆コースに、ただちに大衆を動員しえた社会党‐総評は、日本の大衆が近代的エゴを確立し民主主義を自己の体質に同化していく動的な政治過程を代表している。

もちろん、日本的社会民主主義の存在が、欧米諸国に比べればなお劣位にあまんじている日本の労働者の一般的状態、あるいは総評傘下労働組合の特殊な性格によって媒介されていることを、ぼくはいささかもみのがすつもりはない。この事実は特に今後の階級関係を決定する重要な要因として登場するだろうと思う。戦後期にあっても、総評の主要労組であるホワイトカラー組合は法的にスト権を奪われ、この意味で本来的な労組活動がはばまれていた。これらの労組は政府の賃金決定に影響を与えるためにも、政治闘争あるいは春闘という形で「物情騒然たる」事態をつくりださざるをえなかったのである。だが、政治的カンパニア闘争の存在根拠は決してこの点にあったのではない。それだけなら経済成長にともなって、労組は物取り的賃闘だけをつづけ最後にはアメリカ型の組合へ近づいていくか、あるいは賃闘の過程で社会党‐総評の有力な反対勢力つまり共産主義政党を存在させたであろう。

「戦後民主主義の確立」と理念化されている過程は、ほぼ以上のような内的諸要因に支えられていたのである。つまり、民主主義の定着というかぎりでは、この過程は支配と被支配のそれぞれにあい応じた動きによって進められてきたのだ。かくして、民主主義体制はこうした運動の過程を経て一つの体制の名にふさわしいものへと変質し、定着していくのである。この同一の過程の二面を自民党と社会党が代表していた。この過程が戦後一九五〇年以降の主要な政治過程となっていたがために、両党

＊16　破防法は破壊活動防止法の略。五二年三月二七日に第三次吉田内閣（第三次改造）が法案要綱を発表すると、翌日には総評・労働法規改悪反対闘争委員会（労闘）は破防法反対のゼネストを決定。四月一二日に第一波ゼネスト（三〇万人）、一八日には第二波ゼネスト（三三五万人）、六月七日に第三波第一弾ゼネスト（三二〇万人）、同第二弾ゼネスト（三〇〇万人）が組織された。全学連は五月一日のゼネスト決行を指令して以後、全国各地の大学でストやデモなどを行った。様々な組織が強い反対行動を展開したが、七月四日、参院で可決成立した。

＊17　勤務評定（勤評）反対闘争。五七年九月、文部省が全国の教員（国立大学教員を除く）に勤評実施を訓令。教員の政治活動を規制するものだったため、日教組は組織弱体化を狙うものとして一二月「非常事態宣言」を発し、五八年四月の勤評粉砕全国統一行動など激しい闘争を行った。全学連も共闘を申し入れ、文部省や全国の県教委に対するデモや座り込みなど実力闘争を展開した。

＊18　警職法は警察官職務執行法の略。五八年一〇月八日に岸内閣が突然、同法改正案を提出。日米安保条約改定に連動し、警察官の警告・制止や立入りの権限強化、「凶器の所持」調べを名目とする令状なしの身体検査、保護を名目とする留置を可能にするという内容だった。国民の批判が高まり、警職法改悪反対国民会議（三九六団体、一〇〇〇万人）が組織され、全学連も加わった。一〇－一一月で統一行動を五波にわたり実施、一一月五日の全国ゼネストには四〇〇万人が参加し、改正案を審議未了・廃案に持ち込んだ。

によって二分された戦線は膠着し、両党をそれぞれ万年与野党化してきたのである。ここでは社会党が政権につく道は絶対的に塞がれていたと同時に、労働戦線での第二党（共産主義政党）ののびる余地もなかったわけである。ドイツのブルジョア革命でのように、ブルジョア民主主義がブルジョアとプチブルジョアの「共同事業」（カウツキー）であったのに似て、戦後民主主義定着期にあっては労働者と市民との差異はある程度まで均されていた。憲法擁護運動は労働運動というより「国民運動」と呼ばれてきた。政治過程における諸集団を単純化して考えることが可能なのである。

もちろん、近代ブルジョア支配の政治機構としての民主主義という本来的な性格のために、民主主義体制は文字通り体制内的なものであろう。だがぼくらの場合には民主主義のスタティークな分析が大切なのではないのだ。日本の場合には、いわば欲求不満の戦後民主主義革命のために、民主主義の体制内への定着には十年にわたる流動する政治過程を要したという歴史的事実が重要なのである。

この政治過程に大衆運動をもって組みこまれていく中で、ほかならぬ体制者＝与党が逆コース的に体制を逸脱し、反体制者＝労働者階級こそが「憲法をまもれ」というスローガンのもとに体制を護るという倒錯が生じたのである。この場合、反体制者が「体制を護れ」によって意味づけようとした「体制」は、たしかに現秩序そのものではない。「もっとよい体制」をすら意味したかったにちがいない。だが、このように願望したところで、守勢の立場を隠蔽する疑似的な体制者意識が公認前衛のなかに根をおろしていくのを防ぎようもない。前衛は支配者の「反動」をいつも支配者の中の少数の単純な封建的反動と同一視し、これに対しては支配者の「他の部分」とも手をにぎって、現体制を護ろうとするようになる。「岸一派を倒せ」「敵は強いのではない、あせっているのだ」等々のスローガンは、いつも前衛の敵にたいする劣勢をごまかし、疑似的な体制者意識を温存する役割をはたしてきたのだ。こうして彼らは戦後の十年間に日本の大衆に疑似的な体制者意識を植えつけ、これに乗って闘いをすすめることになった。大衆の「常識の体系」に民主主義が根づいたことを、戦前の状態に比べてもちろんぼくらは評価する。それは常識だ。だが、政治の行動とその指導のことを考えるとき、日本の公認前衛の政治過程への介入は、戦後が傾いていくとともに、体制への抵抗の基本的動力を失っていくのだ。支配の側の意図がすでに戦後民主主義の骨抜きといった後向きのものでなくなって、一層帝国主義的な体制整備という性格をもつようになると、前衛の行動の硬直は悲劇的なものになっていく。安保闘争から日韓、ベトナム闘争の中で、ぼくらはその姿をみることになろう。

憲法秩序のいま一つの柱であった「平和擁護」に関しては、乖離の過程はさらに特殊な事情にもとづいていた。この事情を明らかにするためには、現在の硬直をもたらした平和運動の歴史を、ざっとでもふりかえってみなければならないだろう(『東大新聞』の一九六四年十月五日号にややくわしく書いた)。

一九五〇年までの戦後革命期には、平和の運動はいうまでもなく、各人の戦争体験を切実に反映せざるをえなかった。戦後革命という旧支配体制の動揺と敗戦による大衆の全人格的崩壊に直面し、平和運動もまた現状変革意識に強く裏うちされたものであった。例えば一九四八年の平和問題懇談会のアッピール[*19]にみられるように、平和は単なる現状維持によって獲得されるものではなく、現実の積極

*19 四八年一二月一二日公表の「戦争と平和に関する日本の科学者の声明」(『世界』四九年三月号)。四八年九月に総司令部民間情報教育局から岩波書店に配布された、ホルクハイマーなどによる文書「平和のために社会科学者はかく訴える——戦争をひきおこす緊迫の原因に関して、ユネスコの八人の社会科学者によってなされた声明」(同一月号掲載)を受けて、吉野源三郎、清水幾太郎、久野収、大内兵衛、安倍能成などが起草した(団体はアピール発表後に平和問題談話会に改称)。

的改造をともなって初めて確立される、と強調されていた。こうして憲法上の形式的な平和の規定の内実をかためていこうとしたのである。そしてこのような平和運動は、当時日本政府が憲法を受け入れて米軍を前面にだしており、かつまた米国の政策が冷戦強化から朝鮮戦争、単独講和へと進んでいくという日本の現実的な平和の問題に正面からとりくまざるをえなかった。朝鮮戦争反対のプラーグ・アッピール署名から全面講和要求へとつづく運動が、[20] さらに以後は五三年の内灘（石川県河北郡）にみられるような米軍基地反対闘争へとひきつがれていく。これらの平和運動はいずれも、平和を護ることが時の政府と米国の政策に具体的に対決せざるをえず、したがって明確な反政府の旗印をかかげたものであった。

　けれども、これとは別な路線への転換が、直接的にはまたしても外国の圧力のもとに、五〇年から五五年にかけて日本の国土に定着する。核兵器禁止と軍縮を主題とする原水禁運動への転換である。これはまずその発想で、アメリカの冷戦政策に対してなお劣位にあるソ連に時をかせがせる目的で、核禁を含めた全面軍縮を要求するというものであった。組織論的には、時の日本の平和運動への転換勧告である世界平和評議会の申し入れに表明されているように、全面軍縮の要求は民主主義による結集を実質上全人類を含むまでに拡大できるという発想によるものであった。もちろん、たとえば一九五四年のビキニ事件でのように、この発想が日本の大衆の状況と具体的に切り結ぶことは可能であった。しかし、戦後革命時代からの日本の現実に根ざした平和運動にくらべれば、全面軍縮はなお外からやってきて外に目をむけ、かつむしろ理念的な戦争体験に裏づけられた目標であるというべきである。事実、この転換を実現するものとして、五五年以降十年間にわたる日本原水協の運動が平和運動の主流となるのだが、そこでは一方では基地反対闘争や核実験に対する実力反対（高知漁民の船団派遣[*21]、人類の方舟等）をたえず爪弾きすると共に、他力では一貫して政府をもまきこんだ幅広い運動が志向されることになった。原水禁世界大会は自民党も参加しており、五九年の大会でも、安保反対をスローガンに入れることをめぐって、共産党と全学連が対立するという「平和の敵を見失った」立場になおとどまったのである。[*22]「平和の敵」を次に核実験を再開した国に指定するという六〇年の決議は、これらの運動のパロディーである。日本共産党は、今、これはソ連の要求であって、この決議の

＊20 平和擁護世界委員会書記局会議が五〇年八月、プラハで開かれたさいに第二回世界大会招集のアピールを出し、朝鮮戦争に対し「世界的な紛争への最大の危機をはらんでいる」として戦争中止を要請した。なお委員会の後身、世界平和評議会は五一年二月、ベルリンでの第一回会議の決議で、日本に対して再軍備および米ソ中英仏五ヶ国との平和条約締結（＝アメリカによる単独講和非難）、占領軍の即時撤退を要求。プラハ・アピール、ベルリン決議を当初は無視していた全愛協＝日共所感派は自己批判し、平和委員会と統一行動を取るようになった。

＊21 五七年五月、イギリスによるクリスマス島（現キリバス共和国）での核実験阻止のため、日本原水協は抗議船団を派遣する予定だったが断念、高知県室戸岬船員有志が単独でマグロ船二隻を「原水爆実験即時中止」の幟を立ててクリスマス島方面に出漁、海上抗議デモを行った。

＊22 第五回原水禁世界大会は五九年八月、広島で開催された。日本原水協は事前に、日米安保条約の改定内容が日本の核武装への道をひらく可能性があるとして、安保問題を世界大会の議題とする方針を決定（全学連は同大会を安保改定阻止・岸内閣打倒の総決起大会として闘う方針を決定）。原水協の方針を受けて自民党は組織を脱退、さらに政府は大会開催の財政援助を打ち切った。また、共産党の志賀義雄は六月、「原水禁運動を安保闘争と同一視するのは誤り」と、全学連批判の声明を出した。大会決議では、日米安保に対して討議の必要性の言及という後退姿勢を示した。

前にソ連側に「こんなことといってもいいんですか」と念をおした、と主張することで責任をまぬかれたつもりになっている。まぬかれるどころか、彼らが日本の大衆よりもソ連共産党にたいし「責任をもった」という頽廃を示しているにすぎない。[*23]

こうした原水禁運動の十年間に、卑俗にいえば大会である外国代表が指摘しているように、「政府は反対の目が外にむけられている間に、時をかせいだ」。もともと日本の支配層は、押しつけられた憲法的平和の代償を、米国の軍事力にもとめてきた。基地問題等も「米国のせい」にすることができた。そして国会では、超党派で核禁決議をしたりすることができた。戦後期の平和問題の米国への特殊な権力移譲が、政府をして平和運動との対決をさけさせ得たのである。

ところが、すでにのべたように、平和の問題での米国まかせの態度は、安保改定以降政府によって捨てられていく。そして、核禁＝軍縮の目標も、ソ連が核兵力で米国に追いつくとともに、むしろ各国の経済の問題を発想点とするようになる。こうして日本の原水禁運動も、戦争体験による連帯意識の希薄化とともに、ますます理念的なものにむかって空転するようになる。支配層をも含めて、戦争体験は一つでありうる——これはいまや純然たる仮象となってしまったのだ。

4

一九五〇年以降の政治過程は、ほぼ以上のような意味で、憲法秩序＝平和と民主の体制をめぐって展開してきたということができる。本来体制的なものが反体制者の運動のスローガンとなる——この矛盾した事態が、欲求不満の戦後民主主義革命に規制されて、戦後日本の政治史の特殊な性格となったのである。けれども、高度経済成長に裏うちされてブルジョア的合理性が根づいてくるにつれて、この不均衡な事態はブルジョアジーのヘゲモニーのもとで均衡あるものへと動いていった。安保闘争へむけての戦後政治史のうちで、日本的な社会民主主義の行動を支えた基盤は変質し、こうして運動と支配の咬み合いはルーズなものになっていく。安保闘争においてはすでに両者の乖離は明瞭であった。なるほど、「平和と民主を護る」国民運動の歴史の頂点として闘われた安保闘争を、このように評するのはおかしなことに思えるかもしれない。安保闘争こそ、今後のすべての政治闘争がみならうべき闘い——民衆の反体制意識の輝かしい伝統を示す国民運動だと主張されている。その後の政治闘争の中で、人々はいかに多く安保闘争の形式を踏襲しようとしていることか、だが、絶頂にはすでに滅びの予兆があるものだ。ほかならぬ国民運動の頂点のうちに、支配と被支配の関係の変質と乖離の事実はあらわれていたのである。

　安保改定で、日本の支配層は戦後過程の彼らの総括の第一歩をふみだした。労働大衆への攻勢といっても、この意味でこれまでの民主主義をめぐるものとは全く性格を異にする動向であった。安保改定は五〇年以降の経済建設の成功の表現であり、ブルジョアジーはこれに一本立ちした資本主義国として国際舞台へのり出していく自己の姿勢を託したのである。平和の問題にしても、これまでのよ

＊23　第六回原水禁世界大会は六〇年八月、東京で開催。アピールでは新安保条約粉砕を前面に出したうえで「平和の敵を明確にして闘かう《ママ》ことが必要である」と謳った。一般決議では第一項目に「一切の核兵器の実験禁止を要求し〔…〕核実験の永久禁止の協定が締結されることを要求する」としたが、全学連主流派は、反政府闘争の運動方針を出さなかったことを批判、原水協は共産党が私物化しているとして日本原水協、原水禁世界大会から脱退した。

うに脇にとりのけておいて聞こえのいいことをいうといった立場をやめて、米国の軍事的同盟者の地位に自己の利益をみいだすべき独自の立場を明らかにしたのである。総じて、安保改定は日本の支配層が戦後史を総括し、これに訣別せんとする最初の歩みであったのだ。

　だが周知のように、この支配の企図に対して反対運動は在来の平和、民主擁護闘争のスタイルで、その頂点をなすものとして組織された。安保闘争は、開始以来、大衆の間に「入りにくい」といわれたが、この原因の一つは明らかに伝統的な運動組織が支配者の企図を根底からあばきえないという点に存したのである。平和の宣伝が組織のスローガンであった。だが大衆のうちで、「平和」をもとめる気持は、第一次近似ではすでに切実な戦争体験に裏うちされたものから、近代的エゴの保守を動機とするものに変わってきていたのだ。戦争体験をおもいおこさせるいわば理念的な連帯意識を核としては、もはや運動は以前のようにはいかなくなっていたのである。こうして、安保闘争は一九六〇年五月十九日までは国民運動としては混迷をつづけ、わずかに「一一・二七国会乱入[*24]」から新年にかけての闘争に示されたような、むしろ労働者運動としての性格をもったものとなったのである。そして安保闘争の国民運動は五・一九「岸の暴挙」を契機にはじめて爆発するのである。準備期の闘いとは性格を異にする民主主義を護る闘争が。覚えがあろう、「安保改定反対」から「議会主義擁護」へ、ここでの運動の方向転換はめざましいものであった。安保闘争はこの時点から、まさに戦後民主主義（議会主義）を護る闘いの頂点にふさわしい国民運動となったのだ。この運動も、妥協を拒否する政府の態度によって行きづまるのだが、この運動自体を急進民主主義の運動にまで行動化した全学連によって、かろうじて内閣打倒にまでいたる。

　安保闘争の総括をするのは当面の課題ではない。けれども、右に略記したように、支配のめざす方向と運動の方向との乖離は明らかであった。支配者の戦後史への訣別に対して、抵抗者はこの闘いで戦後秩序の完成をめざしたのだ。名高い「国民運動」には、すでにこうした矛盾が内在していたのである。戦後の転換を推進する池田内閣の強固な安定が、あの膨大な闘いのうちから滑りでてきたのは、当然といえば当然であったろう。

安保闘争の中で登場した「新左翼」の政治運動こそ、こうした支配と被支配との乖離状況を最も鋭く反映し、身に蒙ったものだ、といわなければならない。「侵略と抑圧の安保改定」のスローガンのもとで、新左翼は帝国主義的企図に反対する闘いを人々に訴えた。この方針は、安保闘争が国民的高揚をみせる五月十九日以前には、前衛の方針として統一的に貫徹されているかにみえた。帝国主義に反対する運動として、それがめざすものは労働者階級の運動であった。しかし、安保闘争が伝統的な勢力によって民主主義的市民運動として膨張した瞬間から、この方針は解体を開始した。解体した意志と解体した前衛組織とをもって、新左翼は不本意にも膨大な市民運動に乗り移っていかねばならなかった。「全学連は、はじめて、マルクシズムの教説よりもはかるに広汎な影響力をもつ論点をにぎった」、とアメリカの政治学者にすらいわれている（スカラピノ、升味『現代日本の政党と政治』[*25]）。けれども

＊24　安保改定阻止国民会議（以下、国民会議）第八次統一行動として五九年一一月二七日、合化労連や炭労の二四時間ストを中心に全国で約二〇〇万人が参加、東京では約三万人が国会を包囲して、装甲トラックを並べた約五〇〇〇人の警官隊と対峙した。国民会議指導部は請願デモの予定だったが、一五時すぎにデモ隊のなかから全学連の学生が警官隊トラックを乗り越えて国会構内に突入、続いて労働者集団も入り、数時間にわたりデモとシュプレヒコールを行った。

「新しい前衛」の政治組織としての解体は、その先進的な方針が市民運動のうちで硬直化し、これを脇にとりのけることによってしか闘いを先導しえなかったことによるのである。解体はこの硬直化のうちになお身を持した部分と、新たな性格の運動に乗り移りこれを急進化した部分との分裂として終わった。

共産主義者同盟の「総括」なるものをここでやるつもりは少しもない。ただ、安保闘争における新しい組織の試みが、「時期尚早」ではあっても荒唐無稽のものではなかったことを指摘したいのだ。日本の支配状況の転換をスローガン化した唯一の組織が、運動の変転のうちでこれを蒙ることによって解体した——このことのうちに、日本の伝統的カンパニア運動の惰性的力と、すでに現われていたこの力の支配の意図との乖離、この二つが矛盾的に示されているのだ。支配の先進性と反体制運動の後進性という矛盾した状況を、共産主義者同盟は自己の運動によって最も鋭く反映したのである。そして現在、この乖離が一層進行しているとき、かの新しい前衛の存在根拠となったものの力はますます大きくなっているのだ。

5

以上でかけ足のまわり道は終わる。再び、冒頭にのべた池田内閣時代の政治指標のことを思いうかべてほしい。このまわり道によってぼくが示したかったことは、こうした池田時代の特徴がどのような階級関係の変化のうちに可能となったのか、ということだったのだ。池田時代こそ、安保闘争を経て、憲法秩序とブルジョア支配との基本的平衡を確認する。池田時代にいたって、さきにのべたような意味での、戦後期の政治過程を流動あるものにしていた戦後的要因が、基本的にとりのぞかれたことを、ぼくらは認識してよいだろう。一口にいって、戦後民主主義を獲得し直すという動きは終わり、戦争体験に裏打ちされた平和は小市民的な個人生活の平和へと変質し、いずれも世論調査では賛成されても最早かつての延長上では行動の動力へと結びつかないのだ。池田内閣の「低姿勢」は、安保闘争の教訓どころか、戦後期の憲法秩序を護る闘いが、まるめこまれ空洞化し、こうして支配秩序の内に解消したことを物語っているのだ。「安保闘争の挫折」の意味はここにあるのであり、それは安保闘争のみの挫折ではない。安保闘争を「半敗北」などと規定し、現在の階級闘争を「高揚」などと評価するのは、安保闘争の敗北を媒介して現状をみることをしない観念論である。あるいはまた逆に、山田宗睦氏（『現代の眼』一九六五年八月号）のように、民主主義を語源的に、「人民」（デモス）と「権力」（クラチュア）に分離してみたところで、[26] 民主主義の現在の澱みが、にわかに動きだすはずのものではない。だが、民主主義的近代化論のことなどは放っておこう。

たしかに、「戦後」は終わった――けれども、「けたたましく吠える七匹のセパードとグレートデンとともに一せいに駈け入ってきた」（三島由紀夫『鏡子の家』）戦後の後の時代は、むなしい喧噪をたたえて安定化する膨大な民主主義の爛熟期となりうるだろうか。池田時代に確信されたように、「所得倍増」の年一九七〇年にむけて、政治の欧米型への進展は保障されているのか。民衆の闘いの将来をお

＊25　ロバート・A・スカラピノ、升味準之輔『現代日本の政党と政治』岩波新書、一九六二年、一七〇頁、強調引用者。
＊26　山田宗睦「戦後民主主義のための弁明」『現代の眼』一九六五年八月号。のちに『でもす・くらちあ――戦後民主主義の復権』（三省堂新書、一九六七年）所収。

いては、これは予測されえないだろう。だがしかし、ブルジョアジーの想定するニューライト構想自身のうちに、今やすでにその崩壊のきざしがみえている！

もともと、一九六〇年代の世界史的条件と日本の特殊な位置は、すでに政治の本来的民主主義への順調な移行をはばんでいるといえよう。戦後民主主義革命の不徹底は、その定着期十年間に、なお政治過程の流動をまねいた。きわめて日本的なこの特徴のために、本来ならば、民主主義の爛熟と安定した政治過程を達成すべき戦後期に、ニューライト構想は提起できる基盤を欠いていた。そして安保闘争後、ようやくこの構想は実現するかにみえた。しかし、もともと池田時代は、民主主義の順調な成長の開始にあったのではなくて、むしろ五〇－六〇年こそが、日本における民主主義体制の特殊日本的な「安定期」であったというべきだろう。この期間にみられた自民党－社会党の戦線二分とその膠着化は、これを端的に示すものである。転換点は安保闘争にあった。したがって、池田時代は、戦後的民主主義体制の転換点に生じた「本来的民主主義」の仮象であったのだ。ニューライト構想は、安保－池田の時代という転換点で生じえたとともに、すでに内部に挫折要因をかかえているのである。そしてこの点こそ、転換期後の政治過程の新たな性格の動揺を規定していくのである。いくつかの指標を上げよう。

(i) 戦後期の一貫した高度経済成長は、不況によって中断した。今回の不況が単なる循環局面ではなく構造的なものであるとすれば、これは政治過程の不断の緊張要因の一つになっていくであろう。しかもこれは、単に国内だけではなく、国際経済の現状からもやってくるものである。

(ii) 農村分解とプロレタリアートの増加という構造変化は、戦後民主主義の定着期にはなお政治過程の背後にあった。池田時代に表面化したこの重大な変化は、今回の選挙にも現われている。そして池田時代は、この解体過程を自己の体制下にくみ入れ安定化させることに成功してはいない。そして不況とともに、大衆の生活苦と個別的次元での不満は増大している。

(iii) 日本の総資本は、公企体組合にスト権を与えてこれを欧米型の安定した組合に移行させる勇気と余裕をもっていない。そして総評は、賃闘を通じての組織の解体と政治闘争への介入という矛盾的な立場においこまれている。公企体組合が本来の組合の性格をそなえていない以上、これは賃労働者の生活を守る闘いと政治闘争のどちらにも一本化することができないからである。こうした総評の不安定要因は、たちどころに社会党の性格を規定する。社会党にとって組織再編の圧力は強まっている。

(iv) 佐藤内閣は、池田内閣にくらべればはるかにオールドライト的性格をおびている。福田蔵相という、むしろ古い型のエコノミスト、および佐藤‐岸という権力政治家への志向を秘めたグループが政権の主流を占めた。この内閣の方向はなお不定の要素が多く、しかも長期政権となるか否かも自明ではない、にもかかわらず、池田構想の挫折の表現であることは明らかである。

重要なのは、これらの個々の指標の可否にあるのではない。問題はこれらの諸要因が、戦後期の政治過程をみちびいていたものとは異なるという点にあるのだ。そしてこれらの要因こそ、今さまざまのヴァリエーションをもって深化し、政治過程を新たに規定していくであろう。これをめぐる闘いは、それゆえ、もはや安保闘争以前の戦後民主主義定着期の地平での闘いではないのだ。たしかに、ベトナム、日韓闘争でのように、「平和」をめぐって再び闘いは提起されている。またこの秋にむけて、今一度「国民運動」が「安保規模」で高揚することが「期待されて」いる。「平和と民主」が、今後の闘いの主題になりえない、という結論は明らかに誤っていよう。問題は、「平和と民主」が闘いの主題から退き、代って古風なコミューン型の労資対立に席をゆずるか否か、という点にあるのではない。それはなお予測不可能な問題だ。ぼくらが、所与としての民主主義体制という媒介のもとで主張しようとすることは、「平和と民主」がなお問題となっても、これをかつての戦後期におけるスローガンの如くにとらえるとしたら闘いの組織の核、行動の動力にはなりえないという点にあるのだ。このスローガンはその戦後的な根拠をすでにうばわれてしまっているのだ。なおこの不在の根拠に乗っかって政治の行動を組織せんとするものは、安易であるが不成功を余儀なくされているのだ。

原水協の平和運動の破綻、日韓・ベトナム闘争の停滞——ベトナム人民が残余の世界の市民的安定の代償の如くに闇の部分で袋だたきにあっているその時に、平和運動はかつてないほどに無力である。平和の危機自体の認識のためには、死の灰の恐怖といったもの以上の論理が必要とされているにもかかわらず、平和運動は依然として従来のスローガン化された「外敵にたいする市民生活の保障」によって組織されるか、あるいは、「平和の敵」論で、もはや平和運動とはいえないものに変質してしまっている。これは明らかに、戦後期の伝統的な組織方針の硬直化を示しているのだ。日韓・ベトナム闘争をこのような「平和」でとらえるかぎり、生活の地盤とのかかわりは希薄であり、人々は平和に賛成して反政府闘争には立たない、という「新聞論調」的立場にとどまっているのだ。

民主主義擁護闘争の場合にも同じようなことがいえる。予想される憲法改悪をとりあげる場合にも、すでに憲法秩序は十分に空洞化されており、大衆のうちで民主主義はむしろ生活保守というモメントを強めているという事実の上で考えねばならない。それゆえ、改憲は、現秩序の法制的確認にすぎない内容のものだったならば、これは回避されるだろう。こうして、改憲がなお発意されるとしたら、それはたとえば朝鮮出兵という如き事態のもとではじめて生じるであろう。だがその時こそは、日本の資本主義の体制的危機の時であり、したがって改憲阻止闘争はもはや決して本来の「民主主義擁護闘争」とはいえないはるかに体制を賭けた闘いとなるであろう。これまでのように、単なる議会民主主義の擁護などということでは、大衆闘争は組織しえない事態に、今やなっているのだ。

だが、他方では、このような戦後的闘争の敗北の地平を、脆弱な帝国主義国の警察国家的国内支配を可能にする地点ととるのも、また明らかに観念論である。ニューライト構想の挫折の地点で生じてきた新たな不安定要因を、日本の総資本の立場として糊塗する道は明らかに戦後民主主義の体制化という到達点を利用するものでなければならないだろう。民主主義の体制とは大衆の政治的体制化を意味する。総資本の立場にとっても、この体制こそ所与であり、彼らとしてもこの巨大な惰性体の力をひきうけなければならない。だから、たとえば徴兵制を含む憲法改悪のごとく苛酷な体制の手直しは、ただちに「保守的な」大衆の大動員を惹起せざるをえないのであり、この大衆の動転を左翼に指導させないためには、歴史的な例でいえば戦争やナチズムの力を利用しなければならない。このように大衆の大規模な動揺に直結する民主体制の破壊を、総資本の立場は最後まで避けようとする。この時こそ、資本主義体制そのものの危機を意味するからなのだ。当面、彼らはドラスティクに体制を賭ける以前に、体制を利用しなしくずし的に危機の時代に対応していくであろう。安保闘争の敗北に象徴される戦後的闘争の敗北は、現時点ですでに、この支配の進展を実際上許しているのである。憲法的秩序の空洞化という言葉で代表される数々の指標のうちで、たとえば「平和」をとりあげてみればよい。どこの帝国主義国の対外侵略の場合にも、これを可能とするためには自国内の平和感覚をショービニズムへと編成がえしていかねばならない。日本の場合にも、例外ではない。ところがさきにみたように、このための第一歩は、戦後的闘争の敗北の地平ですでに成功をおさめているのだ。原潜寄港からベトナム問題へと、日本支配層のアメリカ帝国主義の侵略にたいする加担を、ぼくらは許してしまっている。これこそ、まさに明日の日本帝国主義の侵略にむけての予行演習ではないか。これらの支配の実際上の進展が、ほかならぬ池田時代からの安定した政治操作のうちに、集中的表現をみせているものなのだ。ニューライトの労働政策という典型においては、これはちょうど米国のベトナム侵略にたいする米国国内労組の如きものが目論まれているわけだ。当面の日韓条約反対闘争の地平も、以上のような様相を呈している。「日帝の侵略にともなう国内の抑圧強化」という点も、スローガン化することなく、右の点をふまえて精密化しなければならない。そうでなければ、使い古された言葉の内から、支配の事実がすりぬけてしまっていくであろう。

　戦後の闘いに基盤をもった社会党の路線も、警察国家の一元的支配のもとにただちに消滅にむかうのではない。戦後の終りとともに直面している社会党の不安定要因は、この党の性格をも変えていかざるをえないだろう。この党は、今初めて、本来の議会主義的社会民主主義政党へ転化しうる地点に立っている。もちろん、旧来の路線の硬直化と日本資本主義の脆弱性は、大衆をなお「粗暴に」街頭化する可能性を残している。これは社会党の不断の動揺の原因になるであろう。けれども、にもかかわらず、日本社会党が今後新たに資本主義の安全弁、歴史的に幾度かためされた本来の社民政党の役割をはたす可能性をぼくは留保したいと思う。

　従来の日本の政治行動もまた転換点にある、否、すでに伝統的なスタイルは硬直化を示している――この結論を、ぼくは以上のようにして主張したいのだ。池田内閣から佐藤内閣の時代に、いくつかのきざしをみせている「戦後の後の時代」の動向に、反対運動は咬みあっていない。安保闘争のとき以上に、乖離の状態は進行している。そして、日韓条約反対闘争の示している困難こそ、まさにこの事態に根ざしている。「安保闘争よりむつかしい」——まさにぼくらは、安保闘争以上に具体的に支配の進展をあばきうる論点と、大衆の状況に根ざした組織スタイルとを、確立しなければならない。一つの論点をめぐって、基本的な二つの集団があい応じていた、という戦後の過程は終わったにもかかわらず社会党―総評は、安保以後の路線の硬直を身に蒙りつつある。そして共産党は、いずれの場合にも、現実の政治過程にはかかわるまいという決意によって内輪に団結している。四・一七ストライキのように、過程にまきこまれ、自分で責任をとらねばならない事態が生ずると、共産党は前後のみさかいもなく責任回避の処置をとる。[*27] このような孤立系がいつまでも政治組織として純粋な自己膨張をつづけられるはずはない。既成の諸集団再編成の動きは、こうして今始まりかけている。新たな性格の政治過程に一つのヘゲモニー集団として介入する任務は、まさに安保闘争のとき以上に、別種の共産主義政党に課せられている。

（一九六五・一一）

＊27　六四年三月、公共企業体等労働組合協議会（公労協）が春闘において四月一七日に半日ゼネストの闘争方針を決定。四月に入り公労協各労組が波状的にストを行ったところ、四月八日になって日本共産党がこのストを挑発的陰謀と位置づけ（四・八声明）、反対活動を全面展開してスト体制を大きく混乱させた。ゼネストは、前日の一六日に池田勇人首相と太田薫総評議長との会談が行われ、公労協の賃上げの「民間準拠」の原則を確認して、中止となった。日共は七月、中央委員会総会を開催、四・八声明の誤りを認め、自己批判した。

戦後政治思想の退廃

安保闘争が終わって五年間、この闘いをひきあいにだして政治の風土と政治の思想について語るジャーナリズム左翼たちを、苛立たしい気持でぼくは眺めてきた。彼らのうちには、たとえば、一九六〇年までに定着した「戦後民主主義」の思想が、今後の政治運動のヘゲモニーをとらなければならないと考える多弁な知識人たちがいる。なかには「戦後が終わった」時点での「危険な思想家」の再登場を告発するために、こともあろうにジャーナリズムの窓口から大衆をアジっている「安全な思想家」がいた。[*1] けれども、このような論者がもっと巧妙に「戦後」を擁護しなかったことに、ぼくは苛立っているのではない。

味方の陣営から敵陣めがけてかけ出ていった武者の旗指物をみてはらはらしている大部分の左翼知識人の気づかいのごときは、ぼくには無縁のことだ。しかし、こういったからといって「戦後は虚妄だった」と断ずる戦後派のジャーナル坊やたちの「現実主義」の立場を、ぼくはとるものではない。

たしかに、ぼくなどの「安保世代」とたいして年代の違わない現実派が、六〇年を境として簇生してきているようにみえる。彼らは敗戦によって変わることもなかった戦前のリベラリストにむかってなびきはじめたジャーナリズムの風潮に合体して「危険な思想家群」を形成しているかもしれない。けれども、彼らの政治にたいする現実主義なるものは、もともと、大衆の政治運動をつくりだそうとする政治の思想とは関係のないものなのだ。

断定的にいうならば、ジャーナリズム左翼の政治思想の頽廃は自らの存立基盤である六〇年以降の現実を、政治運動と自己の政治思想の危機とみることなく、かの安保闘争からむしろ逆の確信をえたかに考える倒錯に由来するのだとぼくは思う。ところが実際には、戦後の大衆は、戦後民主主義のなかで政治生活をおくり自らの常識の体系を形成してきたことが事実であるとともに、同時に今では自分たちの加担した民主主義の体制によって傷をうけてもいるのである。ジャーナリズム知識人は、決してこの大衆の政治生活にある逆説的な傷のことを思考しようとしない。ことに六〇年以降この傷は政治の運動のなかに明瞭な跡を示しつづけているのに——だがぼくはいま、大衆の名を騙ることはすまい。

＊1　たとえば山田宗睦『危険な思想家』（カッパブックス、一九六五年）は、竹山道雄、安倍能成、林房雄、三島由紀夫、石原慎太郎、江藤淳、高坂正堯などを批判的に取り上げ、出版から一年未満で二〇万部を売り上げた。山田宗睦（やまだ・むねむつ　1925-2024）は東大出版会の編集者を経て『思想の科学』編集長や桃山学院大学教授、関東学院大学教授などを歴任した。

ぼくにとって、政治の唯一の可能性は大衆運動にある。けれども現在このことを考えるためには、われわれのかつての政治の思想と運動とが、大衆的飢餓の状況とわずかにも結びえたと感じた瞬間について考えるしか、ぼくには道はない。

政治の問題として「安保闘争」を考えるとき、われわれにとって基本的なことは、ここに「戦後の擁護」の新しい出発点をみつけることでもなく、また、ここに「民主主義の虚妄」をみることでもない。大衆運動のうちに政治の唯一の可能性を求めようとするものにとって、安保闘争は身にこうむった一個の逆説であったのだ。憲法秩序擁護をめざす戦後の伝統的な政治運動のいわば華とうたわれながらも、この運動が擁護し、はぐくんできた戦後秩序そのものによって、安保闘争は裏切られ敗退することになったのである。そしてこの敗北を身にこうむることによって、戦後秩序のうちにすでに一個の惰性態として存在するようになった大衆の状況を、われわれは思考せざるをえなくなったのである。

戦後に教育をうけ生活し、そして安保闘争の主要な一翼をになった「安保世代」の者たちが、ほかならぬ「戦後」に裏切られ傷を負った——こんなことをいっても、理解しがたい逆説に思われるかもしれない。けれども、六〇年以降日韓闘争に至るまでの政治運動の停滞は、すでに「戦後を擁護する」ことが政治的には戦後を「保守する」ことになってしまう政治状況を示してはいないか。平和と民主をかかげた戦後の政治運動は、与えられた戦後の体制を大衆が受肉していく動的な過程を表わして、安保闘争にいたるまで支配の動向にはむかっていくことができたのである。けれども、戦後の運動にとってこのことは逆説的だったのだ。

天皇制的反動に対して戦後体制を守ることは、民主主義を不可避の前提として時の支配層に押しつけていくとともに、旧体制に反逆する大衆を同時にますますブルジョア民主主義の体制内に押しこんでいくことになったのである。当初は切実な戦争体験に裏うちされており、それだけに有効な大衆闘争のスローガンになりえた「平和」と「民主」の要求も、「高度成長」に支えられた支配層の民主主義体制の採用のうちで、次第に市民的生活の保守というモメントを強めていった。これは、戦後民主革命の敗北ののちにあっては、日本の政治運動が避けることの出来なかった逆説である。だが、安保闘争の時点になると、すでにこの逆説のマイナスの力は政治にとってみすごすことの出来ないものとしてたちあらわれてきたのだ。

時あたかも、支配層は民主体制のこの空洞化に自信をもち、かえってこれを帝国主義的独占国家の統制のもとにおこうとし、かくして「戦後」への訣別を確認せんとしていたのである。これにたいして、伝統的な運動は、実際にはたかだか「議会主義の擁護」をもってしか対決することができなかった。巨大な惰性態として存在するようになった民主体制は、民主主義擁護闘争の発展に越えがたい枠をはめることになった。二年間にもわたってつづけられた安保闘争は、カレンダーのある一日で唐突に終わり、国民的運動のうちから、つまりは池田政権の秩序がさりげなく滑りでてくるという結果を防ぐことができなかったのである。

ぼくは一つのロジックとして、以上のような戦後の運動の逆説を指摘しているのではない。安保闘争後の五年間、政治運動が大衆状況のうえをいたずらに滑っている事実をよそに、「民主主義」についておうとしていて駄弁をろうすることにいそがしい知識人にたいして、「俺はそんなこと信じないよ」といおうとしているのだ。彼らは政治運動のうちでこの逆説を身にこうむることがなかったために、政治の運動がおかれている困難を思考しようとしない。

日本におけるいわゆる反スターリン主義の問題を考えるときに、こうした政治の風土がもつ意味は一層広範におよぶことになると思う。いうまでもなく、ソヴェトにおいてスターリン主義を瓦解させた力は、何よりもソ連人の市民的政治生活の確立であった。けれども日本の場合には、スターリン批判も例によってまず原理の問題としてとらえられた。われわれもまた、従来の政治運動の硬直をやぶる安保闘争の展望を、反スターリン主義的マルクス主義の新しい視点に結びつけようとした。このために、政治の運動は同時に広範な思想の運動をもともなうものとならざるをえなかったのである。ところが、スターリン主義の政治と思想を越えようとするこうしたマルクス主義の運動は、ソヴェトと同様に成立した日本の市民的民主主義の体制の惰性力によって、逆に拡散されのみこまれてしまったのだ。

日本の市民的自我は、スターリン主義を倒したばかりでない、ここにとどまることなく反スターリン主義的マルクス主義の試みそのものを打倒してしまったのである。この事実は、決して単に新左翼のうちにあったスターリン主義の残渣や思想のアナクロニズムを示すだけではないのだ。近代市民社会の根底的批判を誇ってきたマルクス主義の歴史が広範に成立した市民的自我の力によって、ソ連でも日本でも頓挫する――マルクス主義的政治のこうしたリアリティの喪失は否定しうべくもない。安保闘争の先端的推進者としてこうむった政治の逆説が、われわれにこのことを示した。

このような政治運動の経験を経ることによってはじめて、スターリン主義の問題、そしてマルクス主義の問題は、もはや観念の次元での活字の置き換えごっこだけですますことのできない、左翼の存立そのものにかかわる問題となってつきつけられているのだ。安保闘争のうちに自己の危機をみることなく、かえってここに駄弁の種をみつけている左翼知識人にとっては、スターリン主義の問題もどうやら外国から舞い下りてきた観念の問題をついにはぬけでることがないであろう。これはまた、後進国日本の伝統的思想スタイルを克服する現実の契機をもたないということではないか。六〇年以降五年間「安保派」が今なお直面している困難は以上のような点に存するのである。そして、あえていわせてもらうならば、市民社会の止揚をめざす政治運動自体の困難な地位が、ここに示されているのである。

こうして、一九六〇年を境として、左翼的「権威」の失墜とともに、平坦で喧噪にみちた思想の地平が開けてきた。ドグマから解放された人々には、党的権威にむかって一言批判を口ずさむことが流行のスタイルになっている。ジャーナリズム左翼は、安保闘争によって、国家の構造変革にまでいたる民主主義の展望がえられるようになったかに語っている。さらに松下圭一氏によれば、民主主義の運動は、「高度成長」＝工業化にたいしても「民主主義的イニシアチブ」を発揮しなければならないとされる。現在の不況は、このイニシアチブが不足したせいだとでも彼らはいうのだろうか。

現在大衆がそのうちにある民主主義体制こそ、まさに高度成長の十年間がつくりだしたものではないか。革新理論に「戦略構想における具体的課題」を提起するといっているけれども、一体彼らはどこから呼びかけているのか。結局彼らは大衆的政治運動の地位に身をおいたことがないのだ。戦後民主主義が定着し、高度成長の政治体制へと変貌していったとき、大衆にとって自己の民主主義体制は疎外された姿をとって現われてきたのだ。

民主主義的体制がかえって巧妙にも大衆の政治的、経済的衝動をおさえることにもなっているという側面に、大衆が気づいていないと考えるのは愚かしい。この衝動は、伝統的な戦後民主主義のスローガンによっては、政治運動へと造形されていかない。六〇年以降のかかる状況を「自由」と感じるのは、ジャーナリズム左翼だけである。

こうして、たとえば、一陣の狂気のうちにある方が一層自由だと感じ、鮮烈なドグマへの希求が大衆のうちで育っていくことに、いま政治の思想はどのように対処することができるのか?

（一九六六・四）

付

安保闘争における共産主義者同盟

——党内闘争のための総括

安保闘争における同盟[*1]活動をめぐる同盟内の論争は、したがって、そこから出発した分派闘争は、今、形骸化することによって、一つの膠着状況におちいっている。われわれは、われわれのこれまでの見解の自己批判を通じて、ここに今いちど安保闘争における同盟活動の総括を新たな視点にたって提出する。かくすることによって、われわれは、形骸化した不毛な論戦に終止符をうち、同盟の革命的再建のための分派闘争の方向を明らかにしなければならない。

1　安保闘争の性格と同盟の挫折の意味

現在の日本において、あらゆる政治闘争も革命運動も、現代資本主義の安全弁として存在する膨大な社民と共産党のイデオロギーと部隊が、同盟のイデオロギーと部隊によってつき破られ、ヘゲモニーをとられることなくしては革命的に推進されえないという性格を付与されている。これは、闘争の決定的時点において、小ブル改良主義の闘争スローガンを革命的プロレタリアートの闘争がつき破るか否か、という問題としてわれわれに提出される。この時点における闘争の小ブル的性格の打破なくしてわれわれの勝利はありえない。

安保闘争は全体としてみるとき、五・一九以後のあの倒閣闘争の中にその象徴的性格を明らかにした。闘争の最後の段階において、闘いの方向が一つの政策から権力そのものへ向かった時点において、まさに安保闘争はその小ブル的性格をいかんなく発揮したのだった。そしてその段階において、ほかならぬわが同盟は極端な解体のうちに、その中に埋没した。同盟の挫折の意味するところはここに極端に露呈されている。

安保闘争が、最後の決定的な段階において小ブル的闘争として闘われたということの意味をまず明らかにすることから議論は始められなければならない。

安保闘争はいうまでもなく多様な市民運動として展開された。運動の実体は市民意識に支えられた多彩な市民であった。学者、文化人は「一市民として」彼らの象牙の塔から市井の巷におりえたことを心からよろこび、労働者は、「日本国民として日本の政治に対して意志を表わすことに遠慮はないと考えます」（総評、六・四ストアッピール[*2]）と、小ブル市民にまで自らをおし下げたのであった。そしてこの小ブル市民運動をその指導イデオロギーからみたときに、それは完璧に社民＝社会党、総評民同（民主化同盟）、および共産党の小ブル的運動路線そのものに完全に照応するのである。社会党は、「五・一九の暴挙」に対し「民主主義擁護」を対置し、「国会解散」を要求スローガンとし、さらに、「憲法を守る民主・中立の政府」を提出した。「社会党の暴力もうけいれがたい」という小ブル右翼までも包含すべくもちだされたこの「解散」スローガンは、階級対立とその議会内における反映を、「ともかくも解散して民意を問え」という弁解によって融和するものであった。まさに「民主主義擁護と暴力反対」を叫ぶ「自然権」の擁護と職能意識に支えられた多様な市民のイデオロギー的反映であったのだ。

共産党は、これらの社民に右のごときイデオロギーを提供しつつ「労働者むき」のテーゼをもって一貫して機能した。かの民族路線によって、安保闘争そのものを「民族民主統一戦線」によって遂行すべき理論的根拠を与え、そしてこの路線にもとづいて議会主義的改良の道を労働者に提出した。まさに「国会解散」から「民主的選挙管理内閣の樹立」にいたる彼らのスローガンがこれであった。かくして「第一段階」としての中立政府を彼らの「革命路線」の当面の獲得目標として提示することによって「革命の展望」をあたえ、市民運動の中に埋没している労働者の左翼の不安を融和したのであった。

安保闘争の最後段階の倒閣闘争の改良主義的結末は、まさに労働者階級におけるこれらの社民、共産党のイデオロギーの勝利を意味した。労働組合における民同、共産党の強化であった。そしてこの安保闘争の結末の性格が、今度の総選挙の結果を規定したのである。[*3]

総選挙は、ブルジョアジーの期待した「民社党の育成」に否定的な解答を与えた。民社党の四十の議席は主として社会党によって喰われたことは、プチブルジョアジーの「両極分解」ではなく、労働者の中でその左翼改良主義が安保闘争を通じて勝利したことを明白に示したのである。

このような安保闘争の最終段階における性格こそ、わが同盟の敗北を明らかにする。社民の、そして共産党のイデオロギーに対するわが同盟のイデオロギーの敗北を明らかにする。階級闘争は同盟の指導によらずしては決して改良主義の枠をのり越えることが出来ないにもかかわらず、安保闘争が自らの解決に向かってまさに最後の進撃を開始したとき、ふみつぶされたのは同盟ではなかったのか。そして、それは何故なのか。ここにわれわれの主体的総括の視点はある。だが、まず、われわれは同盟の挫折の意味をさらに明確にするために、安保闘争の発展過程をあとづけ、それが膨大な小ブル闘争としてくずれおちていく時期にいたるまでの同盟の姿をあきらかにしなければならないであろう。

たしかに、「一一・二七闘争」から「羽田闘争」にいたる時期は、安保闘争を明確に日本の階級闘争の中心におし上げると同時に、全体の闘争のヘゲモニーを、戦闘的労働者と同盟の学生運動とが握った

＊1　以下、「同盟」は共産主義者同盟（ブント）を指す。
＊2　「叛乱論」注2参照。
＊3　六〇年一一月二〇日の第二九回衆院総選挙（投票率七三・五一％）の結果は以下のとおり。自民党296（＋13）、社会党145（＋23）、民社党17（－23）、共産党3（＋2）、諸派1（＋1）、無所属5（＋3）

時期であった。[*4]

一九五八年に開始された米国との安保条約改定交渉は、戦後の状況から回復した日本帝国主義の熱した息を背後に感ずるゆえに、単なる外交問題以上のものを日本の階級闘争に投じていく。とくに、五八年十月の警職法闘争によって交渉が中断されたのち、五九年春闘の終息とともに再開され、最初の安保闘争「六・二五」[*5]の高揚にぶつかることによって、安保闘争は明白に日本の階級関係の中心をなすものとしてブルジョアジーに認識されていく。参院選挙後に成立した岸〔第二次改造〕内閣は、岸＝池田ラインの形成によって安保内閣として自らを強化する第一歩をふみ出す。そしてこれらの安保をめぐる階級関係を反映して市民団体の安保反対運動が開始され、その後の市民運動の系列の出発点をつくっていく。しかし、安保闘争はすでにこの段階から、徹頭徹尾、市民イデオロギーのへゲモニーによって推進されるという性格をもっていたのでは決してなかった。とくに九月から十月にかけて岸内閣が安保成立への挙党一致体制を急激に確立、条文作成と国民へのアッピールを展開するなかで、他方では、三池を中心とする炭坑労働者、および無数の中小企業への暴力的な合理化攻勢が荒れ狂うなかで、そしてまた日経連の経済的エリートたちが安保を「自由か独裁か」の問題として露骨に階級的に把握するなかで、日本のプロレタリアートは自らの姿を鮮明にあらわす。安保闘争の始めより「国民運動」として自らの枠内で育成しようとした指導部の期待を裏切って、プロレタリアートは「突出」し、彼らのヘゲモニーのもとに闘争は展開され、一一・二七以後のいわゆる「激動の六十日」をつくりだしていく。これまでの時期は、同盟が、とくに安保闘争における共産党の民族路線に対決しつつその最初の活動を開始した時期でもあった。

五・一九以後の如く膨大な市民運動の一つとして、民同がそのスローガンによって労働者大衆をまがりなりにも統一して指導していった時期とは異なり、この一一・一六羽田闘争に至る時期は、「国会突入」の擁護と左翼の戦術をかかげ、総評指導に反抗して登場した東京地評〔地方労働組合評議会〕を中心とする労働者と、これに何ら前向きのスローガンを対置することなく露骨に自らの枠内に闘いをおしとどめんとする民同指導部との抗争を通じて安保闘争全体は発展した。同盟の指導する全学連の行動がこれらの左翼労働者に巨大な影響を与え、闘い全体はこの労働者、学生によって古い指導の紐帯を破るかにみえた。

　明らかにこの期間、同盟はそれなりに結束し、運動全体は同盟の提起する戦術によって動かされていった。これは同時に、同盟がはじめて労働者の前に公然と姿をあらわした時点でもあった。

　しかしながら、安保闘争がその批准段階をむかえるなかで、とくに五・一九の暴挙に憤激した膨大な小ブル大衆が倒閣闘争に立ち上がった時点で、同盟はどこにいってしまったのか？

　たしかに同盟は、とくに四・二六の学連の戦闘的な街頭デモによって民同の「お焼香請願」の裏切り

＊4　国民会議では一一・二七国会突入について全学連に対し、社共両党・総評などから自己批判や離脱要求の声が上がった。さらに一二月一〇日の第九次統一行動について、七日の国民会議幹事会で全学連・東京地評・日教組・全国金属などは国会デモを強行に主張したが、社共・総評などが断固反対。その結果、炭労の二四時間ストのみに終わった（第一〇次は不発）。次の焦点が一月一六日の岸・藤山（外相）らの調印全権団渡米時の第一一次統一行動となり、一二月二五日の国民会議代表者会議で東京・大阪・神奈川・福岡などの地評が「羽田実力阻止」を主張したものの、総評が強硬に反対、共産党もそれを支持し、六〇年一月一四－一六日に全国各地での抗議集会開催を決定した。全学連は一四日のその抗議集会で「羽田デモ」の緊急動議を提出、単独で一五日夜、約一〇〇〇人の学生を緊急動員して羽田空港に集結、うち約七〇〇人が閉鎖寸前の隙を衝いて空港ロビーを占拠してバリケードを築き、総決起大会を開くなど深夜の徹底抗戦を闘った。その際、約六〇〇〇人の警官隊と激しい衝突が起き、唐牛健太郎全学連委員長ら七七人が逮捕された。空港外でも、遅れて到着した三〇〇〇人以上の学生が夜を徹して抗議活動を繰り広げたため、岸たちは羽田に行くのに国道を通れず裏道を抜けていくことになった。

＊5　五九年六月二五日の国民会議第三次統一行動で、ブント主導の全学連は全国三一都道府県で一万七〇〇〇人以上を集めて、独自の集会とデモを行った。ブント全学連は、国民会議結成時に青年学生共闘会議（青学共闘）の一員として加盟していたが、このときが最初に取り組んだ闘争だった。

性を白日のもとにさらけだすとともに、全逓その他一部の労働者の中へ大衆的に「国会デモ」か「お焼香請願」かの議論を波及させ、機関決定で国会デモに参加せしめたのであった。[*6] そしてこれらの労働者の国会デモ参加は、更に組織処分か否かをめぐる討論をへてさらにその職場に浸透していく。これは一・一六闘争を想起させた。しかし、五・一九以後、以前は「国会」に重点をおくことによって一定の進歩性をもちえた「国会請願」のスローガンが、怒ったプチブルの国会もうでのスローガンとして普遍化することによって反革命に転化し、もはや街頭デモの戦闘性が労働者の中での主要な対決点になりえなくなっていき、ストライキ闘争がいよいよ現実化していく時点で、同盟はその存在を失ってしまっていた。たしかに五・二〇[*7]以来、同盟はストライキ闘争を労働者に提起し、五・二六では一つの小企業はストライキの上で国会デモを展開した。[*8] しかし、それはすでに六・四ストにむけてすすむ民同のストライキ闘争の中でもはやその影響力を決定的に失うのだ。

六・四ストが完全に民同指導の枠内で終わることによって、五・一九以後の「市民運動」はその内部崩壊の兆を明白に示し始める。労働者は市民運動の中に没し方向を見失うことによって不満のエネルギーを鬱積させていくが、同盟の指導のないまま、「ハガチーデモ」のような偏奇した方向へそのはけ口を見出す。[*9] とくに学生を中心とする急進小ブルジョアの焦りはたえがたいまでに鬱積し、もはや他のいかなる闘いによっても展望を望めなくなったとき、再び学生運動による国会突入闘争によってこの停滞とエネルギーの鬱積が打破される。しかしこの六・一五闘争こそは、すでに指摘されているごとく、これまでの同盟中央の解体の上に立って完全に自然発生的に行なわれたのである。[*10] 同盟の労働者はこれを事前に知らされてすらいなかったということはこのことを端的にあらわしている。それゆえに、この闘いが切り開いた局面を六・一八へむけて労働者の中で徹底的に利用することをはばんだのである。学生細胞は、もはや他にやり方がない故に闘った六・一五闘争の結果、これだけやったのだからという小ブル的満足感のうちに止まり、一方、同盟の労働者は、六・一八に組織者としてではなく、一個の急進的労働者として首相官邸前に学連の再突入を期待して集まったのだった。[*11] かくして安保の最終段階にあって、局面を打開した学連の六・一五闘争によっても、自然成立を契機に、アイク訪日阻止と岸退陣予告という改良主義的結末へなだれこんでいく運動を変えることはできなかった。

かくして、五・一九以後の社民のイデオロギーに指導された運動が労働者をもその一翼に組して、大

＊6　六〇年四月二六日の国民会議第一五次行動では、七万五〇〇〇人の労働者・市民が日比谷公園に集合、社共両党議員が国会前に並べた机までの「請願デモ」を行った。その際、国民会議はデモ隊から赤旗、のぼり、プラカードなどをすべて没収した。

一方、全学連は独自に、全国八二大学、二五万人が参加する全国ゼネストを決行した。東京では「お焼香デモ」を拒否して学生一万人が国会正門前で大抗議集会を開き、うち約三〇〇〇人が警察の装甲車を乗り越えて座り込みを行った。全逓本社支部・空港分会、国労、日教組、全農林、合化、金属などの労働者五〇〇人も全学連の闘争に参加した（日共系の学生は東京都自治会連絡会議〔都自連〕を結成し、国民会議の「お焼香デモ」に加わった）。

＊7　五月二〇日、前日の「岸の暴挙」を受け、国民会議参加団体が全国一斉に抗議行動を起こした。札幌での一万の労働者・学生によるジグザグデモのほか、名古屋、大阪、福岡などで激しいデモが繰り広げられた。群馬では一〇〇〇の商店が閉店スト。国会周辺には一〇万人が押し寄せ、全学連主流派の一万人は首相官邸－自民党本部にデモ、うち三〇〇人が首相官邸に突入した。労働者一五〇〇人も国民会議の指導を離れて独自のデモを行い、全学連と合流した。

＊8　六〇年五月二六日、国民会議第一六次統一行動では全国で二〇〇万人が行動を起こし、東京では労働者・学生・市民一七万五〇〇〇人が国会を包囲。全学連両派も各一万二〇〇〇人を動員、国会周辺の路上でジグザグデモと座り込みを終日繰り返した。

＊9　「叛乱論」注1参照。

＊10　国民会議第一八次第一波の六月一五日は、全国でゼネストに五八〇万人が参加、国会前で一一万人が請願デモ。全学連主流派は一万七〇〇〇人が集結、うち一五〇〇人が三次にわたり国会構内に突入した。国会南通用門での警官隊との衝突で、東大生の樺美智子が警官隊に殺害された。

＊11　条約自然成立前日の六月一八日、三〇万とも五〇万ともいわれる人々が国会を包囲、史上最大規模の国会デモとなったが、日共、国民会議、組合の指導部は「整然とした平和的デモ」に抑制、銀座では三三万人が深夜までフランス式デモを行った。

いにもり上がる中で、かつて学生を中心とした革命的街頭デモによって全体の闘いのヘゲモニーをとった同盟はその影を失うのみでなく、完全な中央指導の解体をまねいたのである。そして小ブル運動の指導者社民とそれを労働者むきに一貫させた日共の勝利によって闘いは終息したのである。

　何故に、これをわれわれは許してしまったのか。一・一六闘争までのわれわれの闘いの中のいかなる欠陥が批准闘争のこのような結末を許したのか。

2　同盟の挫折の教訓

　すでに、われわれの安保闘争の主体的総括の視点は完全に明らかである。安保闘争のかかる改良主義的結末を何故同盟は許してしまったか、あるいは、プロレタリアの闘争への転化の契機を何故に発展させることができなかったかを、同盟の安保闘争における理論と組織活動にわたって点検することに総括の視点はむかわなければならないのだ。

　この際、安保闘争が現実に革命にまで発展させられたか否か、という問題設定は無意味である。安保闘争が革命的危機に現実にいたらなかったということを、それが「好況の中で闘われた」がゆえに（「メシの問題ではなかった」ゆえに）労働者の意識を改良主義から解き放つことができなかったことにもとめ、「労働者の状況の分析」＝戦後労働運動史によってこれを証明することに主要な問題はない。また同時に、六・一八の再突入によってこれができたであろうことを主張することにも明らかに、主要な問題はない。

　これは、単にこのような総括が、同盟の力量の不足（あるいは絶対化）によって、同盟の欠陥の主体的総括の追求を拒否するということだけではない。たしかに同盟の力量は決定的に小さい。しかし、批准闘争における同盟は、単に個々の戦術をつらぬきえなかった、あるいは小ブル闘争の性格を変ええなかった、というのではなく、同盟は中央指導の機能を全く喪失していたのである。闘争が決定的な高揚を示すまさにその時点で、解体してしまう組織とは一体何であったのか。「労働者の意識が変わっていない」ことを何度くり返してみても、われわれはこの事実の解明の視点を獲得することはできないのだ。

しかしながら、ここでつけ加えておかねばならないことは、安保闘争の改良主義的結末を経済学で正当化するところの前哨戦論[*12]は、完全に誤りであり、学生運動にとって、これは完全な日和見主義の理論として活用されたということである。学生運動は、自らの革命的街頭デモの展開の数々の失敗[*13]（五・一九、五・二六、六・一八）を支えた理論として、その日和見性を徹底的に糾弾せねばならない。しかし、同盟の総括の主要点は、明らかにこの点にあるのでもない。「前哨戦論」は四月以降、同盟中央の解体とあいまって、主に学生細胞に限られたのであり、特に労働運動指導の総括はこの理論の日和見性にその主要な問題を求められはしないことは明らかだ。

＊12 「前哨戦論」は、六〇年四月二一–二三日のブント第四回大会において、「日本階級闘争」における安保闘争の位置づけをめぐって提起された。いわく、五八年七月からの岩戸景気の好況で、労働力不足と金融・国際収支上などの矛盾が表面化しており、日本はイギリスとともに今後の世界的不況あるいは恐慌の中核となる。そうなれば「激烈な競争を伴って、全産業における苛烈な合理化攻勢が展開されねばならず、それは極めて重大な社会不安を伴う一大階級決戦」となるため、「強力な国家権力の存在が必要であり、そうした準備としてブルジョアジーの側から安保改定という前哨戦がしかけられた」とする。その結果、「前哨戦と一大決戦とを段階的に分けて捉え〔…〕一大決戦の重要さを強調」することにより、六〇年安保闘争が相対的に軽んじられることになったという（共産主義者同盟東大細胞「安保闘争の挫折と池田内閣」『戦旗』二七号）。

＊13 たとえば、岸本健一・山崎衛・青山到・森茂・田川和夫・戸坂賢一「安保闘争と同盟活動の総括——同盟再建と前衛党建設の課題（下）」（『戦旗』三一号、一九六〇年九月二七日）は、公聴会のある五月一三日の国会突入をめぐり議論が二転三転したため、一致した決定に達せず具体的準備ができなかったために、五・一九は「戦術における主導権を全く民同に奪われた」。さらに「五・一九を見送り、その後の情勢評価にたちおくれた同盟は、五・二六の指導においても明確な方針もなく岸を国会内に残して早々に、デモを散い《ママ》てしまい〔…〕労働者大衆の戦闘的デモを別なところで、同盟の小部隊を結集するということしかできなかった」。「六・一八にたいしては、単に一般的に戦闘的街頭デモという目標をかかげるだけで、それを具体的に保証することを放棄した」と批判した。https://0a2b3c.sakura.ne.jp/sk31.pdf

よってまず一つの例をあげて、われわれはわれわれの総括の検討に入る。

一一・二七国会突入闘争が切り開いた流動局面は、東京地評の提起した一二・一〇「国会再包囲」方針にむけて集中されていった。これらの左翼労働者が総評組織に反抗してまでも、〔一一・〕二七闘争を擁護し、ブルジョアジーの攻撃にむけて断固として闘いを組まんとしたとき、まさに彼らこそわれわれ自身が依拠すべき部隊であり、この戦術こそ、われわれが追求せねばならない方針であった。そして同盟は民同と対決しつつ、一二・一〇闘争を東京地評とともに追求していった。しかし、東京地評の敗北（十二月七日）とともに、全学連も闘いの旗を下ろし、かくしてこの闘いは完全な失敗に終わり、ブルジョアジーの調印準備をただちに許してしまったのである。ここにおける同盟の問題は何であったか。

一二・一〇直後の同盟中央委員会は、この闘いの「敗北」を、主に「社民（地評）への幻想を捨て去り、同盟をボリシェヴィキ化せよ」と総括したのであった。[*14]

この総括は、たしかに学生運動の日和見＝一二・一〇闘争の貫徹の動揺、東大籠城闘争[*15]における同盟員の動揺、をついていたのであった。しかしながら、これは、この期間の闘争の最も主要な同盟の欠陥を指摘していないのみか、安保闘争の最初の高揚の中にすでに露呈されていた同盟の根本的誤謬を摘出することを完全にはばみ、これを隠蔽する働きをしたのであった。それは何故か。

『戦旗』も、この点について次のようにいっている。「学生運動内部における日和見主義の潮流に対する敗北が、敗北のすべてとされ、それは『同盟のボリシェヴィキ化』という教訓としてうけとめられ、それがそれだけとりだされて『根性』の問題として固定化されていった経過が、四回大会の空虚な革命論議の一つの原因をなすのである。敗北は、たしかに学生運動内部における同盟の非ボリシェヴィキ的状況によるとの指摘は正しい。しかしそれは、他ならぬ同盟全体の、こうした階級の実態のうえに立った指導がなされていなかったところにまず求められねばならなかったのだ」（三一号、六人の「総括」下）[*16]と。

こうして彼らは例の「労働者階級全体の状況にもとづいた方針」をという「同盟の立脚点」の問題をも

ちだすのである。

しかし、総括すべき点は、同盟が「すべて学生運動における敗北から問題を考えた」という事実にあるのではない。同盟のこの時点における階級関係の分析にもとづいた政治方針の問題にこそあるのだ。周知のように、一二・一〇にむけての同盟の方針は「弾圧反対闘争」であった。同盟は一一・二七闘争で「ブルジョア秩序に亀裂が生じ、ブルジョアジーはこれを縫い合わせるために弾圧をかけてきた。彼らの攻撃の焦点は、安保から弾圧に移った」とその時の政治情勢を判断し、弾圧反対闘争を提起した。東大における籠城闘争もこの方針のもとに中心的なものとして位置づけられ、かくすることによって一二・一〇国会再包囲の貫徹に全力をあげることをはばんだのであった。

同盟の学生運動がつらぬくことのできなかったこの方針も、ボリシェヴィキ化なる根性の問題としてではなく、その政治方針の位置づけの問題として総括されなければならなかったのだ。たとえば東大の籠城闘争における同盟の動揺も、政府の弾圧の手先である学校権力にその攻撃目標がむけられることに

---

*14 「真の労働者前衛党を確立せよ！——同盟一年の活動総括」（『共産主義』六号）では、「一一・二七闘争が暴露した、社共両党の完全な小ブル政党への転落を、いまこそ労働者階級は確認し、あらたな対決にそなえて、真の階級的前衛を確立する仕事に、全力をあげねばならぬ。〔…〕第一に上から下までの同盟の組織のボルシェヴィキ的強化であり、とくに、第二に労働者階級の革命化のために、全同盟の力量を傾注する体制の確立である」としている。

*15 一一・二七国会突入に対して翌二八日、都条例違反容疑で全学連副委員長の加藤昇と糠谷秀剛、都学連書記長の永見暁嗣が警視庁に逮捕された。さらに清水丈夫（全学連書記長）と葉山岳夫（東大緑会〔法学部自治会〕委員長）に逮捕状が出されたが、二人は東大の本郷と駒場の自治会室を拠点に活動を続け、学生多数がバリケードを築いて防衛のために泊まり込みを始めた。これに対し警視庁が機動隊の学内出動と恫喝するも結果的に回避、二人は一二月一〇日の国民会議第九次行動で本郷・駒場の各キャンパスを学生デモ隊が出発すると逮捕された。

*16 前掲、岸本・山崎・青山・森・田川・戸坂「安保闘争と同盟活動の総括（下）」、強調引用者。

よって、弾圧をブルジョアジーの安保攻勢の徹底的な暴露のもとに位置づけることをはばみ、方針をいちじるしくセクトなものにしてしまったところにまず問題を求めねばならない。そして、このボリシェヴィキ化という総括によって、今度は逆に〔一・一六〕羽田闘争は「ブント丸裸かでも」というスローガンのもとに、その組織方針をひどくセクトなものにしていくのである。

　このように一二・一〇闘争を見るならば、われわれは同盟が政府ブルジョアジーの安保闘争にかけている異常な執念を、この時点においても見失っていたという問題につき当る。事実、弾圧の徹底的な表現であったデモ禁法、文部省通達には彼らは決して固執することなく十二月七日国会デモ方針が破れるや否や、直ちに安保全権団の準備と草案発表を行ない、一月十六日の渡米にむけて全攻勢を集中していったのだ。それゆえ一二・一〇は「ボリシェヴィキ化」によってではなく、第一に同盟の情勢判断、それの原因をなす安保闘争についての基本方針の問題として総括され、同盟の労働運動においても学生運動においても、一二・一〇の国会再包囲方針に全てを注いだか否かが問われなければならなかったのである。それが根性についての指摘によって隠蔽されることによって、一・一六羽田闘争に集中的に現われた同盟の「東京地評化」（大衆化）と「職革化」（セクト化）という解党主義的状況を、あたかも同盟の活動の基本スタイルであるが如く考えた誤りが総括されてしまうのだ。

　だが、われわれはこの具体的な総括に入る前に、一二・一〇闘争において根本的な問題として露呈された「安保闘争についての同盟の基本方針」について、更にたち入って考え、全体を通じてわれわれが総括しておかねばならない基本的な問題は何かを明らかにしよう。

　現在の日本においてあらゆる闘争は、たとえ一個の経済闘争であっても、様々な他の指導部、特に社民とスターリニストとの徹底的な対決の中でしか遂行しえないという性格をもっている。そして、わが同盟の誕生は、まさにこの確認の上に立ってのことであった。それゆえ、いうまでもなく、われわれはあらゆる闘争において、単なる既成指導部の批判者、戦術における左翼にとどまることなき、全く独自の綱領的立場と、世界像と、革命の展望とを要求されるのだ。この独自綱領と現状分析なくして、自らの闘いの指導も、まして独自の党建設などありえない。たとえ一つの経済闘争においてすら、これなくして労働者の中での同盟の地位は確立されないことは経験的にも明らかである。

われわれは一二・一〇闘争の総括の中から、まさにこの点同盟はいかなるものであったのかの検討を要求される。しかも、この検証は、何よりも現状の具体的な認識においてなされねばならない。一般的なわれわれ「主体の反帝反スターリニズムの立場」が問われるのではない。革共同全国委員会派なる連中は、そして同盟内の一部分子は、黒田寛一の認識構造論に裏付けられて、右の「新たな前衛党の立場」を「マルクスの立場＝引用」によって代えているのである。

彼らは段階論的思考を原則的に否定することによって、現実の具体的な分析にもとづいた革命の展望によって、党を建設するのではなく、マルクスの引用によって党の必要を訴える。

それゆえ、われわれは、われわれの綱領的立場なるものの検証を安保闘争における社会党とも共産党ともことなる把握、それによる党（一般的な新しい前衛ではなく、ブントだ！）建設の検証として端的になさなければならない。

安保闘争において絶えず同盟に出されていた問題は「復活強化した」日本帝国主義が資本の命令として必然的に遂行せねばならない合理化等の国内政策と、安保闘争という外交文書をめぐる問題とをいかに結合してとらえるか、ということであった。現在においても、日本資本主義の発展が「新たな時点」に達していることが、誰によっても強調されている。しかしながら、問題なのは日本資本主義が復活強化していることを強調することではなく、それを抽象的な恐慌待望論によってではなく、日本における現実の階級闘争と革命の展望とに結びつけることにあったのだ。日本共産党は彼らなりに絶えず一貫している。それは、安保闘争＝民族闘争の理論である。すでに冒頭でのべた如く、彼らは「従属」→「民族民主統一戦線」→「中立政府樹立」という如く、現状分析と改良のプログラムを提出し、それによって機能した。そしてなによりも、共産党に対決して誕生した同盟は、まず何よりも「民族路線反対」をとなえて登場した。これは日本資本主義の発展が、その「威信を確立する」ために「旗幟を鮮明にする」ために、安保改定を企図しているのであり、したがって闘いの相手はアメ帝ではなく「日本帝国主義」であると主張した。

このことによって、たしかに同盟は、日本資本主義の「構造是正政策」がいかなる根拠によって、そして何を結果しているかを、かなり具体的に展開することはできた。とくに、中小企業から三池に至る合理化攻勢、臨時工問題、賃金構造政策等々を「従属論」によってはなしえぬ明確さで指摘することはできた。しかしながら、安保闘争にかけたブルジョアジーのあの執念（それは一一・二七以降、現実の階級闘争の進展自体が、ますます明白に示したことであり、そして抽象的な「威信の回復の欲求」によってでは決して充分に説明することの出来ないものである）を、この反「民族路線」論は決して解明することはできなかったのだ。ブルジョアジーの労働者の生活への新たな全面的攻勢の遂行にとって、この安保闘争がいかなる意味をもつのかを明らかにすることはできなかったのだ。それゆえ、階級闘争の展開が、もはや決定的に明白に階級関係の中心に安保をすえるようになるや、同盟はますますその根拠を失っていったのだ。さらにまた、たしかに日共の民族路線とは同盟は一定の期間まで対決することはできたが、民同、とくにその中の左翼と自らを区別する理論的根拠を持ちえていなかったのである。それゆえ、民同内の戦術左翼が左傾化するときには、あとでくわしく見る如く、「左翼的再編成」をとなえながら、ほかならぬ同盟自らが、その「左翼的潮流」の左の一員に没入してしまい、「体制内左翼」として機能するという結果も生じたのであった。

このように、同盟が「民族路線反対」によってしか現実的に自らを機能させえなかったことは、安保闘争における同盟の方針を基本的に規制している。安保闘争を現実の資本攻勢との関連においてとらえぬ同盟は、安保闘争も、一つのブルジョアジーの攻撃として、合理化攻撃等々と、理論的に同列においたのであった。それゆえ、ブルジョアジーの攻勢に真正面から対決するという無条件的に正しい方針が、その背骨をなす基本方針の欠如の故に、三池が激発するときは合理化闘争へ、表面上弾圧がかかってくれば、一切「弾圧反対闘争」へ、また現実的に安保が中心となれば安保闘争をと、全くプラグマチックに、文字どおり「戦術左翼」として自らを機能させてしまったのであった。とくに、五・一九以後、日共の「安保闘争＝民族独立」なる主張自身が意味をなさなくなり、「中立政府樹立」を前面におしだした倒閣闘争の展開のなかで、つまり、安保の本番において、同盟は全く自らの存在理由を失い、日共にすら対決できる存在ではなくなっていた。

　このような同盟の状況、なかんずく、第四回大会〔六〇年四月二一―三日〕の反省として提出された、日本帝国主義との関連において、あるいはフランス、イタリアとの類似において安保闘争をとらえる考えは、学生細胞の中において、安保闘争の決定的重要性を示すものとして新たな視点を与えたのであった。しかしながら、この理論も、四回大会における抽象的な「恐慌＝権力奪取の思想」と結合することによって、「安保＝前哨戦」論に変貌し、かえって学生運動における日和見主義の支えとなっていったのであった。

　しかしながら、われわれがこれまでの議論の中で明らかにした同盟の安保闘争についての理論（綱領的立場）の問題は、総括として問題にされるとき、決して理論一般の欠如の問題としてとらえられてはならない。そこからは、「理論さえあったら」あるいは「理論を創造しよう」という、それ自身空虚な結論しかでてこないであろう。問題なのは安保闘争における同盟の組織活動、党建設にとって、すなわち、同盟が独自の闘いを指導できないだけでなく、党組織そのものの解体をまねいたという事実にとって、これらの理論問題が、いかなる関連をもっていたのか、ということにあるのだ。

　同盟が「学生党」であり、「党建設に失敗した」ということは、抽象的な同盟の「立脚点の問題」によってではなく、まさに以上の如き同盟の存在を根拠づける理論にこそ規制されたということなのだ。各分派間の対立点が、「基幹産業に党を作る必要」を「認めるか否か」にある、などというのは全くのナンセンスである（『戦旗』第三〇号）[*17]。けだし、いかなるものをもって、いかにして党を作るかに問題はあるのだから。

　これについては、同盟が解体し、民主主義擁護闘争に埋没してしまっていかんともしがたくなった五・一九以後の闘争よりも、同盟がそれなりに結束して闘いを指導した一・一六闘争までに、問題は端的にあらわされている。

　この期間、その内容を考えるときにまことに奇妙な（「綱領的」役割をおびているかにみえて内容空虚な）それでいて同盟の上から下まで支配したスローガンは「労働運動の左翼的再編をかちとれ」であった。そして、これは当時の同盟の活動様式を最もよく表わしている言葉でもある。一一・二七の労働者の「突出」によって、総評内の左翼労働者が東京地評を中心として民同に対抗を開始する。労働組合の、のきなみの右傾化の中における「左翼的再編」である。そして同盟は、学生運動の巨大な影響を利用しつつ、この左翼的部分を現実に一二・一〇あるいは一・一六の同盟の方針のもとに結集させ、かつまたこの部分に依拠することによって党の飛躍的強化をかちとるはずであった。これが「左翼的再編成をかちとれ」の内容であった。

　しかし、羽田闘争の失敗は、そしてその後の東京地評の沈滞は、同盟の意図が失敗したことを明白に示した。戦術左翼＝左翼的潮流は戦術の失敗とともに消え去り、後には「飛躍した」同盟も残らなかった。このようにして、書記長の豪語した「東京地評－同盟による左翼全国フラクションによって批准闘争を闘うみこみ」は、事実によってうらぎられたばかりでなく、東京地評はその戦闘性さえついに回復することはなく、安保闘争後には、総評の合理化闘争プランに右からの批判をあびせるまでとなった。かくして「左翼的再編成」のスローガンは生まれたときと同様、無反省のままさりげなく投げすてられてしまった。

　一一・二七闘争から一・一六闘争にいたる期間は、一つの巨大な階級闘争の初期において「突出する」労働者のみの「出すぎた」闘争によって特徴づけられる。そして彼らは当然のことながら、ブルジョアジーの憎悪のみならず、社民指導部の憎悪によっても迎えられねばならない。このような彼らを「左翼的潮流」と名づけたところで、それは、まま母に対してその子を「まま子」と呼ぶように空虚である。問題は彼らの立場と方針をわれわれが擁護し貫徹させるという単純なことなのだ。一二・一〇、一・一六はもちろんのことながらわれわれの立場を集約した戦術として全力をあげて推進されねばならないものであった。そしてこの点でまさに戦術左翼とわれわれの一致がえられたのだ。しかし、彼らに、現実に組織を割っても羽田に結集させるために何が必要であったのか。それは決して、「羽田の戦術が正しく、日比谷は裏切りである」ことを説くことではない。戦術左翼の戦術たるゆえんは、まさにこのことを「当然だ、正しい」とみとめることにある。しかし、彼らが組合主義の枠を破って羽田に結集するためには彼らの中核がほかならぬ「組合主義者」「戦術左翼」をぬけでることによって、すなわち基本的に同盟の立場に移行することによってしか可能とはならない。同盟は、戦術を「裏切りか否か、真剣か否か」の問題として対置するのではなく、安保闘争とはまさに組合主義=合法左翼の立場では勝利的に闘いえぬものであることを明らかにすることによってこそ戦術の正当性を主張すべきであったのだ。安保闘争にブルジョアジーが決戦としてかけている重大性を、同盟の独自的分析展開によってバクロすべきであったのだ。

しかるに、すでに一二・一〇における情勢判断が誤ったことに示されるごとく、そしてその総括の一面性におおいかくされた結果、同盟は羽田闘争においても「安保を阻止する気があるものは羽田へ結集せよ」と呼びかけるに終始したのである。『戦旗』第2号〔六〇年一月一一日発行〕は驚くことに「羽田は当然」ということと、「平和ではなく激突」ということが、ただ戦術の問題としてくりかえし述べるのみである。

一二・一〇国会再包囲方針の失敗によって全権団の準備が完全にととのった後、「黄金の六〇年」はたしかに数々の平和の兆候のうちにあけた。アイクとフルシチョフの握手は成立し、世界的に社会党はマルクス主義から訣別し、労組の右傾化はすすみ、年頭から「日中国交回復」「皇太子訪米」がキャンペーンされる。この中で同盟は、資本のルールは

＊17　岸本・田川・森・青山・山崎・戸坂「安保闘争と同盟活動の総括（上）」『戦旗』三〇号、一九六〇年九月二〇日。http://0a2b3c.sakura.ne.jp/sk30.pdf

〝平和〟の幻想をつき破って世界帝国主義の激突を生みだざるをえず、また、合理化攻勢、安保が〝平和〟日本の労働者の上にかけられていることを指摘し、いずれも激突はさけられないと結論して『戦旗』創刊号〔六〇年一月一日発行〕を世に問うた。しかしこれらも抽象的な、「政治的安定のための攻勢」＝安保が、合理化と併列的にとらえられ、実際には一九六〇年は「同盟の浮く年だ」という空気が少なからずわれわれを支配していたのだ。それ故、いきおい「激突の不可避性」の強調は宙に浮いたものとなり、安保闘争の強調とはきりはなされていた。

それ故、同盟の羽田闘争組織は、学生においてもそのセクト性をとりはらうことができなかった。十二月末から一月十六日にかけてブルジョアジーは安保全権団の日程を発表し、すでに完全に安保調印のレールをしきつめたことを誇示していった。われわれは、この安保調印へむけての政府の攻勢を具体的にバクロしつつ安保阻止羽田闘争の重要性を強調しなければならなかった。そして「激突」の不可避性は、安保闘争においてこそ強調されねばならなかったであろう。

かくして同盟の羽田闘争を当然のこととして追求した戦術左翼とまさに同列に自らを位置させて、彼らに「羽田闘争」の正当性を呼びかけざるをえなかったのだ。これらの戦術左翼＝左翼的潮流と本質的に別のものではない同盟にとって左翼的潮流の形成はなしえても、どうして独自の党建設の必然性がありえようか。このようにして、全学連の巨大な影響を徹底的に利用し、労働者に分裂をもちこみ左翼的部分を同盟のもとに結集することによって羽田方針を追求することに、われわれは失敗したのであった。それゆえ、羽田闘争の失敗は、実際に羽田へ行きえなかった以上の決定的な同盟の破産を意味するのであった。

羽田闘争直後の同盟中央委員会は、同盟の部隊によって羽田闘争を遂行しえたことを一二・一〇との対比によって評価したのち、「左翼的潮流」の挫折について、次の二点を総括している。第一はこの羽田闘争が、「右傾化の中での闘い」であったこと、即ち、圧倒的に右傾化しつつある労働運動の中の一小部隊にすぎなかった〔言いかえるなら力不足〕こと、第二は「左翼的潮流」が「組合主義への拝跪」「プロレタリア独裁の否定」の立場をぬけでることができなかったこと。即ちこれは、不可能性と一般性への解消である。「組合主義への拝跪」に、抽象的にプロ独を対置するのは、コーヒー屋でのオルグならいざしらず、闘争の過程においては決定的な意味をもちえぬことは明らかである（今日、この総括は、「戦旗派」の総括になんとそっくりなことか）。

それにしても同盟の安保闘争における姿は、たえずこのような両極分解を示していた。それは同盟の宣伝の内容に端的にあらわれている。あらゆる闘争において、党の建設において、労働者への「徹底的で階級的なバクロ（共産主義的宣伝、煽動）」が必要とされる。だが、日共も社会党も、それなりのバクロをやるのであり、問題は、同盟によるバクロであり、即ちその内容なのである。しかるに同盟の「階級的宣伝」は、たえず「資本主義か共産主義か」（一般性）であるか「裏切るか否か」（戦術上の対置）の両端に分離していたのだ。一九五九年十月、炭労に合理化がかけられた際、「石炭産業は斜陽であり、合理化によってしか救いえない」というブルジョアジーのイデオロギー宣伝に答えることが宣伝の問題としては最大のものであった。民同、日共は「それは資本家のデマで、本当は経営の仕方が悪いのだ」といい、革共同は「炭鉱国有化」によって労働者に展望を与えようとした。そして同盟は、合理化の要求は決して炭鉱のみの要求ではなく、現代日本資本主義そのものの要求であるから、これからの解放は資本主義の打倒なくしてはありえないと主張した。たしかにこれは誤りではない。しかしその後の経過は安保闘争の成否こそが、三池の、そして全合理化攻勢の突破口を意味したことが明らかになった。それゆえ、同盟は抽象的に資本主義の打倒を訴えるのではなく、安保闘争の勝利によって三池合理化の勝利が可能となることを訴えることでなければならなかったのではないか。そうでないが故に、実際は合理化闘争に直面すると、そこから安保がぬけおちるという様になっていたのだ。その結果、一一・二七闘争以後の激動の基盤をなしたこれらの合理化闘争を徹底的に利用することができなかったのである。

一二・一〇へむけての「弾圧反対闘争」は、また一方への偏りを示す。もちろん、あの時点で弾圧反対なくして現実的な安保闘争はありえなかったが、この弾圧も、その政治的意味を徹底的に暴露することにより安保調印粉砕一二・一〇のための最大の契機に利用すべきであったのだ。しかし、十一月三十日付の同盟のビラは「政府や資本家が肝をつぶすような闘争を闘うかまえがなくして、どうして彼らの階級的攻撃を撃破することなど出来ようか」という一般的な資本家への攻撃と、他方指導部の日和見をつきやぶって弾圧反対の「部分的スト・警視庁へのデモ」を呼びかけているのである。一・一六羽田闘争もすでにのべた如くそうであった。「羽田か日比谷か」は極端にいえば「真剣か否か」の問題としてしか提起されなかったのである。

以上の如き、調印時闘争の同盟の活動から、結論的にいって、次のような「党建設」のやり方が結果されたのである。同盟は、独自の具体的理論、分析をもって機能しえぬゆえに、戦術左翼＝左翼的潮流と同盟労対（抽象的反スターリニズムの立場）に分極し、かつ、この解党主義を「左翼的再編成」のスローガンで合理化してしまったのだ。そして、このような党ならぬ党から出る方針は一般的な「資本主義か社会主義か」の対置か、根性による戦術の対置かに分極してしまったのだ。そして、このようなことによって〔革共同〕全国委員会ばりの全く形骸化した細胞温存主義の傾向をも結果した。今日、「戦旗派」の立場は、このようなかつての同盟の立場の一方をおしすすめているものとして位置づけうるであろう。われわれに今必要なのは、以上のような同盟の党建設の事実を事実として指摘することにあるのではなく、それが何によって結果したかを明らかにすることによって、党再建の出発点を明確にすることなのだ。

以上のような同盟の基本的な総括の上にたってはじめて、われわれは「学生運動と労対活動との結合」の問題、あるいは「学生党か否か」の問題を、一方を切りすてるという清算主義によってではなく、正しく考察することが出来る。このことは、とりわけて今後の問題にとっても重大な意味をもっていくことであろう。特に羽田闘争まで、学生細胞は、いわゆる「党派的学生運動」なるものを次のように理解していた。学生運動の戦術を民同のそれに対置することによって労働者の中に大衆的に分裂をもちこみ、その左翼の部分の分裂を促進し、同盟の労対活動のいわば基礎を用意するのだ、と。「労働者の中での同盟の飛躍的前進」をモットーとしたのであった。しかしながら実際は、同盟政治局＝書記長の向う側には、「左翼的潮流」しか存在しなかったのが事実であったのだ。事実、学生運動の戦術の貫徹のためには、労対メンバーを学生運動にひきぬいたり、また羽田闘争で労対の主要部分を全部逮捕させてしまうというようなことも、安易になされていたのである。

このことは、しかしながら「戦旗派」のいう如く、「学生運動によって労働運動を分裂させる」というやり方が悪かったからなのではない。つまり、党建設に学生運動を利用したから悪いのではなく、徹底的に利用しえなかったからこそなのだ。労対メンバーの学生運動への安易な流入を許したのも、まさに同盟の労対活動・党建設を支える基本的なものの欠如によって、党建設自体をおしすすめえない、ということに規制されたのである。

問題は学生運動にとっても同様である。学生運動による分裂という「成果」を安易に期待することに自らの党派性を結びつけうることになったのである。

かくして「左翼的潮流」が消滅する四・二六以後、とくに五・一九以降になると学生運動は全くその独自的展開を余儀なくされていく。その典型が、六・一五である。われわれは、突入闘争が同盟にとって、またいわゆる階級関係全体にとっていかなる意味をもっているのかを明らかにすることなく、ただ、「ほかにやりようがないから」突入闘争をやることを強制されたのだった。そしてこの全くの非組織性が、先にものべた如く、六・一八の破綻へと同盟をみちびいていったのだ。

羽田闘争の失敗によって「戦術左翼」が痴呆状態におちいるなかでも、労働者の安保批准阻止闘争への立ち上りは急速であり、三・三一の東京青学共闘のデモとして表現されていく。[*18] しかし、「国会デモか否か?」をすでに問題としたこのデモの実体は、もはやかつての羽田闘争を推進した部分ではなく、

＊18　六〇年三月三一日、青学共闘主催で、安保批准阻止・デモ規制粉砕・岸内閣打倒青年学生統一行動として、日比谷野音に一万人が中央決起集会に参加、東京駅八重洲口までデモを行った。

主に公労協の（全逓など）労働者である。そして「学生運動にひきぬかれることなく」労対活動に専念した同盟は、その依拠する部分を、前者から後者に移して安保批准闘争にたちむかうのである。この事実は調印時における路線の完全な失敗を意味していたにもかかわらず、その総括のないままに同盟は新たな左翼部分に「のり移って」いかざるをえなかったのだ。そして、四回大会は、すでに明らかにされている如く、調印闘争における同盟の問題をえぐることなく、それを極左的空語でごまかしたとさえいえるものとして終わった。

以上のような安保調印時にすでにあらわれた同盟活動の問題ぬきにしては、決して批准時の同盟の小ブル闘争へのあの没入と解体とを考えることは出来ない。調印闘争における労働者の部分的左傾化という安保闘争全体からみたら極めて特殊な時点において、同盟がそのヘゲモニーをとりえたという事実が隠蔽していた問題こそ、まさに批准時における完全に小ブル的な闘争の中で拡大再生産され、同盟をあの解体にみちびいていったのだ。

すでに冒頭にのべた如く、五・一九以後の闘争は、単に民同指導部対戦闘的労働者という以上に、小ブル市民運動によって労働者階級が打ち敗かされた闘争であった。倒閣闘争の中で、日共の「敵はアメ帝だ」という主張も膨大な市民の中でセクトに感じられた故に前面から退き、戦術左翼はデモの激しさの中で自らの姿を示しえなくなっていった。そしてすべてが「解散」を要求し、「国内の敵」との闘いに集中していった。それゆえに一層、日共の民族路線の反措定として機能せざるをえなかった同盟は市民運動の中へ没入していった。

これに対して、次のような批判がある。五・一九の後、小ブルの闘争は所詮いかんともしがたいものであり、むしろ問題は党の宣伝と建設なのだ。したがって、同盟独自の運動を「労働者の基本部隊」（民同）と分離して「学連のあとにくっつける」などというのは基本的に誤りであり、あくまでも「基本的部隊の中で全体を変革する必要があるのだ」と。そしてこの批判によって、たとえば四・二六における全逓労働者の分離に原則的に否定的評価を与えるのである。

しかしながら、あの小ブル闘争の中で、デモであれ、ストであれ、同盟のヘゲモニーによって労働者を民同指導の枠からはみださしめずして、運動の小ブル性を運動として打破する道はなかったのである。このことは決して、何時でもどこでも、同盟の労働者を分離して独自に闘わせろというのではない。たとえば、四・二六で実際に労働者が「国会デモ」を敢行する以外に、「焼香請願」を打ち破る道はなかったのである。一部の職場でそれが出来たことの影響は巨大であり、かつこれが羽田闘争の延長上に実行しえなかったことに同盟の問題があるのだ。学連の五・一九闘争の失敗によって、六・四スト以後まで、ついにかかる契機は出来ず、かつ、学連の六・一五も、それを労働者が自らの運動の契機に利用しえずに終わったのだ。

　これは力不足によってかたづけられる以上のものをわれわれに示しているのである。われわれはその原因を、抽象的な「革命の戦略の不足」あるいは「学生中心主義」によってかたづけることなく追求していくとき、それはまさに党としての同盟、その理論の問題を具体的に示すのだ。

　同盟の安保闘争における問題は決して個々の闘争・個々の情勢判断の失敗ではない。同盟は前衛党として機能しえなかったという一貫した問題があるのだ。そしてその原因を、同盟のスタイルについての清算主義的お題目によってではなく追及し告発することに総括の課題はある。われわれはそれを以上のような形で一応ここに提出する。特にわれわれが学生運動のみの指導にあたっていたという制約のために、この総括も、労対活動の具体的点検を欠いている。が、これについては労働者細胞との討論の中で、より実のあるものにしていきたいと考える。

　さらに、ここでの総括は「同盟の問題」の追求に集中されたところで、まさに終わっている。それは、われわれの出発点の問題意識を明らかにしたのみである。われわれは池田内閣のもとにおける階級闘争の性格を明らかにすることによって、逆に戦後階級闘争の性格を明確にしていかねばならないであろう。

3　同盟の革命的再建のために

　以上のようなわれわれの総括の上にたって、もはや、戦旗派の総括について多くの批判をのべる必要はない。彼らの「学生党を脱せ」というスローガンも、それ自体としていかに正しくとも、具体的安保闘争の中で追求され、かつその原因をどこにもとめるかを明らかにしなければただちに形骸化におちいるであろう。この原因が、彼らのいう「同盟の出発時の立脚点＝学生運動中心主義」にもとめられても、それは同語反復にすぎない。そしてお題目を結果するにすぎない。かくして戦旗派は、その泣きたいほどの不毛な一つくりかえしの重荷で、彼らにふさわしい形骸化した一個の「反スターリニスト」に変ぼうを開始しているのだ。しかしながら、彼らのこのようなお題目主義を許したものとして、われわれは「東大意見書」[*19]のもっていた総括の視点を真剣に自己批判せねばならない。それは、学生運動の戦術の失敗の原因を明らかにするという視点をもっていた故に、総括としては学生運動の問題を明らかにしえたのみで、党の問題（同盟労対活動、党建設の課題の失敗）を明らかにする視点をもちえなかった。その提起した理論問題も、したがって、党建設における理論問題という形で展開されず、分派闘争の中で「国家独占資本主義論」に昇華されてしまったのである。

われわれがここに提起した「総括」は、これらのわれわれの自己批判の内容をなすものである。かくして、同盟内の分派闘争は、「党建設の必要」を「認めるか否か」にあるのではない。この点についての空虚なお題目のぶつけあいは完全に不毛である。

かつて黒田寛一は、マルクスの学的発展過程（「疎外論」→「資本論」）を「厳密な理論展開」である「史的唯物論の論理」と二重うつしにすることによって、前者を「論理的」なものに昇天せしめた。マルクスの主体的発展過程を（歴史を）論理化させることによって、マルクス主義なるものの「主体的把握の論理」に代えたのである。

今日、革共同全国委員会派が、おびただしいマルクス・レーニンの引用によって、「新たな前衛の必要」を説き、「戦旗派」の右翼が、われわれ自身の主体変革も含めた意識変革＝党の建設を主張するとき、その根底をささえているものは黒田寛一イズムである。それはマルクスの理論、彼の学問発展を絶対化することによって、段階論的思考を原理的に否定するのである。そこには現実の具体的分析と革命の展望こそ、党にとって生命であり、それこそが党を要求するのだということの原理的な否定がある。それゆえ、対立は、決して「党を自己目的化する」か「大衆闘争のなかで党をつくるか」にあるのではない。革命（党）にとって、いったい理論とは何であり、その性格は何であるか、というところに問題は存在するのだ。彼らが、「主体的な理論」を主張するとき、そこに介在してくるのは、たかだか「経済学には多かれ少なかれ主体性が入る」といった、われわれに対する全く不毛な文句なのである。

　安保闘争はまさに、われわれが現状把握を欠くことによって、絶えず抽象的な「反スターリニズム」の立場か、「戦術の真剣さ」の立場を強制されたことを示したのだ。現実の階級闘争の指導にたえうるために、党にとって、何が必要なのかを示したのだ。「戦旗右派」こそ、まさにこれらの一方の立場を「純粋化」せんとしているのだ。

　われわれは、現在、残念ながら、同盟の革命的再建の背後をなす革命理論の創造のほんの入口にしか立っていない。われわれは、日々生起する情勢の革命党としての分析と方針の提起とともに、これらの創造にむけて組織的活動を、今こそ展開しなければならない。

（一九六〇・一二・一八）

＊19　共産主義者同盟東大細胞「安保闘争の挫折と池田内閣」『戦旗』一一七号（一九六〇年八月三〇日）。注12も参照。

ある「永続革命論」の顚末

――一八四八年のマルクス

P君――。

一九六〇年のあの有名な五月十九日の夜、ぼくらの党を一せいにとらえた敗北感のことを、ひとまず思いだしてほしい。あの日から一ヶ月間、ぼくらに強制された肉体の過度の動きのうちで、そのためにぼくらが行動をおこした内心の夢が、ますます破壊的な肉ばなれをおこしていったことを君はおもいおこすことができるだろう。

「党の党たるゆえん」について、ぼくらが無関心だったはずはない。民主主義闘争たる安保などは、党にとってはいわば、アイン・カンプ[*1]と考えられていた。「権力獲得の思想」をもった「三千人の武装蜂起集団」たる中核は、これら個々の闘争を利用して、労働者階級に未来の革命の思想を注入することをめざすものとされた。「革命党の建設」。けれども、君も知るように、その日から始まった「民主主義擁護闘争」のめざましい一翼をぼくらが荷なうこととなると、事情は変わってこないわけにはいかなかった。何らかの運動が起こり、諸集団の関係が多少とも流動化してくると、その過程の中に一つの集団として関与し、この集団の行動とイデオロギーで運動全体を回転させていくことがめざされた。こうなると、運動のヘゲモニーが具体的にはどこで行使されうるかをみきわめ、流動状態が再び膠着化するのをまぬかれるように、ぼくらの駒をすすめることが主要な仕事となる。具体的には、五月十九日から六月十五日までの諸集団の状態の中で、ぼくらは民主主義の要求を極端に急進的に行動化することで、これにむくいることとなった。ほかの方向では、有効な機能がはたせなかったからなのだ。

けれども、急進民主主義の肉体が街路に砂塵を上げてかけぬけたとしても、これが内心の古典的な夢を裏切っていったのは当然であった。君も知るように、内的なものと肉体の過度の動きとの統一の崩壊は、ぼくらにとって苛酷であった。

P君——。

この都会では、すでに安保闘争の話は、「日清日露の思い出話」ということになっている。急進民主主義どころではない。山の端からも河口の町からも幾百万という投票用紙が舞い上がり、お賽銭箱のようなものの小さな穴に吸いこまれて消えた。民主主義の手品の憂鬱なみものの数々にことは欠かない。

だが、誰の青春にも「デル・カンプ」[*2]はあるものだ。そこでの見果てぬ夢が、後に人をまるで別の

＊1 “ein Kampf”。「(ある) 闘争」を意味するドイツ語で、英語で言えば“a struggle”。
＊2 “der Kampf”。「(決定的な) 闘争」を意味するドイツ語で、英語で言えば“the struggle”。

方向につれていったとしても仕方のないことだ。あるいはまた、「この夢は、極めて熱烈なものであったので、そこをとおったものは、決して人生の中に戻ってくることはできなかった」(ルナン)、ということになったとしても。ぼくはここで、マルクスのデル・カンプについて語ろう。といっても、マルクス個人に特別に興味があるわけではない。問題は革命観のことなのだ。経済恐慌や戦争などの「カタストローフ」によって、情勢の動揺が激しくなり、労働者階級が「純化」された形で登場してプロレタリア革命のヘゲモニーをとる――こうした古来からの革命のイメージは、すでにあまりに多い失敗の例をつみ重ねてきた。安保闘争もその例であった、などというつもりはもちろんない。けれどもこの闘争では、こうしたイメージを鎧として党に結束することがすでに十分に現実にたいする思考放棄を意味することがみてとれた。そこでぼくらは、安保闘争後の数年間、マルクス主義の国家・革命観を整理しなおすという形で思考してみたものだった。マルクス主義の革命観の主要なものは、おそらく、一八四八年のマルクス・エンゲルスの革命観と、それの彼ら自身による訂正、という事態に出発点をもっているだろう。一八四八年ヨーロッパを席巻した革命は、当の三月ベルリンにあったアミエル[*3]にとっては、彼の『日記』の片隅に記す価値すらなかったとしても、マルクスにとっては独自の国家観・革命観を形成するにあたっての、決定的なできごととなった。マルクスとエンゲルスの生涯にとって、もう二度とは訪れることのなかった「デル・カンプ」であった。そこでは、国家と革命の問題は、グラムシがマキャベリについていうように、「ユートピアともスコラ的論議ともちがって」、現実の激動の中での「血のかよった」問題としてあつかわれた。ともかくも、革命が権力の問題であるというのは真実だ。権力が階級国家のもとに集中されているとき、階級社会(市民社会)と国家の現実的な矛盾関係のうちに革命のイメージをみいだしていかなければならないだろう。ヘーゲルの近代国家論を転倒させてできたマルクスの国家観と一八四八年の歴史的現実の把握が、マルクスに「永続革命」の「ときの声」をあげさせた。この「永続革命」こそ、マルクスにあっては、こうした革命観を意味したと、ぼくにはおもえるのだ。この革命観とそのマルクス自身による訂正とは、その後の後進国と先進国の革命のパターンとして継承させていくことになるのだが、この意味で問題はマルクス個人をはみでたものになるだろう。

ともかくも、まずその話を聞いてもらおう。

P君——。

一八四八年のヨーロッパの革命というのは、レーニンの時代とはまた異なった、世界的な革命であった。世界的というのは、全ヨーロッパ的という意味でだけれども。パリの二月革命がルイ・フィリップの王制をたおした争議に端を発し、この革命はただちにイギリスを除く全ヨーロッパの諸国に波及した。動揺はヨーロッパ各地を位相をずらしつつ席巻し、四九年の夏までつづいた。二月革命は、ウィーンでのメッテルニヒ〔オーストリア首相〕の追放、西南ドイツでの動揺から、ベルリンでの革命へとただちに波及していった。いわゆる、ドイツ三月革命である。例外はイギリスであった。ここでは、二月革命の衝撃は四月のチャーティストの示威行進という、いわば最も「近代的」な行動がお

＊3　Henri-Frédéric Amiel（1821-81）哲学者。ジュネーブ大学で美学と哲学を教えた。一八四七年から三〇年以上にわたる日記が編纂出版されて世界的に有名になった。邦訳に『人生について——日記抄』新装復刊、土居寛之訳、白水社、一九九七年など。

こったにとどまり、権力の動揺は防がれた[*4]。マルクスのいうところによれば、「革命の巨浪がつきあたってくだけ、すでに母胎にはらまれている新社会を飢えさせる巌」（「革命運動」[*5]一八四九年一月一日）としてとどまったわけである。ツァーリのロシアも例外だといえるかも知れない。事実、この神聖同盟の盟主の国では、二月革命はツァー・ニコライ一世の猜疑を一層つのらせたばかりで、何もひきおこしはしなかった。ただ四九年、ネチャーエフ派の逮捕という二月革命にとってはいささか珍奇な結果が生じはした。これはドストエフスキーをシベリアに十年間閉じこめることによって、ついに彼をまれにみる作家に仕立て上げるという余禄を生んだ。

最後は余計なことだとしても、P君――。この一八四八年の「ヨーロッパ革命」の基本的な性格はどういうものだったか。革命の性格といっても、マルクスとエンゲルスのとらえた性格という意味でだが。この歴史の実証的研究はまた別種の問題だ。ただそのような実証が、歴史のうちにあるマルクスについては、ぼくの結論と同じような規定を与えると信じるだけである。

一八四八年といえば、世界は資本主義経済の運動をイギリスを軸とした世界市場として、すでに十分に確立していただろう。事実、一八四七年の恐慌はヨーロッパ全体に波及し、フランス、ドイツの諸都市には失業者があふれていた。当時のマルクスの記述のなかには、この事態の経済的表現はまだないのだが、ともかくも前年の世界恐慌が四八年の革命をヨーロッパ規模にまで広げたことは疑いがない。けれども、政治的には四八年の革命はまた別種の表現をもつ。マルクスが主としてかかわったのもこの点であった。すでに、イギリスとフランスでは典型的なブルジョア国民革命がなされ、資本主義世界市場は全ヨーロッパをその運動のなかにひき入れていたけれども、イギリスを除いてはなおブルジョア階級の政治的支配（国家）は確立するにいたっていなかった。フランスにしてもそうである。大革命以降のとどこおりがちな諸事件――復古王制、七月王制から二月革命にいたる――は、すでに支配的なブルジョア階級が国家的支配を確立する過程で生じたゆらぎであったろう。そして、この過渡期は最終的には一八七一年（パリ・コンミューン）までつづくだろう。ドイツ以下、マルクスのいわゆる「みじめな後進国」では、事情は一層はっきりしている。ここでは、長い間フランス革命のなしとげたことを頭でおこなってきた。なおブルジョア階級の政治的支配はなきに等しかった。

　こうして、革命はいわゆるブルジョア革命の諸任務を提出することになる。好むと好まないとにかかわらず、フランス大革命の先例がすべての人たちの頭をかすめる。動乱の最中メッテルニヒはいっている。「世界は一七九一年と九二年にまで復帰したようだ。一七九三年がこずにはすむまい。オーストリーだけが革命の危機にのぞんでいるのではない。共通の危険はまことに大である」。さよう、フランス革命の最初の段階は復帰したかにみえた。各国の自由主義者、ブルジョア階級は一せいに普通選挙権、出版の自由、常備軍の廃止、等々の「政治的解放」の綱領を提出した。憲法制定議会が開設された。エンゲルスは嘲笑したが、フランクフルトの国民議会は、「国民公会」のごとくにみなされた。

　以上のようにして、一八四八年の革命はヨーロッパ規模でおこった「ブルジョア革命」であった。資

＊4　一八三〇年代後半から五〇年代までイギリスで全国的に展開された政治運動で、労働者階級が主体となった。政治綱領「人民憲章《ピープルズ・チャーター》」を掲げて、成人男子の普通選挙権の確立、その社会的・経済的地位の向上を要求した。

＊5　マルクス「革命運動」中原稔生訳、『マルクス＝エンゲルス全集6』大月書店、一九六一年、一四五頁。

本主義世界市場を背景とするために、ヨーロッパ規模で波及せざるをえなかったのである。イギリスがこの革命の例外であった理由もここにある。イギリスは「おくれていた」ために革命に参加しなかったのではなく、逆に、ブルジョア世界が、政治的にも経済的にもすでに十分に確立し安定化していたからなのであろう。だから、資本主義世界の観点からいえば、四八年の革命は、世界的なその安定化を用意するブルジョア革命の最後の頂点であった。このため、ドイツ以下の諸国では、この革命はブルジョア的諸改革以外に民族国家統一の問題と弱小民族の独立という課題をもになったのであった。

このようにして、同じく「世界革命」とはいっても、マルクスの出会った一八四八年は、レーニンの直面した一九一七年とは性格がちがうわけだ。

さてP君――。

ぼくらはマルクスといえば当然にも資本主義のただ中の人であったように思っている。けれども、あの運命的な一九世紀の前半にあっては、ことに後進国ドイツの状況を反映して、マルクスはむしろまれにみる政治的過渡期を生きたというべきだろう。こう考えなければ、資本主義社会の経済および国家を、それに先立つ社会から区別しようとする彼の根本のモチーフを見失ってしまうことになる。マルクスは、資本主義的世界像が政治的にも確立する時代に生きていたのである。

こんな風にいったとしてもP君――。ぼくはなにもマルクスが時代おくれだとせっかちな結論をだそうとしているわけではない。彼の革命がブルジョア世界革命だといっても、それは一面であって、この革命が世界市場の成立を背景としていたがためにこうむった第二の側面が重要になってくるだろう。それが、プロレタリアートの理論家としてのマルクスが生まれた事情であった。

フランス革命とともに、ブルジョア革命が国民的な熱狂を保ちえた時代は永久に終わってしまったかにみえる。四八年の革命は、メッテルニヒが恐れた「一七九三年」[*6]にまで、初期の成功を永続させていく力を欠いていた。推進力たる「第三身分」の団結には、すでに始めからひびが入っていたからである。イギリスとフランスはいうにおよばない。後進国のブルジョア階級も旧勢力の妥協策をけって革命を推進する意志をもたなかった。彼らの権力は下層民・労働者階級との協業よりは旧勢力との妥協をえらんだ。「それどころか、封建的絶対主義党にふたたび支配権を譲らないでは、目的を達することができなかった」(「一八五〇年三月の中央委員会の呼びかけ」[*7])。ブルジョア革命の、いわば欲求不満は、ほかならぬブルジョア・ヨーロッパのなかでくすぶった。だから、四八年の革命はすでにそのうちに必然的に、「一層ラディカルな革命」の予兆を充分に孕んでいたのである。この革命は、封建制にたいする第三身分の蜜月の破綻を、初めてヨーロッパ規模で、血の鮮明さをもって示し、まれにみる階級的な激動の時期を画したのであった。

衝撃はまずパリの「六月事件」からきた。この事件は、なお「うるわしい革命」であった二月革命の幻影をうちくだいた。労働者の蜂起が血で抑圧されたこの「のろうべき革命」[*8]は、四八年のヨーロッパ革命の性格を典型的に示す。マルクスは、そのようにみたのであった。六月のパリ労働者の弾圧は、二月革命と同じ速さでヨーロッパに波及した。権力をにぎったブルジョアは、あの度しがたい

＊6　革命が進行中のフランスではこの年、ルイ一六世が処刑され、ロベスピエールなどのジャコバン派が独裁体制をとった。
＊7　マルクス&エンゲルス「一八五〇年三月の中央委員会の同盟員への呼びかけ」村田陽一訳、『マルクス＝エンゲルス全集7』大月書店、一九六一年、二五〇頁。

保守性にむかう。ブルジョア議会のおしゃべりは空疎の度を加えていく。そして、革命の基本的な終幕はすでに一一月におりる。この月の始め、ベルリンの協定議会は閉鎖され、ウィーンの再度の蜂起は、軍事的に粉砕された。こうしてブルジョア階級は、「旧勢力にたいしても、最新の勢力にたいしても、自己の生命力を証明」（グラムシ）していくのである。

さてP君――。

ぼくは以上のように一八四八年の革命の二つのモメントをとりだしてみた。いわば、おくれてやってきたブルジョア世界革命と、第三身分の分裂ということであった。そして、マルクスの四八年の革命理論は、ほかならぬこの二つのモメントにかかわっていたということができるのだ。

では次に、そのことを語ろう。

くらい眼に涙もみせず
機にすわって歯をくいしばる
「ドイツよおまえの経帷子を織ってやる
三重の呪いを織りこんで――
織ってやる　織ってやる！……」

とハイネが歌った。[*9]「まさにフランスおよびイギリス労働者の暴動が終わっているところ、すなわちプロレタリアートの本質についての自覚をもってはじまっている」とマルクスが評価した。[*10]この一八四四年のシュレージエンの織工暴動のうちに、ドイツのブルジョア革命が最初からはらんでいた新たな階級対立の宿命がすでに現われていた。ブルジョア革命のうちにプロレタリアートをみいだすというマルクスの宿命もまた、ドイツの四八年の特徴のうちにふくまれていた。それはヨーロッパの一般的特徴でもあった。

ブルジョアの勝利のむこうに、マルクスは一層ラディカルな革命を想定せざるをえなかった。これは、ヘーゲルが近代市民社会の第一の原理とした「主観的自由の原理」(政治的解放)を批判し、プロレタリアートの発見によって人間的解放をめざした、若きマルクスの一貫した予感であった。「類的存在を確立することは、……革命を永続のものと宣言することによってしか可能でない」(「ユダヤ人問題」一八四四年)[*11]のであった。

けれども、P君——。

---

*8 一八四八年二月革命後、四月に立憲議会選挙が実施された結果、社会主義派が勢力後退し、ブルジョワ穏健派や王党派が多数を占めた。それをうけてブルジョワ共和派の政府が国立作業場の閉鎖を決定。作業場は社会主義派が労働者救済のために立案したが財政を圧迫していた。六月、この閉鎖を知った労働者が、パリ東部をバリケード封鎖するなど蜂起したが、政府軍によって鎮圧された。一五〇〇人が即時銃殺され、一万五〇〇〇人の政治犯がアルジェリアに追放された。

*9 ハインリヒ・ハイネ「シュレージエンの織工」『ハイネ詩集』井上正蔵訳、白鳳社、一九七四年、一六三頁。

*10 マルクス「論文『プロイセン国王と社会変革——一プロイセン人』にたいする批判的論評」鎌田武治・長洲一二訳、『マルクス=エンゲルス全集1』大月書店、一九五九年、四四一頁。

*11 マルクス「ユダヤ人問題によせて」花田圭介訳、『マルクス=エンゲルス全集1』三九四-三九五頁。

せまりくるドイツの四八年にたいして、マルクスとエンゲルスの第一の視座は、やはりブルジョア革命であった。「共産党宣言」で資本主義の「怪物的事業」を冷静に認識した彼らにとっては当然の予想である。一般に、その後にくらべれば一層大きな影響力をマルクスにたいしてもっていたエンゲルスが、この立場を例によって明瞭に宣言する（「ドイツの状態」一八四五年、「ドイツのスタトゥス・クオ」一八四七年）。ドイツ工業化の基礎はナポレオンの征服ではじめてすえられたが、「かがやかしい解放戦争」というプロシャ農民の「気違いざた」によって封建的熱狂が回復された。従って一八一五〜三〇年の間、ドイツ中産階級は弱く、革命的党派はただ理論家だけからなっていた。一八三〇年以降は、フランス七月革命の影響ではじめて中産階級が自由主義的行動にたち上がりはじめたのだったが、なおどれ一つとして優勢に支配を確立する党派とはなりえなかった。「このみじめさから、どうしたらぬけだすことができるのか？　可能な道はただ一つあるだけだ。一つの階級がその繁栄に全国民の繁栄を依存させ、その利益の増進と発展に他のあらゆる階級の利益の増進を依存させるまでに強力となることが必要である。この一つの階級の利害が、さしあたり国民の利害となり、かつこの階級が、さしあたり国民の代表者となることが必要である。この瞬間から、この階級は、そしてこの階級とともに国民の大多数が、政治的スタトゥス・クオ（これまでの状態）と対立するようになる。政治的スタトゥス・クオは、すでに存在することをやめた一状態、すなわちさまざまの階級の利害の対立抗争に対応している。あたらしい利害は、政治的スタトゥス・クオの中でせまくるしく感じ、その階級のおかげでスタトゥス・クオがつくられた階級の一部でさえ、そのなかではもはや自分の利害が代表されないとみる。平和的な道であろうと暴力的な道であろうと、スタトゥス・クオの廃止は右のことがらの必然的結果である。これにかわってあらわれるものは、さしあたり国民の大多数を代表する階級の支配である。そしてその支配のもとであたらしい発展がはじまる」（「ドイツのスタトゥス・クオ」[*12]）。

ドイツ三月革命は、予想どおりブルジョアを権力におしあげた。大ブルジョア内閣と考えられたカンプハウゼン内閣がベルリンで成立し、ブルジョア議会は諸改革の討論を開始した。マルクスとエンゲルスはさきのみとおしに立って、事態がブルジョア革命の窮極の地点まで発展されることを欲した。『新ライン新聞』の紙上で、ブルジョアの改革にたいする無能と下層民への敵愾心を批判し、彼らを一層ラディカルな態度にまでおいつめていくことを工作した。エンゲルスはバリケード戦を指揮した。明らかに「フランスの歴史的経験にとらわれて」いたのである。彼らは、バスティーユ襲撃よりテルミドールにいたるフランス革命の自己展開、権力の質のめまぐるしい進化をおもいえがいていたのである。

パリの六月事件もこの自己展開の決定的な契機になると、彼らは予測した。『新ライン新聞』はパリからの報道を次のように伝える。

たった今パリからの報道が多くの紙面をとったので、論説は全部次号にまわさざるをえなくなった。

だからここでは読者にただ一言だけのべよう。ルドリュ・ローランとラ・マルティーヌならび

＊12　エンゲルス「ドイツの現状」村田陽一訳、『マルクス＝エンゲルス全集4』大月書店、一九六〇年、四九頁、強調原文。

に彼らの大臣たちは辞職した。カヴェニャックの軍事独裁がアルジェリアからパリにうつしうえられた。マラストが民政独裁官となった。叛乱は、パリを血の海にひたしながらおこなわれた最大の革命に、ブルジョアジーにたいするプロレタリアートの革命に、発展しつつある。――以上がパリからうけとった、いちばん新しい情報である。この六月革命の巨大な規模にとっては、以前の七月革命や二月革命のように、三日の期間では十分ではない。しかしながら、人民の勝利はいままでになく確実である。フランスの国王たちがあえてしようとしなかったことを、フランスのブルジョアジーはあえてした。彼らは自分でその賽をなげた。フランス革命のこの第二幕とともに、はじめてヨーロッパの悲劇の幕があく。（「パリからの報道」[*13]）

けれども、P君――。

六月事件はさきにもみたように、革命の敗北のはしりであった。ドイツをはじめとするフランス周辺諸国には、この事件は反動的影響だけを残し、ブルジョアの足ぶみは一層つのった。「フランスでは、ブルジョアジーは自分自身の階級支配の途上にある障害物をことごとく打倒したのちに、はじめて反革命の先頭にたった。ドイツではブルジョアジーは自分自身のブルジョア的自由と支配とのための第一の生活条件をさえまだ確保しないうちに、絶対君主制と封建制度との裾に小さくなってくっついている。フランスではブルジョアジーは専制君主として登場し、自分自身のための反革命をおこなった。ドイツではブルジョアジーは奴隷として登場し、自分のつかえる専制君主のために反革命をおこなう〔…〕」（「ウィーンの没落」[*14]一八四八年十一月）。つまりこれは、「――目もなく、耳もなく、歯もなく、なにもない、いまわしい老いぼれ、――これが三月革命ののちプロシャ国家の舵をにぎったプロシャ・ブルジョアジーの姿であった」（「ブルジョアジーと反革命」[*15] 一八四八年十二月）ということなのである。

P君――。

こうしてマルクスとエンゲルスの転換が始まる。ブルジョア階級の「利害が、さしあたり国民の利害となり、かつこの階級が、さしあたり国民の代表となる」みとおしは、すでに十分に事実によって裏切られた。「プロシャ革命の決算」は早晩不可避となった。マルクスは結論する。

「三月から十二月にいたるプロシャの市民階級、そして一般に、ドイツの市民階級の歴史は証明している。ドイツでは、純粋のブルジョア革命は、そして立憲君主制の形態のもとにおけるブルジョア支配の樹立は不可能である、ただ封建的=絶対主義的反革命か、しからずんば社会=共和主義的革命か、そのどちらかが可能なだけである」[*16]と。

すでにブルジョア国民革命の夢は徹底的に失せた。何かこれまでに出現したことのない新しい型の革命の眺望をうることが、マルクスには必要だった。「社会=共和主義的革命」と呼ばれたもの、四四年の頃より想定された「一層ラディカルな革命」、つまりプロレタリアートを主役とする革命の眺

＊13 マルクス&エンゲルス「パリからの報道」中原稔生訳、『マルクス=エンゲルス全集5』大月書店、一九六〇年、一一一-一一二頁、強調原文。

＊14 マルクス「ヴィーンにおける反革命の勝利」出口勇蔵訳、前掲『マルクス=エンゲルス全集5』四五五頁、強調原文。

＊15 マルクス「ブルジョアジーと反革命」村田陽一訳、前掲『マルクス=エンゲルス全集6』一〇五頁。

＊16 同前、一二二頁。

望の具体化。六月事件から十月のドイツの反革命を経て、なお革命が新たな方向にむかって流動化するとマルクスが信じた四八年の暮、彼が緊急提起せねばならぬと感じたのもまた、これであった。

P君——情勢の停滞のうちに一八四九年がきた。『新ライン新聞』の年頭の書に、マルクスは太字で、新しいみとおしを宣言する。

「フランス労働者階級の革命的蜂起、世界戦争——これが一八四九年の内容目次である」（「革命運動」[*17]）

同年の五月十九日にもなお再びくりかえされているこの奇妙なスローガンは何だろう。[*18] たしかに奇妙な目次である。けれども当時のマルクスにとっては、四八年の暮から四九年にかけての「永続革命」の最初の定式化が、このスローガンの内に具体化されているのである。「永続革命」、これこそはマルクスが一八四八年の運動の経過に対応して到達した革命の概念だということができるだろう。

おくれてやってきたヨーロッパ・ブルジョア革命のうちで、すでに国民革命の夢は欲求不満のまま停滞した。そして革命の内で、全く質を新たにした階級間の対立が発生し、ブルジョア革命を内部から変質させていった。このためマルクスには、革命の永続はこの新しい対立の発展としてしか考えることはできなかった。ブルジョア革命の内的矛盾が、この革命を労働者の解放にまですすめるはずであることをみとおしたのである。かつて一八四四年のように、「類的存在を確立すること」という一種の「当為」によって、人間の解放が想定されたのではなく、四八年の革命の性格がマルクスにこれをしいた。その具体的な事情をすでにぼくは十分にのべたつもりだ。それだけではない。四八年の革命は、誕生にあたっても、「安定化」においても、ヨーロッパ的規模で互いに影響しあった。一国での革命と反革命の突出は、ただちに周辺の諸国での革命と反革命によって応じられた。四九年のはじめ、状況の流動化をなお永続させようとしたマルクスが、正確に見てとったのはまたこの点だった。

すでにフランスおよび後進国の「老いぼれ」には何も期待できない以上、革命永続化の鍵は新たな労資対立のうちにある。しかも、それは労働者一般ではなく、対立の最も鮮明なフランスの労働者階級の再度の蜂起による外にない。「ヨーロッパの解放は被抑圧民族が奮起して独立することであっても、あるいは封建的絶対主義の没落であっても、つまりはフランス労働者階級が奮起して勝利をうることに制約されている」(「革命運動」)[*19]。ドイツの復活はガリア(フランスの古名)の鶏鳴で告げ知らされる。反革命もまた世界的である。「フランスの社会的変革はそれぞれ必然的に、イギリス・ブルジョアジーに、大ブリテンの産業的・商業的世界支配につきあたる」[*20]。そして東方では、革命は「ロシア軍に代表される連合したふるいヨーロッパに対立している」[*21](四九年五月)。こうして、フランス労働者の再度の蜂起は、ヨーロッパでの革命と反革命のせめぎあい、世界戦争をもたらすにちがいない。「ヨーロッパ戦争は、フランスで勝利をえた労働者革命の最初の結果であり」、「イギリスのまきこまれるヨーロッパ戦争は世界戦争である」ということにならざるをえない。世界戦争は、「カナダでもイタリアでも、東インドでもプロシャでも、アフリカでもドナウ河畔でも戦われる」のである。この世界戦争のみが、「組織されたイギリスの労働党であるチャーティスト党に、巨大な抑圧者にたいす

＊17 前掲マルクス「革命運動」一四五頁。
＊18 マルクス「戦時法規による『新ライン新聞』の禁止」土屋保男訳、前掲『マルクス＝エンゲルス全集6』四九五頁。
＊19 前掲マルクス「革命運動」一四五頁。
＊20 同前。
＊21 前掲マルクス「戦時法規による『新ライン新聞』の禁止」四九五頁。

る有効な蜂起の条件を提供しうるのである。まさにその瞬間にはじめて、社会革命は空想の世界から現実の世界へふみこむことになるのだ」（以上、「革命運動」[*22]）。

さて、P君――。

以上が「一八四九年の内容目次」の意味なのだ。世界革命の条件下におけるブルジョア革命から社会主義革命への永続という概念が、このように具体化されたわけである。マルクスの到達点であった。今となってみれば荒唐無稽な予想にはちがいない。フランスの労働者の蜂起も、世界戦争も起こらなかった。マルクスは決定的に失敗した。「ヨーロッパ大陸における革命劇の第一幕は終わった。……大陸の革命党が全戦線にわたってこうむった敗北はこの上もない明白な敗北であった」（『革命と反革命』[*23]一八五一年）。

だが、今のぼくにはこの事実はどうでもよいことだ。ぼくの注目は「永続革命」にある。この概念にまつわりついたあらゆるレッテルをはがし、市民社会における諸集団の矛盾関係とその技術的操作としての革命概念を、この言葉のもとに要約してみたいのだ。

ご存じのように、「永続革命」は一九〇五年トロツキーによってあらためてスローガン化された（「結果と展望」）ために、今ではデヴィルと化している。以降、スターリン支配の世界革命戦略の中で、トロツキーのスローガンはたえず「事実誤認」の非難でほうむられてきた。今だに、トロツキーの解釈は「大衆の支持をともなわずに少数者が遂行する政治的変革」だとする無邪気なマルキストもいる。だが、「永続革命」のその後の歴史にまつわりついている悲喜劇をのべたてててもはじまらない。ともかくもぼくはここで、永続革命からトロツキーのものというカッコをはずし、ある本質的な革命論を示すものとして改めてカッコに入れたいと思う。トロツキーの主張をたどるのはやめておこう。ともかく、一九一七年のレーニンと同じように、トロツキーのみとおしもその決定的な鼓舞を一八四八年のマルクスの革命論からえている。この点で「解釈」に違いがあるとは思えない。違っているのは状況である。すでに一九一〇年代にはブルジョア世界における政治生活の均衡は破壊され、世界的規模でのプロレタリア革命の条件は熟した。マルクスの時代には状況はむしろブルジョア政治の安定にむかっており、その意味でプロレタリア世界革命の条件は存在しなかったのとくらべて、決定的に違う。だからむしろ、マルクスの一八四八年の予想は、後に彼自身の総括の言葉で放棄されたにもかかわらず、帝国主義的世界戦争の時代になってはじめて確証されたといっていいだろう。

P君——。

いま問題を「永続革命の予言」の当否の問題にしてしまうと、やっかいで不毛な話をつらねることになるだろう。ぼくはいま、例の「一段階革命か二段階革命か」という問題にかかわる必要をみとめない。先進国のことを考えるとき、こんな問題はどうでもいいことだ。二段階革命といえば、それは「連続」だという。馬鹿馬鹿しいかぎりだ。マルクスについても、問題にすべきは、「ブルジョア革命と社会主義革命とを余りに接近して考えた」（向坂逸郎）などということではないのだ。およそ革命が、市民社会と一つの権力集団との均衡から別種の権力と市民社会の均衡への移行を指すものであ

＊22　前掲マルクス「革命運動」一四五頁。
＊23　エンゲルス「ドイツにおける革命と反革命」村田陽一訳、『マルクス＝エンゲルス全集8』大月書店、一九六二年、五頁。

るとしたら、この移行期における階級関係の流動化のなかで、情勢の流動化を永続させる鍵を具体的にみいださねばならない。そしてここに、前衛は状況にヘゲモニーの触媒を投げこむものとして登場しうるのである。前衛の駆使する政治の技術は、彼がかかげるユートピアによって生きてくることは言うまでもない。恣意的な技術の使い手は陰謀家であって前衛ではない。事実、マルクスの「永続革命論」は、一八五〇年にはこうした意味を明瞭にもつようになる。五〇年は、すでに四九年の内容目次として予感されたことはただちに実現されないことが明らかになったとしても、なお「運動の第一幕の終りと第二幕の始めとの中間に恵まれたおそらくは極めて短い休憩時間」（「革命と反革命」[*24]）と考えられた期間であった。ここでは、「永続革命」ははるかに「労働者党」の状況への介入の問題にかかわるものとして提出されている。マルクスは、四九年の内容目次のタイム・スケールをのばすと同時に、「革命を永続させる」ために党のヘゲモニーがどこでとられるべきかを明らかにしようとする（「一八五〇年三月の共産主義者同盟中央委員会の呼びかけ」）。ドイツではブルジョア革命の欲求不満は、「革命の今後の発展途上で、小ブルジョア民主党が一時的に圧倒的影響力をもつようになる」事態を、「少しの疑いもなく」もたらすにちがいない。「現在、新しい革命が迫っており、したがって労働者党は、一八四八年のように、ブルジョアジーに利用され、ひきまわされるようなことをまたもやくりかえしたくないなら、できるだけ組織的に、できるだけ一致して、できるだけ独自的に行動しなければならないのである」。「私的所有を変更することでなく、まさにそれを廃絶する」まで「革命を永続させる」ためには、「完全に小ブルジョア民主主義者の支配と指導のもとに陥ってしまった」「状況を終わらせなければならない。労働者の独自性を回復しなければならない」。かくして、労働者党の「闘いの関《とき》の声はこうでなければならない――永続革命、と」（以上、「一八五〇年三月の共産主義者同盟中央委員会のよびかけ」[*25]）。

P君——。

「労働者の独自性」に、ここでは「当為」の臭いが感じられないことを、君は注意するだろう。権力の矛盾関係のなかで、党の機能を、最も具体的(歴史的)なものとしての「永続革命」にもとめていることが重要なのだ。現在では、永続革命は「二段階革命」とか、すでに不毛なまでにカリカチュアライズされた労働者階級一元論とかのかたちで、つまり、歴史的に一度ためされた形のままで、復位されえないことは明らかだ。総じて、「永続革命」はこうした類型化とは無縁の性格のものと考えたい。

P君——今一つ注目すべき例がある。レーニンのことだ。一九一七年のかの有名な四月に、彼とプラウダ編集局との間に生じた対立の真の意味も、党の性格にたいする直観の相違にあったのではないか。レーニンの党組織論というと、当然のように『何をなすべきか』がもちだされる。党がなお陰謀家集団であった時代のこの党のカルテは、当然にも党の勢力拡大をスタティークに考えている。問題は、「個々の闘争の成果ではなく、この闘争を通じてますます深まる労働者の団結」であることが、経済主義者に対して主張された。「民主主義革命を完成させる」ために「臨時政府に圧力をかける」だけの反対派としてとどまろうとする『プラウダ』のうちに、レーニンは自分のカルテの度しがたい観念化をみたのではないか。レーニンは、トロツキーのいうように、「民主主義革命がまだ完結していない、という事実から出発したのではなかった」。臨時政府を支持することは、民主主義が「完

＊24　同前。
＊25　マルクス&エンゲルス「一八五〇年三月の中央委員会の同盟員への呼びかけ」村田陽一訳、前掲『マルクス=エンゲルス全集7』二五三、二五〇、二五三、二四九、二五九頁。

結」されないままに、ブルジョア革命が膠着することに手をかすことになる。ドイツの例のように、おくれてやってきた不能のブルジョア革命が勝利するか、社会主義革命へと席をゆずるかの境目に、情勢はあったのだから。

P君――。

かけ足だったが、ぼくはマルクスの「永続革命のときの声」について記述しおえたつもりだ。マルクスにあっては、それがいかなる歴史的背景のもとに構想されたか、その事情を描くことに中心をおいた。そして、この革命とそこでの党の機能の性格について、ぼくはぼくの関心点を抽象的にひきだしてみた。けれども、こうしてマルクスの事情に話の中心をおくことによって、ぼくはマルクス主義の国家論における一八四八年革命の位置という観点に深入りしないことになってしまった。国家の問題については、もうここでは首をつっこむ余裕がなくなったのだけれども、やはり最後に、永続革命の概念にかかわるかぎりで、いくつかのことを考えておきたい。

マルクスがヘーゲルの国家論を「転倒」して以降、マルクス主義の国家論はレーニンに代表される系譜と、ベルンシュタインから構造改革派にいたる問題意識と、大ざっぱにいえば二つの系譜をもっている。これらの系譜における一つの問題は、明らかに近代国家権力の支配の関係がどのような性格のものかという点にかかわっている。これまで、歴史上の国家一般の本質として「階級支配の機関」ということがいわれてきたが、こうした国家の規定は抽象的にではないにしても、いつもスタティークな関係として理解されてきたように思う。この規定は、たしかにマルクスがヘーゲル国家論を批判する際の本質的な視点となったものだといえる。けれども、問題を国家一般ではなく、わがブルジョア国家の支配の特殊な性格についてしぼって考えてみると、この性格をそれ以前のものとの区別において考える点で、マルクスは本質的にヘーゲルの「法の哲学」を継承している。

ヘーゲルは、近代国家の支配を市民社会の媒介の上に築こうとした。市民社会は「主観的自由の原理」をもっている。つまりこれは主観的恣意の体系である。専制社会と異なり、市民は政治的に解放されており自由である。それゆえ、これを媒介にして立つ近代国家の支配は、身分的・人間的な支配をはなれ、一層媒介的で政治的なものとなる。市民社会のこうした特質は、国家の支配とは全く矛盾し、国家という統一体を破壊してしまうかにみえる（ヘーゲルはフランス革命を思いだす）。けれども、あらゆる矛盾のなかに輝きでる弁証法の狡智は、これをたちまち媒介と変じてしまう。近代国家は、自由な市民社会を基礎とし、これを法、国家、職業団体などによって国家にまで媒介しているために、逆に市民社会の上に一段と高度に支配を確立することが可能となる。ピラミッドの労働は強制によったが、近代社会の労働は主観的自由にもとづいているために、その暴動化を阻止しうる、等々、ヘーゲルは近代国家のいわゆる「強み」について幾千の詭弁をつらねていく。

ヘーゲルのこうした「地上の神のごとき」国家の君臨は、マルクスも非難するように「純然たる嘘」にすぎないが、マルクスはこのために、ヘーゲルが近代国家を専制国家と区別しようとするモチーフまでを棄てているのではない。この点でのヘーゲルとマルクスの関係に今はたち入るわけにはいかないのだけれども、永続革命との関連で、ぼくは次のようなイメージをヘーゲルにたいするマルクスから連想する。マルクスはそんなことはいっていない、といった議論はこの次にやろう。

P君——ぼくはカフカの『城』を思いだす。あえて比喩を言わせてもらえば、ヨーゼフKの「村」が「城」を含んでいるように、市民社会はいわば国家を含んでいる。近代国家における支配関係は、一対一のスタティークなものではない。封建社会だったら、村の住民は「城」に攻めのぼり、そこに支配者たる領主をみいだすこともできた。この光景はまことに直截である。ところが市民社会では、しばしば、反逆は支配の実体に攻めのぼる以前に様々な手段ではぐらかされる。早い話が、民衆の街頭行動が、議会や選挙などのクッションを経て支配へと対決するコースにすぐにはめこまれようとする事態を、ぼくらは見てきた。結局、支配は自立した政治過程を通しておこなわれるのだ。政治過程は、上意下達式のものではなく、市民社会の諸集団の力関係を反映してゆらぐ。支配は、いわばこの政治過程を支配集団のヘゲモニーのもとに均衡あるものに保つことにあらわれている。支配者の恣意だとか、経済過程での破綻だとかが、間接的にしか支配にひびいてこないのも、近代社会における政治的過程のクッション的性格によるものであろう。ヘーゲルのように、これを「強み」といっても、最近の構造改革論者のように「弱み」といっても、それは勝手だが、ぼくは現代の革命がこの点にかかわると考えたい。革命は、諸集団の矛盾関係を反映してゆらぐ政治過程での現在の均衡（力関係）を破り、これを別の集団のヘゲモニーによる過程へと組み換えていく運動だという風にいうこともできよう。そして永続革命に関連した政党の能動的な介入の契機も、こうした自立的な政治過程のうちに存するのである。この介入が、人間の解放をめざす現実的ユートピアで武装された党によってなされること、この政党が政治過程の動揺を自己のヘゲモニーの掌握にまで永続させること、これが永続革命という概念の意味するところとなろう。いってみれば、革命とは永続革命のことだ。

P君——。

一八四八年の革命の「この上ない明白な敗北」の後に、マルクスは永続革命の概念を放棄した、とぼくはさきにちょっと書いた。けれども、多分これはそれほど直線的な放棄ではなかったであろうと思う。たしかに「一八四八年の闘争方法は、今日では、どの関係からも時代おくれとなっている」と、エンゲルスは一八九五年のかの有名な「序文」(「マルクス『フランスにおける階級闘争』序文」[*26])でいっている。主要な点は、「政治上の事件を、つまりは経済的原因のはたらきに還元すること」の欠如として反省される。つまり、「一八四七年の世界的商業恐慌が、二月と三月の革命のほんとうの生みの親であったこと、そして四八年の半ばからだんだん回復し、一八四九年と五〇年に全盛に達した産業の好況が、新たに強化したヨーロッパの反動を活気づけた力であったということ」である。「大陸における経済発達の水準が、当時まだとうてい資本主義的生産を廃止しうるほどに成熟していなかった」し、「当時のプロレタリアートの抱負がまだ成熟していなかった」(以上、エンゲルス「序文」[*27])、とされたのである。これはまことに明瞭で、「はい」といってひきさがるしかないし、マルクスにしても、五〇年代の商業恐慌の研究から『資本論』へとむかうモチーフは、たしかにこうした観点にみちびかれたものだろう。けれどもそれだけではない。「ローマの奴隷は鎖によってその所有者につながれていたが、賃労働者は見えない糸によってその所有者につながれている」[*28]という『資本論』の言葉は、ヘーゲルがピラミッドの労働についていったことを思いださせる。かつてマルクスは、近代国家をその高みにまで

*26　エンゲルス「カール・マルクス『フランスにおける階級闘争、一八四八年から一八五〇年まで』(一八九五年版)への序文」中原稔生訳、前掲『マルクス=エンゲルス全集7』五一二頁。
*27　同前、五一八、五一九、五二四、五二五頁。
*28　マルクス「資本論　第一巻第二分冊」岡崎次郎訳、『マルクス=エンゲルス全集23b』大月書店、一九六五年、七四七頁。

のぼらせた媒介項・市民社会について、ヘーゲルとともに思考した。こうして考えられた近代国家とその政治の「自立」という仮象を、どこで打ち破ることができるのか。一八四八年の諸階級の関係が、「革命の過程をはやめる」ことにならないことがわかったとき、マルクスは国家支配の基礎を経済過程に内在化して考えようとした。この自立した経済過程が内的に崩壊することを証明し、よって政治権力のみせかけの安定が、必然的倒壊をまぬかれえないことを示そうとしたのではないか。事実、『資本論』は最後には媒介的に「諸階級」の位置づけをするものとされていた。マルクスとエンゲルスが、四八年の革命の後に、労働者とブルジョアジーという一元的な図式を破るべく、革命の敗北の原因となった諸階級の具体的な分析にむかったことの、後年における屈折した表現がここにみられるともいえよう。

けれども、P君、マルクスの結論、「新しい革命は新しい恐慌につづいてのみおこりうる。しかし、恐慌が確実なように、革命も確実である」[*29]をうけて、その後現在にいたるまで、いわゆる「恐慌待望論」風の思考があとをたたない。一つの強固な革命論の系譜をつくってきた。他方では、この「安定化」し肥大となり、むなしい喧噪を沈澱させている大衆社会の上空で、「人類概念」や「平和」と、理念の乱舞である。大衆社会における諸集団のみせかけの均衡をやぶる要因を根底からみいだしていかねばならないのに。政治過程を規制する実体的要因、近代社会の媒介的支配のもとに隠されてうごめいている闇の部分――そこでの矛盾をあばき、連鎖的に拡大していかなかったらどうしようもない。党の介入がこの部分でなされることによって、いま政治ははじめて人間の深層、つまりは文学とも真に接触しうるものとなるだろうと思う。

さてP君――。

当然のことだけれど、マルクスはこれまでさまざまの仕方で読まれてきた。ぼくらのかつての運動も、反スターリン主義の運動として、「マルクスの読み方」にきわだった特徴をもっていた。かつてのような「ありのままのマルクスの発掘」の熱烈な喜びは、今はもう存在しないようにみえる。あの時期を通過してはじめて、マルクスにいわば対等につきあえるように、いま人々は思っている。これは思ったよりもいい結果だとは思わないか。今ぼくらがなおマルクスを読むとしたら、歴史的な態度で読むしか、もはやありようがない。もちろん、この「歴史的」というやつにだって、すでに長い歴史がある。マルクスの伝記を「主体的」に書くことだって歴史的にはちがいないし、いわゆる近代主義者の「マルクス時代おくれ論」だってある。そうした類の歴史的扱いを避けるとしたら、ぼくら、自分をマルキストだと思ってきたものは、自分とマルクスとの距離を、現在どのように測定すればいいのだろうか。現在の歴史の変革という立場からマルクスを扱う、それはそうにちがいないが、こんなことをいって救うことのできる事態ではないことが明らかだ。教条でも発掘でも伝記でもなく、また「時代おくれ論」でもなく、といった具合に、ぼくらはすでに数々の進路（退路）を絶ってきた。だから今では、何というか、ぼくら自身にマルクスを近づける以外には仕方がないのだ。この「不遜」がもっているおとし穴に、ぼくらが気づいていないはずはない。けれども再び今マルクスに近づくことが、ぼくらに根づいてきたさまざまのマルクスを失うことになるという可能性は排除すること

＊29　マルクス「フランスにおける階級闘争、一八四八年から一八五〇年まで」中原稔生訳、前掲『マルクス＝エンゲルス全集7』九四頁。マルクス＆エンゲルス「評論　一八五〇年五－一〇月」石堂清倫訳、同書、四五〇頁。

がでない。このような、自分の危機を自覚した運動ではない点に、マルキストによる現在のマルクス修正運動がもっているなまはんかな性格があるのだ。もしもぼくらが新しい思想運動をつくりうるとしたら、運動のうちに自己を再確立していこうとする弁証法を、ぼくら自身の身の内にはらんでいかねばならないであろう。この都会の街路をつむじ風をまき起こしてかけぬけることにくらべて、この仕事がやさしいはずはない。

（一九六四・一二）

技術について

——武谷三男論

「もはや戦後ではない——」というスローガンが、移ろいやすいジャーナリズムの舞台をひとしきりにぎわしたのは、ぼくらの「戦後」の意識からみれば思ったより早い一九五六年である。けれども、もはや疑いもなく「戦後」が傾き、日本史が全体として新しい局面に移るためには、安保闘争に象徴される政治的エポックの経験を必要としたのであろう。その一九六〇年からもすでに五年がたった。その中で、ぼくらは「転換期」と総称される時代のリアリティーにぼくらの思考をつなげるべく、「安保後の時代」のさまざまな指標を思考しようとしてきたのであった。そこでは、総じて、古い言葉の放射は、著しいいらだたしさをともなって現実から投げかえされてきていた。「現実の否定を現実の肯定的理解のうちにみる」という文句は、ぼくらの世代の運動の殺し文句の一つだったのだが、これがぼくらのうちで振幅を大きくすればするほど、ぼくらの批判の思考のうちでいらだちは高まった。

たとえば、いわゆる戦前的・封建的なものの「遺制」の問題にたいしても、弾劾の言葉は日本的近代のリアリティーによってはぐらかされてきた。近代技術の「日本的ゆがみ」という現象にしても、単純に戦前の遺制としても、植民地的跛行性としても、もはやかたづけることはできないであろう。近代技術の発達は、人間の無限の未来を示すと同時に、核兵器に象徴されるような負の指摘をも顕著にしてきたのであったが、「戦後」の移行とともに、日本の技術体系もまた、こうした近代技術一般の問題性のうちに位置づけて考えねばならないようになっている。「自由化」段階での技術革新や、日本の支配層の核兵器にたいする明瞭な加担、といったトピックスをとりあげてみるまでもないだろう。日本的ゆがみがなくなったというのではない。日本の技術の跛行性も、日本の近代化とともにいつかは消失するようなものではなく、基本的性格からいって、近代社会における技術のあり方において、欧米諸国の技術と同一の問題性を明確におびるようになっていることをいうのである。

一つにはこのような日本の技術の現実が、ぼくらの戦後についての思考のうちで、武谷技術論の再検討の必要をよびおこすことになった。だがそれだけではない。武谷氏の技術論における認識論は、氏の「三段階論」とあいまって、戦後反スターリン主義哲学の思考のうちに大きな影響をもった。安保闘争期のマルクス主義の「古典発掘」はこの哲学の思考を継承したものであったが、かかる試みが失敗にきした後、ぼくらはその原因の一端を戦後哲学の思考のうちに求めようとしてきたのであった。こうして、ぼくらには武谷技術論をその原理的出発点で思考することも必要とされてきたのであった。

ここでは、以上の二つの点を、武谷氏の技術概念にそくして考えてみようと思う。

終戦直後に公表された武谷氏の技術論は、技術概念を規定するさいの問題意識として、第一に次のことをあげている。「現代の技術の困難を解決し、技術の発達に役立つ現実に有力なものでなければならないこと」[*1]と。これはいうまでもなく、戦前天皇制下での科学・技術が色濃い神秘主義と非合理主義にむしばまれていたことにたいする、合理的精神の視点を意味した。氏の「技術論」の戦後に書き加えられた「序」では、こうした時代意識がとりわけ鮮明にあらわれている。敗戦後の生産復興闘争における技術者の役割の重要性が、上の観点にたって強調されているのである。

ところで、現代の技術批判一般の性格とくらべてみると、武谷氏の技術と技術者にたいする問題意識はきわめて特異なものだということができる。西欧ではすでに二〇世紀の初頭以来、技術論の系譜は主として文明批判の性格をもっていた。技術論は、技術文明の発達がそれに比例した人間性の喪失をもたらしつつあることの批判を主要な課題としていた（山田圭一『現代技術論』）[*2]。けれども武谷技術論は、ほかならぬ「技術家をして技術そのものの発展をなさしめる有力な指導原理でなければならない」[*3]と強調されたのである。戦前の非合理性の克服という性格を、武谷技術論はまずもっていたのである。戦前から戦後への変革期の影を、ぼくらはここに認める。

哲学に関心をもっている者ならば誰でも、武谷氏の敗戦直後のあの問題提起「哲学はいかにして有効さをとりもどしうるか」[*4]があたえた衝撃とう、し、ろ、め、た、さの感情に、おぼえがあろう。日本の科学・技術のみならず哲学も、天皇家支配の構造に太陽系の構造をなぞらえるといった低劣な神秘主義にあ

＊1　武谷三男『弁証法の諸問題』理論社、一九五四年、八三頁。「技術論――迫害と闘いし知識人に捧ぐ」の初出は『新生』一九四六年二月号。
＊2　山田圭一『現代技術論』朝倉書店、一九六四年。
＊3　前掲、武谷『弁証法の諸問題』一九四頁。
＊4　初出は『思想の科学』創刊号（一九四六年五月号）巻頭論文、のちに『弁証法の諸問題』所収。

まんじていた時代の直後である。武谷氏の詰問は、哲学もまた確実な現実有効性をおそれずに理論の検証にとり入れるべきことを主張するものだった。戦後改革は、幾多の点で西欧がブルジョア革命期に提出した問題を日本に課したのである。武谷理論もまた戦後改革の精神をラディカルに反映しているとみることができるだろう。そのために、これは科学技術者だけでなく、一般に大きな影響をあたえたのである。

武谷氏のこの時代意識にそって、武谷技術論はその後、技術の合理的発達をはばむ「日本的ゆがみ」や「植民地的性格」の告発という方向で、技術体系批判をすすめていくことになる。もちろん、この合理主義がブルジョア的合理主義のえげつなさやオプティミズムに支配されていたなどというのではない。こうした評価は、戦後改革の性格づけとしても誤りであろう。武谷技術論は、当然に技術の発達がもつ人間への悪影響の批判をも推進してきたのである。けれども、戦後主として星野芳郎氏によって実行された武谷技術論の現実化が、技術の日本的ゆがみの克服として性格づけられ、これが武谷氏の技術論の方向にそうものであったことは明らかなことである。たとえばまた、技術と技能の区別が、武谷技術論であのようにしばしば強調された理由も、こうした点から理解しうる。

以上のように、武谷技術論は戦後日本の技術の状況に根ざしたものであった。けれども現在、この状況の基本性格が変化し、日本の技術の問題が単に「日本的なもの」ではなくなってくると、武谷技術論の現実的根拠自体が新しい検討を必要とするようになっている。このため、日本技術の分析家たちの批判をもよびおこしているのである。

武谷技術論の戦後的性格はその時代意識にあらわれているだけではない。技術概念の論理自体が氏の時代意識にそくした性格をもっている。技術概念は高名な次の文に要約される。

「技術とは人間実践（生産的実践）における客観的法則性の意識的適用である」[*5]。この規定について、哲学者からも技術者からもすでに多くのことがいわれてきた。いうまでもなく、武谷氏の規定の本質的な卓越性は、「技術は自然と社会を媒介するものである。それは人間の実践の根本にふれたものである」[*6]、という観点にある。この規定は、しばしば誤解されるような「法則の適用」であるというプラグマチックな性格をもっていない。「ここに客観的法則性というのは、ただ法則だけをいうのではない。本質的な法則が現象する全構造をさしていうのである。また必ずしも法則を認識してそれを適用することをいうのではない。とにかく何らかの客観的法則性があり、これが目的を媒介しうることをみとめさえすればよいのである」[*7]といわれていることでも、それはわかる。さらにこの規定は、旧来の技術＝労働手段体系説の非実践的性格をもまぬかれており、またスターリン主義哲学の「反映論的認識論」の客観主義をも打破したものとされたのである。だから先の問題意識と同じように、武谷技術論の論理も、哲学者の側に大きな影響力をもった。

けれども、技術論における実践の定位という点だけでなくもっと構造的に考えてみると、この規定は人間実践の根幹である生産的実践＝労働の性格に関する特異な抽象に支えられていることが明らかとなる。武谷氏のこの技術概念への歩みは、氏自身が明らかにするように、「自由とは必然性の洞察である」というヘーゲルの思想と、そのエンゲルス・レーニンの解釈を「考えの指針」とするものである。

＊5　前掲、武谷『弁証法の諸問題』一九〇頁。
＊6　同書、一七四頁。
＊7　同書、一八九頁。

あった。[*8] 労働を通じての自然の法則性の意識化によって人は逆に自然を支配するようになった。技術は人間の自然にたいする闘いの目的を媒介する法則性を洞察して、これを意識的に適用していくことにあるとされるわけである。だから武谷氏の技術概念では労働はあくまでも対自然の関係として抽象されている。技術の概念が人間社会とその歴史性を捨象した場であたえられることを、これは意味している。星野氏はもっとはっきりと次のようにいっている。「むしろ技術という概念を、人間実践の一面である生産的実践にのみ明白に限定することが大切なのであって、政治的実践と生産的実践の区別をあいまいならしめるような概念規定こそ、先ず第一に避けねばならないのである」。[*9] いいかえれば、人間関係を捨象した実践が生産実践だという理解である。

このような抽象が星野氏の自負するように「概念的分析」であるかどうかは問わないとしても、ともかくも労働は、その純粋に自然認識の局面でとらえられることになる。だからここで問題になりうるのは、論理的にいえば、人間実践による自然の法則性の顕在化（論理的にまた技術的に）という、これまで科学と技術の合理的歩みが長いことかけてやってきた過程の構造だけである。この労働理解はまた、『資本論』の「労働過程論」（第一巻第三篇第五章）にもとづくものであることも明らかである。そこでは、労働が「さしあたり、どの規定された社会的形態にも関わりなく」、「人間が人間の自然との質料変換を彼自身の行為によって媒介し、規制し、統制する一過程」として考察されている。[*10]

ところで、武谷氏の技術概念にふくまれている労働のこうした理解が、先にのべた氏の戦後日本の技術にたいする問題意識の理論的表現であったことは明らかであろう。労働実践が（認識論的な）自然とのかかわりの場でのみとらえられるかぎり、技術的行為は「客観的法則性の意識的適用」という合理主義の精神のもとに考えられるのは当然である。それゆえ、こうした技術概念が、技術の合目的的発展にたいして「有力である」という要請に答えようとするものであることも理解できるのである。つまるところ、武谷氏の高名な技術概念は、それ自体としてはむしろテクノロジーの基準になるところの規定だということができる。戦後星野氏らによる日本技術の批判が、「植民地日本」の現状批判の一端をになうことをめざしたとしても、それは武谷技術論との論理的つながりからいえば、テクノロジーの基準にもとづいた技術批判を意味したのである。星野氏の処女作『技術論ノート』では、「技術論の最も中心的な課題は、何といってもテヒノロギーの確立である。技術論が正しいか否かは、このテヒノロギーによって試めされることによって、最も直接的に決定される」[*11]、といわれているが、これは少なくとも武谷技術論の本質にそっている。この段階では、星野氏は技術論からえられた結論をもってして、「直ちに具体的な現実の人間世界におしつけるわけには行かない」として、日本の技術水準（文化）の問題は「単に科学や技術のそれではなくして、政治の、社会の問題であることは明かである」[*12]といっているのである。

こうして、日本の技術の発展をめざした武谷技術論は、日本の技術の政治的問題を論理の外におくことになる。日本の戦後が、なお戦前的色彩の濃かった時点では、テクノロジカルな批判もそれなり

＊8　同書、一八六頁。
＊9　星野芳郎『技術論ノート』真善美社、一九四八年、九一頁。
＊10　マルクス「資本論　第一巻第一分冊」岡崎次郎訳、『マルクス＝エンゲルス全集23a』大月書店、一九六五年、二三三－二三四頁。
＊11　前掲、星野『技術論ノート』一四九頁。
＊12　同書、九〇頁。

に問題の告発に成功してきた。けれども日本の戦後がすでに傾きかけてくると、武谷技術論の合理精神は一般化しそしてその論理外の問題がますますこの技術論を圧迫するようになってくるのである。武谷技術論の根本構造の再検討が、戦後改革の思想と運動の評価と軌を一にして必要とされるようになっているのである。

さて、以上のような武谷氏の技術概念の性格づけを通じて、ぼくらはふたたび冒頭に記述した現代技術一般の問題にたちもどっていく。現代技術の発展が近代の本質に根ざしていると同じ程度に、技術の負の指標もまた近代の性格からきている。それゆえ、あらためていま、「テクノロジーの原理は現代技術の問題をその総体において救いうるか」と問われなければならないだろう。

武谷氏の技術概念についていえば、概念規定の根幹にある労働の理解が人間関係を捨象した場面でなされているという点がやはり第一にかえりみられなければならないだろう。武谷技術論のように、生産実践をただ自然との質料変換の場面に成立するものとして抽象することは、自然認識という点ではたしかに可能であろう。けれども、現在、人類前史の性格が極限的に展開されており、現代技術の爆発的発展も決して偶然のものではないことを考えるとき、技術の全体としての解明は、ほかならぬ近代の場でなされなくてはならない。

近代における技術の発達は、人間による自然の征服がすでに世界の根幹を形づくっていることを示している。自然には人間労働によって対象化しえないものは何もないと信じられている。対象化の限界といえども単に物質的な限界、いわゆる「未解決の問題」にすぎず、自然の神秘的な彼岸は原理的に放逐されているのである。このことはもともと、人間労働による自然の対象化＝人間化が拡大・深化し、近代の全体像を形成しうるまでになったことを意味している。近代世界は近代の生産実践によって開示された世界として存在している。

だが、近代技術は、自然が神秘の領域をもたぬことを了解しているだけではない。近代の技術は、人間とその心のうちからも神秘の彼岸を追放しこれを技術の対象たらしめている。今や人間は、人間工学や生物物理などの対象とされ、はてしない攻撃にさらされるようになった。近代以前には、「人間の科学」などという冒瀆的なものは存在しえなかったのだ。労働主体をも生産工程の一契機として考えるテクノロジーは、このような人間の人間による対象化の最も典型的なものとみることができる。近代世界でのテクノロジーの支配は、したがって、人間労働による自然の対象化とともに労働主体自身の対象化が極限的なものにまでなったことを示している。近代技術による「人間性の喪失」が叫ばれるようになるのもこのためである。

このような近代技術による自然と人間の対象化は、本来労働そのものの構造でもある。この意味で、技術は労働の本質にもとづくのである。感性的で自然的人間の労働は、自然を対象化することによって同時に自己自身を対象化する。労働のなかではじめて、人間は自然とともに自己自身と自己の生活を意識するようになる。「労働は、人間が外化の内部で、つまり外化された人間として、対自的になることである」(マルクス『経哲草稿』[*13])。だからまた、労働における人間と自然との関係は人間と人間の関係、社会関係を含むのである。人間が対象的存在であるからこそ自己は他者にむかう。自己にとっ

＊13　マルクス『経済学・哲学草稿』城塚登・田中吉六訳、岩波文庫、一九六四年、二〇〇頁、強調原文。

ての他者の存在は同時に他の人間にとっての存在でもあり、人間の人間にたいする社会的関係である。自然にたちむかう自己の具体的な労働が、このような社会的関係のうちで、同時に他者のための社会的労働となるというういわゆる労働の二重性格は、こうして労働の対象的本質のうちに根拠をもつのである。

労働の二重性格はなにも近代の労働にかぎったことではない。けれどもほかならぬ近代こそ、労働の二重性格を究極的に展開しているのである。資本主義の経済過程での労働主体の姿は、商品という全く物質的なものとしてあらわれ、他の労働対象なみに労働の素材としてあつかわれている。労働の対象的本質は、究極的に疎外された形態で展開している。いまや、自然の物質性と人間内部にまで侵入した物質性が、近代労働という人間の物質的活動のうちで、もはや何人《なんぴと》ものがれることのできない重さをもって開示されているのである。

技術の発達は、労働の対象的性格の展開の表現である。近代労働の本質こそ近代の技術の発達とその疎外的性格の深化をもたらしている。近代技術の発達は、一方では労働による自然の限界なき対象化という人間の物質的活動の直接の成果である。そして他方では、この労働が同時に人間の対象化と人間関係の創造であり、近代労働がこの関係を物的な関係にまで疎外することにより、近代技術の発達はまた人間労働の疎外をも深化させているのだ。それゆえ、人間関係を捨象した労働などという抽象は、いかなる時代のいかなる社会においても一面的な抽象である。このような抽象によって現代技術をも規定しようとする武谷技術論は、とりわけ現代における技術の人間的・政治的問題を論理の外においてしまうのである。したがって、近代技術の全体像は、武谷技術論によっては描くことができないのだ。そこでは、労働の主体は単に純粋な認識主体としてしかみられない。労働の二重性格の

「一元化」が、技術主体のあり方の分析を本質的に不可能にしているのだ。近代の技術においては、この技術主体のあり方がとりわけ問題とされるべきなのに。

もちろん、これまでのマルクス主義に、労働のこのようなあり方が知られていなかったはずはない。けれども、マルクス主義の歴史には「弁証法的唯物論」と称するものがあり、スターリンに代表されるようにこれは自然の法則性（弁証法性）の貫徹という一元論を基軸としていたのであった。武谷技術論は、この法則性が人間の技術的実践によってこそ開示されることを明らかにし、客観主義的認識論に衝撃をあたえることができた。だがさきの唯物論とともに、武谷技術論はマルクス主義が近代の批判として誕生したことの意味を読みとろうとはしなかった。そのため、氏のような労働過程論から出発した黒田寛一氏などが、近代労働の分析のさいに、この始源をいってみれば人為的に疎外させなければならなかったのである。「意識的」という規定に技術主体の社会的規定性の表示を読みとろうとする田中吉六氏以来の徒労な努力もまた、武谷技術論の性格が哲学者に強制したものであった。『意識的』という主体的契機のゆえに、人間主体が歴史に規定された社会的生産関係の実体として具体的にとらえられた場合、かかる生産関係による人間主体の制約＝決定関係を媒介として、技術は歴史的形態として現象する」（黒田寛一『ヘーゲルとマルクス』）[*14]といってみても、武谷技術論にとっては論理外的な「階級性」の接木にすぎないであろう。また最近では、武谷氏のいうことをいまだに一から十まで真にうけて、古田光氏は武谷技術論を「世界観・倫理学としての側面」にまで「拡大・深化」することに哲学者の課題をみいだし、あげくのはてには「政治的『技術論』」を提起しようとしている。[*15]

＊14　黒田寛一『ヘーゲルとマルクス』理論社、一九五二年、二八一頁。

武谷技術論の論理はこのような重荷にあえぐまでになっている。古田氏を武谷氏が容認していることに、武谷技術論の「拡大・深化」のパロディが露呈されている。そして実際、「進歩的」テクノロジストの「世界観」は、武谷技術論へのこうした階級性の接木の上に安らってはいないか。

（一九六五・五）

＊15　武谷三男編著『自然科学概論2』第三篇Ⅱ「科学基礎論としての『技術論』＝『実践論』」（古田光）一八〇―二〇三頁。

悲劇の構造

1　オセロの場合

誰しも、ヒロインが舞台に登場する瞬間には、多少とも緊張するものだけど、デスデモーナが現われたとき、ぼくはちょっとがっかりした。ローレンス・オリビエの映画『オセロ』〔一九六五年〕でのことである。マギー・スミスの演ずるデスデモーナは折れんばかりに可憐従順な女ではなく、むしろ艶やかな人妻のようであり、いく分ずんぐりしてみえる。考えてみれば、ルネッサンス期の女とその風俗についての理想からいって、これは当然のことかもしれない。

イアーゴにしても同じようなことだった。映画では、彼はごま塩頭の作男然とした小男になっていた。彼イアーゴは、これまでしばしば、現代好みの陰のある性格がおしつけられてきたのかもしれない。人々は彼のうちに底冷えのする悪の象徴を読みとることを好んだ。だが実は、彼は妻をもつ小野心家にすぎない。「世態人事を知りつくしておる」とオセロは評するけど、妻のいい分によれば、「やんちゃ屋、気まぐれ屋のイアーゴ」である。映画では、イアーゴに孤独陰惨な陰謀家のイメージは何もない。

つまり映画では、この二人の人物に、生活人として常識的な性格づけがおこなわれているようにみえる。そして、ほかならぬこのように解釈された二人の人物が、いうまでもなく黒人オセロと白人社会とを結ぶ主要なコミュニケーションの糸であり、悲劇の筋書きをつくっていく。それゆえ本来ならば、世界↓デスデモーナ↓オセロ↓イアーゴ↓世界、という風にコミュニケーションは還流し、ああした大仰な悲劇は阻止されうるはずである。オセロは黒人ではあるが「王族の血統」であり、異人種の社会とも、イアーゴ（彼の軍隊）とデスデモーナを通じて、一体化していたのである。舞台がサイプラスに移る以前、オセロはベニスでこうして幸福だった。このために、悲劇の展開には不自然さがあり矛盾があることになる。デスデモーナとイアーゴが生活人として社会に足をすえて立っている人物であればあるほど、この矛盾は目につくはずである。一片のハンカチが悲劇をもたらすことなどは、コミュニケーションが正常に還流する社会ではありえないと考えることができる。女の地位が不当に低かったという歴史的背景を考慮に入れても、自然な話ではないだろう。「デスデモーナのハンカチーフ」という題で、かつて宮本百合子が、社会的コミュニケーションに介入しえぬ女の地位の悲劇をデスデモーナにみたけど、[*1]『オセロ』の悲劇の原因はそのようなところにあるのではない。

それでは、オセロと社会との正常な連関はどこでたち切れているのか。オセロの悲劇を避けがたい加速度をもって高めていく者は誰か。

いうまでもなく、オセロ自身である。イアーゴやデスデモーナなどオセロをとりかこむ者たちがオセロに悲劇をもたらしたのではない。むしろ全く逆に、オセロ自身がこの者たちを悲劇にまきこんだのだというべきだろう。といっても、オセロの性格が悲劇をもたらすような何か特殊なコンプレックスをもっていたということではない。オセロに、ぼくらは陰謀や犠牲や、あるいはまた嫉妬の劇をみるのではない。イアーゴやデスデモーナとともに運ばれて、オセロとともにぼくらがみるものは、これとは別のものである。オセロとともに運ばれて、オセロとともにぼくらがみるものは、これとは別のものである。ローレンス・オリビエの演技が冴えるのは、まさにこの時である。不自然さを自然といいくるめる芝居によるのではない。そこには別種の自然さがある。自然さは、もっと悲劇の本質に根ざしたものを体現することによって、あらわれでてくるのである。その本質とは何か?

イアーゴにそそのかされて、オセロは一つの狂気の運動にとらわれる。狂気はここでは嫉妬という形をとっているのだが、もともと狂気とは世界の変容のことである。オセロはもはや嫉妬を通じてしか、自分と社会とをみることができなくなってしまった。すると、嫉妬を通じてみる世界は、もう昔のように彼にとって親しいものではなく、どんどんと異形のものに変貌していく。「もう平穏な心持とも永遠におさらばだ」。嫉妬という狂気のうちで、見なれた世界は一せいにオセロから退いていき、この退潮とともに何か異形のものが開示され、異形な世界がたった一人となった狂人にむかって四方より迫ってくる。見なれた世界の崩壊が、時代と生活の常識からいって、どのように不自然で荒唐無稽のものであっても(そうでなかったら「狂人」とは呼ばれまい)この世界の失墜とともに聴きとれる

＊1　初出は宮本百合子『女靴の跡』高島屋出版部、一九四八年(一九四七年一一月執筆)。のちに『宮本百合子全集13』(新日本出版社、一九七九年)所収。

別種の呼び声は絶対的なものである。いいかえれば、狂人が見るものは、実は無である。世界の引潮の砂の音の向うにたちあらわれる無が、狂人を狂気させている。

なにも「狂気」について拡大解釈をしているのではない。臨床上の使用は別として、狂気という言葉は、最も普通には、この世に熱情をもって背いた者にたいして使われている。人間には無数の狂気の瞬間がある。狂気は意識の本質に属している。狂気は、嫉妬といった心理学の枠を越えている。

こうして、嫉妬に盲いたオセロから世の真実は遠ざかり、もろもろの形象は消え失せていく。オセロは狂気のうちに一人である。一人失落の中に立つとき、立ち昇ってくる無の息吹きがオセロをとらえる。今や全く、オセロの行為は一人の人間の行為であり、それを見まもるのは無の地平そのものにすぎないのである。彼の行為は対象的世界とは別の地平にあり絶対的に自由である。だからこそ、デスデモーナもイアーゴも、ここではすでに悲劇の歯止めにはなりえないのである。

むろん、オセロにしても無を逃れるために対象的世界に復帰する以外にはない。けれどもオセロは、対象的世界の存在を再び確かめるために、彼の最も親しい対象に手を下した。この犠牲の瞬間に狂人の目はさめる。この世の真実は、デスデモーナの死を贖って得なければならなかった。この逆説的な瞬間に、悲劇は頂点にたっする。「ああ、馬鹿だった、馬鹿だった！」とオセロはさけぶ。デスデモーナの貞淑とイアーゴの奸智は今や知れた。

だが、オセロの真の悲劇はデスデモーナの死や自分の愚かしさにあるのではない。対象的世界の真実が悲劇的な力でオセロを打つのではない。オセロの真の悲劇は、自分の存在の恐ろしさをこの瞬間に知ったことのうちにある。身を切り裂く悔恨の向うに、オセロは自分の運命をみるのである。「運命の力には勝てん、もう駄目だ」とオセロはもらす。彼は世の真実に目ざめる以上に、この世ならぬものからくる運命のもとに、自分の存在を見るのである。この運命の力こそが、オセロを打ちくだくのである。

悲劇の主人公が悲劇を運命と感じるのは、自己弁護や諦念を意味するのではない。「生まれてこなければよかったのだ」というオセロの絶叫は、この世の存在が本来悲劇に運命づけられていることを告げ知らせようとするのである。深い孤独の狂気におちいったオセロは無を知った。それは誰のせいでもない自分の愚かな行為が開示したものだった。この狂気につき動かされて、オセロは妻を殺しもした。けれども死も無すらもなお悲劇ではない。さめていく狂気の熱と、せめぎ寄ってくる世間の真実とのはざまで、オセロの行為のみならず人間存在自体が、苛酷な運命のもとにあったのだとオセロは知る。世間の真実のうちにあってはいまだ知ることもなかった存在するものの深淵で、人間を存在者へと贈ったものの声をオセロは聴く。人間が存在しなければこのものもなかったであろうに。してみれば、生まれてこなければよかったのは、愚かなオセロばかりではなく、人間そのものなのではないか。

2　ギリシャ悲劇における行為と運命

以上が『オセロ』の一つの解釈である。けれども一つの演劇論がここで問題になっているのではない。いわば『オセロ』をダシに使って、そこから思考すべきいくつかの概念をとりだそうというのである。問題は転倒している。だがその前に、なおギリシャの悲劇作品について、『オセロ』でくだしたような解釈をさらに敷衍してみることにしよう。というのもギリシャ悲劇の世界では、『オセロ』

でみられた悲劇の構造が、もっと極端な形で透けてみえるからである。人間実存のドラマすら一つの頽落とみなすような世界がそこにはある。

三人の悲劇作家のうちで、ソポクレスがドラマ作家として際立っているというのが一般の見方である。そのソポクレスの中でも、『オイディプス王』が最もドラマ的であることに異論はないと思われる。だが、ドラマ的であるとは何のことだろうか。

オイディプス王は父王を殺し、父王の妻であり自分の母である女を妃にするという二重の呪いを背負って放浪する人物である。けれどもソポクレスの『オイディプス王』が主題とするのは王がこうした行為をおかすに至る過程ではなくて、自分がそれと知らずにおこなった行為の意味を自らあばいていく点にある。彼はこの自己探索に実にかたくなに固執し、ついには自分が二重に呪わしい行為をなした者である事実を白日のもとにさらす。

それゆえ、『オイディプス王』では、徹頭徹尾、王自身が主役である。自分の呪われた存在は自分が知ろうと思わなければ明るみに出ることはなく、彼は妻も子もあるテーバイの王として安泰だったろう。イアーゴのような悪人は誰もいない。

イアーゴとデスデモーナを生活人と解釈してオセロ自身の悲劇性を際立たせる作業は、『オイディプス王』では最初から必要ではない。オセロがそうだったように、オイディプスも「恐ろしい懸念」に追いまくられていく。二人の悲劇の発端に共通するのは自分の存在にたいする不安である。『オイディプス王』でも、オイディプスの自己露呈の熱情のうちで、見なれた自己‐世界は地滑りをおこしていき、これが悲劇的イロニーとして劇のドラマチックな展開部をなしている。こうして最後に、「おお、すべては明らかになったようだ！」と叫んで、王は自分に手を下す。

オセロの解釈の最後の部分で人間存在の運命ということをのべたが、ほかならぬこの点が『オイディプス王』の場合には極端に明らかな点なのである。王の呪われた存在はいかんともし難い事実として劇の前提になっている。オイディプスの存在自身が悲劇であり、彼もまた「生まれてこなければよかった」存在である。「その時死んでおれば、親しい人にもおれにもこんな苦しみはなかったものを。おれを死より救った者は滅びよ」と王は悲劇の絶頂で絶叫する。

こうした考えは『オイディプス王』ばかりでなくギリシャ悲劇全体の根底をなしている。悲劇では、運命はしばしば英雄の家系に下された神の呪いである。また、サラミス海戦といった時の歴史的事件も、色濃く運命観に染められて見られるのである。運命は人間を破滅と死へもたらす避けがたく苛酷な力である。ギリシャ人はこの力を人間からくるものとはみなさなかった。愚かであろうが分別があろうが、運命はそういう人間存在を根本から規定している。復讐女神や運命女神によって運ばれてくる運命は、アイスキュロスのいうように、技術という人間の工夫によっては防ぎ止めることができないものだった。近代以降の人々がなじんでしまった人間的立場が、ここでは極端に転倒されている。ギリシャの人々は自分をとりまく世界を呪術的なものとしてとらえる。とりわけ純粋にそうなのである。そこには法則をみいだしそれを操るものとして自然‐世界をとらえる近代とまさに対立的に彼は自然をみる。この苛酷で果て知れぬ自然——存在するものが生起してくる地平——から、運命は贈られてくる。だから、こうした運命観を通して、ギリシャ人はこの世の存在よりも一層根源的な存在するものの根拠に目をむけている。神々の世界であり、ピュシスの地平である。こうして、「まことに、これらのことはすでにしっかと定められ、呼びもどすすべもない」のである。

だが、ギリシャ的運命観を悲劇のうちで述べたてていったのでは埒もあくまい。これでは単純な運命決定論ということにもなろうし、悲劇を叙事詩と区別するもともとの所をはずしてしまう。いま一度、ソポクレスがドラマ的なものを体現しているという点に集中していかねばならない。オイディプスは悲劇の頂点で自分を運命存在としてとらえるようになるのだったが、これは何よりも彼が自分の行為によってそうしたものだった。他人にそそのかされたわけでもなく、また天災の如くに身にふりかかってきたのでもなかった。結果としては人間ならぬものから贈られて運命が彼を打つのだけれども、この運命もこれへとおのれを贈った存在も彼の行為がなければ開示されなかったのである。王は自ら意欲し行為することによって、日常性の安定の中に埋れておおい隠されていた人間存在の意味をあばきだしさらすのである。この自己と運命を露呈する情熱がドラマを構成している。市民たちの面前にさらすだけではない。一層根源的に存在の運命の地平にさらすのである。この暴露が悲劇的なのである。というのも、こうしてさらされた人間存在の意味は、オイディプスの呪われた存在に象徴されるように本来悲劇的なものだからである。それゆえ、ギリシャ人の運命観といっても、悲劇で問題なのは、運命観それ自体ではない。人間の行為によってはじめて、存在するものの背後に隠れていた神々の世界が明るみにだされるのである。

ギリシャ悲劇では、登場人物は英雄に限定されていて、これが悲劇を喜劇から厳格に区別する点だとすら考えられていた。けれども、当時アテネには支配者としての王侯貴族は存在しなかったのだから、これとても芝居にたいするブルジョア趣味とは何の関係もない。むしろ真の理由は、意欲し行為する者としての英雄こそが、悲劇的運命を運命として開示しうる者だというところにあったと思われる。狂気を知らない人間、日常圏を破壊して行為しない人間にとっては、運命は降りかかってくるだけである。こうした悲劇はドラマとしての悲劇とは無縁である。いわゆる歴史意識をギリシャ人がもたなかったといわれるのも、歴史の大波にひきさらわれる大衆の一人といった現代好みを彼らは知らなかったがためであろう。歴史的行為すらも歴史のうちなる運命を開示するものとしてあったのである。

このように人間と神々の世界との交錯露呈する行為を中軸にしてみるときに、ギリシャ悲劇がドラマであることの意味が明るみにだされるはずである。ドラマはギリシャ悲劇では筋の展開や人物の多彩にあったのではなかった。ドラマはギリシャ以来、（叙事詩を）「語ってきかせる」に対して「なす」ことを意味していたが、ギリシャ悲劇はまさにこれをになっていた。運命はすでにある悲惨として叙事詩風に語られるだけでなく、ドラマによって演じられなければならなかったのである。めくるめく悲劇のクライマックスで、俳優は神々の世界に孤独に投げだされている人間存在の意味を露呈する。そのとき、人間は存在と刺し違えて、一瞬行為すらも凍る。「する」という本質において、ドラマは観客に対する芝居ではなかった。

今では、悲劇といえば端的にいって死のことと思われている。死は歴史的事件によっても、また特殊なコンプレックスによって心理的にももたらされうる。こうした死への筋書きがどのように「ドラマチック」であっても、ギリシャ悲劇――劇としての悲劇なのではない。ドラマでは死が悲劇なのではない。人間存在が悲劇なのである。だからむしろ全く逆に、死は救いである。人は存在することの意味に恐怖して人間存在を断ち切る。くどくもいうように、人間が存在しなければ神々の世界もないのだから。それゆえ、盲いて放浪しつづける老オイディプスを死地へと送りつつ、コロスはこう歌うのである。

この世に生を享けないのが

すべてにましていちばんよいこと
生まれたからには、来たところ
そこへ速かに赴くのが、次にいちばん
よいことだ。（「コロノスのオイディプス」）

3　劇的な行為

ギリシャ悲劇というかつての人類の経験は、現代の人間には謎めいている。いつもペダンチックな興味を誘う第一級の歴史の謎にみえるし、事実そうしたものとして扱われてきた。ことにアイスキュロスに始まりエウリピデスで滅びた悲劇の短い歴史をみるとき、そこには歴史上の帝国の興亡に似た何か内在的論理が働いていたのではないか、という興味をそそる。ギリシャ悲劇はその特殊で厳格な形式と内容のゆえに盛んになり、またこの厳格さ純粋さのゆえに亡びたようにみえる。

今こうした詮索にかかわっていられないのは残念だけども、ギリシャ悲劇論が問題なのではないのだから是非もない。それゆえ、これまでに示した『オセロ』とギリシャ悲劇の解釈には、近代における人間のどんな経験が映されているのかを、今やあらわに語らなければならないだろう。この解釈が、ペダンチックなアナクロニズムとは別のものであるといえるのはどの点においてか。

近代の実存経験からいっても、日常世界の地滑りのむこうに無が開示されるのを見るのは親しい。そして、日常生活はこの無の地平が再び日常世界へと頽落していく経験をくりかえしている。その都度無にむかって立つとともに、その都度また頽落をくりかえしているわけである。ぼくらの実存経験は、その程度には普通のことなのだけれども、この循環が阻止されたとき人は本当の狂人になってしまう。オセロをはじめとする悲劇の主人公が、不安な狂気にとりつかれて破滅へとむかって行くときに、無の地平に投げだされた彼らが再び日常性へともどるサイクルが絶ち切れている。そこに彼らの栄光も悲惨もある。それゆえ、日常世界なり、状況なりとの相関で悲劇的存在を解釈することも出来るだろう。その方がむしろ近代の解釈として普通のことかもしれないし、悲劇を近代的に再興したラシーヌ以来のやり方であろう。あるいはまた精神分析が、悲劇の主人公たちに一斉に特殊なコンプレックスをおしつけた。エディプス・コンプレックスすなわちオイディプスのコンプレックス。純潔に固執して人生や恋愛の法則を受け入れることのできない処女アンチゴーヌなどといったら、アヌイにとって身も蓋もない話になるかもしれないが、オイディプスの娘、あの上背も高い埋葬者アンチゴネーはすでにそこ（アヌイの『アンチゴーヌ』）にはいない。

つまりこうした近代の立場からいえば、ギリシャ悲劇との接点は単に形式的なものにすぎないようにみえる。ところが先の解釈では、悲劇のドラマ的な構造は、ギリシャ悲劇で端的にみえるように、存在露呈の行為としてとらえられた。してみれば関心があったのは演劇ではなかった。単なる演劇の枠を越えるドラマ的な行為というものが問題だった。ここでドラマ的というのは、行為が対象的世界との交錯のうちにあるよりも、もっと根源的に存在暴露の闘いととらえられたためである。存在のみまもりのうちで行為するとき、その行為はもはや対象的な行為ではあるまい。それゆえ、こうした行為の自由といっても、対象を拒否し選択する対象的な自由とは意味が違う。悲劇の英雄は不自然な筋や大仰な大言壮語にしたがって自滅するが、破滅すらも行為する者の清冽な自由を高揚する——この自由は近代になじみの深いものではない。

それというのも、行為は近代になってとりわけ対象的行為として考えられるようになったからである。存在する物すべてを人間的素材とみたて、これを絶間なく操り加工する労働行為を、近代は端的に行為だとみなして疑わない。それというのも人間の労働は対象的行為であり、近代世界はこの労働が開示したものとして存在しているからである。だからまた、近代的自由は労働の自由だと極言しても、問題の的をはずしてはいない。近代ブルジョア革命がかかげた自由をおもいおこすとき、自由のための闘いが何を意味したかは明瞭だろう。行為がいわゆる実存的投企として状況のもとにとらえられるときにすら、スタティークな存在論の袋小路を越えようと意図したにもかかわらず、なおこうした近代の立場に制約されている。

これにたいして、悲劇にみる人間のドラマ的行為の自由は、近代が忘却したものを明るみにだそうとする。ギリシャ悲劇がすでにエウリピデスで死んでしまったのは、英雄や大言壮語がお笑いぐさになったからではない。近代合理主義の行動と思考に典型的に開花した対象的・技術的行動と思考が、また人間行為の避けることの出来ない宿命だったからである。この人間史の宿命のために、ギリシャ悲劇の死は必然だったのである。そして近代はギリシャ的な神々の世界を極端に殺害することによって、かえってこの世界の影を意識するようになっている。だからギリシャ悲劇にまでひるがえって行為の意味をみようというのも、技術文明を軽蔑して身を退けることとは関係がない。対象的世界から離れて何か絶対的行為や自由を構想することではない。むしろ逆に、技術文明の深化がニヒリズムの深まりをもたらしている。近代の人間的実存がニヒリズムへと深まっていく経験を贖って、悲劇のギリシャ的意味が今ぼくらにみえてきているのである。ニヒリズムの地平で、近代の対象的行為が破綻を深めている。だから行為をふたたび存在のみまもりのうちにとらえることは、単純なギリシャ復興ではない。行為を思考することは、今では近代に根ざしそれを越えようとする歴史的関心の集中に支えられている。

演劇の外側からドラマについて語りうることは、この点でとまる。ぼくのように演劇に興味をもたない者のいうことが、もしも演劇の関心と交錯しえたとすれば、それは何よりも日本の近代のニヒリズム的成熟という現実のもとで、行為の本質が問いただされていることによるのだと思う。だから予断的にいえば、リアリズム以降、いな実存主義以降いまふたたび演劇は政治に近しいのである。

（一九六七・三）

合同出版版あとがき

昨年の夏に書いた「叛乱論」を中心として、過去四、五年の間に活字となったいくつかの論文を集めたのが本書である。とはいえ、この間、ぼくはアカデミーに属していたわけでも、ものを書くことを仕事としてきたわけでもなく、なにかを書くとしてもかなり偶然の機会によることが多かったと思う。それにまた、ここにおさめられている論文も、いわゆるジャーナリズムのルートで発表されたものはほとんどなく、機関紙の類が多い。それゆえ、これらの文章を普通の意味で何というジャンルの名で呼んだらよいかわからないけれども、ぼくとしては本書に一九六〇年代の経験の片鱗がうかがえればよいと願っている。

＊＊＊

最近に書いた「叛乱論」および「叛乱と政治の形成」については、特に事情を説明することはない。ただ「叛乱論」では、別の論文（「戦後政治過程の終焉」）と大幅に重複する部分を第5章より削除し、ま

郵便はがき

切手を
お貼り
下さい

301－0043

龍ケ崎市松葉6－14－7

株式会社 **航思社** 行

ご購入ありがとうございました。ご記入いただいたご意見は、今後の出版企画の資料とさせていただきます。また、お客様の住所やメールアドレスなど個人情報につきましては、小社の出版物に関する情報の案内にのみ利用し、それ以外の目的で使用することはございません。

フリガナ お名前	性別	年齢 歳

ご住所 〒

tel.　　　fax.

E-mail

お勤め先（ご職業）

株式会社 航思社 tel. 0297-63-2592 fax. 0297-63-2593
◎ URL http://www.koshisha.co.jp ◎お問い合わせ info@koshisha.co.jp

愛読者カード

本書のタイトル

本書を何でお知りになりましたか

1．新聞・雑誌の広告を見て（紙誌名　　　　　　　　　　　　　　　　　　　　　　　　　　　　）
2．新聞・雑誌の紹介・批評を見て（紙誌名　　　　　　　　　　　　　　　　　　　　　　　　　）
3．書店の店頭で　4．人にすすめられて　5．案内チラシなど
6．インターネットで　7．その他（　　　　　　　　　　　　　　　　　　　　　　　　　　　　　）

本書の内容について

1．満足　2．普通　3．不満　4．その他（　　　　　　　　　　　　　　　　　　　　　　　　　　）

デザイン・装丁について

1．良い　2．普通　3．悪い　4．その他（　　　　　　　　　　　　　　　　　　　　　　　　　　）

値段について

1．安い　2．普通　3．高い　4．その他（　　　　　　　　　　　　　　　　　　　　　　　　　　）

本書をお買い上げになった書店

書店名　　　　　　　　　　　　　　　　　所在地

ご購読の新聞

1．朝日　2．読売　3．毎日　4．日経　5．その他（　　　　　　　　　　　　　　　　　　　　　）

ご購読の雑誌・週刊誌など

本書に対するご意見・ご感想、今後の出版物についてご希望等をお聞かせください。

た「あとがき」も削った。「叛乱と政治の形成」は、「叛乱論」を状況につなげるかたちで敷衍しようとしたものだけれども、中途半端に終わってしまっている。多分、今後この問題は正面からとりあげなければならないことになると思う。

この二篇を除いて、他の文章はすべて一九六五年前後に書いたものである。「戦後政治過程の終焉」は一九六五年の日韓闘争の最中に書かれている。「戦後政治思想の退廃」は内容の上では重複するけれども、当時山田宗睦などの戦後民主主義論議を念頭においている。これら二篇は、いずれも、米国原子力潜水艦寄港反対闘争、日韓条約反対闘争の経験を六〇年の安保闘争につなげて考えるという格好になっているわけだが、資料的な意味でこれらに六〇年当時の文章を付け加えておいた。「安保闘争における共産主義者同盟」という文章は、安保闘争後の共産主義者同盟内の一分派の機関紙として同盟内に配ったもので、ぼくが執筆したとはいえ個人的論文ではない。この文書の見出しはもともとは「安保闘争における同盟活動の総括」となっていた。

この三篇が状況論風な文章であるのにくらべて、最後の三篇は一応政治をはなれたかたちで書かれている。「ある永続革命論の顚末」は一九六四年に都内でつくられた学生の研究会で報告したものをまとめたもので、タイプ印刷の機関紙に掲載された。「現代イデオロギー研究会」と名づけられたこの研究会は一年ほどで消滅し、機関紙も一号だけでとだえたと記憶している。「武谷技術論について」は『思想の科学』六五年五月号の特集「日本のマルクス主義者」に「武谷三男」という題で発表された。これは『思想の科学』の鶴見俊輔氏のすすめによるもので、「二十代の論者を開拓したい」ということだったが、これきりでおしまいになってしまった。「悲劇の構造」はある小さな劇団の機関紙のために、半ば趣味的に書いたもので映画の話などがでてくるわけなのだが、政治を念頭において書かれたものにはちがいないので、ここにのせておくことにした。

＊
＊＊

ところで、過去の文章をここに並べてみると、ぼくの場合、安保闘争以降では一九六五年という年がかなり特殊な意味をもっていたことに気づく。池田政府の「低姿勢」時代の後に、一九六四年から六五年にかけては、大衆闘争を創造していかなければいけないいくつかの課題が登場してきた。たとえば、ベトナム戦争が米軍の北ベトナム爆撃へとエスカレートしたのが六五年二月であり、日本におけるベトナム戦争として米国の原子力潜水艦がはじめて佐世保に寄港したのが六四年十一月であった。また、日韓条約が国会で強行採決されたのは六五年の十一月である。これらはスローガン的にみれば、いずれも「平和擁護」や「議会主義擁護」の問題だったのであり、事実主流的な考え方は、戦後の「平和と民主」の運動の伝統のうえでこの闘争に大衆を組織しようとした。つまり、安保以降のはじめての大衆的政治闘争として、人々はなお決定的に安保の経験にとらわれていたのであり、ベトナム戦争に「まきこまれる」危険が強調されたり、日韓条約が強行採決されそうになると闘争のスローガンはただちに「条約反対」から「国会解散、サトウを倒せ」にきり替えられる、といった風だった。そしてこれらすべてが安保闘争のカリカチュアとして終わっていく。また、伝統的運動の弱体化は、同時に、これと対抗する新左翼が安保闘争におけるその性格を乗りこえることをはばんだのだった。

このような六四－六五年の推移のうちで「安保の後の時代」とは一体何なのかという設問がぼくには中心的なものとなった。この問いがまた、逆にいえば安保闘争の経験を意味づけることにもなるわけだが、「戦後政治過程の終焉」はその政治的な表現だったと思う。ただ、このような設問はたんに政治の現実的問題にとどまるものではなく、戦後の運動のイデオロギー（戦後精神）全体にかかわってくる。武谷三男氏についてのぼくの関心もまずもってこうした点にあった。それゆえ、「武谷技術論について」も、氏の技術論をなによりも戦後精神の一典型としてあつかっている。これ以降、ぼくの技術にたいする関心はようやく武谷三男氏の設定した枠組から脱けだすことができたわけで、その意味で技術論としてはこの論文はいまでは非常に不十分だと思っている。武谷氏の理論をも含めた戦後マルクス主義について、たんなる時代史的位置づけだけではなく、理論的な総括を活字にしておくべきだと思ってきたわけだけれども、総括というかたちではもはや意欲はわかない。

もともと、安保闘争でのぼくらの経験には、いくつもの力が混在したかたちで作用していた。ぼくらの闘争の地盤としての戦後民主主義の運動、そしてその腐蝕過程から急進民主主義というかたちで生じてきた学生運動――ぼくらは、一九五六年以降の反スターリン主義の潮流を結集する「前衛」としてこれらに介入していき、またのみこまれていく。他方、この前衛は、工業化（高度経済成長）に成功した戦後の日本にマッチしたかたちの改良主義にもはむかっていく。安保闘争におけるこの四つの潮流はそれぞれ相互に何らかの形で相手の性格をあわせもっていたわけで、闘争の結末は勝利と敗北の有無をいわせぬ判定を各々の運動に下したとはいいがたい。ぼくらの党にしても、既成権威の打倒という旗指物の鮮明さにくらべて、結末はふんぎりの悪いものだった。ぼくらは、なにやらわけのわからぬものにつまずいて倒れたのであり、倒れることが逆に鮮明な自己主張となるといった趣からは遠かったと思う。安保闘争における経験の呪縛はその後長くつづくことになる。本書に加えた六〇年当時の「総括文書」は、なおぼくらが「新しい前衛」に結集した当初の問題意識にそってなされており、事実その後の数年この方向で現状分析やマルクス・レーニンの読みなおしなどを試みたわけだけれども、最終的には一九六五年にそうした方向での作業をぼくはやめた。マルクスの国家論についても、六四年には、「ある永続革命論の顚末」のようなかたちでしかまとまらなかったのである。

このようなわけで、一九六五年には、安保闘争というぼくのデル・カンプの主張からのいわば「転向」がおこなわれたと思う。その後は、「悲劇の構造」以外何も発表していない。そして、六七年十月の羽田闘争以降、ぼくらの政治の経験にくらべて、ことに組織論の上で、明らかに別の運動が始められ、これが六五年以降の状況の意味をあらためて照らしだすことになった。それゆえ、この時点で書いた「叛乱論」も、なおこの一九六〇年代の意味づけという視点をもつものとなっている。

解題風のあとがきになってしまったけれども、ともかく、ここにおさめられたぼくの文章が、六〇年代の意味を七〇年代の闘争へと架橋する作業に、いささかでも役立てば幸いだと思う。

最後に、本書の出版を勧めてくださった情況社の古賀暹氏、合同出版の木本史郎氏に感謝したい。

長崎　浩

一九六九年四月十三日

彩流社版まえがき

本書の旧版は一九六九年に出版された。私の最初の著作であり、その後の私の著書に比べて、例外的に多くの読者を得たものである。そういう時代だったのである。

ここに言う「そういう時代」の一端は、本書からもうかがえるだろうし、また、今回本書の解説の労を取ってくださる小阪修平氏が詳らかにするところであろう。いまニーチェの言葉を借りて言えば、この時代に「受動的ニヒリズム」（アンニュイ、退屈、デカダンス）も「能動的ニヒリズム」（急進主義、アナーキー、テロ）も、共に経験された。前者から後者への推移を、私たちは辿ったといってもいい。私はこの時代のラディカリズムを「アナルコ・ニヒリズム」と呼んだこともあった。

そういえば、本書のあちこちで、私は「技術とニヒリズムの時代」という時代認識を表明している。ここで「技術」とは近代のテクノロジーの世界像であり、さらにテクノクラシーの支配のことといっていい。私はこれらが、大衆的な急進主義の運動（大衆叛乱）の内部に、マルクス・レーニン主義の組織や国家の思想という形を取って、消し難い影を投げることに本書でも注意している。このことが、本書に続く十年間に、さらに幾冊かの書物を私に書かせることになった。

他方、「ニヒリズムの時代」とは何であったろうか。この点を考えることでは、私は今日に至るまで迂路を取り続けて来てしまったようである。とはいえ、またニーチェふうの物言いになるけど、「アナルコ・ニヒリズム」の経験の後に、ひとは改めて「私のニヒリズム」を再発見したり確認したりして、人生の時を過すのである。ニヒリズムと言っても、もうそこに情緒的な味わいは何もない。ニーチェのニヒリズムの三つの定義は、いつの時代にも、順不同に循環するものであろう。

この新版〔彩流社版〕は、旧版〔合同出版版〕に付した政治文書を除いたほかは、誤植の類を訂正しただけで旧版のままとした。ただ若い読者のために、編集部が若干の「註」を加えてくれた。[*1]

最後に、新版のために解説を書いていただいた小阪修平氏、版を改めることを勧めてくださった彩流社の田中雄二氏に、お礼を申し上げたい。

一九九一年三月

長崎　浩

＊1　巻頭の凡例のとおり、航思社による復刊では、彩流社版で省略された「政治文書」(「付・安保闘争における共産主義者同盟」)を収録した。また、彩流社版の注釈を適宜加筆修正するとともに、さらに別途、航思社編集部による新たな注釈を付した。

彩流社版解説

『叛乱論』とその時代

小阪修平

『叛乱論』が合同出版から上梓されたのは、一九六九年五月、東大闘争自体は安田砦の陥落から、四・二八の沖縄闘争をへて後退局面にむかっていたものの、全国に飛火した全共闘の闘争はいまだに熾烈であり、人びとが社会的な叛乱とか、全国学生の総叛乱とかいうことばをしばしば口にのぼせていたころであった。いっぽうでベトナム反戦の名のもとに闘われた羽田佐藤訪ベト阻止——佐世保エンタープライズ寄港阻止を頂点とする三派全学連の実力闘争の昂揚があり、他方で日大・東大をはじめとする全国の学園での大衆闘争は、全共闘という新しい運動のスタイルを生んでいた。それから二十年以上をへた現在、叛乱ということばのもっていたニュアンス——その昂揚感と解放感、そしてそのなかにはらまれていた矛盾——はなかなかつたわりにくいだろう。

六〇年代末のこの昂揚は、日本だけのものではなく、また政治闘争にかぎられるものでもなかった。アメリカのベトナム反戦運動やドイツのSDSの闘争、そしてフランスの五月革命などなど、この時期に世界的に生じた大衆運動は、第二次大戦後繁栄をつづけてきた世界のおおきな転換をつげるものであった。だから、近代合理主義の批判をはじめ、戦後の世界で生きていたさまざまな価値観がこの時代に問い直されたのであった。ヒッピー・ムーヴメント、ドラッグ、アングラ演劇、反戦フォーク、ロックなどなど、みなこの時代の変化から生まれた文化なのである。いわばすべてが渾然となった「叛乱の季節」のなかでぼくたちは、社会の全面的な変革を空想していた。と同時にそれは個人がいかに生きるか、なにを欲望するかというもんだいでもあり、「機動隊に実存をぶっつけろ」などというような言いかたが流通した時代でもあった。政治と生と芸術が一体となること、その過剰な熱さ、それが叛乱の季節の特徴である。

ことわっておくが、ぼくたちは未来のユートピアを夢見ていたのではない。もしユートピアということばをつかうならば、現在こそが――そんなにたいそうなものではなかったが――その熱にうかされたような気分とともにユートピアだったのであり、たとえばバリケードが解除されるとか、要求がなかなか貫徹できないとか、機動隊の圧倒的な力のまえに敗退するとかという〈現在〉の縮小が、ふたたび未来へと現在をゆずりわたしていったのだ。

そのような時に、叛乱それ自体を直截にテーマにした『叛乱論』がぼくたちの目の前にあらわれたのである。ここで語られているのは、なんらかの政治的な目的に従属した、あるいは革命への一里塚としての叛乱ではない。叛乱それ自体であるというと、奇異に聞こえるかも知れない。だが、それまで叛乱それ自体を考察した思想はなかったのである。もちろん、ぼくたちは「造反有理」を語り、アジテーションしていた。しかし、アナキズム系の思想では大衆が直接行動にたちあがることは無条件的な善であり、他方マルクス主義的な思想では、叛乱は政治革命へのプロセスにすぎなかったのである。

あるいは、ひとは『叛乱論』と聞いて、叛乱への決起を呼びかけるアジテーションを想像するかもしれない。たしかに『叛乱論』も時代のなかで、叛乱ということばの眩惑によって一人歩きした受け取り方をされざるをえなかった。当時の帯には「近代の技術的合理主義は自らのうちに自己の否定をはぐくみ、それと断絶した地点に熱情的背叛としての狂気――祝祭としての叛乱――をみる。近代を峻拒する叛乱論の試み」と書いてあったという。そのような熱いテクストとして、長崎浩の『叛乱論』は時代に受け取られたのだ。

だが、すでにこの本を読まれた読者には自明なように、『叛乱論』を支配している精神と文体は、たとえば総破壊の使徒バクーニンのそれとは正反対のものである。長崎浩の文体には、概念が叛乱のオーラをあびて、過剰にふくれあがっていくというところがない。当時あふれていた政治的な文章にみられる酔ったようなところが毫もないのである。ぎゃくに長崎浩の冷静な文体は、技術への固執をつげているようである。近代合理主義の技術的世界——すべてのものを規定しつくそうとする諸力——がはらむ闇に直面するような技術のかたちこそが、『叛乱論』の主題であったのだとぼくには思える。いいかえれば長崎浩にとって、叛乱は所与としての与件であり、叛乱を古典的な政治のコンテクストからすくいだしそれ自体としてあつかうこととならんで、叛乱のただなかにおける熱狂せる大衆とアジテーターの相剋の考察こそが、長崎叛乱論の出発点だったのだ。それは、まさしく六〇年安保闘争の経験からえられた政治を考察する日だったのである。

当時のぼくたちにはこの長崎浩のスタンスはよく理解できなかったにちがいない。ぼくたちは叛乱の触発した饒舌のなかにいた。叛乱は現実的であると同時に空想的であり、身体的であると同時に観念的である。それは無数のスローガン、無数のイデオロギーがとびかう場所である。そのなかでひとは、あたかも世界を手にしたような、あるいはここに世界があるような錯覚におちいる。厳密にいえば、それは錯覚ではない。限られた空間と限られた人間のあいだではあれ、世界はそこに実現する。だから、叛乱は解きはなたれた過剰な言語の場でもあるのだ。いいかえれば叛乱は現在する革命にほかならない。ここには革命を未来の目的から思考する発想法との断絶があった。じっさい、学園という場にかぎられていたとはいえ全共闘の「現在主義」的な思考法はいちじるしいものがあった。たとえば、ある要求なり目標が、どのようなタイム・スパンで実現するかという発想はそこにはなく、いまその要求をするのが正しいかどうか、そしてお前はどう思い、どうかかわっているのかという問いのかたちが発想の原点だったのである。

しかし、このことは叛乱がすべての客観性をこばむものだということを意味しない。既存の「客観性」を拒否したあとで、さまざまな客観性にたいする思考——その多くはあまりにも空想的な客観性なのだが——が登場してくる。だから、叛乱の場はさまざまなスローガンがとびかう場であり、そのスローガンの数々はきわめて凝縮された象徴性をおびていた。空想的な世界革命の理論から、全共闘は人生論でオルグをするとからかわれた生の諸問題まで、ひとつのスローガンのあらわす意味は重層的だったのである。ぎゃくにだからこそ、ひとつひとつのスローガン、たとえば自己否定であれ、反スターリニズムであれ、じつはそこには無数の想念がこめられていた。このことが、叛乱の場のなかで自明だったものが、その場をはなれると自明ではなくなるということとあいまって、叛乱を経験した当の本人にとっても、叛乱の季節を伝説化していく根拠である。

○○闘争——この○○のなかにはお望みにおうじて何をいれてもよいが——という名のもとにぼくたちがやっていたことを、長崎浩はまさしく叛乱として名ざしたのである。なぜ、これほど過剰な言語がとびかうか、なぜこれほどこの闘争がそれ自体で意義をもっているように思われるか、なぜそのなかにいると先のことをかんがえなくなるか、なぜこの闘争は——闘争の目標はたいしたことがない場合も多いのに——これほどわたしを魅するのか、古典的な政治運動ではなかなかよくわからなかった事態を、ぼくたちは「叛乱」ということばによって自己了解したのだ。

そのような長崎叛乱論が時代のなかではたした役割はなんだっただろうか。まず、長崎浩の叛乱の規定は、「祝祭と同じように、叛乱もそれ自身のうちで自己を実現しようとする」という、アンリ・ルフェーヴルをひいて叛乱をそれ自身の内部で完結した世界としてとらえようとしたものである。すでにのべてきたように、長崎浩の叛乱論が政治思想として登場することによって、ぼくたちは自分の行為を、いわばそのものとして了解しえたのである。もちろん、闘争のなかにはいっていた個人にとっては、闘争は身体感覚としてはそのものであったかもしれない。だが、すでにのべたように叛乱の季節は同時に観念が沸騰する季節でもある。あらゆることばは、政治的に過剰な象徴の徴をおびていた。そのなかで、ぎゃくに叛乱の場所はそれ自身の世界をうしなっていくのである。たとえば、日大‐東大闘争が壁にぶつかりはじめたとき、個別学園闘争から全国政治闘争へというスローガンが党派のほうからだされ、叛乱の渦中にいた諸個人をふたたび政治の階梯に配列しなおすという動きがはじまる。ただ出されただけではなく、叛乱の世界が感じる閉塞感がぎゃくにスローガンを加速し、叛乱の世界を「普遍化」していったのである。叛乱の世界のなかでいだかれる観念が世界化していくのは、いわばとうぜんの成り行きだが、その成り行きのなかで、叛乱のそれ自身であるという性格、いいかえれば固有性はうしなわれ、古い政治的なコンテクストのなかに配列されていく。叛乱とは当事者自身にも、理解するのに困難な出来事なのだ。

だが、むしろ長崎叛乱論が時代のなかではたしたいちばん大きな役割は、叛乱を近代世界のなかで基礎づけようとしたことだっただろう。たとえば長崎浩は近代世界の存在性格と叛乱を対照させ、「叛乱の内在的構造自身が近代をおびやかす」（四九頁）と言う。あるいは、叛乱を「意味への飢渇」から生じるものだと規定し、ぼくたちの時代の叛乱を、共同体への回帰としてのユートピア願望をもっていた、古典的な叛乱と区別したのだ。ぼくのもっている『叛乱論』には、反‐文明だとか歴史だとかいう落書きがしてある。あの当時どのように『叛乱論』を読んだかはもう定かではないのだが、ぼくたちは長崎浩のいう叛乱ということばのなかに、近代的世界への否定と叛乱を架橋する論理をみたのだと思う。六〇年代末にようやく意識にのぼってきた近代批判というテーマが叛乱をそれ自体としてとらえるという発想と結合したのである。六〇年代末の世界的な学生運動が提出した問いのなかで、現在までうけつがれている思想のひとつは、この近代批判の思想である。しかし、なぜ「近代の闇」が、ある時ぽっかりと口をあけ、叛乱が出来するのか。あるいは長崎浩は「近代の魔術は近代の世界像を切り裂き、その背後の闇を血のように噴出させることによってしか解けてこないのだ」（四九頁）と指摘しているが、なぜ叛乱という行為のみが、近代の魔術を解いていくのか。そういった、叛乱にかんする理路は、いまではすべて神話化作用の闇におおわれ、忘れ去られてしまったというべきであろう。エコロジーといい、異質な文化との共存といい、あるいは近代合理主義の否定といい、現在ではさまざまな反近代的、あるいは非近代的な諸価値がとなえられてはいるが、それらはすべてあくまで近代とは異質な価値という意味での思想、あるいは日常生活の作風、あるいは近代にたいする反動《ルサンチマン》（このことばをただ悪い意味でつかっているのではない）なのである。

そして、第三の――おそらく長崎浩にとってはもっとも重要だった『叛乱論』の意義は、叛乱の外側からではなく、叛乱の内側から政治の必然性をかんがえようとしたということであろう。『叛乱論』が大衆の前にたつアジテーターの経験の記述からはじまっているのはけっして偶然ではない。長崎浩にとっては、アジテーターと大衆の相剋こそ、近代を否定する、しかし近代のただなかにある叛乱という経験がはらむ内在的な構造なのだ。アジテーターと大衆は、いわば叛乱する者のふたつの顔である。そして長崎浩が固執するのは、叛乱に外側からあてられた尺度としての政治ではなく、叛乱のなかでの政治の可能性にほかならなかった。おそらく当時のぼくたちが一番理解しがたかったのは、この長崎浩の政治にたいするスタンスだったのだろう。そのことをかんがえるためには、一九六〇年代という特殊な時代を背景にしなければならない。

六〇年安保と六〇年代末の運動をつなぐみじかい十年間は、この国にとっては高度成長によって現在ぼくたちが目の前にみている市民社会が姿をあらわしてきた十年である。たとえば、古い映画のフィルムに映し出される都市の風景は、この十年をはさんでおどろくほど変貌した。そのなかに登場する人びとの服装や表情についても事情はおなじである。ぼく自身が、自分の十代のころの風景を映像のなかに見て、じっさい自分がその風景のなかに生きていたことが信じられないほどの変化があった。それは戦後復興以降、繁栄をめざして営々とはたらいてきた日本人の、いわば労働の実った果実である。だが、実現したはずの繁栄の所産のなかに、ぼくたちは見知らぬ社会の貌を感じはじめていた。実存主義が流行し、不条理ということばがもてはやされ、疎外論がはやったという背景には、このような社会と社会にたいする感受性の変化があったのである。

だが同時にこの十年は、学生運動が社会的な革新勢力とは異なるスタイルを確立し、大衆的な影響力をふるいつつ独自の運動を展開した十年であった。戦後の国民的な運動の先端として位置づけられていた全学連の運動から生まれ、のちに新左翼ということばで総称される独自のラディカリズムがたたかわれた十年であった。この十年の大衆運動の経験は、都市のラディカリズムという名前でよんでよい。抑圧された人民のためとか、よりよき未来のためとかいう言葉では表現されえぬ過激さが、先にのべた新しい社会の中の感性を基盤として表現されたのである。おそらくおなじスタイルでおなじ条件の大衆運動のスタイルは、もう二度とおとずれないであろう。べつにぼくは時代の特権を言っているのではない。べつの時代にはべつの回路がある。ただいえることは、一九六〇年代が転形期だったということである。戦争体験にその根をもった戦後民主主義の拡散過程、戦後社会の安定にもとづく社会の規格化、高度成長による生の条件の変化、世界的な資本主義窮乏化論の破産と社会主義国家の欺瞞の露呈、などなど、古典的な階級闘争論が解体しはじめたまさにその場所で、都市のラディカルな学生運動が突発したのだ。

もちろん、いつも学生運動が大衆的な基盤をもちえたというのではない。たとえばぼくが大学に入学した六六年は、六〇年安保の直接的な雰囲気はとだえ、日韓闘争によってようやく運動は上昇局面をむかえはじめていたとはいえ、学生の政治にたいするアパシー（無関心）が問題視され、学生の三無主義（無気力・無関心・無感動）が指摘されていた時代である。すでにぼくたちにとって六〇年安保はもはや伝説のなかにあった。だが、まだまじめな学生は運動をやるという公理が生き残っているところがあり、学生運動は大学という貯水池のなかで、いわば活動家の再生産をはたしていたのである。その意味で六〇年安保の生命はまだくみつくされていなかったといってよい。

そして六七年から情況ははっきり上昇の兆しをおびはじめた。激動の七ヶ月がおとずれ、全国で全共闘の名のもとに学園闘争がたたかわれる。そういうときに、長崎浩は六〇年安保の政治経験の総括を、『叛乱論』という名称によってひっさげ、ぼくたちの世代のまえに姿をあらわしたのだ。

ここでも多少の留保がいるだろう。長崎浩のアジテーターにたいする固執がつっこんでいるのは、なんらかの思想にとっての政治の意味ではなく、政治的経験それ自体である。古典的な階級論あるいは労働者革命論などのコンテクストからはずれた六〇年代の大衆を眼前にしたときの、いわば叛乱を所与としたときの、叛乱のうちからはらまれる政治的経験なのである。そして、先にのべたように、乱舞するスローガンのただなかにいたぼくたちにとって、一番みえにくかったのは、長崎浩が感じていた距離の感覚であったのだろうと思う。それはたとえば、政治的な目標や課題、そしてスローガンへの距離であり、あるいは叛乱それ自体への距離であったかもしれない。この本を読んで読者には、長崎浩の技術への固執といった雰囲気がつたわってくるかもしれないが、技術もまた距離の感覚の所産である。もちろん、当時たとえば技術という観念をぼくたちがもたなかったわけではない。だが、技術という観念をもつことと、技術という態度を獲得することとはぜんぜんべつのことである。ひとことで言えば、ぼくたちは長崎浩の視線の出所を了解するには、あまりにも当時語っていたスローガンとの距離がなかったのだ。スローガンをその場に生かしていた、時代の共同的な気分が解体し、そこにはらまれていたもんだいが露呈し理解されていくためには時間が必要だったのだと言うしかない。たとえば、銃という技術的な手段が、なぜ連合赤軍の唯銃主義による共産主義化にまで顚倒し、そして自壊していったかの過程にまつわるひとつひとつの想念を、いまではぼくはつぶさにわかるような気がする。「兵士」たちが浅間山荘で手にした銃は、そのすべての想念をあつめた「銃」についての観念を現前させたものにすぎなかったのだ。そして叛乱は縮小し、顚倒した政治観念にその場をゆずりわたしていったのである。その歴史については、もうここではくりかえさない。

だから、叛乱にとっては外側からあてはめられる政治ではなく、内側にはらまれる政治の必然性がもっとも深刻なもんだいである。叛乱の過剰さは、そのままでは空虚な回転運動をはじめるのだ。その場所にふみこんでいるという意味で、いまだに『叛乱論』からはじまる長崎浩の政治思想は、六〇年代すなわち都市のラディカリズムの十年がうみだした、ほとんど唯一の政治思想であると言うべきであろう。

長崎浩はこの出発点から、『結社と技術』『政治の現象学あるいはアジテーターの遍歴史』にいたる政治思想の展開の歩みをはじめる。しかし、その政治経験の原型である、都市のラディカリズムのなかで大衆と直面し相剋するアジテーターの姿は、すでに『叛乱論』のなかに記述されている。長崎浩にとって政治とはとりわけスタイルのもんだいであるのだが、おそらく六〇年代末とおなじようなスタイルでは、叛乱は二度と突発しないだろうとは先に言った。スタイルは時代が生み出すものであり、それ以上のものでもそれ以下のものでもない。とりわけ社会主義国家体制が瓦解しつつある現在、あらゆる革命思想は一度徹底的な自己解体の道をつうじるしか生命力をもちえないのだとぼくは思う。そして、六〇年代末が記憶のむこうに遠ざかり、伝説をおなじスタイルで再生産しようという試みも、そのままではそのグロテスクな縮小版を生むものでしかないことを人びとは知るべきである。しかし、近代的世界が、それにたいするさまざまなアンチの価値設定にもかかわらず、今日も持続しているとするならば、叛乱はどこから訪れ、どこへぼくたちを連れ去っていくのかという問いは、伝説の領域にぞくすべきものではなく、現在でも今日的な問いであるのだ。

小阪修平（こさか・しゅうへい）思想家、評論家。一九四七－二〇〇七年。雑誌『オルガン』編集委員代表（一九八六－九一年）。著書に『イラスト西洋哲学史』（共著、JICC出版局）、『非在の海――三島由紀夫と戦後社会のニヒリズム』（河出書房新社）、『思考のレクチュール』1－5（編著、作品社）、『三島由紀夫vs東大全共闘 1969－2000』（共著、藤原書店）、『思想としての全共闘世代』（ちくま新書）など。訳書にエドワルド・リウス『フォー・ビギナーズ　マルクス』、ダヴィッド・スミス『フォー・ビギナーズ　資本論』（ともに現代書館）など。

第II部

結社と技術

i

結社と技術
――叛乱の組織問題

ここは利根川、
その汎濫のながめいちじるく……
(萩原朔太郎)[*1]

1

かつて「分派闘争」のさなかで、半ば自嘲めいて得心させられた一つの事柄があった。「組織問題は、つまるところ人(人物)の問題だ」というふうに、それは、当時表現されていた。けれども、それでは、「奴を切る」ないし「あいつといっしょにやる」ということが結局のところ「組織問題」だとしたら、この「非合理的な」領域に関して論を立て、組織論のためにあげつらうことは、いつも根本的な欲求不満と苛立ちだけを残すことになるだろう。

こうした事柄は、行為の領域に論を立てる際の一般的な事情である、という意味ではない。つまり、かつてレーニンが、革命後に未完のまま出版された『国家と革命』についていったように、革命を経験することは革命について書くよりも「愉快であり有益である」にはちがいないが、[*2] そのような論を立てる者の一種の余裕を、私は表明しようとしているのではない。これまで、いかなる革命運動史も、組織的な分派闘争（論争）の歴史をかかえもっており、各グループの組織と性格はいつもその領袖の〈個性〉に結びついていた。すでに在る官僚機構内部での勢力争いではなく、革命運動が、いわば未踏の領野に自己を表現する場合に、この事情はことに著しい。つまり革命は、常に一つの「英雄時代」のうちで生起する。

ロシア革命では、ただレーニンだけが、しばしば反対方向の方針転換を公言し実行することができた。ローザ・ルクセンブルクのような「党内闘争の日和見主義」を排して、早々と「党の浄化」をおこなっていたレーニンの、ボリシェヴィキ内でのほとんど絶対的な権威だけが、たとえば四月において、ロシアの同志を強引にねじふせて方向転換させることができたのだ。私は前から不思議に思っていたが、トロツキーはレーニンの死に際して、なお有していたスターリンにたいする優位をなぜ利用しなかったのだろう。トロツキーの決定的で最後の機会は、ロシア共産党の十二回大会（一九二三年四月）だったろうが、彼はどうして「レーニンの支援」という決定打を使ってスターリンを打倒しな

＊1　萩原朔太郎「厩」『萩原朔太郎全集3』筑摩書房、一九七七年（初出『地上巡礼』一九一四年一〇月号）。

＊2　レーニン「国家と革命」第一版あとがき、『レーニン全集25』大月書店、一九五七年、五二三頁。

かったのだろう。普通は、トロツキーの組織問題における優柔不断といったことがとりざたされる。だが、そんなことはない。つまるところ、ここでもまたレーニンの権威だ。レーニンの死という決定的時点で、「党外の人」トロツキーが古参ボリシェヴィキを掌握するためにはなおレーニンの個人的権威を後ろだてにすることが避けられなかった。早くいえば、レーニンの「お墨付」だ。だが、トロツキーの「個性」にとっては、この「お墨付授与の場面」を自ら演ずることは、とても我慢のならない茶番劇だったのだ。ドイッチャーが描いている、クルプスカヤによるレーニンの遺書公開の場面は、この意味でとても印象的である。*3

さらに、党というより「結社」を考えれば、こうした〈人物〉のもつ意味は一層はっきりする。たとえば、バブーフ－ブォナロッティの秘密結社の場合も、結局問題は「個人独裁」を行使できる「有徳の士」にいきつく。

このように、「組織問題」を組織の指導的メンバーの〈人物〉の問題にひきつけてみたとしても、なにも問題をカリスマの考察から始めなければならない、と私はいいはろうというのではない。組織問題といういわば公的な領域の問題が、ほかならぬ〈人物〉といったある「非合理的」な領域を対極においてのみ、論じられねばならぬという事情が、革命運動における組織問題をことさら錯綜させるのである。だが本来、ブルジョア的なお体裁と公的合理主義を粉砕して、組織問題をその本来の修羅場に立たせるものこそ、革命運動の現場のはずなのだ。

これまで、革命運動における組織論の論争史が、紋切り型で手垢のついた言葉の投げ合いでうんざりしてしまったのも、もとをただせば問題のこうした性格のためなのだ。マルクス主義の組織論論争をふり返ってみる場合にも、たとえば、スターリン的な党の歪曲から論争史の真の問題点を筋目正しくとりだしたとしても、つまり「正しい理論」の発見も、なお私たちの苛立ちを消すことはないだろう。
私はここで、これまでのマルクス主義組織論の体裁のいい「定式化」をふりはらって、組織問題をその本来の苛立ちの地点――すなわち組織の〈発生〉の地点にひきもどそうと思うのである。

従来、私たちの組織論論争は、いつも党組織論の次元で論じられてきた。いいかえれば、レーニンの党の圧倒的成功の影のもとに、実践的にも理論的にも「前衛党」の存在を前提とする「党」の側からする論争だった。それゆえ、組織問題は、常に、前提された「前衛党」と「大衆運動」との関係のレベルにずらされて論じられる。私たちは今でも、たとえば「党と大衆との緊張関係」などという、苦しまぎれの、だが依然として体裁のいい言葉を、このレベルで耳にするのである。

けれども、このように何がしか党を前提として論ずる姿勢は、実ははじめから組織問題を殺していることになるのだ。組織問題は、日常であれ運動の内部であれ、前提された党（組織）と大衆との関係の問題ではない。たとえばルカーチの組織論をてがかりとしてみよう（『歴史と階級意識』一九二四年）。ルカーチは、ロシア革命の時代、すなわちローザ・ルクセンブルクとレーニン、あるいはベルンシュタインとの論争の世界で、「党＝プロレタリアートの組織」という恒等式を破ろうと企図する。それを彼は、組織は「理論と実践との媒介である」というふうにいっている。

この場合、「理論」とは党のマルクス主義のことであり、あるいは社会主義革命の綱領だといってもいい。そして、「実践」とは、ルカーチの場合、労働者階級の闘争をさしている。それゆえ、組織

＊3　アイザック・ドイッチャー『武力なき予言者・トロツキー』田中西二郎・橋本福夫・山西英一訳、新潮社、一九六四年、一五一－一五二頁。

問題をわざわざ理論と実践の媒介だといっても、マルクス主義は（あるいは党は）それ自身「理論と実践との統一」だという御託宣を前提にするならば、その党のうちでは、依然として組織問題は本来的に生じてこない。それゆえ、ルカーチは何よりも現実の労働者階級の闘争がどのようなありようを呈しているか、という点から出発しようとする。すると、ルカーチにとっての現実は、繰り返すまでもなくベルンシュタインの時代におけるヨーロッパの闘争の現実であり、時の労働者階級の闘いは、マルクス主義のいうプロレタリアート、あるいはプロレタリア党の事実認識に合致する階級意識を、つねにかねそなえているものではなかった。ルカーチもこの事実に目をつむることはできなかった。もしも、労働者階級がプロレタリアートであるがゆえに、その現実の闘争が、最初からそれこそ「即自的に」プロレタリア革命にむかうべきものなら、なにも組織問題を党と労働者階級の闘争との媒介として押し込む必要は生じないだろう。あるいは、ローザ・ルクセンブルクが確信していたように、労働者の運動が支配体制の枠組を越えることのない平常時とは異なり、革命的昂揚の時期には――その時にだけ――労働者のプロレタリアートとしての階級意識は、たんに「理論的・潜在的なもの」から抜け出て発現すると考えてもいい。だがその場合には、ほかならぬ革命的昂揚期にこそ、固有の組織問題は散逸してしまうことになる。ルカーチは、プロレタリアートの運動についてのローザの確信を、信じることはできなかった。そのことこそが、彼に組織問題を考えることを強制したのである。

もともと、いうまでもなく革命運動における組織問題は、革命のただなかにおいてはじめて検証されるべきものである。ルカーチの場合には、革命的昂揚の時期、つまり、革命がたんに「時代の根本問題としてある」だけの時代ではなく、まさに「革命の現実性としてある」時代においても、なお労働者階級の階級意識は（党の認定する）事態の客観的展開から遅れる、という事実確認こそが、彼に組織問題を課すことになっている。こうした「プロレタリアートのイデオロギーの危機」は、もともと労働者階級の階級意識の構造に由来するものとして避けがたい事実であり、しかも、革命運動に流入する非プロレタリア階級がもたらす混乱や、それらを反映する党内日和見主義の存在によって、党（の理論）と現実の闘争とのズレは促進され固定化されてしまう。したがって、ルカーチの組織問題はこの事実から、理論と運動とを媒介する組織（党組織も含めて）の必要性と根拠とを主張し、さらに、革命期にむけての「党の純化」というレーニン的党組織論を決定的に擁護するものとなっている。

ルカーチの党組織論は、いずれにしても以上のように「プロレタリアートのイデオロギーの危機」という基本的前提のもとに発想されている。つまり、いつの時代の闘争においても、イデーとしてのプロレタリアートなどは存在しないという事実確認である。これはなにも、革命から遠い平穏な時代に特徴的な事実なのではない。むしろ、「プロレタリアートのイデオロギー的危機」は、革命の激動のさなかにこそ決定的にたち現れ、それこそが党組織（論）を問題としてよび寄せるのだと、ルカーチはいっている。レーニンの党が現実に生きるのも、むしろこの動転のさなかにおいてだけなのだ。ルカーチは一見逆説的に、次のように述べている――「もし、メンシェヴィキがその歴史的見通しにおいて正しく、われわれが繁栄と民主主義の漸次的な拡大との安定した時代を迎え〔る〕〔…〕のだとしたら職業革命家の集団は必然的にセクト的なものにこり固まるか、あるいはたんなる宣伝サークルにならざるをえなかったであろう」[*4]。

私はいまこの段階で、ルカーチやローザの論争の時点に身を移すことは必要ではない。また、ス

＊4　ルカーチ・ジェルジ『レーニン論』渡邉寛訳、復刊こぶし書房、二〇〇七年、三二頁。

ターリン的党の組織論とそのなじみ深い現実と対比して、ルカーチの論法の周到さを指摘することも必要はない。私がルカーチに注目する点は、ただ、「組織問題は何を問題にするのか」という出発点における彼の経験についてだけである。それでは、組織問題が問題となる現実地点に視座を定めた上で、彼はどのように組織そのものの形成をとらえるのか。しかしこの点にくると、私たちがルカーチから得るものは少い。彼のモチーフは、ヨーロッパ革命の現実に照してのレーニン党組織論の擁護ということにあり、依然として、組織問題自体はこの党と大衆闘争との関係の問題になってしまっている。いいかえれば、大衆闘争が革命の興奮のさなかにも示す階級意識の「遅れ」を、社会主義革命の綱領へと媒介する地点に組織問題をすえるこの立場は、なお組織と大衆闘争双方の創造の構造を不問に付しているのである。たとえば「革命の現実性」の時代における大衆闘争の意識構造は、たんに党の意識性にとって遅れた階級意識ということだろうか。そうではない――いま、私たちが執着する組織問題は、現に在る大衆闘争（大衆の意識）と党（党の綱領）とを前後関係で並べる地点から生じているのではないのだ。後者から見た大衆闘争の「遅れ」が私たちを苛立たせているのではない。

私はいま、蜂起した大衆の意識と党の綱領ということをいった。もともと党の常識は、この両者のへだたりはやがて闘いが解決していくものと考えている。意識性の前後関係、思想性の濃淡の地平で両者はむきあっているのである。ローザ・ルクセンブルクのように、党の綱領とヘゲモニーの正しさによって、革命の激浪は一挙にこの差を消滅させるのだと信じたとしても、やはり、同じような前提の上でのことだといわねばならない。誰も、蜂起する大衆の意識と党の意識性とが、蜂起のうちでラジカルに矛盾するその地点に、組織問題をすえようとはしなかった。

私はここで、一九六九年に石川淳が発表した小説『天馬賦』から、次の一文を引くことを禁じえない。

「ムラキ。おまへは闘争につよい。だが、どうも心棒がぐらついてるやうだな。」

「心棒て、なんだ。」

「ふらふらぢや主体性がしつかりしてるとはいへまい。

「主体性だつて。つまり、理論によわいといふのかい。」そりやまあさうだな。おれは本なんぞろくに読まないし、なにか書いたり論じたりといふことになると、てんでいけない。ベンキヨーはにが手だよ。〔…〕敵は制度といふ硬い壁だね。制度がわるいからあらためろ。おれの主張はたつたそれだけだよ。こんな簡単な主張を表現するために生きたからだをぶつつけなくちや通じないといふのは、おもしろい世の中だな。この闘争には勝負の観念はない。〔…〕ぶつかつてゆけば、粉みぢんにもなるだらう。こつちがさ。つまり、死ぬといふことだな。おれの死だ。おれの主体性といへば、まあそのへんにあるのぢやないかな。」

「死ぬものときめてかかつてゆくのは、どうも敗北主義みたいな発想だ。」[*5]

党の意識性が「自然発生的」に爆発する大衆の蜂起に「乗り超えられた」という経験は、私たちにとってもなにがしか直接的である。だが、「乗り超えられた」というこの事実のなかに、時代の大衆闘争の主体性が党の意識性との遅れをとりもどしたということしか見ないのでは、組織問題としては決定的に的をはずしている。右の一文にみられるような「おれの主体性」、「勝負の観念のない闘争」

＊5　石川淳「天馬賦」『石川淳全集14』筑摩書房、一九七五年、一六六－一六七頁。引用にあたり旧字を新字に改めた。初出は『海』一九六九年七－九月。

で「死ぬということ」は、綱領としての党の意識性のレベルとは明らかに異質のもの――「敗北主義みたいな発想」である。つまり、あくまで革命の意識性を意味する綱領、すなわち党の権力獲得と権力の行使の意識性、あるいはいいかえれば党の〈政治〉にとって、蜂起における闘争主体の思想性がここでは鋭く根本的に対抗している。もちろん、「綱領」と「おれの主体性」との対抗というとき、理念的プロレタリアートの意識から、たとえば「プチブル性」のごときものとの距離を測定する――そのような関係をいうのではない。ある一個の主体の思想性が云々という次元の話ではなく、この者たちが創りだす大衆叛乱－大衆蜂起がもつあらゆる〈政治〉を破砕してしまう〈暴力性〉のことを、党の意識性と対比しているのである。大衆蜂起の時代に、叛乱の主体の意識が「プロレタリアートの意識」とへだたっているのは、過程的にしろあるいは党の意識性によるにしろ、やがては合致させられるべき問題ではなく、むしろ大衆蜂起の創造が党の〈政治〉にとってなお「非合理的」な〈反政治〉ともいうべき存在だということなのだ。

いま、「レーニンさんの一派」（これも石川淳の言葉だ）が、「おれの死」としての蜂起の主体性を「心棒がぐらついている」と批判して、大衆蜂起のうちでこれと対抗するのだとすれば、党の組織問題が実にやっかいな地位に立つことは明瞭だ。組織が「媒介」すべき関係は、だから、大衆闘争と党綱領という関係の次元をこえて、はるかに、「おれの主体性」と綱領、さらに蜂起の暴力がもつ〈反政治〉と党が表現する〈政治〉という対極にまでいきついてしまう。そうだとすれば、両者の「媒介」だの「統一」だのといっても、たんに弁証法の狡智にすぎないことになってしまう。いずれにしても、組織問題の領域は「おれの死」というごときまったく個的な暴力から、集団的行為としての大衆暴力〈蜂起〉、そして他者との共同性を意識した結合体に到るまでの、それぞれにあい矛盾する行為の形のきしみの中に存するのだといわねばならない。

　それゆえ、組織問題はいま、党と大衆闘争との関係のレベルから解放されなければならない。「党組織論」という前提から出発することを止めることが必要である。そうして、組織問題を、大衆蜂起の時代の現実にすえるのだ。

　組織問題が理論と実践を媒介する問題ならば、理論的にも実践的にもそれを徹底的に媒介の現場に追いつめていかねばならない。定式化された「理論」と、一定の形の「実践」とを前提にして問題を出発させてはならないのだ。むしろ「媒介の現場」は、前提とされた理論と実践の定型を破砕するのである。このとき、私たちは、組織問題の現場、その現実的前提として、大衆蜂起－大衆叛乱の問題にゆきつくのである。手垢のついた言葉を使えば、大衆蜂起の「自然発生性」こそが、組織問題を問題とするのだ。

　ここで「自然発生性」とは、社会主義革命の意識性とは無縁なところで日常意識の延長上で闘いがおこなわれる、ということではない。「遅れた大衆」の闘争の意味ではなく、蜂起の「自然発生性」とは、権力と秩序にたいして大衆蜂起がもつ無定形の暴力的破壊力のことをいっている。組織の有無にかかわらず発揮されるこの破壊力は、すでにブランキがはっきりと認めていたものである。しかし逆にいえば、暴力の瞬時の破壊力のゆえに、蜂起は全体としてはたんに「反権力・反秩序」のエネルギーとしかいいようのないものにみえる。そこで、組織は、自らの政治の命ずるところによって、自己の理論と権力にむけて蜂起の暴力を「組織化」しようとする。組織化しようとして、党組織もまた組織問題を問題にせざるをえないのだ。

　私は、以上のような大衆蜂起の暴力が自己をそれぞれに定型化していく意識的な努力のうちに、組織問題を出立させようと思う。方法的には、それは「前衛党」を前提にするのではなく、党をも含めて組織を〈発生史〉としてあつかうことであり、かつまた、ある「正しい」理論の前提をはずし、組織の発生をその〈形式〉においてあつかうことになるであろう。

これまで、スターリニズムの「プロレタリアートの前衛」も社会民主主義の組織も、組織論を大衆暴力の現場にすえたことはない。それというのも、大衆蜂起の「自然発生性」に直面して、あらゆる既成の党組織は同時に党存在そのものを賭けることになるからである。いいかえれば、大衆暴力という組織問題の現実的地盤が、党の存在という組織的前提を破壊するのだ。組織問題を問題化する時点こそ、同時に組織存在の危機の瞬間である！　組織内の分派闘争がこの危機の表現となる。ただ大衆暴力の外に在る組織だけが、このパラドックスを避け、「他人の」蜂起のレッテル張りに腐心することができるのだ。そのときには、組織内の分派闘争は、たんに派閥闘争にすぎぬものとなるであろう。

いずれにしても以上のように、組織問題を徹底してその現場にすえるならば、私たちは直面する事態を、「党と大衆との緊張関係」だの両者の「弁証法的統一」だのといった空疎な言葉でとりつくろってはならないのだ。そんなことでは、論争は止んでも不断に苛立ちだけがのこる。ロシア革命期における党の組織論論争がいまでも私たちの注意をひくのも、こうした組織問題の苛立ちをつつみ隠さずおもてに出している点にあるように思われる。マルクス主義的運動において事実上はじめて「党組織論」が現実に試練を受けたのであり、しかもこのことはまさしく世界的革命の現場で経験されたことであった。私は次に、ローザ・ルクセンブルクの論戦を通じて、組織問題の発想地点をもう少し具体的に描いてみたいと思う。

2

「ベルリンの秩序は維持されている！」　ほざくがよい、鈍感な権力の手先どもよ！　おまえたちの「秩序」は砂の上の楼閣だ。あすにも革命は「物の具の音をとどろかせてふたたび立ちあがり」、トランペットを吹きならして、おまえたちの驚愕をしりめに、こう告げるだろう――Ich war, ich bin, ich werde sein!（わたしはかつて在り、いまも在り、いつまでも在る！）*6

ローザ・ルクセンブルクは、捕えられ殺害される日（一九一九年一月一五日）の前日、機関紙『ローテ・ファーネ』の論説をこのような言葉で結んでいる。「わたしは在る」という「革命」の自己主張は、ローザの場合、決して単に革命の未来へのゆるがぬ確信の吐露につきるものではなかった。もしも、いまこの「革命」を「大衆蜂起」と置き換えてみるならば、「つねに、大衆の蜂起はある」というローザの基本的な発想にゆきつくことができるはずだ。「大衆蜂起の時代」という確認――ルカーチの言葉でいえば「革命の現実性」の時代こそが、ローザ・ルクセンブルクの場合にもすべての出発点となる。この確認は、すなわち、時代にたいする彼女の〈覚悟〉となる。

このような大衆蜂起は、ローザ・ルクセンブルクの場合には、「大衆ストライキ」という呼び名のもとに考えられていた。「大衆ストライキ（マッセン・ストライキ）」とは奇妙な名前だが、名付親は

*6　ローザ・ルクセンブルク「ベルリンの秩序は維持されている」野村修訳、『ローザ・ルクセンブルク選集4』現代思潮社、一九六二年、一八七―一八八頁。

ブハーリンだという。そうすると、大衆ストライキの問題は名実ともにロシアの革命から発生したのだといいうるかもしれない。つまり、ローザ・ルクセンブルクは一九〇五年の第一次ロシア革命を契機にして、数多くの論戦をこの「大衆ストライキ」をめぐっておこなっている。大衆ストライキのアジテーションは、ローザの場合、一九世紀末の修正主義論争と二〇世紀はじめのインターナショナルの戦争論議とにはさまれた時期、ほぼ十年にわたってつづけられた。

ローザのいう大衆ストライキは、私がこれまで「大衆蜂起」「大衆叛乱」の用語のもとに述べてきたのと同様な闘争の性格をもつものにほかならない。彼女はまず、革命の時代における大衆ストライキの「自然発生性」について次のようにいう。

〔…〕現在の大衆運動の過程で大衆ストライキを実施することを可とするものは、とくに、大衆ストがいま進行中で拡大中の大衆行動からほとんどおのずからに帰結される、自然な、不可避的な発展段階の行動である、という事情である。不意に号砲一発、ある晴れた日に党の一片の指令がくだって「作られる」大衆スト、などというのは、もとより子どもっぽい夢想にすぎず、アナキストの妄想にすぎない。（「つぎはなにを」一九一〇年[*7]）

政治的大衆ストライキは、それについて論じたり、それを宣伝したりすることによって、人為的にひきおこされる現象ではない。政治的大衆ストライキは、歴史的諸条件からのみうまれる。政治的・経済的情勢の成熟から、大衆ストライキはおこるのである。（ドイツ社会民主党マルデブルク大会での演説、一九一〇年[*8]）

このように「革命の歴史」における「自然な不可避的発展段階」である大衆ストライキは、それまで自己の闘争を「計画」し「調整」してきた党の政治にたいし、いわば横っ面を張るごとき緊張と衝撃とを与えることになる。この瞬間における党組織の身のこなし方に、その組織の体質がもっとも鮮明に表現されるとはいえ、この大衆ストライキの衝撃力は、もともとすべて政治の組織というものが身にこうむるものなのだ。つまり、大衆ストライキが組織にたいしてもつ「暴力」は、ただローザの時代の日和見主義的党組織にたいしてのみ本質的なのではない。なるほど、ローザの論戦から垣間見ただけでも、当時のドイツ社会民主党〔SPD〕とその労働組合（労働組合に組織されることは、社会民主党に組織されることと同じことを意味するとローザはいっている）の頽廃をうかがい知るに十分だ。なぜなら、この日本の〈戦後〉も、「高度経済成長」のなかで同じように議会主義的に肥大した組織労働者の大組織をもっているからだ。当時のドイツでも、大衆ストライキの提起に反対して、「まず組織力量が前提」と主張される。「力量の積立ては限りがなく、前提が満たされたときには、逆に「もはや大衆ストライキなど必要ではなくなる」」。「工業プロレタリアートの、一回かぎりのストライキ〔…〕は、党と労働組合指導部の時をえた相互了解にもとづいて企画され、規律の精神によって最大の秩序をもって遂行され、指導部の時をえた呼びかけでみごとな秩序のうちに中止されるものである。その

＊7　ローザ・ルクセンブルク「つぎはなにを」野村修訳、『ローザ・ルクセンブルク選集2』現代思潮社、一九六二年、一一五－一一六頁、強調引用者。
＊8　ローザ・ルクセンブルク「SPDマクデブルク大会での演説　Ⅱ　選挙権問題にかんする討議のなかでの第百号議案の提案理由の説明（一九一〇年九月二三日）」田窪清秀訳、前掲書、一二七頁。

さい、他からの支援、費用、犠牲などの調整、要するに、大衆ストライキの収支計算は、あらかじめ、全部、正確に決められているのである」（「大衆ストライキ・党および労働組合」[*9]）。

たしかにローザ・ルクセンブルクの相手は、支配階級の秩序を別にすれば、このような労働者階級の公認指導部の「秩序」だった。だが、大衆蜂起、大衆ストライキのふるう力は、ときのドイツ社会民主党の文字通りの議会主義的クレチン病にたいしての破壊力なのだと、限定して考えてはならない[*10]。むしろ、それ自体としては〈政治的に組織化〉されていないものとしての大衆蜂起の〈反政治性〉が、〈秩序〉〈方向づけ〉〈組織化〉等にたいしてもつ根源的破壊力こそ、大衆叛乱の暴力の意味である。だから、それはむしろ本性から、〈党〉があらかじめたてる「決定」や「予定」をはみだしていく。逆にいえば、こうした暴力に乗り超えられるものこそ〈組織〉であり〈政治〉なのだ。

ローザ・ルクセンブルクは、大衆ストライキの提起のうちで、明らかにこの事態を予見していた。大衆ストライキはその性格の斉一性を保証しえない闘争の発展段階として考えられている。すなわち彼女は、大衆ストライキにおいては、職場闘争と街頭デモとを機械的に分離しえないこと、「政治闘争と経済闘争とのたえまない交互作用」などを指摘し、さらに次のようにいう――

大衆ストライキは、あくまでも真剣な階級的政治行動でなければならず、これを組織労働者だけで企てることとは、あまりにも無謀な計画というほかはない。大衆ストライキ――正確には、これはむしろ複数で書かれるべきだが――、ともかく大衆闘争が成功するためには、なによりもまず、これが真の民衆運動になること、つまりプロレタリアートのもっとも広汎な層を闘争にひきいれることが必要である。（「大衆ストライキ・党および労働組合」[*11]）

これとて、たんに当時のドイツ労働者階級の状態に応じた戦術論（統一戦線論）としてたてられているものではない。むしろ、これらの確認によって、ローザ・ルクセンブルクは、大衆蜂起がもつ制御しがたい直接性を自身にかかえもってしまったのだというべきである。実際、ドイツの大衆ストライキで「最大の行動力を発揮するのは、充分に組織された層ではなく〔…〕、場合によっては農業労働者のような、組織状態がよくない層とか、全然組織されていない層であろう」[*12]とまで予測するローザにとっては、すでに最初から蜂起の「アナーキーな」爆発力にたいする〈政治的〉な歯止めがとりはずされていたのだ。

大衆ストライキ―大衆蜂起のもつこうした諸性格と現実的力については、レーニンの認識もローザ・ルクセンブルクと基本的相違はなかったろう。一九〇五年にロシアを襲った大衆ストライキの波

*9　ローザ・ルクセンブルク「大衆ストライキ・党および労働組合」（一九〇六年）河野信子・谷川雁訳、前掲書、一八二―一八三頁。

*10　ローザ・ルクセンブルクは一九一八年一一月二〇日付の『ローテ・ファーネ』で、「今日、国民会議に頼ろうとするものは革命を、意識的・無意識的に、ブルジョア革命の歴史的段階にまでねじ戻そうとするものである。〔…〕今日問題となるのは、デモクラシーか独裁か、ということではない。**ブルジョア・デモクラシーか社会主義デモクラシーか**、という問題である。〔…〕議会主義的クレチン病は、昨日は弱さであり、今日は曖昧さであるが、明日は社会主義に対するあからさまな裏切りとなるであろう」と主張した（「国民議会」高原宏平訳、前掲『ローザ・ルクセンブルク選集4』七二―七三頁、強調原文）。なおクレチン病（症）とは先天性甲状腺機能低下症のこと。

*11　前掲「大衆ストライキ・党および労働組合」一二三―一二四頁。

*12　同前、一二三七頁。

が「理論的、潜在的」にめざしている「革命の方向」についても二人は一致していたのだが、党組織論の現実的前提をなす大衆蜂起に関しても両者の現場は同じであった。大衆ストライキ‐大衆蜂起という二人の共通の地盤をはっきりとみきわめた上でなければ、これまでのように「自然発生性か党の意識性か」という論争が不毛な教理論争になってしまう。レーニンが攻撃してやまなかった「自然発生性」への拝脆というのは、経済主義者たちによって指導されていた労働者の日常意識にもとづく闘争をさしており、ローザのいう自然発生的蜂起の暴力性とは関係のないことである。だからいまでは、レーニンの「自然発生性批判」によってローザの運動・組織論を退けるといったカリカチュアを、あますところなく打ち棄てることだ。

「組織は前提」という立場を破砕し、組織論をその現場へとさしもどしたのが、組織問題における以上のようなローザ・ルクセンブルクの大衆ストライキ論だったのだと、私には思われる。組織問題を大衆闘争と党綱領との「媒介」として立てるなにがしか段階的、系列的な議論は、叛乱の時代にはむしろただちに、大衆蜂起の反組織性対政治の組織性、さらに、個的な暴力対階級的団結といった対立項にまでさしもどされて破砕されざるをえない。

もちろん誤解してはならない。このような組織論上の対立項は、これまでそのまま党派的な対立として表現されることも多かったとはいえ、私の立論はいま党派の「方針」の次元でのことではない。さらにいえば、このジレンマとの闘いこそが固有な意味での党組織論の領域をなすのであり、それはもちろん、党綱領や党の〈政治〉それ自身についての自己研鑽によってはたされなければならないものだ。だが、あらゆる党の政治の根拠こそ大衆ストライキなのである。

私はさきに、大衆ストライキの破壊力というローザ・ルクセンブルクの確認を、むしろ蜂起とその闘争主体の〈反政治〉的暴力性にひき写すことに急だった。それでは、そのような大衆ストライキにたいして、積極的に党組織とは何か。議論のこの地点で、いうまでもなくローザの「党へゲモニー論」が提出されることになる。大衆ストライキにたいする党の「政治的指導」については、たとえば次のようにいわれる――

〔…〕政治闘争における大衆の意志の表現は、機械的にいつまでも同一の水準に維持しておけるものではないし、いつまでも同一の形態にはめこんでおけるものではない。それは高揚し、尖鋭化し、あらたな、より有効な形態をとってゆくのでなければならぬ。ひとたび点火された大衆行動は、推進されねばならないのだ。指導的な党が、あたえられた瞬間において、必要なスローガンを大衆に手渡す決意に欠けるならば、大衆が一種の幻滅にとらわれることは避けがたい。そうなれば高揚は消え、行動は挫折する。(「つぎはなにを」[*13])

社会民主党は、革命時代のさなかにおいても、やはり政治的な指導はひきうけねばならない。闘争にスローガンと方向を与え、政治闘争の戦術をりっぱにととのえることが、このばあい、大衆ストライキの時期における「指導」のもっとも重要な課題である。(「大衆ストライキ・党および労働組合」[*14])

＊13　前掲「つぎはなにを」一一一‐一一二頁。
＊14　前掲「大衆ストライキ・党および労働組合」一二一頁。

けれども、このような党の指導の位置は、たんに大衆闘争のダイナミックスとして提起されているだけではない。そうした運動論の次元の話ではなく、大衆蜂起と党のスローガンとの結合を保証する運動のダイナミックスは、どこに根拠をもつのかが組織問題としては問われねばならない。その際、党の「指導」についてのローザの主張は、ただ大衆ストライキの革命的昂揚の時期についてだけいわれていることに、くりかえし注意しておこう。「階級意識が実践的なものとなり、積極的なものとなるのは、大衆自身が政治の舞台に姿をあらわす革命のなかにおいてであり」、これにたいして、党によって植えつけられた、あくまで「理論的・潜在的」な階級意識は、「議会主義が支配する時代には〔…〕直接的な大衆行動となって発現することは、原則的にありえない」と書かれているとおりだ。[*15] それゆえに、「政治的指導」という党の役割を主張するローザ・ルクセンブルクの心底には、次のような確信が生きていたことになる――すなわち、大衆ストライキの革命的昂揚の時点でこそ、大衆蜂起はたんに無秩序で非組織的な暴力なのではなく、党のスローガンの提起を受け入れ、現実にプロレタリアートの意識性と組織性とを発揮するものなのだと、信じられているのである。ルカーチではないが、「彼女のこうした見解の基盤にも、革命の純粋にプロレタリア的性格というものが横たわっている」[*16]。

蜂起の主体性が〈党の政治〉のレベルに不可避的に接続するということに、ローザ・ルクセンブルクはなんら不信と苛立ちとをもっていないように見える――このことが、私にはとても印象的である。さきほどらいの私の読み込みに従えば、ローザの大衆ストライキの爆発自身がむしろローザの党を撃つのではないか。ローザはなお党の「内部」へと組織問題上のメスを入れてはいない。党の「内部」は主として綱領・理論論争の次元で主題とされているにすぎない。そのときには、党組織は革命にたいしてたんに「スローガン的団結」としてしか問題にされず、党組織論は事実上運動論（ヘゲモニー論）に解消されていく。レーニンとの組織論上の対立が発生してくるのは、ここからである。

しかしながら、実際には、大衆ストライキのアナーキーに関してローザ・ルクセンブルクがかかえもったアンチノミーは、レーニンとの論戦のなかでも歴然としていると見ることができる。「問題なのは、組織規約の各箇条によって、日和見主義にたいする多かれ少なかれ尖鋭な武器を鍛え上げることである。日和見主義の根が深く根差していればいるほど、この武器は鋭くなければならない」[*17]——ロシア社会民主労働党を分裂にいたらしめた第二回大会（一九〇三年）で、レーニンの主張はこのようなものだったが、レーニンの根拠は、来るべきロシア革命の性格（ブルジョア革命からプロレタリア革命への永続）から予測される、革命への非プロレタリア階級の必然的流入という事実だった。大衆蜂起の「無秩序」、あるいは、それをネガティブに反映した、現実の革命の不可避的要素としての日和見主義の力にたいする不信と警戒が、ここでも党をむしろバブーフ以来の「結社」に近づける。もともと「結社」にとっては、「規約」（盟約）はどうでもいい形式問題どころか、むしろ本質的なことがらなのだから。

だが、ローザ・ルクセンブルクにとっては、大衆蜂起の力は、党内の（「左右の」）日和見主義が「反映」し汲みつくしうるようなものではない。大衆蜂起の「無秩序」といっても、決して意識の遅れを示すものではなく蜂起の本性に根ざしている。だからこれは、あらかじめ党内の日和見主義を組織的

＊15　同前、二三六頁。
＊16　ジェルジ・ルカーチ『歴史と階級意識』城塚登・古田光訳、白水社、一九九一年、四九五頁。
＊17　レーニン「一歩前進、二歩後退」『レーニン全集7』大月書店、一九五四年、二八三頁。

に排除することによって「克服」できるようなものではない。それゆえ、彼女は次のようにいう――

小ブルジョア階級の急速な経済的破産、またブルジョア自由主義のより急速な政治的破産、ブルジョア・デモクラシーの死といった深い根のある社会的諸原因によって、社会民主党にたいする非プロレタリア的諸分子の大量の流入が一たび起った暁に、党規約のあれこれの箇条の適用によって、襲いかかる巨浪を却けうるなどと想像することは一片の素朴な幻想でしかありえない。〔…〕ブルジョア社会の進展する解体によって解き放たれた諸分子の大量の流入を拒けることもまた労働者階級の利益である、などと考えるならば、それは誤りもはなはだしいというものである。プロレタリアートの階級的防衛者である社会民主党は、同時に、社会の総体としての進歩の利益とブルジョア的社会秩序の抑圧された犠牲者すべての防衛者である、という言葉は、社会民主党の綱領の中にこうした利益がすべて理念的に総括されるのだというような意味でだけ理解さるべきではない。この言葉は歴史的発展過程という形の中で真理となるのであって、その過程によって、社会民主党は、政党としても、次第に、さまざまの不満分子の避難所となり、党は現実に、支配ブルジョアジーの極少数者に対立する人民の党になるのである。（「ロシア社会民主党の組織問題」[*18]）

非プロレタリア分子の流入は一片の党規約では妨げるものではなく、それは革命において不可避だとする以上のような主張は、ただちに、ドイツではむしろ非組織労働者こそが大衆ストライキをになうだろうというローザの見解につながっていく。こうして、「さまざまの不満分子の避難所」となる「人民の党」、これにたいしてレーニンは、一九〇三年に、「一種類の定まった不満分子による狭い党」

に固執したということができるだろう。

この対立の場面で、私がローザ・ルクセンブルクに見るものも、ふたたびまた、大衆蜂起のアナーキーという事実である。レーニンとの組織論論争が来るべきロシア革命の性格をめぐって展開されていながら、ローザに透けて見えるのは、むしろ端的に彼女の「西欧」——議会主義にからめとられた大組織への反動として、一度勃発するやプチ・ブルジョアジーをもまきこんで短期間に急激に頂点まで登りつめる西欧の叛乱——のように思われる。さらにいえば、ローザ自身、大衆ストライキの主張のなかで「ゼネラル・ストライキの教祖、アナーキスト」をたえず気にかけて反論していたように、二〇世紀初頭の西欧におけるアナルコ・サンディカリスムの経験の影響である。とすると、「アナーキスト」というローザの言葉の背後に、暴力的な大衆叛乱が本来もっているアモルファスで〈反政治的な性格——それ自体は日和見主義、マルクス主義、あるいはナチズムによっても、それぞれ〈組織化〉される可能性をもっている——が暗黙の裡にとらえられているとみるのは自然だろう。そこで、二〇世紀西欧の成熟しきった〈近代〉にクロスする〈反秩序〉の暴力が、ローザ・ルクセンブルクのマルクス主義のフィルターによって、強いてプロレタリアートの階級意識に接続されたのだと、私は解釈学風にいっていることになるかもしれない。

＊18　ローザ・ルクセンブルク「ロシア社会民主党の組織問題」（一九〇四年）片岡啓治訳、『ローザ・ルクセンブルク選集1』現代思潮社、一九六九年、二六八頁。

3

ところで、今回ローザ・ルクセンブルクに勝手な寄り道したことは、無駄ではなかった。私たちの状況のいわば出発点をなす一九六〇年における組織論論争を、たとえ類型的にでも思い出してみれば、そこにローザの論戦の明らかな反響を聴きとることができるだろう。たとえば――

> あらゆる日和見主義からの理論的組織的分離を、革命を促進する方向で達成しつつ、闘争を指導する方針を提起し、かつまた、プロレタリアートを獲得する活動によってのみ、はじめて新しい前衛党は確立されるのである。（共産主義者同盟機関誌『共産主義』第三号）*19

たしかに、当初は、レーニンとローザ・ルクセンブルクの論争をこんなふうに言葉で「結合」しておくことはできた。「日和見主義からの理論的組織的分離」と「闘争を指導する方針の提起」とが、何の苛立ちもなく同列にならべられていた。だが、紙の上での結合はそれなりにぬきさしならぬ大衆闘争のなかでは分解する。類型的にいえば、全学連を中心として大衆運動のヘゲモニーに固執する部分と、党の内的な「純化」――党員の「自覚」を主張する部分とに、党組織は分裂する。実際、六〇年の闘争の後に、組織論論争は、「大衆闘争の延長上に党を作る」のか、「学習会による党建設」かといった具合に、戯画化されていった。「労働者階級にたいして行動の呼びかけをもふくめた闘争方針を提起することによって党の建設を行うことが当面せる最も緊急な任務であるのか、それともわれわれ自身の主体的確立を根抵《ママ》的におし進め、同盟を上から下まで再組織することが中心問題であるのかが極めて鮮明な形で提起されてきた」（共産同内の一分派「戦旗派」の文章）[20]。

六〇年における組織問題を、いまは類型化された例示以上に追求する必要はない。重要なことは、この論争が論争の戯画化を粉砕するに十分な現場、すなわち組織問題の現実的前提を決定的に欠いた地平でおこなわれていたことの確認だけである。ローザ・ルクセンブルクとレーニンの論争を知るものにとっては、論争の二極分解のそれぞれに両者の主張の反響をきくことは容易だろう。レーニン論のほうは、いま問題ではない。「大衆闘争によって党を作る」路線のほうは、その後も、多くの活動家の抜き難い体質となってきたものだが、この場合当然「大衆の登場」が前提とされており、大衆運動の力学に投げ込まれる触媒こそ党であり、とりわけ党の与える理論、スローガンである。さきに引用したけれど、ローザ・ルクセンブルクもまた、「ひとたび点火された大衆行動は、推進されねばならず」、「党があたえられた瞬間に必要なスローガンを与えねば、高揚は消え行動は挫折する」といっていた。

大衆運動のダイナミックスに密着するこうした立場は、しかし、組織戦術の確認ぬきにつらぬかれるならば、常に行動の〈スローガン〉を新たに与え闘争を「設ける」ことによって大衆闘争を永続化させようとする。秋から春へ、次々と日をおって行動方針が更新されていく。このような組織の場合

＊19 佐久間元（片山迪夫）「左翼反対派と新しい前衛党――いまなにをなすべきか？・」『共産主義』三号、一九五九年、一四頁、強調引用者。https://0a2b3c.sakura.ne.jp/ism3.pdf
＊20 戦旗編集局「『戦旗』派結成の基本的立脚点――同盟分裂の根源的諸問題と同盟内分派闘争の原則的対決点はなにか」『革命論争資料集』一九六〇年、一一頁。https://0a2b3c.sakura.ne.jp/1b-ronso.pdf

は、ちょうどコマがまわり続けねば倒れるように、常に走りつづけなければ組織が四散する。

その後くりかえし、「政治方針の物神化、あるいは大衆運動主義」として攻撃されつづけてきたこの立場が密着してきた「大衆運動」こそ、戦後の街頭政治闘争にほかならない。ことに、六〇年安保闘争のなかで、この立場は次々と「日時と行動スローガン」を提起してやみくもに走りつづけた。立ち止った地点がすなわち組織の分解の時だった。そして、「総括」はつねに大衆闘争における党の「政治方針」、つまり「党にとっての理論」の問題とされ、組織は清算されていく。極端にいえば、ここにも〈盟約〉による団結ぬきの「綱領的団結」が組織問題を拡散させてしまう例がみてとれるだろう。

だが、注意してもらおう。「スローガン主義者」として、六〇年の私たちがもっていたローザ・ルクセンブルクの「政治指導論」との類似は、ただ状況認定を捨象した次元での類似にとどまるのだ。六〇年派の〈スローガン〉が投げこまれる大衆運動の地盤は、とりわけ五月十九日からの「自然発生的」な「市民」の国会もうでだったが、この「自然発生性」は原則的にローザの固執した大衆蜂起の暴力性はもちえないものだったのだ。つまり、「大衆の登場」はむしろ議会制的〈秩序〉を破った者への怒りによるのであり、運動の側が逆に戦後の秩序意識に支えられていた。そこには、なんら〈反権力・反秩序〉と一般化しうるような性格がなかったことは明らかである。「広汎な市民」として雑然とはしていても〈アナーキー〉ではなく、ローザが直面したような、蜂起が自然に武装するといった暴力性をはらんではいなかった。それゆえ、この大衆運動の中にいて、「事態の発展にさきんじて、現実の動きを促進しようと努力」した〈党〉の〈ヘゲモニー〉は、実際、「急進民主主義」のそれでしかありようがなかったわけである。

六〇年代の長い組織論の不毛も、根本では、組織問題の現実的基盤を欠くことからくる議論の観念性によったのだと思う。「組織純化論」と「ヘゲモニー論」とが、現実の大衆闘争のなかで不可避的に相剋と結合とを二つながら展開する局面が、真の意味で私たちの経験から落ちていた。そして、六八年以降の大衆闘争が「六〇年代の地平」を超えたとするならば、その「転換」は主として組織問題に凝集して生じているのだと断定することができる。いいかえれば、組織問題が大衆闘争の現場から切断されたり、あるいは「ヘゲモニー論」によって散逸させられたりすることの許されない大衆蜂起の現実が、私たちの経験の領野に座を占めているのである。

近代社会におけるこうした大衆蜂起の現場に組織問題の出発点をすえるとき、叛乱における個〈大衆〉がそのなかで新たに〈他者〉を発見しこれと結合した行為を形成していく全過程が、組織問題として追求されねばならぬことになる。そしてそれは結局、人間の共同態〈社会〉の宿命を発生史的に暴露することになるはずだ。なぜなら、大衆蜂起の爆発が開示するものは、組織にしろ階級にしろ総じてこれまでの社会的諸編成が内部から崩壊するという事実である。そのことによって、古い共同態の秘密は闘争主体自らの内で全面的に暴露されることになる。それゆえ、叛乱が要求する組織問題は、崩壊の巷において旧来の人間の結合様式が自然過程的に再生することに抗して、組織化の原初の過程を意識して歩むことになるのである。

ローザ・ルクセンブルクが気づいたように、組織化の著しいこの社会では、叛乱による組織＝社会・経済的秩序の崩壊は、たとえ局部的であっても、突然またたくまに進行する。フランスの五月革命はきわめて例示的なはずだ。このとき、蜂起の階級的純粋性を期待することは不可能である。蜂起は、縦——つまり〈政治〉への上昇においても、横——つまり各階級間の関係においても、きわめて無秩序に進行する。誰もあらかじめ順序をたてておくことなどはできない。したがって、たしかに、こうした蜂起は、「終り」もまた急激だ。だが、大衆蜂起の時代には、一発の蜂起による秩序の攪乱は、現在のフランスやイタリアにみられるように、経済的・イデオロギー的後遺症を一国全体に底深く拡げていく。そして、これがまた、再度の蜂起を機に情勢を一気に革命的昂揚へとせり上げていくことにもなるのだ。他方で勃発した叛乱の急激な鎮静化という事実は、もちろん外部の権力よりする弾圧によるだけではない。組織問題にとってより基本的なことは、叛乱内部における古き人間関係の再生である。それゆえ実践的にいえば、叛乱の無名の組織者がたんなる群集心理とは区別されたどのような団結の質を獲得しているかが問題にされなければならない――叛乱の「自然発生性」はその無名の組織者がいないことを意味するなどと考えるのは、愚かなボヘミアン気質にすぎないのだから。雑多な階層の蜂起にまぎれこむ日和見主義を、一片の規約やあらかじめの党の浄化によっては防ぎえないことが事実であるとともに、蜂起のなかで大衆全体に共有される「コミューン的団結」の無力と非持続性――この〈政治〉社会における――もまた確認してかからねばならないのだ。

　ローザ・ルクセンブルクが、大衆蜂起の時代における党の、いうなれば「スローガン的団結」「綱領的団結」の強調によって、事実上、党組織の拡散を招いたとすれば、彼女の組織問題はむしろ党の次元でよりも一層大衆蜂起それ自身のうちで、蜂起の内部構造の解明とともに、追求されるべき性質のものではなかったのか。いいかえれば、日和見主義そのものでしかない党および組合幹部との綱領理論をめぐる論争ではなく、社会民主党の現場活動家のいだく組織問題こそ、彼女の仕事が待たれていた領域だった。そうでなければ、組織問題が現実に問題となる時点が、同時に組織＝党の危機でもある、というパラドックスを克服する道が、どうして開けるだろう。

4

レーニンの〈前衛党〉が「権力を獲得した」という実績は、スターリン主義による絶対化を通じて、それ以後の闘いの組織問題に決定的な影響をおよぼしてきた。レーニンの党だけは、いつも暗黙の前提だった。だが、大衆蜂起の時代とこの時代の蜂起の秩序破壊力こそが、組織問題においても「前衛党」という前提を、さらに根源的な地盤にさしもどして破砕する。大衆蜂起は、〈党〉をもふくめた革命における一切の組織問題を、はじめて現実的な地盤にすえるのである。このとき、「大衆と党との緊張関係」だの、「自然発生性にたいする党の意識性」といった命題が、なお理論的・静観的な立場にすぎないことが確認されるだろう。既に在る党の前提よりして、自分の対抗者たる大衆蜂起の自然発生力にたちむかう姿勢は、なお外的・外部注入的にすぎる。必要なことは、〈党〉をその発生の根拠へ、すなわち蜂起を〈創りだし〉かつ蜂起を〈生きる〉無数の組織者へとさしもどし、ここから組織問題を再出発させることなのだ。歴史的にみても、「政党」だけでなく蜂起のあらゆる組織はこの点から発生している。組織は「前衛党」が出発点だと錯覚しているが、繰り返していうようにそれはレーニンの成功の絶対化がもたらしたものにすぎない。

いま、組織問題を再出発させるために、蜂起における組織のあり方を、政治の〈結社〉と名づけよう。組合にしても政党にしても、歴史上ではすべて〈結社〉として出発したことを想起してみれば、この名前は実は〈党〉以上の一般性をもっていることが予想できるだろう。

近代市民社会成立期に古い身分的諸関係の崩壊の巷で、人々は自己を「アトム」として表象した。この時点で、古い規範から遊離してくる「自由な労働力」としてのアトムを、新たな「社会的編成」

「社会的諸関係」に統括していくところに、近代の組織の出発があったのだとみることができる。闘う側の組織についても同じようにいえる。市民社会の成立期におしなべて自己崩壊の淵に立たされていた都市の職人や農村から追放された農民たち——政治的事件をきっかけにして自然発生的に街頭化し武装する者たち、すなわち一九世紀のフランス人がプロレタリアートと名づけた者たちにとって、身分的結合ではない新たな自己確認と他者の発見とは、文字通り未踏の領域での経験だったはずだ。この時期の闘いにおけるプロレタリアートの自己組織は、それゆえ、定められた社会的諸関係と社会的規範にもとづいて自己を規定し、それぞれの「役割分担」につく、ということでは成立しえなかった。プロレタリアートの結合は、自己と他者との新たな発見という過程をとってはじめて可能となった。近代民主主義の成立期に一般に「結社の自由」として表現された労働者の団結権は、こうした全的な意識性をともなって獲得されたものにほかならない。それゆえ、結社は「政治闘争機関」だの「経済団体」だのと、はじめから自己を限定することはなく、むしろ文字通りプロレタリアートの自己組織として成立しえたのである。

もちろん、私がいま〈結社〉の名のもとに組織問題を考えようというのも歴史的アナロジーによるのではない。だが、私たちの組織が意図するものもこの近代資本主義社会の〈諸関係の〉破壊であり、大衆蜂起の無定型の暴力のうちに出現する〈プロレタリアート〉こそ、この破壊を第一次的に表現するものだ。この時、〈プロレタリアート〉の組織問題にとっては、形式の上では同じようにいうことができる。

もちろん、もし蜂起を本能的で群集心理的な行為として純粋に「崩壊」の相でのみとらえるならば、蜂起の時代は組織問題一切を無に帰するしかないだろう。だが、これは単に皮相の見方であって、組織問題はなんら恣意の介入（「媒介」というおせっかい）なのではない。一方では、大衆蜂起にたいする秩序側の恐怖は、もっぱらこの蜂起の〈とらえどころのなさ〉に由来する。権力は、使い古された恐怖の代名詞で、やっきになって蜂起をからめとろうとする。「暴力的アナーキズム」あるいは「展望なきブランキズム」というふうに、秩序は蜂起に手垢のついた名前をおしつけ〈形にはめる〉ことによって蜂起の暴力を秩序の使う名辞のうちにとらえ、かくておなじみの〈政治〉の次元で対抗し決済しようとする。数多くの蜂起は、こうした秩序よりする〈形づけ〉——権力側よりする〈政治〉次元での組織化にどれだけ抵抗しうるかで、その持続力がはかられてきた。「危機の時代にあっては、あらゆる危機のなかでも最悪なものは議会であるということを、フランスは十分理解しなかったのか」と、パリ・コミューンへむかう破局のなかでブランキは叫んでいるが、[*21] ここでいう「議会」は正確に秩序よりする以上のような〈蜂起の組織化〉という文脈の上にある。

他方では、しかし、蜂起の〈形づけ〉は、蜂起にたいする反革命の対抗策としてのみ登場するのではない。あるいはまた、一つの蜂起が結果として或るタイプをもっていたことが「分析」によって理解されるという、結果論なのでもない。こんなことではなく、反革命が蜂起におしつける〈形〉に対抗するのは、まさしく蜂起の側が自分の闘いの形を、積極的な自己表現にまで高めていく持続的な努力なのだ。大衆蜂起の時代に、個々の蜂起を〈創り〉かつ〈生きる〉無数の〈組織者〉は、たんに本能的・心理的存在ではなくまた「純粋自我」でもないのだから、自分を他者に対象化する作業を通じ

＊21　ブランキ「議会は無用」『革命論集』加藤晴康編訳、改訂増補版：彩流社、一九九一年、三二一－三二二頁。

て自分の実践のスタイルを意識している。蜂起の全体としての無定形の印象からして、このような〈工作者〉の存在を否定するのは、さきにもいったように愚かしい傍観者にすぎない。

かつて私は、『叛乱論』のなかで、このような存在を〈アジテーター〉と名づけたことがある。つまり私は、「知識人」や「大衆」あるいは「労働者階級」といった社会的規定性が打ち壊され、「何者でもない者」として政治に登場する者たちのうちに叛乱をとらえたのである。そして叛乱のさなかでは、闘争者の従来の社会的諸関係は「アジテーターと大衆との関係」の弁証法のうちに投入される。それゆえ、〈アジテーター〉といっても「指導者」や特定の政治的役割を名ざすものではなく、アジテーター＝大衆の相のもとでのみ使われていた。だから、手垢のついた「プロレタリアート」の名前を捨てるために、大衆叛乱における〈プロレタリアート〉をアジテーターと名づけたのだといってもよい。

それゆえ、私はプロレタリアートを自己表現する大衆の相でのみ考えるのであり、〈アジテーター〉とは、すなわち大衆蜂起における政治表現の主体である。私はだから「政治に突入した」大衆以外に大衆の呼び名を使ってはいない。いやむしろ、叛乱をはなれた場における非政治的な大衆むけの「政治」は、私たちが考慮するに値する〈政治〉の、まさしく頽落形態であるにすぎないというべきである。そうしたレベルでの一切の政治の思考は空しい。

ところで、このような〈アジテーター〉が、蜂起をともに生きることが同時に蜂起を〈創る〉ことであると意識したとき、この者の行為のうちで蜂起の力は一つの〈形〉となってあらわれる。あらゆる〈創造〉行為がそうであるように、この意識性は蜂起を〈ひきおこす〉者が自分と蜂起を〈表現〉することである。本来規定不可能な人間の行為をこのように〈形あらしめる〉ことこそ、三木清ではないが、根源的に〈技術〉と名づけられるべきことなのである。技術といえば、この世の常識はただその瑣末な「現実有効性」の相でだけ思いうかべるが、それは近代テクノロジーが与えた倒錯であるにすぎない。人間の行為が、たんに本能的な生命発現としてあるのではなく、自己の行為の特有のあり方を意識したとき、行為は一つの〈創造〉行為となる。逆にいえば、こうした〈創造〉の意識性の現場でこそ、〈技術〉はたんに利用すべき「法則性」ではなく、〈創造〉行為の自己表現の問題となる。そして、組織問題は、いずれにしても闘いの〈創造〉ということをはなれては存在しない。蜂起の自然発生性に関して、党は蜂起を「作りだす」ことはできないといわれるわけだが、これはたんに党の一片の「指令」によっては蜂起を生みだしえないという意味であって、もしも組織が蜂起の力にただ「のっかる」だけ、つまり「ヘゲモニー」にすぎないのであったら、そこでは組織問題は反面、党の純粋な内部問題（「組織をかためる」）にしかすぎなくなるだろう。かつてそのような組織が問題に値する組織であったことはない。

ところで、以上のような行為の〈表現〉-〈技術〉の等質性を基礎とした、蜂起の〈工作者〉の共存在こそが、〈結社〉である。史上、政治結社は実に多様な思想内容と組織構造とをもっていたのだが、結社の存在をおしなべて特徴づけるのは、ただ結社を構成する者の行為の〈形〉=〈技術〉の著しさなのである。

だから、意識性のこの次元では、レーニンの結社の形（「前衛党」）も、結社存在の一つのあり方にすぎない。結社の形が、近代の政党のごとく、近代的な〈政治のかたち〉をとることは、結社の特別の型であるにすぎないのである（むしろ一般的には、結社は人間のファナティックで非合理的な狂気を表現する組織であることが多い）。このように結社の存在を一般的に規定するのは、その思想内容が合理的か非合理的か、あるいは政治的か反政治的か、等々によるのではない。政治をめざす結社も政治にそむく結社も、ともに同じく〈結社〉の範疇に同居する。結社の特徴は、さきにも指摘したようにその形式の強力さ、著しさであり、さらにつけ加えれば結社の成員の全人格的思想性の厳しさである。この両者は別々の事柄ではない。結社の形式は、つまり結社の「盟約」「規約」あるいは「規律」「戒律」であり、このように厳格に〈形〉を定めることによって、逆に成員の思想の全人格的結合をたえず蘇生させ持続させていく。いいかえれば、結社は近代において抽象的に規定された人間存在——「労働者」とか「知識人」とかの参与を求めるのではなく、なま身の人格そのものの参与を要求する。結社において「有徳の士」「教祖」あるいは「領袖」と呼ぶべき〈人物〉が、決定的に重要だったのはここからくる。

　私が組織の問題をさしあたってはその発生の形においてとりあつかおうとしたのも、蜂起の無定型な暴力にたいする結社の盟約の著しさを念頭においてのことだった。この結社の盟約については、いまは次の二つの事柄を指摘するにとどめなければならない。その一つは、政治結社の盟約式（入会式）が象徴する「死と再生」の儀式である。この儀式において、入会者はそれまでの自分の政治的な死（政治的自己否定）を確認し、そこから自己が何者かに転生することを象徴的に盟約するのだと、私には思われる。叛乱者が自己の社会的規定性に死を宣告して新たな共存在のもとに自己投企する叛乱の組織過程を、私はこの象徴のなかに読みとるのである（本書の「主体性の死と再生」で、この点はややくわしく指摘されている。——なお、ボブズボーム『反抗の原初形態』青木保編訳、中公新書[*22]をも参照）。

　二つめの事柄は、政治結社の盟約が結社の教義にたいする狂信にもとづく結合を意味するのではなく、盟約は自己の敵対者を明確に名ざすことを通じた盟友の誓いとなっていることである。「君は王政と王についてどう考えるか？——虎が他の動物たちにとって有害であると同様に、彼らもまた人類にとって有害である」――ブランキの結社〔「四季協会」〕の入会式はこうした問答から始められている。[*23]秘密結社がこの儀式の次第を固有の意味で「秘密」と考えたのも、自分たちの宿敵に直面する立場に由来するものであろう。それゆえ、結社の「閉鎖性」が権力への叛乱と無縁のものであるかに考える誤解を、とりあえず捨てておくことが重要である。結社の盟約は、したがって新たな自己確認であるとともに、同時に「宿敵」にたいする「味方」として自己＝われわれを確認することだといってよい。この「私」から「われわれ」への転移の過程こそが組織過程にほかならないのであり、これが新たな共同性の創出であるためには、「われわれ」への転移が同時に新たな「私」の再生に裏打ちされていなければならないのである。こうして結社の入会式における厳格に定められた秘密の盟約こそは、闘う者がたんにただ一人の本能的な行動者ではなく「組織の人間」であることを、象徴的に確認する様式となっている。

さて、政治結社の一般的性格を以上のように考えてみるならば、たとえばレーニンの党組織論論争が党規約（党の盟約）をめぐって展開されたことや、ボリシェヴィキにおけるレーニンの個人的権威の大きさの意味が、私たちに透けてくるのである。せんじつめれば、レーニンの党ももともと〈結社〉だったのだ（レーニンの「前衛党」が特にどのような結社であるのかについては、本書「大衆にたいしてストイックな党」を参照）。

*22　同書は抄訳で、のちに『素朴な反逆者たち――思想の社会史』水田洋・安川悦子・堀田誠三訳、社会思想社、一九八九年として完訳。

*23　ブランキ「四季協会の入会式」、前掲『革命論集』七三頁。

あるいはまた、ブランキの結社の場合だ。一八三〇年の七月革命からパリ・コミューン（一八七一年）に至る時代に、蜂起と沈黙の時期を通じて、もっとも鮮烈な印象を刻印しているのがブランキの行動なのだが、これは彼の個性に分ちがたく結びついた彼の結社のもつ力からきている。ブランキの結社は、バブーフ以来の「秘密結社」として知られているが、この結社のきわだった特徴は、「秘密」や武装蜂起にあるよりは、はるかに結社の〈盟約〉＝〈儀式〉にみいだされるのである（後出「ブランキスト百年」参照）。

あるいはまた、この組織問題の形式論のレベルでは、ヒトラーのいうこともひきあいにだすことができるであろう――「そもそも党とは何か。〔…〕大衆の役割も終わった。もはや数年に一度、言葉に酔わされる無定見な選挙人というものはなくなる。〔…〕大衆のかわりに、そこから成長した国民共同体、自覚し、組織された民族が登場するのだ。これがわが党である」「政党というのは誤った概念である。〔…〕私は結社（オルデン）と呼びたい」「結社の城の中で、世界が畏れをいだくような青年たちが、成長するであろう。〔…〕このようにして、私は数千年にわたる人間的馴致を拭いさる。このようにして私は、無垢で自然な材料を得る――なんとすばらしい素材だ。このようにして、私は新たなるものを創造できる」等々（ラウシュニング『ヒトラーとの対話』[*24]）。ナチ党組織論としてヒトラーに結社（古い東プロイセン貴族の結社の名前をとってオルデンと呼ばれていた）のことをふきこんだのは、直接にはナチ・イデオローグで神秘主義者のローゼンベルクであり、さらにいえば、ワイマール期のドイツ底部を色濃く染めていた復古主義であった（私はここで、ヒトラーの「党組織論」についてはたんなる例示にとどめなければならない。視点がずれるけれども、本書iiiの二つのナチス論を参照されたい）。

さて、組織問題のみなもととしての結社の一般的な性格とその例示については以上の点にとどめ、結社の成立を大衆蜂起との関係のなかにすえてさらにいくつかのことをつけ加えておこう。

ここに問題にしている結社は、いうまでもなく政治結社、すなわち宿敵としての権力に直面している蜂起の組織者の団結形態をさしている。このような結社の発想は、くりかえすが、革命運動内部にある他の形の組織や闘争との関係のレベルからまずイメージされているのではない。それゆえ、闘争者の団結形態を〈結社〉として表現する結合のスタイルは、この者たち自身によって終始厳格に対象化され問いつめられるものとしてある。結社の発想は、ある結社と他の組織との上下の関係やあるいは連合・共闘関係のなかで発想されるものではない。それゆえ、大衆叛乱のうちで半ば自然発生的に結成される多様なグループやそれらの連合・共闘のなかで、政治結社は一つの政治思想を明確に組織表現として意識し刻印していく、闘争主体の〈政治〉への登場を意味している。こうして結成される結社が、蜂起から勝利への「有効な」戦術として、どのように共闘を組みヘゲモニーを発揮するかは、その結社の政治思想の内容と政治の技術のレベルに属するのであり、もはや結社の発想を超えた問題である。むしろ結社は、叛乱における「前衛党」の形骸や死語となった戦略教条への固執を破砕し、かえって新たに〈政治〉の地平をきり拓くのである。

以上のように、結社は現に在る大衆運動によって、これと緊張するために急遽作られた結合ではない。むろん、結社は大衆蜂起のただなかでこれを生きるのだが、結社は自己の結合自体を問題にする。結社は、背後に指令部を、そして前方に大衆を立てて自分を位置づけるのではない。結社が示すのは、

＊24 ヘルマン・ラウシュニング『ヒトラーとの対話』船戸満之訳、改題改訂新版・学芸書林、一九七二年、二二七頁、二八四－二八五頁。

蜂起をつらぬく自己の行為の形の独自な持続性である。それゆえ、大衆蜂起を生きる無名の結社は、ほとんど歴史の表面にあらわれてくることはない（レーニンやブランキの結社は、いくつかのとびぬけた例外であるが、どのような結社がこのような「例外」となるかは、結社という結合の形からは結論できないのであって、それはもっぱらその結社の思想内容と政治の力による）。したがって、無数の無名の結社は、時代の蜂起全体を「代表」したり、そのイニシアチブをとることがないとしても、蜂起の沸きたつ大混乱のなかに結社は一つの鮮明な〈形〉を刻むのである。もしも、大衆蜂起の瞬間にだけ、党が蜂起の外から〈〈政治〉の次元から〉スローガンと戦術を投げ与えるものにすぎないなら――つまり、蜂起の一瞬が党にとって純粋の所与なのだとしたら、こうした事態は党にとって完全なペシミズムを意味する以外にないだろう。党の計画された武装蜂起が蜂起全体の中軸を貫く鮮烈さは、蜂起の無数の結社が蜂起の内部から創りだしていく〈形〉なしにはありえない。一八七〇年一月十二日、ヴィクトル・ノワールの葬儀に際して、パリの雑踏を貫いていく「ブランキの軍隊」の沈黙の行進は、まさしく群衆の混乱が同時に、沈黙の層においてではあれ、鋭く〈表現〉されていたことを印象づける。[*25]

現に在る大衆運動における政治的必要性という発想を拒否する結社の団結は、自らの思想によって闘うべき相手＝権力をむしろ「設定」する。結社の想像力が権力を立てる。したがってまた、「想像力が権力をとる」。それゆえ、このレベルでは、多様な結社の共通の確認は、この世に権力があり抑圧された者たちが存在する、という一点にあって、この権力なり階級なりを「科学的・戦略的」に一義的に名指すことはない。権力が目標として鮮明に像を結び難い近代社会にあって、たとえどのように珍奇・矮小なものであっても闘うべき権力を自ら強いて設定するところに、結社の荒唐無稽で革命的な主体性がある。歴史上のテロルの秘密結社も、権力を具体的な人物にみたてるところに成立する。

結社が自らの想像力で権力を立てることは、これへの闘いの様式がたんに闘いの帰結というにとどまらない独自の表現となることを意味する。つまり、権力の認定と「味方」としての結社の誓約形式とは同じことである。

それゆえ、大衆叛乱において「どのような権力といかに闘うか、いかなる革命を建設するのか」という問いは、結社のレベルでは多様性をまぬかれないことになる。むしろこの多様性の発生を基盤として、「どのように、いかにして」という政治の問題をめぐって、叛乱内部の諸組織・諸分派間のヘゲモニー争いが発生するのだといってもよい。だから一般には綱領的思想と戦略によっては規定しがたい結社の思想と組織は――といっても、もちろん蜂起の時代の思想ということだが――結社の結合と闘いの形を、そのまま政治のリアリズムに接続することができないことを示している。つまり、この世の権力の獲得と行使にとって、結社がどの程度「有効」かという問いは、結社の形からは発せられない。たとえば、権力奪取の蜂起のためには、「部隊の厳密な中央集権制」を必要とするという争

＊25　ギュスターヴ・ジェフロワ『幽閉者　ブランキ伝』によると「この奇妙な光景に誰も気がつかないまま、ブランキは閲兵した。仲間たちが人ごみの中から規則的に現われ、ざわめきと喧噪の中を黙々と行進するのを、老人は木によりかかり、群衆の中で見ていた。〔…〕二千人近くの人員が分隊に分れ、〔…〕しっかりと元気な足どりで歩いていたのである」（野沢協・加藤節子訳、現代思潮社、一九七三年、二四一頁）。

Victor Noir（1848－70）本名イヴァン・サルモン（Yvan Salmon）。ジャーナリスト。反体制派の『ラ・マルセイエーズ』紙の記者だったが、皇帝ナポレオン三世の従兄弟ピエール・ボナパルトに射殺された。民衆の強い憤りを招き、第二帝政への反感が高まった。

う余地のない政治の知恵が、無数の結社の「連合」や「統一戦線」によって得られると想定するのは、あまりにも空想的すぎる。結社の発想は、総じて、レーニン主義とアナキズムのどちらに自分を接続させていくのかという問いを拒否しているのである。結社にとっては、大衆蜂起を引き起しこれを生きる闘いの独自の形こそが核心であり、これなくしては、闘争者が、大衆蜂起の瞬時の爆発においてだけでなく、その前後を通じて持続しうる闘いの形はありえないということである。

したがってまた結社の発想によっては、結社の思想と内部構造を政治的に「評価」する視点は与えられない。歴史上の政治結社の内部構造については、したがってあらためて委曲をつくすべき問題だけれども、しかし次のことだけは指摘しておきたい。これまで、結社の厳しい内部規律は「自由な主体」を許さないことが多かった。つまり、自由を求める結社の不自由、専制打倒をめざす結社の専制という、バブーフ以来の秘密結社の内部構造は、蜂起の暴力のただなかにあっては、むしろ「解体」の対象となるようにみえる。事実、歴史上もそのような現象を呈している。だが、この事実は二つの問題を私に想像させる。たとえばちょうど民衆の祝祭のエネルギーが、同時に「祭儀」の形をとって、「儀」すなわち「法《のり》」にしたがって幾重にも呼び出され加速されていくものであるように、大衆叛乱のアモルファスな事態も、決して本能的群衆の混乱というものではなく、本源的に〈法《のり》〉=〈技術〉と相剋しているのだという事実が、ここに想起されねばならない。予言者と祭司集団——この問題は際限もない。だが史上、教団結社がそうであったように、叛乱の結社もまた集団的エクスタシーが本来もつ技術性を端的に表現するものなのだと考えてよい。したがって、結社の内部専制という問題は、なんら蜂起の宿敵とする「専制主義」の問題なのではない。この点は第二に、バブーフ以降の秘密結社の「専制的」位階制と秘密主義とは、決してたんに権力側の弾圧に強いられてそうなったものではなく、バブーフたちの組織思想に積極的に支えられたものであることを想起する必要がある。この思想とは、革命の全過程を疾駆せんとする者がもつ、叛乱民衆の持続力にたいする「不信」の念であった。いいかえれば、崩壊する時代における民衆叛乱の「主体性」のもろさを確認することが、秘密結社に厳格な規律と教育（「型にはめる」こと）とを採用させたのである。それゆえ、バブーフの結社の構造も大衆叛乱における結社の一般的性格を端的に具現しているとみることができる。

ところで、結社はしばしば蜂起の非合法武装集団として結成される。この「軍事」問題を大衆蜂起の組織表現の問題として考える場合には、「軍事」の有効性を論じるまえに、いま一度大衆暴力の構造に立ち入ってここから出発する必要がある。大衆蜂起における暴力の形成期にあっては、大衆暴力は主として社会的規範にたいする破壊の宣告として、時代のイデオロギーと市民意識とを逆なでしつつ発揮される。大衆暴力の無定型というのも、この時点での暴力が秩序一切にたいする反改良的破壊として、全体としてたんに「反権力・反秩序」を意味するにすぎないからである。叛乱の暴力はかえってこのために共同体秩序にたいする破壊力を発揮するのだが、しかし叛乱の過程で大衆暴力は、自然発生的な自衛武装の組織を通じて、不可避的に国家権力の暴力装置との対決、内戦へと加速されていく。けれどもいうまでもなく、大衆暴力の自然発生的な自衛武装によっては、この「勝負」の帰趨は明らかである。こうした大衆暴力の経験の成熟、暴力のサイクルを通して、私たちが知るに到るのは、「だから本格的な軍隊が必要だ」ということではなく、暴力の経験が大衆暴力の性格を尖鋭に二重化したという事実なのである。すなわち、大衆暴力の組織化と「戦争」の軍事＝武装とが、ここにはじめて二極的に相関する局面が拓かれるのである。大衆暴力の発揮から革命戦争の暴力（武装）へのこの過程を決して単線的に理解してはならない。両者はあくまで全体としての大衆蜂起の暴力のうちに矛盾関係として生起する。いまここで、このような関係を実際的につまびらかにすることは必要ではない。ともかくも、革命の武装結社もまた大衆暴力の特別の組織表現として、組織の根源を大衆叛乱のうちにもつのである。その意味で武装結社もまた暴力の多様な組織表現との抗争に入るのである。逆にいえば、暴力に表現を与えようとする無数の組織者の経験は、それを通じて武装蜂起の組織、すなわち端的な技術有効性のレベルを開くのである。ここでもまた、結社の発想が、大衆蜂起にたいして〈政治〉の領域を相対化することによって、かえって逆に〈政治〉の固有の論理を確保する、という逆説がいいうるのである。

この最後の点は、結社の発想の政治的帰結として一般的に次のようにまとめることができるであろう。

大衆蜂起の時代における、自然発生的叛乱の暴力にたいする「意識性」の組織的表現は、政治の〈結社〉として実現されるわけであるが、このようにして確保された結社の発想は、同時に結社の発想をはみだす。

いいかえれば、叛乱における団結の意識性の問題をこの地点から出発させるならば、ただちに別な問題が再び回帰する。すなわち、この「意識性」の内容の問題であり、それは大衆蜂起の暴力性の組織的表現である多様な結社によっては、決して一義的に規定されえないのだ。たんに暴力にたいする〈形〉の相克から組織問題をたてたのでは、革命の理論的・戦術的・道徳的力の問題、およびそれらに規定される組織の内部構造の評価はなしえないことは当然である。実際、大衆蜂起の暴力性が、極右ファシストの「暴力革命」にからめとられていくか、あるいは日和見主義によって「制度化」されていくなどの可能性は、結社の結合であるゆえに阻止しうるものではない。

それゆえ、この地点ではじめて、叛乱のヘゲモニーの問題が登場するのである。大衆叛乱を所与とし他方で「前衛党」などの組織を前提にし、この両者の関係としてヘゲモニーの問題をとりあげるのであれば、依然として組織問題は組織の「戦略」や運動論に解消されてしまうであろう。私はそこで、一つの組織〈結社〉が叛乱の内で他の運動や組織と現実に競合するに到る、その道筋を結社論のうちに描いてみたのである。したがってここに至って、結社がその団結の思想的内実を、相互に厳格な批判にさらさなければならない地平を、〈結社〉は拓いたのである。いまや、大衆蜂起における多様な政治結社は、「いかなる権力とどのように闘うのか」という論争とヘゲモニー抗争へとたえず開かれていかねばならない。唯一の「前衛党」へと統合されねばならない、というのではない。蜂起の時代の多様な結社を、なにか中央委員会の支部組織に変形することが不可能であるとともに、結社が結果として「連合」された力に結実すると考えるのも安易な想定にすぎない。このような問題は、結社から提出される問いであるとともに、結社という団結形態をはみでる問題でもある。結社の闘争が、一方では結社外の広汎な「大衆」へと開かれていくのはこのような意味でなのだ。しかし、この問題は、当面の組織問題の射程に入れることはできない。

大衆蜂起の時代には、つねに、蜂起の「端緒」は同時にその「徹底性」の開示である。「端緒」というのは、大衆蜂起がなお局部的・散発的な現象にすぎないことであり、蜂起の創り手たちの結社には、依然として多様な蜂起を経験する領域が存在している。この状況はなおいつ果てるとも定めがたい。だから、観念がすでにして「党」の意識性による蜂起総体の組織化と計画化をはかっても、それはなお空転を余儀なくされつづけるだろう。「党」の立場からみれば、多様な結社の成立はゼネラル・アナーキーの様相を濃くしているが、それはおしとどめることができない。

他方で、大衆蜂起の時代の入口における蜂起の徹底性は、いま、長い間の党組織論論争のカリカチュアを、すでに十分に粉砕してしまっている。蜂起の時代の端緒が、自然に時間をかけて、全問題を現実的に成熟させていくと期待することはできない。旧秩序のすべての組織とそのイデオロギーをそのままにして、蜂起は恣意のごとく突然爆発する。蜂起を前にして、すべての組織は多少ともその無防備体制をさらしてしまう。そして、この備えのなさは、蜂起の急激な減衰によってむくいられることにもなる。蜂起における無数の無名の結社が、必要に応じて連合して中央委員会を不可避的に結成すると仮定しても、事態の急激な徹底化が即製の指令部の現実的機能を防げるだろう。

このようにみれば、蜂起の時代の端緒が同時に蜂起の徹底化をもたらす状況にあって、闘う者は大衆蜂起の創り手であるとともに、蜂起の持続と勝利を用意する団結形態を創りだす者でもなければならない。くりかえすけれども、この仕事は、さしあたって、「党」とその「細胞」または「大衆団体」によって、それぞれに分担される分業としてはありえない。時代は、蜂起にとって、いぜんとして絶頂を含んだ端緒でありつづけるだろう。

最後に私は、再び石川淳を引いてこの小論を終りたいと思う。『天馬賦』では、学生たちの秘密結社「ムンツェルさんの友だち」の会の蜂起をまえにして、こういわれている——

破壊のあとになにが来るんだと、せつかちなやつがいふ。なにも来さうもない、だめではないかと、くちぐちにののしる。すぐにこれといつて目に見えるものがあらはれないのは、わかりきつたことだ。さう早くなにが来るものか。西洋の歴史では、すでに何世紀にわたつてかうだつた。今にして、運動はやむときを知らないのだから、今後もなほつづく。まあ千年戦争だらうな。おそらく負いくさつづきの千年だ。この千年のあひだ、運動する人間には未来の夢にふけるひまがない。ここにたたかひといふ事業があり、破壊といふ工作がある。労働だよ。それだから、生活はたのしいことでもある。[*26]

（70・3・25）

＊26　石川淳、前掲書、一八四－一八五頁。

主体性の死と再生
――自分は誰なのか

1　経験の〈経験〉

マルクス主義が関連する問題について、文献上のせんさくをやめて久しい。この二年〔一九六八－七〇年〕ほどの運動のうちでも、私はそうしたことを必要と感じなかった。いまも人はなぜ、現に在る状況をまずもって「マルクス」の言葉で表現しなければならないと感じるのだろうか。たまたま雑誌を開いてみれば、たとえば「個別科学者」を自認する三浦つとむが、こんな「分類」を開陳していた――「現代の革命について原理的に論じる人びとの中には、哲学ないし文献に述べられている原理を前提にしてそこから具体化しようとする者と、逆に過去に述べられた原理をいっさい否定して経験から出発しようとする者とが目立っている。後者は科学的社会主義を否定するアナキストで、数も少ないが、前者はマルクス主義を名のる人びとに多く〔…〕」[*1]云々（『構造』七〇年四月号）。

馬鹿げたことだ。この者にとって、これまで一体なにが「経験」だったのだろう。彼の文章は、戦後から六〇年代にかけてただ変ることのない自足ぶりを感じさせ、いつも私を苛々させる。「原理」といい「経験」というとき、人はこれらの言葉で何をわきまえているのか。〈戦後精神〉にみられた、このような言葉への特有の精神の凝り様を、私たちの〈経験〉はすでに十分に振り捨てているのではなかったか。たとえば「文献に述べられている原理」という。しかし、時代の正統からマルクスの名によって威嚇されてきた世代の人間が、それを逆手にとって、「正しいマルクス」によって相手と闘っていた時代には、現実の闘いの〈経験〉がその固有の地平を開くことはなかったのだ。マルクスの名によって互いにあげつらった者たちは、正統も異端も、こうした経験への反省の契機が自らに存在しなかったようなふりをしとおしてきた。私たちの経験は、少くとも、「これが正しいマルクスだ」とか、「レーニンにも誤りがあった」とかいう、「哲学者」「個別科学者」をとりまぜた、「文献上の原理」のこけ嚇《おど》しにどやしつけられることのない地点にまでは成熟している。私たちはこの地点から、彼らにたいして唸り声を発することができるのだと、いっておかなければならない。「文献上の原理」を、個別科学によって「実証」された法則としての原理に置き換えたとしても、それは同じことだ。

「哲学者」を嚇す言葉としてのこの「実証科学」というスローガンは、戦後の過程を通じて、正統マルクス主義にたいする「個別科学者」のマルクス主義の武器だった。しかしいまでは、マルクス主義のうちでの「個別科学」の内縁の関係は、すでに実証科学の自立によって、天下晴れて解消されてい

＊1　三浦つとむ「現代革命とレーニン哲学」『構造』一九七〇年四月号、強調引用者。

る。「個別科学者」たちが、自分の営為を不断に実証へと外化する以外に自分を確証しえないのだと決意することは、いまやまったくの自由である。私は、分析哲学風の決意を尊重したいわけではない。「有意味のことを明晰に語れ、そして、無意義な命題、表現しえぬ事柄については、沈黙せよ」、だがしかし、現在のマルクス主義思想や政治的経験の地平にたいする、こうした「原理」の独善主義はたくさんだ。

文献上の原理であると実証的法則としての原理であるとを問わず、「原理」にたいし私の経験などをもちだせば、そこに人は「絶対的思想」からのありふれた「転向」の姿しか思いうかべないかもしれないが、それは勝手だ。一度は知に手を汚した者たちが、大衆の生活世界にもぐりこんで経験を僭称したところで、他の方向からするこけ嚇しにしかなりはしない。それは、経験への退行であって、私の〈経験〉の深化なのではない。「観念」から醒めて、「経験に帰れ」「大衆に帰れ」などというスローガンが登場する場面を私たちは見あきてしまっている。知にたいする大衆の知恵をもってするありふれた二元論――こうしたものを破壊する〈経験〉の深化こそ、私たちには避けえないものだ。この二元論は、いいかえれば依然として「知識人と大衆」というインテリゲンチャの問題設定であり、私（たち）の〈経験〉が無効にしてきたのもこのような問題構造そのものだったのだ。

私たちにとって、みなれた「原理」のあり方が破砕されたからといって、個別的生や個別の経験の具体性にたちもどり、これに固執する道が残されているわけではない。それというのも、あらゆる「原理」といえども、〈戦後〉における人の生のそれぞれの具体性から「発生」し意味付与されてきたものにちがいないのであり、私たちの〈経験〉は「原理」をくずすことによって、同時に、対概念としての戦後からの「経験」をも無効にしているのだ。いま、私たちは、個別的生の経験が認識・理論

（「原理」「法則」）へと抽象化され、それがまたいわゆる「初心へ帰れ」として逆倒されるという、戦後から六〇年代への経験の一サイクルを〈経験〉してきたのである。

こうして、私の〈経験〉は、それが時代に新しい〈地平〉を開いたことで、経験の〈成熟〉に値する。私がみるものは、私の固有の経験の成熟でもなければ、経験から帰納された超越的客観性なのでもない。個別的生の経験が、かえってその主観性（個別性）の極みにある普遍的地盤を掘りあてる、ということがあってはじめて、〈経験〉は、逆説的にも「個人的経験」の意味を破砕し、かつまた「原理」（理論認識）をも根本的に「外在化」するのである。〈経験〉の逆説的な〈普遍性〉は、あくまで、個別の生の個別の経験が、時代の底にその発生の地平を発見したことの認識を意味するのである。

時代の〈経験〉の成熟については、私はかつて、「それは、なお始まったばかりなのだ。『覚悟せよ！』――なんと日本風の格律か」と書いたことがある。[*2] 私たちの経験の成熟が、時代にたいする私の〈覚悟〉となる。覚悟などというこの大仰な物言いが、私にある静謐な境位を開くというのではない。経験世界への退行でもなく、法則の実証へと自分の生を外化させることでもなく、私の〈覚悟〉は、総じてこうした方途への不断の苛立ちでしかない。

ともかくも「アナキスト」にたいしてであれ他の誰にたいしてであれ、「原理をいっさい否定して経験から出発する」などという批難は、私たちには無縁のものだ。「原理」といい「経験」といい、まさしくそれ自体の反省を促す〈経験〉が成熟しているとき、それらの言葉をレッテル張りのために使用することをやめよ。このような言葉は、すでにカント以降の認識論の長い系譜がつまびらかに展

＊2　本書後出「欺瞞的で自由なゲリラ」三七五頁。

開してきたものにほかならない。認識問題を実証科学以降に出発させる唯物論者の錯誤が、これらの概念を反省することをおこたってきただけではないか。

2　権力体験

「国家権力の打倒」という〈スローガン〉および「プロレタリアートの階級（意識）形成」という〈組織の問題〉は、一般的にいえば、政治における「理論」と「制度」の問題といえよう。そして、私たちの政治経験の地平でも、個別的な権力にたいする個別の生の経験が政治の「理論」と「制度」へと抽象化され、さらにこの過程が逆倒される、というサイクルが、すでに経験された。

政治の経験の発生地点でありかつまた帰還点でもある地平を、私は〈権力体験〉の地平と名づけてきた。私たちの政治的生は、市民的政治生活などといわれようとも、その内部でさまざまな権力（の論理）との格闘からなりたっている。いやむしろ、私たちの政治的生は、権力（の論理）にたいする敗北の連鎖からなっているといわねばならない。この〈敗北〉のくやしさが、いつの場合にも、私たちの生を〈政治〉へとおしあげていく。政治へのこの上昇の過程で、私たちはさまざまな政治のかたちを経験し、ある場合には、自分は政治家と自認する地点にまで到達する。理論と制度としての政治もまた、このような政治的生の多様な遍歴によって「意味」を付与されて成りたっている。

もしも、何がしか制度化された政治を前提にする立場をはなれないならば、政治の問題は、ただこの世における政治の社会的機能の問題にしかならないだろう。権力にたいする個別的体験といっても、こうした政治にとってはたんに初歩的な契機であるにすぎない。しかし、理論‐制度としての政治は、支配体制の政治であれ革命をめざす政治であれ、その肥大化と硬直化の局面で、かならず叛乱をともなう過程によって、政治の原初の経験へと破壊されざるをえない。いや、私たちの生の経験に即していえば、私たちの政治的生の遍歴の途上で、私たちは〈権力体験〉の〈くやしさ〉の地平に、ますます深度を深くしつつ幾度もたちもどらざるをえないのだ。このような原初の経験へのたちもどりによって、私たちは、政治的遍歴の途次身につけていったそれぞれの政治の経験を、ふりはらい破砕していくのだ。〈くやしさ〉の地平への幾重もの帰還において、〈この世には権力がある〉〈権力にはすべてが許される〉という確認が私たちの政治的な生の〈経験〉となり、また〈覚悟〉となる。

それゆえ、私が、個別の生の〈権力体験〉というとき、それは、必然的に政治〈制度〉へと揚棄されるべき、経験の個別性に固執することではない。ここでも、政治という「普遍」にたいする個別的「経験主義」は空しいことだといわねばならない。私たちの政治的生の経験が〈権力体験〉の地平を開きうるのは、個別の具体性から政治への抽象化も、また、政治〈制度〉の個別的生へのさしもどしも、ともに避けがたく幾重にも経験されるという、時代の経験の成熟があってはじめていいうることなのだ。このとき、私たちは、個々の経験も制度化された政治をも、ともにこの〈権力体験〉の地盤で破砕する。あらゆる文化現象と同じように、政治にもまた重層化した意味の歴史が沈澱しているのだから、この歴史を発生史的に逆探査し解体することによって、政治をもとの原初の〈経験〉にまでとりもどすことなのだ。くりかえすけれども、それは非政治的生への退行ではなく、かえって政治の宿命への〈耐え〉なのである。政治の思考も、この〈経験〉以降、くりかえしてこの地点から出発させなければならない。

私は、まえに、このような「経験」と「政治」のサイクルを、戦後から六〇年代の政治経験のなかであとづけたことがある。いま、再度この過程をくりかえすことはしないが、ただ次のような経験をあげておこう。

〈戦後〉から六〇年代にかけて、政治の経験は典型的な意味での「国家経験」をもつことはなかった。「典型的な」というのは、たとえば、国家主義‐絶対主義国家の時代の圧倒的な「国体」の跳梁があげられるだろう。「国家！　国家！／国家といふ問題は、今の一部の人達の考へてゐるやうに、そんなに軽い問題であらうか？〔…〕／昨日迄、私もその人達と同じやうな考へ方をしてゐた。／今、私にとつては、国家に就いて考へる事は、同時に『日本に居るべきか、去るべきか』といふ事を考へる事になつて来た」と明治四十二〔一九〇九〕年に石川啄木が書いている。[*3] このとき、人は日常生活のあらゆる末端においても、「国体」思想の暴力に直面していたにちがいない。市民的生活のなかで、強いて切開しなければ対面することのない国家暴力などは、あの時代にはたんにふやけた気安めでしかなかったろう。他方では、また、「革命とは国家権力の問題だ」と宣言された「革命の時代」の典型がある。ここでは、闘う者の経験は、自分たちが打倒し獲得しそのうえで行使すべき国家権力の問題へと、ほとんど自然的な過程で上昇していったかにみえる。

けれども、このように典型的でそれゆえにある意味で一面的な「国家体験」にくらべると、市民生活と大衆叛乱の時代の経験は、生と政治経験とを分離しえないサイクルとして問題化するのだといえるだろう。かつて、薄暗い自治会室にすべての種類の新聞をそろえて政治過程の展開を分析し、これに即して国会へとむかうデモンストレーションの戦術とスローガンを決めていたとき、かりそめ、私たちは国家権力と直接に対峙・対抗しているかに思っていた。問題なのは「政治」であり「国家権力」なのであり、これにくらべれば、個別の生の権力体験などはとるに足りないことに思われていた。

しかしその後、ふたたび闘いが局部より創られていき、この新しい闘争のうちで、六〇年の世代が、たとえば「全共闘は人生論で闘争を組織しようとしている」などとなかば自嘲をこめて皮肉をいったとき、かつての政治経験はすでに完全に崩れていたといえるだろう。こうして、私たちは、個別的で矮小な権力への闘いだから（「国家権力」にたいする闘いでないゆえに）闘いもまた「矮小」だとする考えを振り捨てなければならなかったのである。私たちの生が、〈権力体験〉の果てることのない連鎖なのだという覚悟は、個々のあらゆる権力関係の切開によって政治経験の再生をはかっていこうとするだろう。人はいま、観念の道具だてによって、闘いの制度的「成果」のとぼしさや、権力経験のささいさ、矮小さに耐えることをやめてはならないのだ。

「国家権力の打倒」と「階級（意識）形成」という、革命をめざす政治にとって基本となる事柄も、そのもつ根本のパラドックスに目をつむったままで論じてはならないだろう。この二つの事柄が、革命の政治にとって基本的だというのも、権力体験の地平からの政治の発生が、まさしく理論と組織を二つの軸としてなされるからにほかならない。

「権力にたいする各人の体験が、ただちに〈政治〉の経験だといわれるわけではない。それは、この経験が個別的な生の体験の次元にとどまっているからなのではなく、経験がなお一般的意志（スローガン）と抽象的な名辞（階級）へと構成されてはいないから」だと、私はかつて書いたことがある。[*4]

*3　石川啄木「きれぎれに心に浮んだ感じと回想」『時代閉塞の現状　食うべき詩　他十篇』岩波文庫、一九七八年。初出は『スバル』一九〇九年一二月号。引用にあたり旧字を新字に改めた。

*4　本書後出「政治的言語のために」三八〇頁、強調引用者。

個別的権力経験においては、闘いの対象としての権力の相貌はまさしく千差万別のものである。特殊で矮小な権力者の姿であるかもしれないし、国家権力の暴力装置との直接的闘争の場面もある。あるいはまた、たんに権力の論理というべき力との対決である場合も多いだろう。したがって集団的政治の目的設定にとっては、個人のレベルでの多様な闘いの意志は、明確な打倒目標にスローガン化されなければならないだろう。政治のスローガンによって、このような意志の一般化、行為対象の抽象化がはかられている。これはしかし、個々の闘いが集団的政治の力へと結集されるさいに避けえない体験の理念化というにつきるものではない。あるいはまた、たんに「国家権力打倒」という観念の設定から天下り的になされる体験の統合なのでもない。この政治への理念化（理論化）には、近代における権力の構造そのものが反映している。私たちの経験にとっては、たしかに権力はある。しかし、それは確たる実体、具体的物というよりも、しばしばむしろ権力の構造あるいは論理というにすぎない。実際、たしかな実体としての権力を名ざすことからはじまる私たちの権力への闘いは、いつも「結局真の権力はここにはない」という経験によってはぐらかされてしまう。個別の闘いといえども、権力を何か一個の人格的実体へと結像させうるのはまれである。あるいは、私たちの地域のある一角に権力の領域を指定することもできない。早い話が、城主を権力者とみたてて城に攻めのぼるといった光景を、私たちはイメージしえないのだ。いうまでもなく、権力実体を名ざすことが、かくもしばしばはぐらかされるということは、近代の権力支配の狡智以外のものではない。それゆえ、権力支配の打倒の政治にとっても、権力は個々の人格や物質的力としてでなく、まさしく一つの全社会的構造として透視されなければならなくなる。「国家」という理論の抽象には、以上のような経験が沈澱しているのである。もちろん、支配構造の崩れた地点で、権力がむきだしの暴力となって出現する場合もあるけれども、これは権力の側からいえばあくまで支配の構造の破綻を意味する。あるいはいいかえれば、私たちは多岐にわたる権力の構造を露呈する闘いのはてに、結局は、この権力の暴力装置をあばきこれと対面することなしには、国家の打倒を展望できないのであり、このプロセスは決して逆ではないということだ。権力の暴力の発動場面でだけ、国家が暴力装置かいなかを論ずるのでは、闘いが権力構造のはぐらかしと抽象化をかいくぐって、まさしく「国家」存在をあらわにする道筋が、忘れられたままになってしまう。

それはともかく、個別の権力経験から「国家」への道筋はこのように遠い。〈遠い〉というのも、物理的時間や道程の長さには関係のないことだ。私が、〈権力体験〉の〈くやしさ〉というのも、私たちの闘いが具体的に体験できイメージできる抑圧者（の論理）と格闘して〈敗北〉するだけでなく、その道筋がいつも中途で、政治のスローガンや支配の構造のはぐらかしによって、闘いの推理の糸を見失ってしまうことをさしている。そして経験の成熟によって、「政治」の発生の現象がみすえられるならば、この権力体験の地平から政治国家の存在は〈遠い〉のである。このような時代の経験にとっては、権力経験の政治への一般化、スローガン化が一つの必然的「法則」だなどということはできない。フランス革命の昔から、「民衆の教育」ということがあれほど叫ばれてきたのも、いまとなれば、政治的生の地盤と政治〈制度〉との根源的〈遠さ〉から発しているのだと思わねばならない。レーニンが、現に在る闘いにたいして〈政治〉の意識が「外部注入」でしかありえないことを、繰返し強調したのも、このように意訳しなければならない。「国家権力」の問題も、その打倒であれ獲得・行使であれ、生の政治経験にとっては、このように根本的に「外部」の問題なのである。一般的にいって、革命の政治における戦略的「理論」の位置は、それが文献上の「原理」であれ「実証」された「法則」であれ、現実の闘いの〈経験〉という根源から遠いのだ。

「階級（意識）形成」の問題についても同じようにいえる。この場合については、近代社会の支配もまた同じく人を「階級」に形成せずには存在しえないという事実を、議論はしばしば忘れている。権力の秩序にとっては、それぞれの社会的位置に登録されていない人間、〈何者でもない〉大衆の存在ほど無気味なものはない。大衆のそれぞれに社会的役割分担を与え、大衆を分業の体系に配分することで、はじめて政治支配は一つの制度として安定する。大衆自らにとっても、社会的分業の構造に自分の地位をみつけ、ここで自己を確認するという営為が確立されなければならない。いいかえれば、人は、〈他人〉をなま身の人格としてではなく、社会的分業に規定された存在とみなすようになってはじめて、支配はアナーキーを克服する。

革命の政治における「労働者階級の形成」も同一のリスクをはらむことになる。個々の権力経験における個別の生の多様さは、「階級」闘争という抽象化によって組織的団結を形成すべきものと考えられてきた。プロレタリアートの階級形成にあって、ブルジョア的な分業やヒエラルキーが無縁のものであるかどうかは、いま問うところではない。〈権力体験〉へと成熟した経験の、その根源的匿名性にとって、一般的名辞――「プロレタリアートの階級」を名のることは、やはりおなじく〈経験〉の頽落のかたちにはちがいない。ことに、この階級存在が「党」に指定された一つの制度にまで堕するとき、人はこれに、「プロレタリアートではない労働者階級」といった奇妙な名前をつけ替えねばならなくなる。

こうして政治経験の頂点での硬直化において、政治の「理論」も「組織、制度」も、ふたたび原初の経験へとさしもどされざるをえない。しかし、これが、お題目の綱領と制度化された組織とを日常的経験へたんに転倒するにすぎないならば、いずれにしても日常の価値意識の視野は破壊されない。そうなれば、〈権力体験〉は、まさしくレーニンが〈政治〉の名によって批難した、「日常意識の延長上」の「自然発生的な」闘いへの固執というしかないだろう。しかし、実際は、レーニンの〈政治〉の努力は、日常性の克服という課題をはるかに超えて、個別的経験の〈経験〉という〈権力体験〉の地平で、根本的なパラドックスにぶつかることになるのだ。逆説的にも、〈政治〉の「外部注入」の努力は、日常的闘いへの外部注入なのではなく、〈政治〉そのものをも破壊してしまう〈権力体験〉の反日常的地平へ、外在的に介入するという矛盾なのである。

3 自分は誰なのか

さて、ともかく次へ進もう。問題は、国家と闘う者の「階級（意識）形成」という問題が、今日、どんな事態のうちにすえられているかということだ。その地位をもっとも鮮明に露呈するのは、主体性の崩壊という状況であろう。

よく知られているように、いまこの社会の底辺では、「流民型労働者」と呼ばれたりする、非定着的労働者たちが動きまわっている。この現象は、世の秩序の根幹をなす諸組織の秩序と論理からの、労働者たちの端的な「脱落」を意味している。そして、これは同時に、戦後の過程で労働組合へと組織されてきた労働者階級の「階級（意識）」からの〈脱落〉でもある。学生の場合も同じだ。大学で教育をうけるという特殊な価値意識は崩壊し、学生層の組織としての「自治会」は形骸化を深めている。

いま、社会的自己確認、つまり〈自分は誰なのか〉という問いへの自己の回答を〈主体性〉と名づけるならば、かかる主体性が〈戦後〉の時代にどのような名辞のもとに獲得されてきたかは明らかである。すなわち、「学生」といい「組織労働者」といい、人がそうした者として自分を規定（確認）する過程は、〈戦後〉にあっては、決して自動的な結果などではなくて一つの能動的な選択＝価値付与であった。「大学教育」や「大会社への就職」ということは、戦後の日本の民衆が獲得し価値づけてきた典型的な「地位」を意味した。こうしたものを「護るべき価値」として、戦後の市民生活が確立されてきたといってもよい。それゆえ、状況の底部でのこのような主体のあり方の崩壊は、とりもなおさず、〈戦後〉の崩壊の端的な表現をなしている。そして、旧い主体性の崩壊が市民的秩序からのたんなる脱落であって、いまなお新しい大衆運動によって主体性の再確立がはかられていないところに、政治の状況の基本的なアナーキーがみられるのである。

この二年間の学園闘争は、六〇年代の以上のような状況を集中して表現してきた。自己否定、大学解体をスローガンとする闘いのなかで、学生という社会的規定性の価値が崩されていき、しかも、いわゆる「自己変革」の道程にそって闘いの主体が別の何者かへ自己形成をとげて運動が落着するといったことはなく、否定は際限なく永続する。知識人の問題の典型は、対岸にみたてた大衆への転身によって主体性の再確立をもとめるのだが、これとて、現に、人民のための学問だの民主的研究者だののの自己欺瞞のうちに、形骸化して生きているにすぎない。自治会組織の解体によってイメージされたものも、学生層という社会的規定の解体である。総じて、知識人の問題を解体することで、学園闘争は逆説的にも、「大学生」を「何者でもない者」へと壊していった。

こうした状況は、別のいいかたをすれば、私たちにとって、価値づけられた日常の崩壊を意味する。

むしろ、闘いのなかですすんで「日常性の破壊」や「日常への退路を断つ」ことがいわれた。とすれば、これはバリケードの内に創られた非日常的空間においてだけ経験されることではない。闘いののちに物理的バリケードを追放されたときも、人は、ふたたび帰還し帰属すべき日常世界が、もはや実のところ失われていることに気づかざるをえない。闘いによって自らの退路を断った者が、しかもなお物理的バリケード空間の生でもなくまた死でもなく、ただ白々しい生活世界に生きる以外にないとき、彼は自分（たち）の主体の規定不可能の漠然さ、その広がりの気味悪い客観性に思いあたる。いま、闘いの創造が、なおこうした状況の成熟をすすめる結果にしかならぬとしても、闘いを繰り返す以外にない。彼は、たとえばヴァレリーがこういうのを知るだろう。

耐えよ、耐えよ
蒼空の中で耐えよ！
一粒ずつの沈黙の微粒子が
熟れた果実を一つずつ作りだす契機だ！[*5]

こうして、戦後社会の底部から、自己確認の不可能な「何者でもない」者たちが現れる。社会のどんな索引にものっていない者たちだ。だから、こうした主体性の崩壊が一人の主体の経験で生じてい

*5　ポール・ヴァレリー「棕櫚」『若きパルク／魅惑』中井久夫訳、みすず書房、改訂普及版二〇〇三年、一七四頁。

るのではなく社会状況として存在しているのだとしたら、事態はすべての政治の秩序にたいして根本的な問題を提起する。社会的な自己確認を前提にしたうえで、この自分への一層の価値付与が求められているのだったら、政治はこれに答えると約束することができる。だが、自己確認の崩壊と政治秩序からの〈脱落〉が、むしろ闘争主体の決意した構えにまで成熟したとき、この者にたいして政治は根本のところで無能をさらす。

〈政治〉にとっての状況のこうした困難さは、すべて社会的組織の問題、いいかえれば「階級（意識）形成」の問題へと集中する。というのも、あらゆる組織（階級組織）は、「自分は誰か」という社会的問いにたいする一定の回答にもとづいて形成されるものだからだ。「学生自治会」も「労働組合」も、いうまでもなく、学生であり労働者であるという積極的自己確認にもとづいてのみ結成され力を発揮する。したがって、社会的組織の生命は、その組織の名による成員の自己確認がどの程度に能動的・主体的な自己獲得によってなされたかで、決定される。ある組織の一時期の異様な輝きは、組織の社会的機能の成功によっては十分に測りうるものではない。組織の形成・展開が、同時に内部での成員の旧い自己の破壊と新しい主体確立の闘いであり、この闘いを通じての〈他者〉の新鮮な再発見であるときにかぎり、組織は「有効な組織形態」以上のものとなる。けれども、この組織が社会のうちで市民権を得て制度化されるにともない、組織はたんに大衆の参加をよびかけるものになっていく。参加といえども、もともとは自己獲得の闘いを意味しているのだが、組織の抽象化とともに参加の決意性はうすれ、受動的な加入のプロセスのごときものとなる。こうなれば、組織は、ブルジョア的組織の働きとの区別を失っていくだろう。たとえば、経営は、ただ社会的労働の担い手というかぎりでの労働者の加入をもとめるのであって、生産人の全人格的投企をとうてい許容するものではない。そして、このかぎり、成員相互の結合も、「階級意識」も、たんに形式的なものにすぎないのである。

このようにして、社会的組織の頽落の歴史がはじまるのだが、いまでは、この過程は組織と「階級意識」からの脱落によって危機を表面化している。それゆえ、ブルジョア的組織も労働者のたんなる加入に満足していることはできず、労働者を組織に規定された主体へとたえず改造していかねばならなくなる。「特訓」という強制と心理的特徴をついたそのかしによって、成員の改造は端的に人間自然の破壊にまで強化されていく。こうして、組織は完全な「組織人」へと人を追いこんでいくとともに、他面、当然にも脱落分子と叛乱分子をも生産していくのである。強制的な「人間改造」と叛乱の気との、無音のせめぎあいは、すでに広く状況の底辺ではじまっている。

組織問題のこうした状況は、闘う者の結合と階級への形成にとっても同じことなのだ。戦後的主体性の確認にもとづく組織の崩壊が、当面、たんに組織からの脱落、さらに「俺は何者でもない」と決意する闘争主体の自立となってあらわれているとすれば、新たな階級（意識）形成の問題は、戦後的諸組織の形骸化を批難すること以上の問題にぶつかることになる。闘いが依然として「何者でもない者」の闘いであり、しかもこれは階級形成への過渡というよりもむしろすべての政治を破壊する〈経験〉の成熟を意味するのだから、階級意識の形成は、いままさに根源の経験地平にたたされている。

これまで、私は、「階級意識」を（階級）組織の内的な意識の問題として考えてきた。常識からすれば、国家認識（綱領理論）によるプロレタリアートの意識形成は、「外部注入」という宣伝教育を通じてであれ、闘いのうちで「自然発生的」にであれ、ともかくも当り前のことであった。しかし、認識（理論）といい組織（制度）といい、ともに〈経験〉にとっての本質的外在性が確認されたいま、こうした問題設定を私たちは壊さねばならない。こうはいっても、この問題設定が「誤り」であるとか「仮構」のものにすぎないとかいうのではない。かえって私たちの〈経験〉は、その成熟によってふたたび、「理論」や「制度」の「必然性」をあらわにするだろう。

組織問題の展望のうちに典型的にみえている、旧い主体性の崩壊と新たな自己規定の方途のアナーキーを、端的に表現するものこそ大衆叛乱である。組織の論理の著しい侵攻のうちで、分業の名による人間の社会的規定態への配分が完成していくとき、叛乱はこうした人間の規定性を破壊する。そのとき、「階級形成」の問題は、まず逆説的にも、「労働者階級（の意識）」の破壊の問題となるのである。あらゆる叛乱は、したがって大衆の革命も、一度は「階級（階層）」に組織された者たちが、自分の社会的自己規定に死を宣することなしには起りえない。たとえば二〇世紀の初頭にかけて、ドイツにおける労働組合の著しい組織化は、ドイツ社会民主党（マルクス・エンゲルスの育てた党）への組織化の反映であり、両者は同じことであったという。日本の戦後における労働者の組織化と、たとえば社会党員の数とを比べてみれば、ドイツとの相異は明白だろう。それゆえ、ドイツの社会主義者は、当時ドイツの労働者の「プロレタリア階級」への組織化がなしとげられたと誇ることができただろう。しかし、二〇世紀の初めには、ほかならぬこのように形成された「プロレタリアート」の全面的崩壊を経験せずには、革命に値する革命は問題にしえなかったのである。こういえば、あるいは当時のローザ・ルクセンブルクの「ルンプロ主義」が批難されるかもしれない。だが、私はいま、主義や戦略を問題にしているのではない。社会的な自己規定からのある意味での自然への復帰、そのはかない夢物語なくしては人間の解放など語れない。いま、革命の政治にとって、労働者階級の形成が、現に在る労働者組織を「プロレタリア階級」とは認めないことを前提にして提起されるのは当然だが、代って「真のプロレタリアート」を観念の道具だてによって設定することは馬鹿げている。叛乱が生みだす〈何者でもない者〉は、政治の場面では宿命的に何者かに再生していかざるをえないのだが、大衆叛乱という政治の原初の経験のあれやこれやに、外から「プロレタリアート」を指定することはやめねばならない。「階級形成」の問題を、崩壊した主体の再生の場にすえ、そこにおける闘う者の相互の結合＝組織の問題として出発させることだ。ここでは、闘争の組織化はあらゆる意味で組織への参加（加入）としてははたしえないのであり、自己の再生が同時に〈他者〉、他の闘争主体の発見であるという、二重に原初の過程を歩まねばならないのだ。

4　主体性の死と再生——結社

私は、最近、組織問題における〈結社〉の位置について、大急ぎで一般的規定を与えることを試みた。〈結社〉といえば、秘密結社の例のように古い歴史をもつのであって、いまことさらに政治の場で〈結社〉などを考えるのも何らかの復古を意図してのことではない。政治的であると宗教的であるとを問わず、〈結社〉におしなべてみられる〈象徴形式〉の強力さのうちに、私は状況における組織の形成の原初のイメージをみるのである。すでに在る組織の内的紐帯の形式化というだけでなく、主体の脱落という状況は、およそ組織と名のつく存在をおしなべて危機に追いやっている。こうした経験のうちでは、組織問題もまた組織形成の根源の地平で再出発されざるをえない。〈結社〉への反省は、私たちにとっての組織形成のイメージを豊富にするものなのだ。

私はさきに、私たちの組織形成が集団への参加（加入）ではなく、同時に主体の死からの再生の営みでなければならない、といったのだが、ほかならぬこの点こそこれまで〈結社〉への〈加入〉において象徴的にとりおこなわれてきたものなのである。死んだ主体性の再生を明確な意識性にまでたかめるものこそ、結社の「入社式」(盟約式)における象徴形式である。

たとえば、ユタンの『秘密結社』では、とりわけ宗教的結社が「入社式的団体」のタイトルのもとに分類されている。ユタンはいっている。

〔…〕入社式ということは、それ自体では認識ではない。したがって種々の「密儀」の本質は教義の展開にあるのではなく、個人に死、次いで復活、「新しい生命」の感覚を与えることを目的とした一連の儀礼と行事にあるのである。しかしながら、種々の儀式、祭礼、技術、聖伝、および入社式の行事において用いられる象徴のおどろくべき自由さを通して、われわれは多くの密儀の中において、儀礼および試練の根底となっている一連の主題がつねに存在するのを見ることができる。〔…〕

すべての入社式はまず闇の世界への「旅行」にはじまる。この旅行中、加入者の眼前には恐ろしい光景がつぎつぎと展開され、彼に死の感覚を与えることを目的とした種々の試練が与えられるのである。すでにプルタルクがのべているように、「魂は死に際しては、深い密儀への参加を許されたものが経験するのと同一の印象を体験するのである。しかも、最初は、闇の世界におけるあてどのない旅行であり、つらい迂余曲折があり、不安にみちた、終りのない歩みなのである。それから、試練の終る前に、恐怖はいよいよその絶頂に達する。そして、戦慄、おののき、冷汗、驚愕がつづくのである」。死の印象は多少とも残酷な方法により、極めてさまざまな手段によっておこされる。しかしその印象は常にまざまざと現存する。

それからまもなく、急に光へ向って上昇し突然光の啓示があらわれる。同じくプルタルクの言葉によると、「次いで不思議な光が眼前にあらわれ、人は清浄な場所、天使の声と舞の音がひびきわたる平原に出る。神の言葉、神の出現は人々に宗教的な尊敬の念をおこさせる。この時以降、人間は完全な密儀に入社したものとして、自由となり、拘束なしに歩けるようになり、密儀を祝うのである」。

このような「下降」から「上昇」という根本的な図式は、いろいろ異なってはいるが類似した多数の象徴の中に表現されており、多くの神話や信仰にたいしてもあてはまるのである。[*6]

いま、歴史上の多様な結社の密儀形式を展開していくことは、とうてい私の任ではない。けれども、ここに述べられたことは、手近な例では、たとえばローマ時代のアプレイウスによって描かれたイシス神の密儀などにうかがい知ることはできるのである（『黄金のろば』）。もっとも、彼は、密儀の詳細については「発表が許されていない」として、「好事家の皆さん」の期待を裏切っている（しかし、これとて、〈秘密結社〉の〈秘密〉たるゆえんなのである）。彼が概略を描くところは、次のようなものである。「私は黄泉の国に降りて行き、プロセルピナ〈死の神〉の神殿の入口をまたぎ、あらゆる要素を通ってこの世に還ってきました。真夜中に太陽が晃々と輝いているのを見ました。地界の神々にも天上の神々にも目のあたりに接して、そのお膝元に額ずいてきました」[*7]

＊6　セルジュ・ユタン『秘密結社』小関藤一郎訳、文庫クセジュ、改訂新版一九七二年、二〇－二一頁。

以上のような〈盟約式〉における象徴は、ある意味で反政治的な宗教結社にだけみられる特徴ではなく、多くの政治結社でも同様なのであり、私たちはたとえば、ブランキが残した「四季協会」への加入に際しての教義問答書（あらかじめ定められた）などに、この例をみることができるのである。

ところで、秘密結社の盟約式をとりあげたとき、私がそこに注目するのは、組織の形成とその内的結合の強力さがどのような〈経験〉を通じてはかられていくか、という点だけなのである。私たちの組織形成にあたっても、人は一度社会的な死を経過するのである。叛乱に際してのあらゆる既成の組織（階級）の破壊は、その成員の主体性の死である。この死のうちからの自己の再生が、同時に他者との結合を形成するとき、この結合体は原初の意味で〈結社〉と名づけられねばならないだろう。結社の入会に際しての〈盟約〉で、社会的な自己確信（主体性）の溶解（無形化）を、新たな自己確認へと再生させていく意識性こそ、〈盟約式〉が象徴するものなのだ。

人は密儀の象徴形式の操作のうちに、たとえばナチズムの場合に再現したような、心理的・情緒的な大衆操作をみることは容易だろう。だが、分業における社会的自己規定の崩壊の危機に直面しない者にとっては、仮構の盟約（形式）がもつリアリティなどは最初から問題外だろう。私たちの政治の思考は、いずれの分野でも、大衆社会とその操作という政治の一方の極とすれすれのところでなされているのだ。

すでに、さきにあげたユタンの引用文にも示されていたように、盟約式での誓約は教義認識そのものではない。むしろ、盟約の後に、加入者は、「骨の折れる長い」教義認識の道に入るのである。秘密結社がしばしば内部で採用している厳格な位階制は、この認識の各段階に対応している。一度入社を許された者といえども、その後の各位階を上昇することに、自己確認をたえず蘇生更新すべきものとされるわけだ。だから、盟約式は、こうした「理論認識」のための基盤としての経験を用意するものだといえるだろう。理論は、合理性や有効性によって行為の表現となるのではないのだ。私は秘密結社の位階的教義認識に、行為における「理論」－「教義」というものの、行為にとっての根本的外在性をみるのである。「理論」もまた原初の経験へと破砕され取り戻されなければ、行為の表現として再生することはないのだ。

秘密結社にとってかけ値なしに「秘密」であったのは、教義理論ではなく盟約式の内容だったというのも、ここにこそ自分の組織の独自性と独立性とが集約されているからだろう。目的（理論）で一致する者なら誰とでも結合するといった組織から、秘密結社は自己を区別する。それゆえ、政治的秘密結社の存在を、あらゆる結社が非合法化されていた時代の特質とみなすことは一面的な見方なのである。非合法の時代と同じく秘密裡に組織的結集がはかられたとしても、自分たちの結合の明確な意識性（盟約）をともなった組織こそが〈秘密結社〉といいうるだろう。だから、現実的な意味でその教義や活動が「秘密」であるかないかは、結社的結合にとっては本質的なことではないといえるだろう。

こうして、いま私が〈結社〉の名のもとに考えようとするのも、私たちの主体性の現に在る状況であり政治組織の形成（発生）の地盤についてなのである。いまの日本の文化史的状況からいえば、歴史上の「秘密結社」の神秘めいて荒唐無稽の性格がかえって人を惹きつけることにもなるのだが、そうした事柄は文化史家にまかせておけばよいことだ。私たちの政治の領野でも、多数の多様な独立組織のうちで、結社の結合の本性は経験されはじめている。このような組織の容易な「連合」や、「戦

＊7　アプレイウス『黄金のろば』呉茂一・国原吉之助訳、岩波文庫、下巻一九五七年、一六四頁。

略的位置づけ」のでっちあげが試みられたとしても、なお無駄なことだろう。私たちの政治の〈経験〉の成熟からすれば、革命の組織問題、「プロレタリアート」の階級（意識）への形成は、依然として、組織の発生の秘密を暴露する問題なのである。

私がこれまで述べたように、〈経験〉や覚悟というかぎり、それはたしかになによりも〈個〉の自立と孤立の相で成熟するべきことであろう。人がここから、永久孤立者の教義と覚悟を深めていくことは、いわば勝手だとしなければならない。その意味では、自己確認の再生を同時に政治的行為-政治組織へと形成していく道筋は、一見するところ〈政治〉からする「要請」のごとくに思われるかもしれない。しかし、私は、主体性の崩壊を経験とした組織-政治の発生の宿命をみとおす以外にはない。文字通りに自律的な人間活動を信用するところでは、国家（権力）も政治も思考の外におかれる。ロック-ロビンソン・クルーソー的な「理性的で勤勉な」生産人の自律的な労働にとっては、国家は存在するとしても強制秩序ではなく、たんに共同調整装置にすぎないことになるかもしれない。けれども、政治の問題がすなわち権力支配の問題を意味する近代以降、歴史はつねに大小のマキャベリを生みだすことをやめたことはなかった。

主体性の危機について考えるとき、私はいつもファシズム-ナチズムの経験を頭においてきた。〈秘密結社〉の秘密を露呈する作業も、ナチズムの政治の秘密を暴露する地点でなされている。

たとえば、今世紀初頭のヨーロッパで、サンディカリストの激しい闘争が、その後、部分的であれファシズムに組織化されていった経験についてだ。革命的サンディカリスムの主役を演じたタイプの労働者は、「一九世紀末期までは〔…〕全く独自の世界をもっていた」という。「労働者は経済的にも政治的にも、又、精神的にも労働者として、このブルードン的社会と呼び得る、外の世界と何の共通性ももたない独自の世界を持っていた」（相良匡俊）[*8]。このように、彼らは「富める者の世界」から画然と区別される「貧しい者の世界」をもっていたのだが、ほかならぬこの労働者の「世界」が、一九世紀末に崩壊を開始する。自分の「世界」とサンディカという独自の自己確認（信）の全面的崩壊が、革命的サンディカリスムの短いが激烈な闘争のエネルギーを創りだした。そして、当然にも、闘いの後に、彼らの多くの部分は新しいタイプの労働組合ないし政党へと転身加入をとげていかざるをえなかったが、他方で同時に、ファシストの疑似的共同体がここに発生したことも理解できるのである。ファシズムやナチズムが、それなりに組織の原初的な形成を経験し、さらにこれを巨大な政治へと疎外させていった過程は、中産階級を中心とするデクラセ（階級脱落）状況を経験としなければ、とうていありえなかったであろう。

それゆえ、私たちの組織‐階級への形成は、現に在る無定形の状況からの、それこそ「自然発生的な」過程のままであってはならない。「自然発生的」過程は、いつも支配の狡智によって支配の秩序へとからめとられてしまうのだ。私たちは、こうした過程に対決しうる意識性を、私たちの政治経験の根から出立させていこう。「参加」とか「加入」とかいう、六〇年の闘争を頂点とする組織形成のあり方を、根本から振り捨てることだ。新しい運動の「潮流」や「ヘゲモニー」の創出は、主体性の再生を組織的結合へと追いつめていく営みにともなわなければならない。このとき、〈それではいかない主体性へか〉という思想と理論の問題が、政治の場面でも、新しい相貌をおびて再生してくるのだ。

（70・5・12）

＊8　相良匡俊「革命的サンジカリスムについて」『現代史研究』二二号（一九六八年）、二三頁。

大衆にたいしてストイックな〈党〉
——レーニンの結社

1

たまたま、「プロレタリアートを階級に形成する」とマルクスがいっているのをみて、私はちょっと奇妙な気持になった。「プロレタリアート」にたいして、なお「階級に形成する」という課題がたてられるというのはどういうことか、と。『共産党宣言』の該当する部分を引いてみると、次のようになっている。

共産主義者の当面の目的は、他のすべてのプロレタリア党の目的とおなじものである。すなわち、プロレタリアートの階級への形成(Bildung des Proletariats zur Klasse)、ブルジョアジーの支配の転覆、プロレタリアートによる政治権力の獲得である。[*1]

一八四八年から五〇年にかけてのヨーロッパ大陸の革命に際して、マルクスが注目した「プロレタリアート」が、近代的大工場の賃労働者とは別のものであることは、しばしば指摘されるところだ。つまり、エンゲルス自身が晩年に註釈したところでは、「プロレタリアートとは、自分の生産手段をもたないので、生活のためにその労働力を売ることをよぎなくされている近代的賃労働者の階級を意味する」（一八八八年、『共産党宣言』英語版への註[*2]）となっているとおり、私たちの常識では、プロレタリアートはこうした定義をもつものであろう。けれども、一九世紀前半での使い方は、むしろ、都市の闘う人民の呼び名だという方がぴったりするものだった。一八三〇年の七月革命からリヨン暴動（第二次、一八三四年）を経てブランキの蜂起（四季協会の乱、一八三九年）へとつながるフランスの暴動に際して、古い共和主義者の内部分解を通じてブランキなどが認識していったのも「三千万被抑圧人民」としてのプロレタリアートだったという。

プロレタリアートの実体としても、フランス革命当時の文書が記述する次のようなサン・キュロットとどれほど違っていたか。

それ〔サン・キュロット〕は、車に乗らずに常に足で歩き、巨万の富も……城のような館も持たず、従僕にかしずかれることもなく、ただ妻や子供たちと建物の五、六階に住んでいる生きも

---

*1 マルクス&エンゲルス「共産党宣言」『マルクス=エンゲルス全集4』大月書店、一九六〇年、四八八頁、強調引用者

*2 同前、四七五頁、強調引用者。

のである。彼は役にたつ生きものである。何故ならば、彼は、畠を耕し、鉄をきたえ、鋸をひき、鑢《やすり》をかけ、屋根をふき、靴をつくり、そして共和国を救うため最後の血の一滴まで流すことを知っているからである。（柴田三千雄『バブーフの陰謀』*3）

考証めいてきたが、一九世紀半ばにおけるフランス・プロレタリアートの階層のことはどうでもいい。私のいいたいのはそういうことではない。階層的には雑多、生活上政治上の事件をきっかけに登場し、市庁舎を占拠し街路で「最後の血の一滴まで流す」〈プロレタリアート〉は、近代市民社会の経済的・社会的なステイタスとして規定することはできなかったのだ。社会的諸関係の中にスタティックに位置をもつ者たちのことではなく、この位置から抜けでて街頭にくり出し、くり出せば必ずバリケードを築き、ありあわせの銃で武装する者たちだ。私が、フランスの民衆のうちにみるのは、暴力的闘争を通して日常の社会的身分関係が溶解し無定型化する姿である。このような一九世紀のアモルファスな暴力＝〈プロレタリアート〉にたいして、若いマルクスはそれを「階級に形成する」課題をかかげたのではないかと想像できる。

市民革命からブルジョア権力の安定期にむけて、絶えず揺らいでいたフランスの一九世紀にあっては、闘うプロレタリアートはこのような姿をとっていた。それは現象のことで、彼らの暴力闘争とその限界を「下部構造」から、すなわち彼らの身分的・階層的分析から説明すべきだ——などといってはならない。問題は、暴力的叛乱はつねに在るということであり、そこでの闘う者のあり様こそがマルクスにとっても出発点だったはずだ。そこでの闘う者が無定型の暴力としての〈プロレタリアート〉であったからこそ、マルクスにとって、そしてブランキにとっても、その「組織化」「教育」など、暴力に〈形を与える〉ことが最大の実践的関心となったのである。

逆説的だが、彼らの組織論の課題は、闘う〈プロレタリアート〉にたいする「不信感」を動機としたものだといえば、話ははっきりする。もともと、バブーフ以降のフランスの「結社論」は、すべてフランス革命の敗北を総括することを出発点としている。つまり、結社は〈プロレタリアート〉の運動の「自然発生性」にたいする政治的不信を動機としており、若きマルクスの「階級形成」の課題も、こうした脈絡の上にあったものと想像できる。いいかえれば、この時代にあっては、プロレタリアートの自己組織は、すべて何がしか「結社」の形をとったのである。

解体の危機にある都市職人労働者でも、また近代的経営に組織化されつつある都市浮浪民でもいい、現実のプロレタリアートが若きマルクスの時代には「無秩序」であり「暴力」にすぎなかったということは、逆に、そうした者の「自己組織」への即自的信頼感をマルクスにうえつけている。事実、『宣言』の段階では、資本の発達にともなう労働者の組織化が、プロレタリアートの前進としてのみ語られている。

> ブルジョアジーすなわち資本が発達するのに比例して、プロレタリアートすなわち近代的労働者の階級も発達した。〔…〕産業の発達とともに、プロレタリアートはその数を増すばかりではない。それはより大きな集団に結集され、その力は強まり、ますます自分の力を感じる。（『共産党宣言』）[*4]

＊3　W. Markov und A. Soboul, *Die Sansculotten von Paris: Dokumente zur Geschichte des Volksbewegung 1793-1794*, Berlin, 1957, S. 456.（柴田三千雄『バブーフの陰謀』岩波書店、一九六八年、一二八頁に訳出引用）。

だが、いうまでもなく、「大工業にもっとも特有の産物である」近代的賃労働者の階級を組織することは、労働（力）の組織化としてブルジョアジー自らの課題でもある。ことに、古い共同体の解体からはき出された労働力をよりどりに使用できた「原始的蓄積」の時代が去り、市民社会の安定期にいたればなおのことである。プロレタリアートは組織された賃労働者として、ブルジョア的に編成され、近代的経営における分業関係を保証していくようになっていく。

それゆえ、この段階で、資本の側の要求でもある賃労働者の組織化を、「プロレタリアートの階級形成」だとし、このような階級がしかもブルジョアジーにたいする階級闘争を用意すると考えるのは、すでに形式論理学の悪い冗談でしかないだろう。

たしかに、労働者の自己組織のうちで、「プロレタリアート」から「賃労働者の階級」へのすり替えがおこなわれたのだ。それ以降、労働組合にしても党にしても、労働者の組織（階級）の意味はすべて二重化される。プロレタリアートについてのエンゲルスの定義、「近代的賃労働者の階級」は、すでに一八八八年には、この二重化をあいまいにし、若きマルクス、エンゲルスの〈プロレタリアート〉を、「合法化」した労働組合ととり換えるものでしかなかったろう。彼らが育てたあのドイツ・プロレタリアート——ドイツ社会民主党の労働組合のその後の運命は、まさに象徴的なことだった。

くどくもいう必要はあるまい。ブルジョア社会の社会的諸関係に編成された「労働者階級」は、たとえエンゲルスの定義に合致していても、すでに〈プロレタリアート〉のイメージから遠い。いま、プロレタリアートの形成は、かえって逆に、現実の「労働者階級」という規定を破壊し、「階級」の内にこめられてきた二重の意味を顕在化する作業を経なければ、課題になりえないというべきなのだ。つまり、プロレタリアートの形成は、「賃労働者」「労働組合」「労働者の党」などの自己崩壊によって、はじめて端緒につくのである。オーギュスト・ブランキの時代に、マルクスが「プロレタリアートを階級に形成するのだ」というのをきいて、私は、以上のようなことをあらためて考えてみた。私はかつて、叛乱の内部構造を「プロレタリアートと党」の関係としてではなく、そのような社会的自己規定の崩壊から生ずる「大衆とアジテーター」の弁証法として描いてみた。いま、再び〈プロレタリアート〉と呼ぶとき、私はそれを、近代市民社会の社会的諸関係にたいする破壊力＝暴力として定義しよう。「賃労働者の階級」が、自分の定義を破壊する力として定義しよう。そして、プロレタリアートの「階級の形成」とは、プロレタリアートの無定型の暴力を階級暴力＝革命の暴力へと組織することだと思えばいい。

「バリケード闘争が時代おくれとなった」時代、一九世紀末より、「労働者階級」としてのプロレタリアートの組織（労働組合と党）は、このような「自己否定」とは無縁の存在となってきた。無縁の存在をぶしつけにも賛美しようとして、かえってマルクス主義の毒を思いもかけず照しだしたのは、かの「修正主義者」ベルンシュタインであった。

マルクス主義は、ようやく一方面だけは、すなわち方法に関してはブランキズムを克服した。しかし、他の方面、すなわち近代社会の社会主義的変革に対する革命的暴力の創造力を過大視する点だけは、マルクス主義は必ずしも完全にはブランキスト的解釈を脱却していない。（「社会主義の諸前提と社会民主党の任務」一八九九年）[*5]

＊4　前掲マルクス＆エンゲルス「共産党宣言」四八二－四八四頁。

ベルンシュタインのこの論戦は、直接的には、「革命的暴力の創造力を過大視」したローザ・ルクセンブルクなどにむけられたものであることに注意してもらおう。一九世紀末から二〇世紀にかけてのこのような論戦を垣間見るとき、論戦上の様々の「理論」は別として、論戦が根ざしていた現実のリアリティはマルクス主義的実践にとっては掛値なしに本質的意味をもっていたのだと思われる。そこには、疑いもなく「プロレタリアートを階級に形成する」政治の現場が存在したのだ。

2

こうして、ドイツ・プロレタリアートの悲劇以来、幻のプロレタリアートを求める「理論家」たちの果てしない探索がはじまった。わが国でもこの十年以上、もう私たちは十分すぎるほど彼らの探検につきあってきた。いずれにしても、現実の「賃労働者の階級」から出発する経験主義か、あるいはその裏がえしとして、理念のプロレタリアートを求めるか、あるいはそうしたものを「市民」だの「国民」だのに均らしてしまう以外になかったのだといっておけばよい。おしなべて、戦後の市民的秩序にはむかう闘いの暴力が、現実の「労働者階級」とその理念を解体するという経験を、出発点としえなかった時代のものにすぎない。

もっとも、そうともいえないかも知れない。最近、必要があって私は平田清明氏の『市民社会と社会主義』を読んでみた。この本の印象もまた私には妙なものだった。次のような箇所がある。

人間がその現実の個体的人間のままで、個体（個体的所有）と類体（共同的所有）との直接的統一を実現していくこと、個々の個体的人間に固有な力を社会的な力として自己認識し自己組織していくこと、この意味でのコミューン主義こそ、マルクスのコミュニスムの精髄であります。〔…〕諸個人の固有の力をコミューンとして、真に現実化していくことが課題であって、それを「政治的な力」=政治的国家あるいは「政治的共同体」として疎外しないことこそが、社会革命=人間的解放の課題なのです。(「マルクスにおける経済と宗教」[*6])

べつに、平田清明氏は「プロレタリアート」について語っているわけではない。けれども、ここにみられるような論法は、はからずも、その昔になじんだ黒田寛一の文章を私に連想させる。本質を「疎外しないこと」! 現に在る「資本家社会」から「市民社会」を、そしてブルジョア的「私的所有」から「個体的所有」をとり出してくる彼の方法は、見えない「プロレタリアート」をこのブルジョア社会の階級関係の底に探しにいく論法と同じように単線的だ。彼はいっている——「〔個々の人間の〕労働は、〔…〕市民社会の外形においてはあくまで私的な労働であるが、この生産有機体という市民社会の内実においては、あくまでも個体的労働である。同様に彼の所有は、表面的には私的=排他的な所有であるが、内面的には、排他的でない個体的な所有である。市民社会が客観的にうみだすものは、この『個体』・『個体的労働』・『個体的所有』なのである」(「市民社会と社会主義」[*7])。

＊5 エドゥアルト・ベルンシュタイン『社会主義の諸前提と社会民主主義の任務』佐瀬昌盛訳、ダイヤモンド社、一九七四年、六九頁、強調引用者。

＊6 平田清明『市民社会と社会主義』岩波書店、一九六九年、一九九頁、強調原文。

こういう類の活字の置き換えごっこはべつにどうでもいいことだ。黒田寛一とのちがいは、後者が「プロレタリアート」の本質をブルジョア社会の否定のために探しだすのにたいして、平田の場合は彼のいう「市民社会」の「肯定的理解」のためだという違いにすぎない。いずれにしても、「プロレタリアートの自覚」や「個体の開花」という設定は、現に在る社会的な「私」の自己破壊という〈プロレタリアート〉の現実性の地平とは無縁のものなのだ。

すでにヘーゲルは、「人が『何者か』であることは、人が階層に属することで、そうでない単なる私人はありえない」といっていた(『法哲学』)。マルクスもまたいう──「人間の本質は、その現実性においては、社会的諸関係の総体である」(『フォイエルバッハ・テーゼ』)[*8]と。そして、市民社会の形成期であろうと解体期であろうと、「労働者」個人に属する「社会的諸関係の総体」が破砕されることこそ、見えない「何者か」に自己を形成するための不可避の回路だといわねばならない。とりわけ、「ばらばらな個人という見地を生みだす時代こそが、実はまさしく社会的諸関係がこれまでのうち最も発展している時代なのだ」(『経済学批判・序説』)[*9]としたら、このような「社会的諸関係総体」に反逆する「何者か」=〈プロレタリアート〉への自己形成は、社会的諸関係の部分的手直しでは可能のはずがない。このとき、ベルンシュタインが嫌味をいった「革命的暴力の創造力」という「ブランキスト的解釈」が、私たちに復権してくるのだ。簡明にいえば、「近代的賃労働者階級」の解体こそ、逆説的にも、〈プロレタリアート〉形成の現実性を私たちに告知するのである。

平田清明氏の問題は、その方法に関するものの他に、もう一つある。コミューンの形成のためには、「諸個人の固有の力」を「政治」-「政治的共同体」として「疎外しないこと」と彼はいう。しかし私は、これまで「階級形成」や「組織」の問題を、「政治的に疎外する」〈技術〉との関連ぬきに考えたことはない。だが、こうしたことは、もともと平田氏を相手にあげつらうべき問題ではあるまい。どだい平田清明氏とはマルクスの解釈学のレベルで論争すればいいことだ。氏が次のようにいうとき、彼の話の中には、そもそも「政治」など入る余地はないのだから。

〔貨幣を獲得することを人間的行為として受けとるような〕ブルジョア的日常感覚でさえ、人類の精神史のうえでは、一歩前進である。いや、自他の区別のないべっとりとした共同体的関係に埋没した人間の自己感覚にくらべれば、巨大な進歩である。市民社会は、私的排他性の制約においてではあるが、自他の区別を確立することによって、逆に、個体と類体との関連と区別を意識させ、個体としての自己を我がものにさせるからである。そこに成熟する日常感覚は、ブルジョア的に汚れているとはいえ、市民社会の本質をさぐることを可能にし、人類の、人間としての未来を展望させるからである。（「市民社会と社会主義」[*10]）

もともと、「ひらの具体的個人」の存在などは、一八世紀的な幻想にすぎない。私たちが、市民社

＊7　同書、八九頁、強調引用者。
＊8　マルクス「フォイエルバッハにかんするテーゼ」『マルクス＝エンゲルス全集3』大月書店、一九六三年、四頁。
＊9　マルクス「経済学批判への序説」『マルクス＝エンゲルス全集13』大月書店、一九六四年、六一二頁。
＊10　平田清明、前掲書、九二頁。

会の法と国家から疎外されているといっても、後者が虚構だということではない。戦後における私たちの市民社会の経験は、私たちに疑似的共同性の政治的呪縛の性格を教えた。そしてこの〔一九六八－七〇年の〕二年余にわたって現実に生起したことは、市民社会の社会関係の〈外に〉立った者たちが、この関係を意識へと対象化し関係の呪縛を解くという構造をもっていた。こうしたことが、個人の決意性のレベルのことではなく、〈外に〉立とうとする者たちの自己破壊のエネルギーとして、〈暴力闘争〉となって現象したのである。闘争のうちで、たまさかこのような遠心的離脱の過程にある者は、同じくブルジョア的共同性に関係づけられた「私」を否定しているとはいえ、あのがめつく自由なヨーマンリ[*11]とは似ても似つかない。「デクラセ」として、平田清明の進歩のシンボル——「個体」から遠いのだ。そして、このような者たちが、まさしく新たに〈政治〉を呼ぶのである。

それは、限定なしにすべての政治を呼びよせる。「帝国主義的権力再編」と呼ばれてきたのも、せんじつめれば、市民社会の共同性が弛緩しはじめているという秩序の危機への、権力の対応である。私がこれまで、マルクス主義の政治とアナキズム、ナチズムというトリアーデを、「革命的政治」としては同根のものとして考えてきたのも、このような〈政治の現場〉からであった。若きマルクスの時代のように、労働者の自己組織ゆえに「プロレタリアート」の組織（党）であるという一義性は、もはや成りたたないのだ。

ここでは階級形成も組織の問題も、なんらその実体や機能の問題ではない。それは、市民社会的関係の〈外〉へ潰走するエネルギーに、どのような〈形〉を与えるかという自己〈表現〉の問題となるのだ。そのかぎりで、〈組織〉も〈党〉もなんら天下りで先験的なものとしてはありえない。まさしく、〈政治〉にとっての一つの〈課題〉なのだといわねばならないのである。

ところでこの前、菅孝行が、私の「結社と技術」をひきあいにだしていた（「〈自立〉と近代的自我」[*12]『情況』七〇年八月号）。だが、結社の問題は、これまでの組織（論）とは別の、新たな組織（論）を配置する問題なのではない。組織の形成の現場に呼び寄せられた様々の〈政治〉が、この現場に〈形〉を与える努力のうちに、結社論は発さねばならない。それゆえ、私は次のように書いたのである。「以上のような行為の〈表現〉－〈技術〉の等質性を基礎とした、蜂起の〈工作者〉の共存在こそが、〈結社〉である。史上、政治結社は実に多様な思想内容と組織構造とをもっていたのだが、結社の存在をおしなべて特徴づけるのは、ただ結社を構成する者の行為の〈形〉＝〈技術〉の著しさなのである」。それゆえ、菅は、その結社論について、「じぶんには不似合と思われる革命政治の組織論にも、どれだけかつき合わざるを得ない」などと弁解する必要はないのだ。〈上から〉と〈下から〉の組織発想の代りに〈横から〉の組織化を配置する菅の文章は、あまりに手際がよすぎるのだ。

3

さて、〈党〉のことだ。

私は「結社と技術」において、党の組織問題を党綱領や大衆運動との関係から考えるやり方をやめ

*11　yeomanry 一四－一五世紀のイギリスで、封建的土地所有の解体過程で出現した独立自営農民。ヨーマン yeoman。第二次エンクロージャーの過程において資本家と賃金労働者とに分解した。

*12　のちに菅孝行『狂騒の論理』現代評論社、一九七一年に所収。

て、叛乱の原初的な組織問題としての〈結社〉の形成から問題をたてなおそうとした。一口にいって、私は政治における〈党〉を、〈結社〉の性格が端的に表現される場所としてイメージするのである。「レーニンの結社の形（「前衛党」）も、結社存在の一つのあり方にすぎない」「レーニンの党ももともと〈結社〉だったのだ」と私は書いたのだが、最近、湯浅赴男氏も「カリスマ・トレーガーの集団としてのゼクテとして」レーニンの党を考えている（「マルクス主義運動におけるカリスマと官僚制」『構造』七〇年八月号）。

もちろんこのようにいったとしても、それで「前衛党」の固有の組織問題がすべて結社の一般論に解消されるというのではない。それではレーニン風の〈党〉は特にどのような結社の存在なのか。

まず、党の団結形態の性格からみていこう。レーニンが党的結集の基軸においたのは、メンシェヴィキのように党の理論としての「綱領」の承認ではなかった。彼のいう「しょっかく（職業革命家）」集団では、「『民主主義』以上のあるもの、すなわち革命家たちのあいだの完全な同志的信頼が保証される」と主張されている。[*13] レーニンのこうした党組織論をめぐる周知の論争は、いつの場合にも論争者の状況認識と党運営の現実に規定されて錯綜を極めている。しかし私は、党組織論の一般的指南書をひっさげてこうした論争に介入してみる気はない。論としては、レーニンの断言は居直りや屁理屈の感をぬぐえない。むしろレーニンの直観は、「同志的結合」という非合理的カリスマ関係の結合を党に要求した点にあるのではなく、結社としての〈党〉の存在を現実の階級闘争の状況にたいしてぎりぎり「狭めて」いき、限定していく態度のうちにあらわれている。それは自己の役割を大衆闘争にとって部分的なものと得心することではなく、雑多で無定型の蜂起にたいして、自分たちの表現形式（〈体質〉〈作風〉）を厳格に意識化し限定することであったと思われる。そしてこの党の厳格な作風こそ固有な意味での〈政治〉だったのだ。ちょうど「プロレタリアートを階級に形成する」課題が、蜂起におけるプロレタリアートの暴力を〈階級の暴力〉に「疎外する」ことを意味したのに対応して、レーニンの政治の〈党〉は大衆蜂起の自然発生的団結形態からぶしつけにも自らを「政治的力に疎外する」。「個体の開化」から「個体的＝共同体的所有」へと組織形成をつなげる平田風の発想とは、レーニンの党的発想はまったく対照的位置にある。

このような〈党〉の発想は、実は、大衆蜂起にたいする組織論的発想の本性をもっとも鋭く表現するのだといってよい。権力側の組織＝制度に限らず、バブーフ以来の〈プロレタリアート〉の自己組織も、大衆蜂起にたいする政治的「不信」をその動機としていたことは前に触れた。この「不信」は、〈プロレタリアート〉民衆の暴力が発揮する「革命的破壊力」への信頼に比例して、かえって増大するといった類の「不信」である。〈プロレタリアート〉にたいするこのような政治的「不信」のために、〈党〉が自らを「純化」する基軸は、自己表現を厳格に〈政治〉に〈疎外する〉決意なのである。〈党〉員を、一つの教義に殉ずる者たちに限定することでも、「領袖」とその亜流に限ることでもない。レーニンの党の党員も、それぞれの資質に応じて、党内分業に従事していたはずである。〈政治〉の〈結社〉として、〈党〉がひきうけるのは、権力あるいは反革命の整備された暴力と政治を打倒するための、〈政治〉の技術性の宿命だといってよい。

大衆蜂起における〈プロレタリアート〉の革命的破壊力の巷では、政治の結社にかぎらず一般に結社的結合がその内的紐帯を保つことは困難を増す。それをレーニンは、革命に必然的に流入する「非プロレタリア分子」の影響からあらかじめ党を純化する必要がある、というふうに表現していた。そ

＊13　レーニン「なにをなすべきか?」『レーニン全集5』大月書店、一九五七年、五一八頁。

れゆえ、叛乱における民衆の反逆のエネルギーの解禁に際して、なお党が自己表現を厳格に〈政治〉として意識するとすれば、そのストイシズムはなまじっかの組織によっては可能となるはずもない。つまり、雑多な分子の自然発生的結合やあるいは官僚制的・世話役組織的団結では、大衆蜂起の破壊力のまえにはそれこそひとたまりもないであろう。逆にいえば、権力側の制度や日和見主義的組織を解体していく大衆蜂起の無限定的破壊力を、レーニンは確信していたのだということが、彼の組織発想の基礎となっているのである。それゆえ、これまでの〈政治経験〉の共有によって保証されるかの「同志的信頼」―「民主主義以上のもの」こそが、党的結合を確かにするとされるのである。したがって、このような党がつねに大世帯をかかえているということは、もともとありえようもない。だから、レーニンの党の「ボリシェヴィキ」という名は逆説的だ。この段階では、レーニンの党の「狭さ」は、むしろ厳格に「小集団主義」であるしかなく、マルクス主義的党派のうちで「多数派」をなすという発想からは遠いのである。

もちろん、大衆運動にたいしてこのようにストイックな〈党〉がよし可能だとしても、その存在は矛盾である。一方で、大衆蜂起の無限定的暴力が開示する〈全体性〉、他方でこれを基盤とする「小集団主義」の党！　両者は反革命的に関係する以外に、そもそもどのような関係が可能だろう！〈政治〉の〈結社〉として自己限定された〈党〉は、どのような組織的結合によって蜂起の無定型のエネルギーに水路を設定できるか。〈党〉はゼクテだとしても、もちろん、死海のほとりに行いすます教団とは違う。

私たちはここで、レーニンの党が「革命の切迫性（Aktualität）」の時代でのみ現実的力をもちうるのだという、ルカーチの指摘を想起しておく必要がある。[*14] 党の「狭さ」は党がもつ教義の狭さやカリスマのもとの人的結合にあるのではなく、ほかならぬ革命の全体性を対極とした逆説的な自己限定なのである。いつの時代にも、際限もない放埒のなかにこそあらゆる性格のストイシズムの形成は根拠をもつのだ。

それゆえ、レーニンの党的団結の特性を確認するに際して、私たちが了解しておくべきなのは、大衆蜂起にたいする党的発想の根拠なのであり、それは端的に、〈党〉を〈大衆（蜂起）〉から〈分離〉する意味である。この根拠の了解にくらべるならば、レーニンが党をどのように「純化」したかは私たちにとっては二の次のことであり、この関係は決して逆倒されてはならないのだ。いくつかの問題を例示的にあげておこう。

近代社会における社会的組織化――個人の社会的諸関係への編成――の著しさは、かえって秩序への反逆を急激に「無秩序」へ、秩序の〈外〉へと解き放ってしまう。この反逆は、闘いをストレートに「社会革命」につなげるものといってよいが、しかしこの「社会革命」の著しさによって、政治権力の奪取という「政治革命」の課題が逆に散逸されていく。結果として、「社会革命」はいわば丸腰で国家権力にたちむかうことになってしまうのだ。それゆえ、「社会革命」を政治過程に吸い上げる結果として「政権交代」などに蜂起が落着するのを阻止し、「社会革命を基礎とした政治革命」をめざすといっても、両者は現実にはいつも一個の矛盾として運動のなかにある。「社会革命」はまた、その秩序への「反」の著しさによって、国境を越えた世界革命の現実性を告知するものといってよいが、しかし、国家権力を奪取する「政治革命」は現実にはその国のプロレタリアートの特別の仕事である

＊14　ルカーチ・ジェルジ『レーニン論』渡邉寛訳、こぶし書房、二〇〇七年などを参照。

以外にない。したがって、プロレタリアートの形成のうちで、〈世界〉と〈民族〉とはつねに相克することをまぬかれえない。このことは、限られた領域での叛乱と国家権力の政治への対決との関係についてもいえることだ。さらにまた、私たちの暴力の経験を想起してみる必要がある。この間の私たちの経験は、支配権力の全秩序にくらべれば、限られた領域での反逆の暴力が「自衛武装」を媒介として拡大し、そして不可避的に国家の暴力装置に直面する一過程を知った。そしていま、国家暴力にたいする革命の暴力形成（武装）という固有の領域と、限られた領域の大衆暴力を全面化せんとする叛乱の領野とに、暴力の意味は尖鋭に二重化している。こうした二重性の矛盾は、運動の単線的な「進化」によって解決されることでもなければ、また、革命運動内部の分業として二極分解させたり、あるいは大衆暴力そのものの放棄へと退散したりすることによっては、決して解決しうるものではない。

それゆえ、党を大衆蜂起から「分離」するというのも、大衆蜂起における以上のような矛盾に表現を与えようとすることにほかならない。私がレーニンの党組織から想像するのも、〈政治〉を端的に表現することによって、大衆運動のこうした矛盾を生かしひきうけようとする意志なのである。だからこの矛盾のなかでは、レーニンの党もまた自己の固有の団結とは別に、大衆蜂起に「関係する」組織問題をもつのは当然のことである。これは党組織論とは区別された、叛乱にたいする党の組織戦術の問題である。

普通、レーニン的党組織論では、大衆運動へと下降する段階的組織論によって、党と大衆蜂起との間隙は埋められているのだと理解されている。つまり、党－活動家組織－大衆組織という系列である。六〇年ブントの学生組織でいえば、「共産主義者同盟」－活動家集団としての「社学同」－「自治会大衆」というふうになっており、しばしば現実の運動のなかで、三者の混淆が「同盟の社学同化」などとして指摘された。そしてこの順序は、党綱領への大衆の「知的上昇」の順番だと思われている。また、このような序列が、日常的に制度化された場合、それが容易に官僚制の組織に形を変えることもまた指摘されてきた。

けれども、レーニンのような〈党〉が、どのような形ではあれ、「大衆に開かれている」などということは、もともとありえない。「分離」された〈党〉と〈大衆〉は、そもそも背中合せに存在する以外にはありえない。活動家組織－党と大衆を媒介する組織について、レーニンは次のようにいう。

> 最も信頼できる経験に富んだ鍛練された労働者からなる緊密に結合した小さい中核があって、主要な諸地区に委任代表を持ち、最も厳格な秘密活動のあらゆる法則にしたがって、革命家の組織と結びついているならば、それは、大衆の最も広汎な協力をうけつつ、どんなきまった形もなしに、職業的組織に課せられる一切の機能を果すこと、しかもまさに社会民主主義にとってねがわしいやり方で果すことができるであろう。（『何をなすべきか』[*15]）

いま、私たちはこのような文章を、組織化の指南書として読む必要はまったくない。それゆえ、レーニンの組織論が、当時のロシアの状況にどのように規定されていたのかを、私たちは考慮する必要はない。どこの組織も、それぞれ状況に応じて「都合のいい様にやればよい」というテクニックの領域をもっている。私がここに注目するのは、運動の矛盾が、実のところ活動家組織（レーニンのい

＊15 前掲レーニン「なにをなすべきか」四九三頁、強調引用者。

う「労働者組織」）にしわよせされた形になっているという点である。一方には党組織と結びついている経験に富み鍛練された党活動家の見えない顔があり、他方では彼は、もっとも広汎な大衆とともにどんなきまった形もなしに闘いを解き放つ！　大衆と党、熱狂と自己鍛練、合法と非合法、公然と非公然が、この「中間組織」のメンバーには背中合せに張りついているのである。こうした矛盾を修辞や比喩で結合することはやさしい。しかし、大衆蜂起の爆発が破壊的であればあるほど、このような「中間」組織はそれ自体爆破してしまい、「セクト」と「大衆」へと二極分解をとげてしまうことになる。それゆえ、このような組織を、そもそも「中間」の組織、つまり大衆運動にたいする党の「下部組織」のごとく見なすことがまちがっているのである。大衆蜂起の側からみたとき、この組織はそれ自体、党から「分離」されており、それ独自の組織形態と運動スタイルをもつものとして以外には可能とならないはずだ。それは端的に運動が形をきめる組織として、各地の蜂起を「大衆の最も広汎な協力をうけつつ、どんなきまった形もなしに」創りだしていく。これにたいして蜂起の側からみた固有な意味での党組織は、権力の弾圧から自己を防衛するという意味だけではなく、本質的に「見えない」存在である。つまり党は、右に述べた活動家組織（ある種の「政治同盟」）による大衆運動への政治指導（ヘゲモニー）としてしか見えないのである。さらに比喩的にいえば、〈党〉レーニンはスイスの山の中にあり、たとえばバクーの蜂起との結合は、「全国政治新聞」と、バセドウ病の妻が複写し全国の党員に発送する日に数十通の「遠方よりの手紙」とによって保たれていた、と想像することができようか。もちろん、このように見えない〈党〉は、大衆蜂起から見てのことであるにすぎない。「政治同盟」の「緊密に結合した小さい中核」は、「革命家の組織と結びついている」。つまり、この中核にたいして、〈党〉はたんに政治的ヘゲモニーにとどまらずに、まさに目に見えて結合している。

それは「同志的結合」であり、政治・組織方針での結合であり、蜂起の「決定」や革命の「物質力」の調達等々による結びつきとなっている。そうでなければ、「政治同盟」は大衆叛乱の力のまえに容易にプロパーな「大衆組織」となってしまい、大衆暴力と政治の矛盾を体現する政治の同盟としての位置を失うことになる。このとき、〈党〉はこの矛盾を生かしひきうける組織的基盤を見失うことになるのだ。それは党の解体か、さもなくばセクト化となる。

いうまでもなく誤解してはならない。私は、ロシア革命期におけるレーニンの党の組織戦術が実際上このようなものだった、といっているのではない。レーニンがこうだったからそのとおりにする、などという話ではない。それなら、レーニンについての私の想像ははしりすぎていると批難をうけることになるだろう。ともかくも、私は、党・活動家組織・大衆組織という組織形態を、上下にハイフンで結びつける序列などとは考えない。人は、いうところの「自然発生性」から「目的意識性」への政治意識の序列のごとく主張するとしても、私は信じない。むしろ、レーニンが党と大衆組織の区別を意識したとき、それは端的に叛乱において両者が体現する〈政治〉のイメージの相違を意味していたろう。つまり、レーニンの〈党〉が決意する〈政治〉表現の枠組は、コミューンの政治的ユートピアの表現にくらべて、「狭い」のである。

ところでレーニンは、一九〇三年前後のロシア社会民主労働党内の組織問題をめぐる論戦にさいして、なによりも以上のような〈狭い〉党、「彼の中央委員会」に固執したのである。当時のロシア国内の運動状況からいって、レーニンの〈党〉をとるか活動家組織としての政治同盟を党とみなすかが、現実のせっぱつまった選択となっていたわけではない。ことは「何から始めるべきか」という段階であり、はてしもない議論のなかですべての論者が自説の現実的意味に気づいていたわけではない。したがって、レーニンが彼の中央委員会に固執したのも、現に在る大衆運動のヘゲモニーをめぐってのことではなかった。だから、この段階での党の発想は「下から」ではなく「上から」の発想だ、などという問題ではない。さきにも指摘したように、「下から」、つまり現実の叛乱からは〈党〉はつねに政治的へゲモニーとしてしか「見えない」のである。だが、この現実の政治的ヘゲモニーが〈党〉なのではない。むしろヘゲモニーの発揮は、端的に〈党〉的発想の固有の根拠を見えなくするのである。たとえば、一九〇三年の党大会におけるボリシェヴィキの結成と、一九一七年におけるそのヘゲモニーの獲得とは、決して同じ党の概念ではくくれないのだ。一九一七年におけるレーニンの直観は、彼の党的発想への固執を、革命に沸きたつソヴェトへと躊躇もなく開き「解体」した点にある。人は、ボリシェヴィキがソヴェトの多数派となり、さらに権力を行使するようになる時点から逆算して、党を日常的にも大衆にたいする「全体的力量」「責任ある多数派」「大衆の利益団体」として存在すべきもののごとくに、錯覚してしまっているのだ。この錯誤が、いま、党の発想の端的な根拠を見失わせている。そのことによって、かえってこの錯誤は、「どんなきまった形もなく」叛乱を解き放つ大衆の自立性とその組織を、「制度化」せんと腐心するのだ。

　結局のところ、〈党〉の組織構造によっても、「党と大衆との矛盾」が解決されるものではない。むしろ、この矛盾の解決たる革命の蜂起の勝利の一瞬をめざして、この矛盾に組織的表現を与えようとするところに、党的発想の根拠があるのだというべきだろう。だからこそ、党的発想は組織化の絶対的で固定化した処方箋を崩すのだ。これまでの階級闘争の歴史で、党組織の経験は、それが〈党〉の根にある矛盾の表現であるときに限り、私たちが気にとめるに値するものとなっている。私がレーニンの党組織論に見るのも、ただこのことなのである。

ブランキスト百年

——私のブランキ

1

一八七〇年は、ルイ・ボナパルトの帝政の崩壊からパリ・コミューンにいたる動乱のパリで、ブランキが、沸きたつ民衆にむかって語ることのできた最後の年である。この年の末にブランキは地下に潜り、翌年パリ・コミューンの蜂起の前日に逮捕される。そして釈放されたときには、彼にはすでに死しか残されていなかった。一八七〇年および一八七一年の「ブランキ年譜」は次のことを語っている。

一八七〇年　一月十二日、ヴィクトル・ノワール葬儀にブランキスト、武器を携帯して参加。七月十九日、フランス、プロシャに宣戦布告。八月十二日、ブランキ、ひそかにパリに帰る。十四日、「ラ・ヴィレット街事件」。九月四日、帝政崩壊、国防政府成立。ブランキ、『祖国は危機に瀕す』紙刊行。十月三十一日、パリ民衆市庁舎占拠事件。以後ブランキ、地下へ潜入。

一八七一年 一月二十二日、パリ民衆の蜂起鎮圧。二月八日、国民議会選挙。三月九日、ブランキ、軍事法廷で欠席裁判により死刑宣告。十七日、潜行中を逮捕（フィジャック、ついでカオールの牢獄へ）。翌日、パリの革命。二十六日、コミューンの選挙。五月二十一～二十八日、「血の週間」。二十四日、ブランキ、トーローの監獄へ移送。（加藤晴康氏による）[*1]

ところで、ブランキがパリの民衆の前から消えさり、ついに死ぬためにしかもどってくることのなかったこの一八七〇年から、今年はちょうど百年になる。たしかに百年前にブランキは消えた。しかし、この百年間に、《ブランキスト》と呼ばれる一群の闘争者たちが後をたつことはなかった。他方でこの百年はまた《マルキスト》の百年でもあった。だが、若きマルクスとエンゲルスの闘争時代に、闘う共産主義者の代名詞はむしろ《ブランキスト》という名前だったという。マルクスは、ブランキについての数少ない言及のなかで、このことを隠そうとはしなかった。

プロレタリアートは、ますます革命的社会主義のまわりに、すなわち、ブルジョアジー自身がそれにたいしてブランキなる名称を考えだした共産主義の周囲に結集しつつある。この社会主義は、革命の永続宣言であり、階級差異一般の廃止に、階級差異の基礎であるいっさいの生産関係の廃止に、これらの生産関係に照応するいっさいの社会関係の廃止に、これらの社会関係から生ずるいっさいの観念の変革に、到達するための必然的な過渡点としてのプロレタリアートの階級的独裁である。（『フランスにおける階級闘争』[*2]）

しかし、その後、エンゲルスの育てたドイツ社会民主党による《マルキスト》の権威の確立によって、《ブランキスト》は革命党内の一つの異端として主に党内闘争の場でいわれるようになった（これにたいして、ブルジョアジー自身は、革命的暴力一般を、しばしば、《アナーキスト》なる名称によって名指そうとするようになった）。

たとえば、マルクス・エンゲルスなきあとの第二インターナショナル時代は、《マルキスト》と《ブランキスト》の位置を、あい対立する構図のなかにすえることになった。だが、はたして《マルキスト》にたいする《ブランキスト》とは何者か、という点になると、この対立の構図は錯綜する。しばしば、《ブランキスト》を批判した当の人物が、また他の潮流によって《ブランキスト》とあつかいされる。レーニンも、よく《ブランキスト》というレッテルによって非難された。たんに、ロシア革命の途上でメンシェヴィキによってそうあつかわれただけでなく、他方でまたローザ・ルクセンブルクは、レーニンとの組織論論争のなかで《ブランキスト》レーニンを批判する。

〔…〕社会民主党は、以前の社会主義的諸運動、たとえば、ジャコバン・ブランキスト型のそれとは、まったく異なった組織型を創造する。（「ロシア社会民主党の組織問題」一九〇三年）[*3]

＊1　加藤晴康「ルイ＝オーギュスト・ブランキ年譜」、前掲『革命論集』四五七‐四五八頁。
＊2　マルクス「フランスにおける階級闘争」『マルクス＝エンゲルス全集7』大月書店、一九六一年、八六頁。

ところが、こうしたローザ・ルクセンブルクがまた、ドイツ社会民主党内で《ブランキスト》あつかいされる。よく知られているように、ベルンシュタインはマルクス主義をそのブランキズム的要素のゆえに論難する。

マルクス主義は、ようやく一方面だけは、すなわち方法に関してはブランキズムを克服した。しかし、他の方面、すなわち近代社会の社会主義的変革に対する革命的暴力の創造力を過大視する点だけは、マルクス主義は必ずしも完全にブランキスト的解釈を脱却していない。(「社会主義の諸前提と社会民主党の任務」一八九九年)[*4]

そして最後に、時代はとんで、同じ反スターリン主義的新左翼の闘いのなかでの《ブランキスト》非難は、なお私たちの耳に新しい。たとえば――

〔小ブルジョア急進主義の〕第一の潮流は、反スターリニズムの革命的左翼の路線の物質化を追求しながらも、なお克服しきれずに残存していた左翼スターリニズムのゆえに、もっぱら街頭的極左戦術の波状的展開を自己目的化することによって、その本質がブ、ラ、ン、キ、ス、ト、集団でしかなかったことを自己暴露し、そして分解の危機においこまれた《共産主義者同盟》であり、その行動的表現が全学連主流派の大衆的デモンストレーションであった。(黒田寛一『組織論序説』一九六一年)[*5]

以上は、思いつくままにあげた例にすぎないが、《ブランキスト》は、共産主義の百年の間、およその時代の危機と目される時期には必ず登場してきたといえるだろう。

では《ブランキスト》とは何者か。

《ブランキスト》の百年には、しかし、自ら《ブランキスト》を名のったものもいないし、またブランキの生前を除けば、ブランキの理論を教条として《ブランキスト集団》なる一派が形成された事実もみられない。この百年の《ブランキスト》論争の連続性からみれば奇怪である。まるで、ただ共産主義の百年が互いに錯綜した論戦を展開するうちから、実体のない《ブランキスト》の幻像を生みだしてきたにすぎないようにみえる。たとえば《アナーキスト》や《トロツキスト》のように、理論と運動との自覚された実体をともなった異端とくらべてみれば、この事実は奇妙なことだ。

それでは、《ブランキスト》は虚像にすぎないのか、しかし、それにしても虚像の百年とは何を意味するのか。

2

人はこの百年間、「革命」の必然性を、あるいは「革命」が時代おくれにすぎないことを、それぞれ「法則的」に証明しようと努めてきたが、無駄だった。この近代の百年が示すものは、ただ、《叛

＊3　前掲ルクセンブルク「ロシア社会民主党の組織問題」二五二頁。
＊4　前掲ベルンシュタイン『社会主義の諸前提と社会民主主義の任務』六九頁。
＊5　黒田寛一『組織論序説』こぶし書房、一九六一年、一六七頁、強調引用者。

乱はあるのだ》という事実だけである。そして、叛乱があるたびごとに、いつも闘うもののうちに、《ブランキスト》はあるのだった。ブランキ、その人がいっている──

革命とは、壊乱した主体の諸要素が、新しい形態を再構成しようと努力して、騒乱にみちた結合を行なうにも似た、社会体制における再編成の瞬間的作業を惹き起すものである。（手稿、一八五〇年）[*6]

共産制《コミュノーテ》のユートピアが、文明の偉大な首都の注意を荒々しくもひきつけて、首都はサルダナパルス〔…〕の饗宴からはっと目をさます。いまやここでは、このユートピアは、その信奉者たちが期待していたような人間の完全への歩みの自然な結果ではなく、突然の、電撃のような侵入である。これに堪えるか、さもなくば滅亡か。（「祖国は危機に瀕す」一八七〇年九月二十八日）[*7]

いつの時代にも、大衆蜂起は、それを「作りだそう」としたり「否定しよう」とする者たちをしりめに、《自然発生的かつ急激に》この世の秩序を襲う。人はこの叛乱の無定形の暴力を「理論的」に規定しようとやっきになり、それぞれに革命運動の諸流派を形成してきた。だが、《ブランキスト》が体現するのは、闘争者とはなによりもまず蜂起を《生きる》ものだ、ということである。それはあたりまえのことで、なにも《ブランキスト》を名のることはない、と思うかも知れない。そのとおりだ──誰も、《ブランキスト》と名のりをあげようとした者はいない。しかし、「ブランキには理論がなく」、つまり、「歴史と経済学に全く無知」で、ただ「行動の人」だというエンゲルスの規定によって、「理論」は「存在破壊」の宿命を叛乱におよぼすことになった。その後、おもいがけなくベルンシュタインが、「革命的暴力の創造力の過大視」のかどでマルクス主義を葬ろうとしたとき、それはかえって、マルクス主義がもつ存在への深い根を一瞬照しだすことになった。革命の諸流派の論争は、それがどれほど深くこの根にクサビを打ちこんでいるかで、問題に値するものか否かがはかられるのだ。すでにこの根がまったくのところ見失われてしまっていた、二〇世紀はじめにかけてのヨーロッパで、ローザ・ルクセンブルクが生涯かけて執着しなければならなかったのもこれなのだ。彼女が彼女の最後の論戦を次の言葉で閉じたのは、まったく象徴的なことである。

革命は秩序の驚愕をしりめに、こう告げるだろう――私はかつて在り、いまも在りいつまでも在る!。(『ローテ・ファーネ』一九一九年一月十四日)*8

《ブランキスト》が生きたこのような革命の根のゆえに、闘争行為の根ざすものが《ブランキスト》という名で指し示されてきた、といいうるかもしれない。百年にわたる《ブランキスト》論争は、革命行為という教条や理論の次元を超えたものにしいてレッテルをはろうとした悪あがきを示しており、

---

*6 S・モリニエ&S-L・プーシュ『コンミューンの炬火――ブランキとプルードン』栗田勇・浜田泰三訳、現代思潮社、一九六三年、四一頁。
*7 ブランキ「防衛に必要な諸手段」、前掲『革命論集』三〇一頁。引用元の注釈によれば文中「サルダナパルス」とは古代アッシリアの放蕩の王で、バイロンに同名の戯曲がある。
*8 前掲ルクセンブルク「ベルリンの秩序は維持されている」一八七-一八八頁。

「理論」のレベルでは、《ブランキスト》はただ虚像として生きつづける以外にはなかった。だからここで、《ブランキスト》の百年を実像に再建することなどは無駄なことで、ただ、論争の悪あがきのいくつかを追ってみるにとどめよう。

たとえば、ブランキは「本来のプロレタリアート」を見いだすことができなかったという。これにたいし、マルクスは、一九世紀のフランスで「民衆」とほとんど同義に使われていた「プロレタリアート」を、まず哲学的に意味づけて再発見し、さらに「経済学」によって根拠づけたとされる。バクーニンと同じように、ブランキが確認していた大衆蜂起の暴力性は、むしろ没落しつつある都市の小生産層が発揮するアナーキなエネルギーにすぎない。それゆえ「ブランキは過去の時代の革命家である」と。

だが、階級制がまさしくこの世の秩序である限り、大衆蜂起の暴力的破壊力は、「労働者階級」という人間の抽象化された規定態をも破砕する。だから現にある労働者階級とその組織を前提にしては革命は語れない。《革命はある》という存在論風の断定は、革命家自らが教育し育ててきた階級と組織をも、革命は蜂起の破壊力に曝すことを意味している。「本来のプロレタリアート」をいうとすれば、逆説的だが、労働階級が自らの階級を破壊したときにしか登場しない。

だが、この点がまだ果てしのない議論をよぶ。ベルンシュタインがブランキズム的要素からのマルクス主義の脱却を要求したのも、一九世紀後半のドイツ資本主義の「高度成長」のなかで、社会民主党が育ててきた巨大な労働者階級の秩序が、大衆蜂起の危機に曝されるのを防止しようとしたからにほかならない。ドイツでは、取り除かれるべきブランキズムの要素を、ローザ・ルクセンブルクが理論的に代表していた。彼女が強調してやまなかった闘いの《自然発生性》は、ドイツ労働者階級の巨大な組織秩序をも破壊する蜂起の革命的暴力性をさしていた。人はレーニンの批判にしたがって《自然発生性》とは労働者の日常意識のことと考えているが、ここではまったく逆である。

ことに発達した資本主義国では、肥大な組織のみせかけの安定は、いつも大衆叛乱の爆発に無防備だ。いや、現代の《組織化》の原理が体制側と労働者階級とをともにとらえていく著しさは、あたかもその反動のごとく、大衆叛乱を突如として暴力的な無秩序にまでせり上げてしまう。このとき、組織労働者の秩序と階級意識のたえまない積み上げが蜂起の整然たるヘゲモニーを用意する、といったことは多くの場合望めない。最初から、蜂起全体にプロレタリアートの方向性を仮定しても無駄である。組織化された社会での急激な蜂起は、同時に雑多な階層をも行動にひき入れずにはすまないからだ。ローザ・ルクセンブルクが大衆蜂起の最大の行動をむしろ非組織労働者に期待したとき、彼女はなによりも大衆蜂起が発揮する革命的破壊力に賭けたのだった。ここでは、《ブランキスト》ローザ・ルクセンブルクは、「過去の革命家」どころか、近代資本主義の組織化の著しさを経験した者の姿である。ブランキズムが、しばしば「小ブルジョア急進主義」といわれるときも、この非難は多くの場合に、「組織された労働者」の議会主義的教育にあぐらをかいた者の恐怖と憎悪を意味していた。

このように、なによりも大衆蜂起の無定形の暴力を《生き》、これに自分たちの組織をも《賭け》ようとしてきた者として、《ブランキスト》は組織官僚の対極に位置してきた。だが大衆蜂起を《生きる》だけでなく、それに《賭ける》者自身の行為の形はなにか。運動論においてと同様、ここ、すなわち組織問題をめぐっても、ふたたび《ブランキスト》論争は錯綜する。

民衆蜂起の革命的破壊力と創造力に賭けていた《ブランキスト》ローザ・ルクセンブルク自身、こんどは《ブランキスト》の行動パターンを強く排除する。彼女は、ロシア社会民主党ボリシェヴィキ派を批判した論文でいっている。

ブランキズムは、労働者大衆の直接的階級行動を考慮におかず、従ってまた、それは大衆組織を必要としない。それどころか、広汎な人民大衆は革命の瞬間になってはじめて戦闘場裡に登場するものとされ、しかも事前の行動といえば、ごく少数者による革命的奇襲攻撃の準備というに尽きた。それゆえ、この一定の任務を託された人々を人民大衆から鋭く分離することが、彼らの任務達成のために、まず要求された。しかし、そうした行動が可能であり、実行されえたのは、ブランキスト的組織の陰謀的活動と人民大衆の日常生活とのあいだに、まったく何一つ内的連関が存在しなかったためである。(「ロシア社会民主党の組織問題」[*9])

これは、多かれ少なかれ、《マルキスト》よりする《ブランキスト》批判の定型となってきたものだ。しかし、およそ革命におけるすべての組織問題は、《自然発生的》大衆蜂起がもつ全体としての無秩序と無定形という性格に、闘争者が自分の行為の《定形-意識された形》をいかに刻印するか、というところでのみ発生してくる。いうなれば、問うに値する組織問題は、実は《ブランキスト》にしか生じない。既成の組織類型に叛乱をはめこもうとする者には、叛乱に際してあらためて《組織問題》が生じてくることはないのだ。《ブランキスト》レーニンは、自分たちの行為の形によってロシアの蜂起を《代表》しえた典型的な例となった。他方、《ブランキスト》ローザ・ルクセンブルクは、蜂起の破壊力が「自然に」プロレタリア的創造力をも発揮すると考えた。いいかえれば、この創造力が組織問題を解消すると期待した。だが実際、スパルタクス・ブントに流入したデクラセ・インテリの極左主義は、ついにスパルタクスの行為の形をきわだたせるというよりも、逆にこれを蜂起のアナーキーに没入解体させてしまったのだった。

いま、《ブランキスト》の原形にまでさかのぼってみれば、ブランキが《ブランキスト》であったのは、決してたんにその急進的行動主義によるのではなく、自分の急進的行動の独自の形を自ら意識していたということによるのである。大衆の《自然発生性》にたいするこの《意識性》こそ、まさしく大衆蜂起における《組織》の《形》をきめる。いうまでもなく、ブランキストの《秘密結社》である。

3

ローザ・ルクセンブルクの《ブランキスト》論駁にもみられたように、人は、蜂起の大衆蜂起たるゆえんが、ブランキ型《結社》を不必要とし、むしろ党は有効な政治的ヘゲモニーを与えるべきであると考えるかもしれない。だが《結社》ないし《党》の有効性のレベルでは、《ブランキスト》の像は消滅する。《ブランキスト》のレベルは、あくまで大衆蜂起における《行為》のうちにある。そのとき、《結社》の闘いは叛乱者の行為の《表現》となる。たんに大衆蜂起の《造形》というレベルでは、《組織》がバブーフ以来の《秘密結社》であるか、あるいは公開の《大衆組織》であるかは、二の次の問題なのである（これらの点については「結社と技術」〔本書第Ⅱ部冒頭〕をみてほしい）。

ブランキの生涯が私たちを強く印象づけるのは、あの時代の混乱全体を——蜂起の時期も沈滞期に

＊9　前掲ルクセンブルク「ロシア社会民主党の組織問題」二五二－二五三頁。

も――ブランキの行為がもっとも鋭く《表現》しえているからである。

ブランキはその生涯で二度、彼の秘密結社による武装蜂起をくわだてている。この二度の蜂起については、ブランキ自身が描写しているが、彼らの行動は徹底して大衆を欠いており、いささか孤独である。

第一回は一八三九年五月十二日、よく晴れた日曜日のパリ、ブランキは「四季協会」のメンバーをひきつれ、自らピストルの銃身に真紅の軍旗をつけて登場する。


一八三九年五月十二日午後二時、五百人の男たちがまさに武装蜂起せんとしていた時、人がその沈黙した陰気なかれらの集団から、激昂とか騒擾といった徴候をさがし出そうとしても、また、叫びや呪いの声をきこうと耳をそばだてても無駄であったにちがいない。言葉はまさに声とはならなかった。なぜなら、武器そのものがまさに語ろうとしていたからである。(「ブロワ事件」一八四八年[*10])

第二回は一八七〇年八月十四日ふたたび日曜日のパリ、九月四日の大衆蜂起の直前である。


一ヶ月前、ラ・ヴィレット大通りの運河橋近くに、百人ほどの人々がゆっくりと集った。太陽の照り輝いている日曜日であった。歩道一杯にたくさんの人が散歩していて、次第に人が集るのも目立たなかった。

消防署から少し離れたところで、一人の軽業師が曲芸を演じ、まわりに幾人かの見物人を集めていた。

計画の指導者〔ブランキ〕は仲間より先にこの場所に来ていて、軽業師のまわりの人だかりのなかに入るようにと、やってくる仲間に指示した。こうして、一団は巡査に疑われないで集ることができた。三時半頃、ブランキが合図をし、集った者たちは急ぎ足で静かに消防署に向った。
（「ラ・ヴィレット街事件」一八七〇年九月十六～十七日）[*11]

このようなものが、「人民大衆から鋭く分離」された「ごく少数者による革命的奇襲攻撃」の実態であった。それではブランキの「ごく少数者」はどのような自己確認によって《結社》に結集していたのか——明らかに、ブランキの徒党というごとく領袖のカリスマ的個性による結合につきるものではなかった。いまブランキの結社の理論や戦略については触れることはできない（ブランキ『革命論集』をみよ）。私がここで注目するのは、ただ民衆の革命的破壊力を結社という形に表現せんとしたブランキの組織思想についてだけである。

加藤晴康氏によれば、ブランキは秘密結社「四季協会」を次のように組織していた——基礎単位は「週」で、七人の「日」からなり、「日曜日」が指導する。この「日曜日」だけが他の三つの「週」の指導者を知っている。四週で「月」となり、三ヶ月が「季節」となる。各単位の指導者だけが同位にある他の単位の指導者を知っているのは、同様である。四つの「季節」が「年」を構成し、これを「春」が指導する。一八三九年の蜂起の当時、パリには、三つの「年」が存在したといわれ、これを「秘密

＊10　前掲モリニエ＆プーシュ『コンミューンの炬火』二八頁。
＊11　ブランキ「ラ・ヴィレット街事件」、前掲『革命論集』二八四頁。

三頭」と呼ばれたブランキ、バルベス、マルタン＝ベルナールが統轄していた。

みられるとおり、バブーフ、ブォナロッティの秘密結社の系譜にブランキはのっとっていたといってもいいが、最近では、敗北に終った（第一次）アルジェの蜂起において、この型の組織が再現しているのを私たちは知ることができる（映画「アルジェの闘い」）。それはともかく、蜂起するパリの民衆、無定型の暴力たる「プロレタリアート」に組織的な形を与えようとする、ブランキのこのようなリゴリズムはきわめて印象深い。そして、行為を組織へと形成する過程は、ブランキの結社の場合も、その「入会式」における儀式によって象徴されていた。たとえば、「四季協会」の入会式は定まった形式に従ってこんなふうにとりおこなわれる。

新会員は目かくしをされて招じ入れられ、座長は「君は王政と王についてどう考えるか」など組織の思想と目的に関する質問をし、新会員は定められた答えをする。質問と答が終ると、座長は「財産の犠牲、自由の喪失、あるいは死、それらに敢然と立ち向う決心はついたか？」と会員に迫り、「人民にたいする絶対の忠誠」を誓言させる。次に新会員の手に短刀を置いて、以下のようにいわせる。「もし私がこの誓いを破るならば、裏切者には死をもって罰せられ、この短刀で突き刺されんことを〔…〕」。

ここで、座長は結社の一員となることを認め、目かくしをとるまえに、なおつけ加えてこういう――「市民、君の名前はわれわれの間では口にされない。これが隊における君の登録番号である。君は武器弾薬を用意しなければならない。協会を指導する委員会は、われわれが武装蜂起する時まで姿を現わさないであろう〔…〕」[*12]

それでは、このような結社をひきいて蜂起するブランキにとって、はたして「人民大衆」の蜂起との「内的連関がまったく何一つ存在しなかった」であろうか。たしかに、ブランキの二つの孤独な武装蜂起は大衆蜂起の谷間の時期におこなわれている。これにたいして、一八四八年および七〇年の大衆蜂起の時期には、ブランキはなんの躊躇もなく大衆の面前に登場する。彼の舞台は、監視の眼を盗むために妻が弾くピアノのかたわらで武装蜂起を決定する場面から、フランス革命以来のパリの民衆クラブに移っていったようにみえる。

けれども、この二つの舞台を通じて、彼のうちで一貫しているのは、《行為の形》としての《技術》への執着である。『武装蜂起教範』は、パリの民衆蜂起を想定して《叛乱の技術》を展開しているが、ブランキはここでバリケードに必要な敷石の数まで勘定している。

バリケードおよび保障壁は、合計百四十四立方メートルになる。舗石六十四個で一立方メートルであるから、全体では九千百八十六個の舗石がいることになる。[*13]

ところが、ブランキは計算を間違えて、彼の教えるとおりにするとバリケードに敷石三十個分の不足ができてしまう。蜂起軍の各中隊の旗の色や指揮官のリボンのつけ方まで指定してある詳細な『武装蜂起教範』における、これまたささいな「計算間違い」は、ブランキの「瑣末な技術」への執着を一層印象深くする。これは、ブランキの《技術》が叛乱のテクノロジーによっては決して十分に規定

＊12　前掲ブランキ「四季協会の入会式」七二ー七四頁。
＊13　ブランキ「武装蜂起教範」、同書、一五七頁。

しえないものであることを示している。つまり、政治の技術といえば、いずれも軍隊や法の技術のように「統治の合理性」を意味するだろうが、ブランキの《技術》には、彼の結社による大衆（運動）の操作ないし統治という性格はなにもない。それゆえ、大衆蜂起の時代には彼も彼の結社も多少とも大衆に「埋没」してしまうことにもなる。どのみち、「瞬時の自然発生的な」大衆蜂起にあっては、いかなる意味でもこれを命令したり代行したりする組織などはありようもない。

「誰も思いどおりに大衆行動を指導はしない。それを成功させるよりも、そのなかにまぎれこむほうがよっぽど楽だ。激昂する群衆のなかで、地上から持ちあげられ、大波によって、一種のマネキン人形のように波のまに漂い、あちらこちらへ揺り動かされるのは、あまり居心地のいいものではない。それが私の位置だった」と、ブランキは四八年革命に際して述べている（「ブールジュ裁判弁論」一八四九年）[14]。

しかし、それにもかかわらず、ブランキの行為のスタイルは、秘密結社の蜂起と同様、沸きたつパリの大衆蜂起のうちにも、鮮明な《形》を刻んでいるのである。たとえば一八七〇年十月三十一日。この日、共和国国防政府によるドイツ軍との休戦に激昂して、パリ市民は市庁舎を占拠する。市民の群れで、市庁舎はものすごい混乱である。政府の閣僚は逮捕され、机にとびのったフルーランスは新しい公安委員の名簿を読みあげる。「果てしのない議論が始まった。〔…〕市庁舎の各部屋でそれぞれ勝手に、樹立すべき政府について議論や、演説がおこなわれ、暗躍者がとび廻る」、とコミューンの闘士リサガレーはいっている[15]。この場面のブランキは、大佛次郎の『パリ燃ゆ』に印象深く描写されているが、ブランキ自身の述べるところはいささか散文的である。

市民ブランキは国民軍第一六九大隊長を更迭されて以来、自分の指揮下にある部隊を持っていず、市庁に進軍しなかった。

市庁で宣せられた新権力の閣僚名簿に自分の名のあることを、彼は五時半頃知らされた。六時に、ブランキは民衆の意志が求めた地位についたが、市庁に非常な心痛を抱いて入ったのである。

書類の積まれたテーブルのある広間に集まっていた市民たちが、満足し歓喜して迎えた。〔…〕彼はただ一人で、以下の命令を書き、署名した。

全城門を閉鎖し、パリに起った紛争を敵軍に知らせるおそれのある一切の交通、通信を遮断する命令。（「十月三十一日の真相」一八七〇年十一月四日）*16

蜂起の大混乱のまったなだなかで「ただ一人で」作られたこれらの命令は、軍事技術的にいっても正鵠を得たものだったろうが、「一部が遂行された」だけで、「城門閉鎖」の命令をはじめとして大部分「実行されえなかった」。

以上のようにみたかぎり、《ブランキスト》の百年は、大衆蜂起の百年である。大衆蜂起の無定形の秩序破壊力と、行為主体によるその《造形》という蜂起の発生地盤に生起する《ブランキスト》が、

*14 前掲モリニエ&プーシュ『コンミューンの炬火』三二頁。
*15 リサガレー『パリ・コミューン』喜安朗・長部重康訳、現代思潮社、一九六八年、上巻七三頁。
*16 ブランキ「十月三十一日の真相」、前掲『革命論集』三〇八－三〇九頁、強調原文。

「理論」の上で教条化され実像化されることはなかったのだといえるだろう。

だが、それにもかかわらず、この百年の大衆蜂起の歴史のなかに、運動＝組織論の次元で、《ブランキズム》はたえず影をおとしてきた。してみれば、この影が《ブランキスト》のものであるか否かは、もはや問題ではない。この日本における大衆蜂起の時代は、ようやくにして、蜂起の根に無数の無名《ブランキスト》を確認し、かくして、論争史上の《ブランキスト》を破砕しつくす時となっているのだ。

ii

欺瞞的で自由なゲリラ
――戦後のあとの時代における政治と生の世界

1

私たちに、いま、否定すべき「自己」、拒否するに足る「日常性」があるかにいわれている。しかし、私はそうしたことを信じない。人はこの十年間の自分の閲歴に沿って、「自己」なるものの風化と拡散の跡をそれぞれにたどることができるはずだ。六〇年代の時代の平穏の底に刻印されたこの解体の無数の飛跡こそ、戦後のあとの時代の出発を意味づけるのだと私には思われる。日本の戦後における「自己の存在」の一つのあり方を思いだしてみよう。

〔…〕やがてもっと大きな、もっと厳重な、そしていささかも虚構を必要とすることない必然の説があらわれた。いうまでもなく唯物史観である。資本主義的階級支配の崩壊、プロレタリアートの勝利、それは必然である。〔…〕だからプロレタリア主体の確立は、このゆるぎない歴史的必然の認識のみにかかっているといってよいであろう。すくなくともこの認識はまっすぐにかれらの階級的自覚とむすびつく。そして一つの必然において主体的であるということは、自分自身がその必然のつくり手であるということの意識にほかならない。このような歴史的地位に立つものの意識が本来の姿であらわれるところに、主体性の要求がおこらぬのは当然である。だから主体性の要求が、何はともあれ既存の意識的地盤からこれに対するインテリゲンチャ固有のものであること、これは何と抗弁しても否定できるものではないし、また否定する必要もない。（梅本克己「主体性とニヒリズム」一九四八年）[*1]

いままでは、人はここに戦後知識人の構えの愚直さをみるにすぎないかもしれないが、ともかく、知識人の自己＝主体性は「歴史的必然」に対面した地点に確保されていた。この主体性は、知識人の古い意識基盤からプロレタリアートの歴史的地位に「身をうつすべき」一つの過渡として自分を考えていた。そして、知識人の主体性のゆく先――プロレタリアートの立場とは、端的に歴史的必然の科学的認識と階級的自覚の統一であり、さらにこの歴史認識の立場は、実のところ歴史全体を俯瞰しうる「プロレタリアートの党」に求められるのだった。党は科学的プログラムに沿って状況を変革する――ここに革命の教師・技師としての主体の論理が確立する。過渡としての知識人の主体性も、この

＊1　梅本克己『過渡期の意識』現代思潮社、一九六〇年、六六－六七頁。初出は『思索』一九四八年八月号。

ようなプロレタリアートの立場をゆく先に前提してはじめて意義づけをうるものだった。日本の戦後における近代精神は、このように党の磁場にひきよせられることによって、多かれ少なかれ戦後に特有の迂路をたどることになったのだ。

六〇年の安保闘争における私たちの固有の経験は、戦後精神のこのような主体の構造を解体させたことにあった。「新しい前衛」の試みのなかで党の古典的性格を徹底化させることによって、かえって私たちは「党と私」の構造自体を爆破した。ロシアで生れたときから、インテリゲンチャという存在は常に「ナロード」との対概念として成り立ってきたのだったが、私たちはこの知識人の問題を問題として無効にしたといえる。ある意味で、それは日本の知識人にとっては戦後の特異な精神の凝りからの解放だったろう。

しかし、これはまたなんという解放だったろう。いわゆるエリートとしての自己を否定するという努力だったなら、ほかならぬ戦後精神の中心問題だったのであり、ここでの主体性の論理がどのようなものであったとしても、現在における「自己」否定にとって、ふたたびナロードに直面した新たなる自己の確保が保証されているわけのものではない。安保闘争の前後だったら、人はスターリン主義的党と主体の位置を弾劾して、新たな党の建設の展望のもとに自己を位置づけ直す作業をつづけることもできたかも知れない。しかし、繰り返すけれども、私たちは自分との距離を測定すべき亀裂も城も存在しないこの平坦な地平に、すでに無限とも思える時間を堆積してきたのだ。党の権威から自由になったと感じ、先物買いのジャーナリズム左翼たちが自由に多弁だったこの時代に、私たちは「俺はそんなこと信じないよ」といいつづけてきた。だから、問題は新しいの古いのといったことではない。解体したのは、たんに古い党の権威でもなければ、主体性の錯誤につきるものでもない。私たちが、私たちの「自己」を確保するその構造自体が砕け散ったのだ。

もともと、人はだれしも全力をかたむけた闘いの後に、自分の闘いを相対化していく時期を経験するものだろう。人はこのようにして青春を終えるのであり、自ら信じてもいない自分の成熟を受け入れなければならないのだ。しかし、私はいま別に世代論風に自分のことを語っているのではない。戦後の終りという時代認識のうちで、私は一つの顕著な時代精神の解体をいおうとしている。

「今や私は自分の性格を空の四方にばら撒いた、これから取り集めるのに骨が折れる事だらう」とボオドレエルがどこかに書いてゐた。俺は今この骨の折れる仕事に取りかゝつてゐる。もう充分に自分は壊れて了つてゐるからだ。苛立たしい顔に会ふごとに、なぜ君はもつと苛々してみないのか、とさう思ふ、今こそ俺はさう思つてやる。（小林秀雄『Xへの手紙』[*2]）

私はこの三〇年代の日本における「私」の位置を、六〇年代の状況の底に照してみる余裕をもたないのだが、おそらく、いま「私」の解体状況は、さらに一般的にかつ大衆的な次元で跡づけることのできる事態なのだと思う。学生運動におけるいわゆる「自己否定」の論理にしても、エリート的自己の日常性を拒絶する狭い間口のむこうに、たちどころに、否定がはてしなく循環する地平を開くことになる。私たちは自分の日常的な苛立ちに忠実であるかぎり、もはやそこには、状況を対岸に見た自己の再建の展望などはありえないことを覚悟するにいたるだろう。それは全的な否定の論理のつまる

＊2　小林秀雄「Xへの手紙」『小林秀雄全集2』新潮社、二〇〇一年、一六三頁。

ところともいえようが、同時にそれは日本における私たちの意識経験の成熟なのだ。

たしかに、私の自己は世界の大きさにまで拡散した、けれども、これは私の汪溢ではなくかえって私の存在の貧しさなのである。

2

「根源的否定」というとき、この「根源的」とは、もともと「根源的顕現」と同値にまで否定の深度が達することをいっているはずだ。

根源的な否定の論理は、現に在る存在事物のとり換えとしての否定＝変革をさすのではない。変革の場合だったら、否定する主体は否定の対象を目前に立て、ある先取りされた未来の名において相手の死を要求する。けれども、全的な否定は、否定する主体をも含めた世界の存在者のすべてにむけて、果しなく進行しようとする。

〈否定の論理〉は人間を苦しめ、その苦しみのあげくは、自殺しかないかのように押しつめる。神を見た者は死ぬ。〈否定の論理〉が神的光を帯びて迫ってくる時、その前に立ち得る人間は存在し得ないであろう。それでは存在していること自体が罪なのだろうか。〔…〕
預言者的否定の論理は、それゆえ、悲劇的な「あれか・これか」に人間を追いつめていく。
（大木英夫「否定の論理と終末論」*3）

けれども、「否定の論理」をつかさどるアルキメデスの支点が、私たちに残されているはずはない。存在者に根底的「否」を投げつける「神」の視座も「党」の立場も、私たちの経験が失った当のものだった。存在事物の全的な否定が、否定主体にたいして何か「本体」の地位を確保しえたとするならば、この地位は私をも含めた世界から疎外された神の座になる以外にはない。

それゆえ、否定はついには否定主体の個のうちで貫徹される以外にはなく、しかし、この徹底が結果するところは、自己の死を極点とする全的否定の地平、無の地平なのである。いいかえれば、私たちは自己という特殊な窓口からわけ入って、かえって自己をも無と化する無規定的地平を切り開くのであり、主観性のラディカリズムがかえって普遍的「否」を開示するという、近代の「私」の論理のドンデン返しがここに起っている。

そして、さらにいうならば、この否定の普遍的地平よりして、はじめて、世界の現実存在が現象の絶対性をおびて生起するのがみえてくる。根源的否定は本来「私」の反省に属するのだが、この徹底は同時に私をも含めた現実の存在者の存在を、一つの歴史的存在として発生史的に意味づけることになる。逆にいえば、現実存在にたいする否定主体の否定は、この存在の意味を露呈させることによってその生成の秘密において遂行されているといえるだろう。

それゆえ、否定の論理は、つきつめていけば現実世界の存在と論理を全体として無と化するのであって、決して体制の変革の論理につながってはいかない。否定の論理は、「私」をも含む体制の隠

＊3　大木英夫『終末論的考察』中央公論社、一九七〇年、一〇五－一〇六頁。初出は『中央公論』一九六九年五月号。

れた意味の露呈によるその全的否定であって、現実の変革はまた別の論理に支配されている。根源的否定の次元では、「私」の存在は自己と世界の絶えまない循環なのだが、しかしこの世の秩序においては端的に「私」は客体の改造をめざす技師なのだ。

否定の論理によって意味露呈的に拒絶される現実世界の秩序を、したがって、私は「技術的なもの」と呼ぼう。技術的なものの論理にあるかぎり、「私」の個の存在は「我々」として現象する。現に、私たちは日常の表現世界にあって、いかに「我々」という主語に執着していることか。「我々は――」と発言することで、あたかも私たちの発言は「客観的妥当性」を保証されたがっているようだ。「私」に代る「我々」という主体こそは技術的理性の主語なのであり、ほかならぬ近代の政治もまた端的に「我々」を行為と発言の主体としてきたのだった。

結局、私たちの現実の生にあって、「私」は身のうちにたがいに相剋する二様の力に引き裂かれているのだ。いま、私たちの否定のラディカリズムがこうした主体内の分裂を顕在化しているところに、私は状況というものをとらえている。

戦後のあとの時代における、技術的なものの自立は明らかである。いまになってみれば、戦後精神は「私」を強いて「我々」に置き換える愚直な努力によって、かえってこの過程を加速したのだといえよう。「対象的真理が人間の思惟にたっするかどうかという問題は、なんら理論の問題ではなく、一つの実践的問題である」とマルクス主義がいうとき[*4]、これは認識問題（真理問題）が事実的に決定された地平で表明されたことなのだ。従来の周知の認識問題を「スコラ的」と批判して「物自体」論とかかわることを拒否し、むしろ認識論は事実的に解消されうることを主張する。

だがしかし、真理の問題が「産業と実験」の問題だという考えは、ほかならぬ近代技術の信念なのであり、近代科学・技術は自分を根拠づける認識問題の穿鑿にわずらわされることなく、自律的発展をとげうるのだという確信をもつ。ところが、戦後精神は理論的にはもっぱらこのカントの国の主張につまずいた。日本における認識論の時代に、認識論の解消たる提言にとらわれたのは、戦後精神の根本的錯誤だったのだ。これでは、「私」の問題はもっぱら認識論以降、つまり科学の発展の問題へと解消されてしまうだろう。

戦後における「私」と「我々」の構図の崩壊の後に、ふたたび「私」の主語に執着することは、ことに私のように数学の文体になじんだ者にとってはむつかしい仕事だった。しかし、繰り返していうように、この自己への固執は近代のエゴティスムを保証するはずのものではない。ヘーゲルと同じ意味ではないにしろ、私はこんなふうに思ってきたものだ。「《私》は、あらゆるものを受入れ、あらゆるものをそのうちに保持する空虚な容器である。あらゆる人は、《私》という夜のうちに埋められた諸表象からなる一つの全世界である」（ヘーゲル『小論理学』[*5]）。

3

私は説明することにとらわれているようだ。はじめから、私は政治的な行為者の場に何が起っているのかを記述しようとしていたはずだ。もともと私たちの日常的な生は、一方では死の闇の底へと、

＊4　前掲マルクス「フォイエルバッハにかんするテーゼ」三頁。
＊5　ヘーゲル『小論理学』松村一人訳、岩波文庫、一九七八年、上巻一一九頁。

他方ではどぎつい光の世界での技師へと、極端に自分をひきとっていこうとする誘惑に直面している。だが、政治の行為が形成される現場では一人称のうちの二様の主語は相剋を保つ以外にはない。私のうちにどのような解体が秘められていようとも、私は政治の場で一個の完結した肉体として行為しなければならない。この行為にとっては、本来、いかなる認識のアルキメデス点も許されていない。

これまで、人が政治的行為に引きよせられたのは、そこに「私」と「我々」の合致する瞬間をみいだしえたかに思うからである。この合致の瞬間に意識主体の側から飛躍しようが、労働者という行為の規定態の側から近づこうが、それは同じことであって、ただ政治を理念化しなければならないイデオロギーがこの両方向を別々の人格にわりあてたにすぎない。

しかし、政治といえば、私たちはなによりも私たちを水平に未来へと連れていく歴史的運動として考える。ここで私たちは、制度的なユートピアに到る一つのプログラムに沿って、私たちの対象（状況）を変革する行為者である。だから、この歴史的過程の極限の姿では、未来に到る時間の進歩は、一つの客観的で技術的なプロセスのごとく思い描かれる。ユートピアはテクノロジーの原理によって計画される未来社会であったり、あるいはまた、かのスターリン的に構想された絶対的必然的な歴史の成就であったりする。このような未来にむけて自分を投企することによって、私たちは「私」の闇を忘却して「我々」を名のることができる。いや、それだけでなく、未来に類としての人間を実現するために、人は「我々」の名によって「私」の存在を犠牲にすることができるのだ。

けれども、私たちの経験は、このような未来へ向う時間の詐欺をすでに十分に知っている。別に、政治の約束に人は容易にひっかからなくなったというのではない。私たちは反政治ともいえる時間の経験を知っているからなのだ。政治の技術性は常に「私」を未来へと客体化するとしても、行為が

「私」の行為であるかぎり、私は政治の地平にどこまでも直交しつづける「拒絶する私」の領野をめざめさせている。この垂直の時間軸に沿っては、私はいかなる制度的ユートピアをも構成することはできず、私はかえってそのような歴史の進歩を根底で無化している。私にとってはこの闇のなかの時間は、私と現実の歴史が生成されてくる根源なのだが、けれどもそれは現実の直線的時間の始源なのではなく、二つの時間軸はいつもいたる所で直交している。

自ら政治の行為を形成する者にとっては、身のうちをつらぬく直交座標の十字架をのがれることはできない。たとえユートピアの実現が私の生のおよばぬ先のことだとしても、政治の世界では私は先取りされたユートピアの構想によって、自分の存在を犠牲にすることができる。それゆえ、たとえいまなお私がユートピアとその実現の手だてについて絶望をいだいていようとも、私の絶望は、政治の時間にとってはあくまで「さしあたって」のことにすぎない。政治世界の欺瞞は常に私の存在を「さしあたって」の存在と納得させることにあるのだ。けれども、私は歴史に直交する「私」の否定の領野を、「さしあたって」の政治的絶望のゆえにめざめさせているのではない。たとえ「革命」が成就したとしても――いや、たとえ一つの「党」の座を私が確保したとしても、私はその現実のうちに、果しなく執拗に鉛直の裂線を切りこむ者でなければならない。「私」は永久に革命の革命者であり、永久革命者の成就することのない苛酷な時間を、身のうちにかかえもっている者だ。

たとえば、私は「ノンセクト・ラジカル」であることを好まない。むしろ、ノンセクト・ラジカルズの息吹きにたいして一つのセクトとして、食うか食われるかの闘いを演じることの方を求める。だから、たまたま私がノンセクトだとしても、これまたあくまで「さしあたって」のことにすぎない。しかし、この「さしあたって」というのは政治のレベルでのことであって、「私」の存在はむしろ永遠にノンセクト、いや反組織だ。政治が「私」の組織化である以上、私は政治の組織の必然をひきうける。とはいえ、「私」はその本質において組織を裏切る一個の「非合理」だ。

この時代の叛乱者にとっては、権力は目の前に明瞭な像を結ぶものとしては存在しない。ところが現実の闘いでは、私たちは打倒し変革する相手を対象化して立てなければならない。本来、測定の概念は技術の本性であり、政治にとってもまた「勝利か敗北か」の測定は不可避である。政治は現実世界の法則をすすんでひきうける。だが、同時に「私」の闘いは「勝利も敗北もない永続した闘い」として、一個の「政治の無能」なのだ。

結局、技術世界の展開は、政治の散文的な自立を可能にしているのだとはいえ、政治の地盤としての「私」の存在は、なお政治の陥穽たることを止めてはいない。しかしまた、「私」の経験の反政治的な陥穽にとらえられることによっても、政治の世界が存在を止めるわけのものではない。政治世界といえども私たちの生活世界を母胎としているのであり、現に生活者の世界は政治への加害と受難の停止することとないサイクルとなっている。政治は私たちの生活世界の合理的組織化を標榜するのだが、この自律過程が自己欺瞞を深め自分で自分の意味を知りえなくなると、政治のプロセスは日常生活者の生活放棄（叛乱の暴力）によって、随所でふいに破られるのだ。だから、「私」の決意性と「我々」の技術性との交点で営まれているのは、特に政治の行為なのではなくて、むしろ生活者の生そのものである。生にとって状況への希望はその都度先へと更新されていくだろうが、それは思いもかけぬ方向から交差してくる「否」によってみすえられている。

どのみち政治世界は「私」をとらえつくすことはできないのであり、政治の姿をした私は、政治からみれば異物をかかえ迷彩をほどこした「参加者」でしかなく、一つの欺瞞であるほかない。また、私としても、政治世界の内部にあっても自由の身である以外にない。闘争者の「私」は、政治へと自在に転移する欺瞞的で自由なゲリラでしかないだろう。

たしかに、これは悪循環だ。しかし、悪循環を断ち切る方途を生はもたない。六〇年代の生活の経験はようやくこの悪い冗談を気にしはじめたのであり、私たちは時代の転換を大きなめぐりなのだと予断してさしつかえない。それは、なお始まったばかりなのだ。「覚悟せよ！」――なんと日本風の格律か。

4

それでもなお、人はなぜ自己欺瞞の気持を払いえないのか。なにもそれは、政治にとっての「私」の欺瞞と、「私」にとっての政治の欺瞞とを自己のうちに交差させる論理を、御都合主義と感じるからなのではない。自分にたいするうさんくささの念は、私の生そのものが一つの自己欺瞞なのだと感じている。私たちはついに、自分が、「唾《つばき》し、はぎしりゆききする」[*6]一人の技師なのだ、といいきることはできないのか。

効率を確められた技術は、すでにその発明者をよびおこすことはない。同じように、政治の技術性にとっては、もともと、闘争者の内なる葛藤はあくまで闇のなかでの闘いである。闇のなかでの闘いが政治の現実を裁きえないように、政治はまた闘争者の決意性の領域に判決を下すことはない。政治

＊6　宮沢賢治「春と修羅（mental sketch modified）」『春と修羅』関根書店、一九二四年。

が裁かれるのは実効のレベルであって、その思想のレベルではない。心でなした姦淫によって人は裁かれないのであって、いいかえれば、人は政治の場面でどのような顔もしうる。これが、事実マキャベリ以来の政治の理念なのだ。

だから、政治における一個の闘争者にとっては、「私」の経験世界は決して自分に政治的アリバイを提供することはできない。と同時に、「私」の世界は政治世界にたいして、完全犯罪の可能な地域となる。人はもっとも許しがたい内心の裏切りによっても、偉大な政治的事件の主役になりうるのだ。政治から「転向」しても、なお私たちがこの事件に一人で長く固執する理由はここにある。世間は結局この「転向」を許すことも告発することもできない。政治における「私」の犯罪を忘れようがほじくり返そうが、それは一人の旧闘争者の自由に属する。

政治が自律的な過程として安定すればするほど、この完全犯罪可能の領域は、政治に関係のない「社会の病理」の一例としてしか話題をよぶことはない。しかし、一つの反政治的な叛乱によって、ゆくりなくもこの領域がつつきさらされるならば、私たちは叛乱に深いカオスを見るであろう。実は、政治と叛乱のあい葛藤する姿がここに鮮かな切口をみせているのだが、叛乱の思想の上澄みをすくう評者にとっては、叛乱の混沌としたエネルギーの渦はたんに思想の未熟でしかないだろう。外部の者が何といおうと、その正誤にかかわらず、叛乱者はそれを理念の詐欺に思う。彼の不機嫌な目は、外部の評者が同じように、完全犯罪可能でアリバイ不可能な自分の闇に固執することを求めるだけである。しかも、この証《あかし》は評者の表現によっては決して証明することはできないのだ。

「あなたが正しく、あなたの思想が真であることは、まったく私には火をみるよりも明らかでありますが、失礼ですが、実際民衆がただしくなくはなくて……いやもちろん！　民衆は正しいのです……あなたが正しいことは否定できません……私はこれがすべていったいどうなるのか実際わかりません。あなたは、……まあまあ気楽にしていたまえといわれるでしょう……ああ、私はもうそうしてはおれないのです……ああ……そうでもしないと、おしまいに気がくるうにきまっています……あなたは好意をもってうけいれてくださるでしょう……信じてください、えられた認識のために、水車が頭のなかでぐるぐるまわっているみたいに、馬鹿になることがしばしばあります。[*7]」

これは一八四五年ごろのマルクス（『聖家族』）に引用されている、ブルーノ・バウアーあての「一大衆」の通信である。私たちは、ともすれば、マルクス主義の透明さにもとづいて時代のカオスを理解したつもりになる。私たちが評者（マルクス）の意気揚々たる主張のうちにこうした一文をみいだす驚きは、はからずも同じ時代のドストエフスキーのペトログラードをよびおこすのであり、それはさらに表現することが一つの疎外態であることの自認へと私たちをうながすのである。

うんざりすることに、いまふたたび、学生の叛乱に直面して知識人の姿勢に関するやかましい議論がなされている。学生の叛乱が世の識者にもとめているのは、「全共闘の問題提起に応えて」なにかをいうことではない。この六〇年代の底で、戦後精神の拡散過程にどれほど欺瞞なく直面してきたの

＊7　マルクス＆エンゲルス「聖家族」『マルクス＝エンゲルス全集2』大月書店、一九六〇年、一六三頁。

かが問われているのだ。叛乱にたいしてどのように発言しようともそれは自由であり、真実もとめられているのは、評者の「自分の存在についての覚悟」なのだというべきだろう。

政治的言語のために

——「私」の解体と「我々」の再生

1

〈アナキスト〉というとき、私がきまって思いだすのは一つの漫画である。作者の記憶はないのだが、それは東京オリンピックの年、一九六四年のことだったと思う。六四年といえば、東京の中心部の景観が一変する年であり、国会界隈を中心として放射状に拡がるコンクリートの造作を、私たちはなじめない目で眺めることになったのである。この漫画には、彎曲浮沈して走るハイウエーにドリルをもっていくつもの大きな穴を穿っていく男が描かれており、彼はこの作業の最後には自分の頭にもドリルをさしこんで穴をあけていた。そして、作者がつけた漫画の題名は〈アナアケスト〉というのであった。

ここでは、〈アナアケスト〉は、ハイウエーのはこんでいく未来にたいしては、これに鉛直に穴を穿つ以外には反逆しえぬ者の姿である。しかも、この者は、ハイウエーの未来の宿命は、自分をもまた例外者とはしないことを知っているがために、ついには自らの存在にも同じように穴をあけねばならぬのである。〈叛乱〉という主題のもとに私がしばしば思いうかべるこの作品は、技術的な未来へと狂奔するものの強固さにたいするつむじ曲りの空想以上のものである。もしも、ハイウエーの未来が政治の誇る約束であるならば、反逆者のユートピアは政治の延長上にある改善や改革としてではなく、かえってこの政治に直交する進路にしかないのではないか。

この十年のあいだに変転した日本の〈政治〉の位相は、たとえば次のように跡づけてみることができるだろう。

〈政治〉というとき、私にとっては、そのもっとも身近なイメージは、いわゆる〈戦後民主主義〉の運動のうちにある。この運動が政治の一つのかたちであったのは、〈戦後民主主義〉というスローガンが、私たちの生の著しい経験を理念化したものであるからにほかならない。私たちの生活世界における個別的な経験は、この世の権力の様々のあらわれにはむかい、あるいは敗北する体験の連鎖を意味しているわけだが、こうした権力にたいする各人の体験が、ただちに〈政治〉の経験だといわれるわけではない。それは、この経験が個別的な生の体験の次元にとどまっているからなのではなく、経験がなお一般的意志（スローガン）と抽象的な名辞（階級）へと構成されてはいないからなのである。この意味で、敗戦前後における日本の民衆の権力体験である〈戦争体験〉を、〈平和と民主〉というスローガンをかかげた〈国民〉の運動へと構成していったところに、〈戦後民主主義運動〉なる典型的な政治のかたちを見出すことができるのである。

〈個〉の権力体験の理念化というこのような政治の本性のために、一つの政治が硬直化すると、これへの反省はいつも、政治を生の経験基盤へとさしもどすことによってなされなければならない。したがってこの間私たちが直面してきた〈戦後民主主義運動〉の硬直化という、戦後における顕著な政治のかたちの終焉は、私たちに政治をその本性において思考することを促している。新しい経験地盤の理念化を標榜しうる政治の形成が、なお途上にしかない現在、私たちがみるのはむしろ政治というものの基本的な断絶である。私たちはいま、権力を打倒目標として私たちの外に設定することが困難な時代にいるのであり、それはまた戦後における政治の帰結なのでもある。しかもなお権力は実のところ白昼の死を日常的に生産しつづけているのであり、いまこの事実を露呈させるためには、政治というより、ほとんど恣意的な加害行為ともみえる叛乱者の暴力を必要としているのである。このような政治の断絶の狭間で、私たちには〈叛乱〉のもつ深度がはじめてみえてきたのである。〈叛乱〉はこれまでの政治にはむかって爆発し、それによってまた既成の政治のかたちを明瞭に露呈させるのである。

2

日常的な相貌のもとにとらえられたときには、政治はふつう散文的な進歩と改善の技術である。大衆の存在と経験もまた、マス・コントロールの術にとっての対象でしかない。そこでは、政治は統治のテクニックであり法の運用であり、政治の思考は〈科学としての政治学〉である。だから、しばしば人は、政治を一つの制度として自分の外にあるもののごとくにしか考えることはない。政治にたいしては、〈物質的〉であれ〈観念的〉であれ、一つの〈私〉の領域を人は別に確保しようとする。現に大衆的生活の政治への無関心にとっては、政治は端的に自分の生活世界とは無縁のものである。政治世界と私的領域とのこうした定常的な構図のなかでは、〈生きる意味〉の問題は私的な領域にとじこめて決して政治世界にかかわらせてはならないのだといった主張を、私たちは別に耳あたらしいことではないと考えるだろう。

政治を一つの技術とする考えは、もともとマキャヴェリのものである（カッシラー『国家の神話』[*1]）。マキャヴェリの政治論は、決してたんに一五世紀イタリアの歴史的な状況に根ざした記述なのではなく、彼はむしろイタリアの政治をひきあいにだしつつ政治の技術について一般的な規範をあたえようとした。彼は政治をあたかもゲームのごとくに眺めて、その勝利の手びきを開陳している。

また、史上悪名たかいマキャヴェリの政治論の〈反道徳性〉にしても、それが彼の〈理想〉であったのでもなく、何か彼の悪魔的な性格と行為に由来したものでもない。マキャヴェリの伝記を深追いした研究家たちも、結局理性的で律儀なフィレンツェの一書記官を見出したにすぎなかった。

つまるところ、マキャヴェリはルネッサンスの人間として、ガリレイの『新科学対話』と同じ精神で『君主論』を書いたのだ。彼にとっては、世俗国家は事実としてのみならず権利としても存在するのであり、要するに批判的分析の所与であった。政治の悪徳すらも彼は一つの技術として記述しており、この姿勢はまったくのところ前代未聞のことだった。結局、マキャヴェリは君主にたいする何らかの〈教育書〉を書いたのではなく、たんに政治の技術書を書いたにすぎないのだ。

マキャヴェリ以降、こうした技術的なものとしての政治の概念は繰り返し語られてきたところである。だが、事実は、ガリレイの見出した自然的事物の法則性のごとき確固とした基盤を、政治の技術がいまなおもちえていないということである。これまでにも、権力構造と政治の自律過程はその人間的基盤からのたび重なる攪乱によって、繰り返し断絶をよびおこされてきた。このとき政治が遭遇する危機は、決してたんに政治の技術の不備のゆえなのではなく、政治という技術性そのものの危機なのである。

どだい、これまでに人びとがあのように政治にひきよせられてきたのは、〈技術の進歩〉にたいする期待や、特殊な権力欲のせいなのではない。むしろ、人びとは政治の危機の時代にこそ、まさに激しく政治へとひきよせられてきたのだ。〈私〉の領域を政治にかかわらせてはならないといわれても、政治をよぶのはいつも〈私〉の生の領域なのである。政治技術の基本的な断絶の時期にあふれでる人間的なカオスを政治的に〈組織化〉する行為にしか、私たちがひきよせられ、私たちが思考すべき政治はない。もともと、政治を制度や技術的法則に還元するのは、技術の本質についても誤った把握である。技術は成果としての実体的なものにあるのではなく、創造の現場をおいては技術の秘密は透けてはこない。だから、技術の思考が技術学の原理ではないように、政治の思考は〈政治学〉といったものとは別の次元と方法をもたねばならないのだ。

現在、私たちが当面している政治、ことに政治の運動と危機は、それではどのような局面にあるのか。さきに、私は政治の本性が、〈個〉の権力経験の一般的意志による抽象的名辞への普遍化にあるといった。この場合、近代世界にあってはこの〈個〉は、なによりもまず近代市民社会での〈私〉としてとらえることができるだろう。市民社会成立期における〈私〉と〈私の論理〉は、〈神〉なきあと

＊1 エルンスト・カッシーラー『国家の神話』宮田光雄訳、講談社学術文庫、二〇一八年(『国家と神話』上下巻、熊野純彦訳、岩波文庫、二〇二一年)。

の人間の孤独のなかで、きわめて激しい主体の緊張をともなって〈闘いとられた〉ものであった。それゆえ、このような〈私〉はもちろん人間個体一般を指し示すのではなく、〈市民〉という抽象的な名辞にとらえられた〈私〉——近代の政治における〈私〉にほかならない。そしてこの〈私〉の自由の主張は、国家をも〈私〉のための手段のごとく考えようとした。このように〈私〉の権利と国家とを二元的な構図のもとにとらえるときには、〈私〉の存在はなにはさておき、〈守るべき存在〉であり、国家はせいぜいこのための必要悪のごときものでなければならなかった。したがって、市民としての〈私〉の政治は、守るべきものの確保と増大をめざすのであり、本質的に政治を改良の技術とみなすのである。このような意味で、近代的個人主義の確立は、個の世界をも政治世界をも、〈合理的なもの〉にしていくのである。

けれども、市民社会における〈主観的自由の原理〉は、それがまさしく政治の原理だったがゆえに、すでにヘーゲルが気づいていたように、組織体の外にあるものではなく、かえって国家を頂点とした普遍的組織への媒介たらざるをえなかった。ここにはたらいている政治の論理は、一口にいえばやはり、〈神〉の統合のくずれた不安な地平における近代人のカオスを、〈私〉の論理という一見逆説的な媒介をおいて、普遍的な共同体〈組織体〉の共生感の再生へと組織化するものにほかならない。

したがって、いずれにしてもつらぬいている政治の論理は、私たちの生-個の権力体験の疎外〈理念化〉ということである。そして現在では、しばしば指摘されているように、近代の政治における〈守るべき私〉の存在は、ますます強大化する技術的な組織化の力によって空虚の度を加えている。たとえば、生産過程の合理化によって、人は抽象的財貨の生産にたずさわる労働の拘束時間を、相対的に軽減されたといわれる。これはそのままいけば、資本主義的生産過程にとらえられた抽象的〈私〉——

社会的労働力としての〈私〉の時間の減少であり、いわゆる〈個人的時間〉がそれだけ増加したことになるはずである。だが、現代資本の貪婪な触手は、〈余暇の時間〉を労働力の自由な再生産のために私的な領域にまかせることなく組織化しようとする。レジャー産業やサービス産業が現代資本主義に占める比重の大きさは、資本の論理が〈私の時間〉をあますところなく公のものにしようとしていることのあらわれである。それゆえ、〈個人的な時間〉への資本の別のルートよりする圧迫は、そのまま明日の労働力再生産への圧迫であり、これによって生産労働をいっそう耐えがたいものにしていく。

このような〈私の領域〉への組織化の圧迫は、現代の政治を支えている厖大なテクノクラシーの帰結なのである。テクノクラシーの論理こそ、私の生を技術体の主語ないしは客語として規定しつくそうとするのだ。だから、テクノクラシーの論理が私の深部にまでもつ、ぬきがたい浸透力は、たんに〈私〉の自由な領域の制限なのではなくて、端的に〈個体〉の破壊である。破壊は直截にも肉体的なものである。人はしばしば〈豊かな社会〉での〈精神的な飢餓〉のごときを口にするけれども、肉体的でない飢餓感などは本来あるものではない。〈五月革命〉の最中に、フランスの学生たちは自分の行動をよく〈不快感〉という言葉で説明したのだが、これとても、最後には抑圧構造の社会科学的分析の言葉へと置き換えられるべき、プリミティヴで情緒的な段階の意識を映す言葉なのではない。〈不快感〉という飢餓の表明は、政治の次元とは別のところでなされているのである。

近代の政治が規定した、〈守るべき私〉の存在の崩壊というかかる広汎な現象こそ、現代における〈私〉の絶望状況をさし示す。近代の帰結たる強力な組織体や国家の公の論理が、かえってその政治的実体たる私の存在を破壊する。社会における疑似的な共同体は、その成員の共生感をつくりだすことには成功しえず、ついには組織の人間的基底をむしばみはじめている。だから、普遍性や客観的合理性を誇る技術体系は、それが人間なるものの組織であるかぎり、逆に技術の母胎からの反逆に遭遇せざるをえない。

こうした状況は、技術的なものとしての政治の危機でなくてなんだろう。危機は、政治の論理の内在的な無矛盾性の破綻という以上に、はるかに政治というものの自立の根本的な仮説性に根ざしている。政治の法則性を実証する無限の努力は、その仮説性をとりはらうことはできずに、かえって政治の仮説たる所以を暴露するのだ。

それゆえにまた、政治の危機は、決して既成の政治と組織の危機につきるものではない。生の権力体験の理念化としての政治そのものが、疎外態として危機に臨んでいるのである。たとえレーニン主義的な政治のヘゲモニーといえども、危機は同様である。組織の管理への叛乱は、労働者たちの場合であっても、自分の生活の改良ではなしに、多かれ少なかれ管理される自己（の生活）の放棄・破壊へと爆発する。こうした叛乱はレーニン主義的党にとってはその生きる地盤である。と同時に、レーニン主義的政治はまた自己のヘゲモニーのもとにこれを有効に組織しなければならない。レーニン主義の運動が労働者階級の闘いを中心にすえるのは、〈失うものは鉄鎖のみ〉という彼らの革命性に依拠しようとするためだが、それは同時に、自己の生活を失った中産下層民の蜂起にはない、組織性と規律とを重視するからにほかならない。古来、改良か革命かという問題が社会主義運動の果てることのない論争となってきたのだが、改良主義のもつぬきがたい力は、労働者の生活の保守意識に根ざしていると同時に、社会主義運動が本来もっている〈合法則性〉――しばしば〈科学的〉と形容されてきた政治の性格によるのである。

3

不安において我々のまわりに迫りくる、全体としての存在事物のかかる遠去かりは、我々を圧する。そこには何のすがり所もない。この存在事物の、辷《すべ》り去りにおいて――残っており我々をおそうものは、このすがり所が「ない」ということだけである。不安が無を顕示する。〔…〕不安は我々に言語を黙せしめる。全体としての存在事物が辷り去り、そして正に無が迫りくる故に、無に直面して、あらゆる「何々である」ということが、沈黙するのである。我々が不安の気味わるさにおいて、しばしばそのうつろな静けさを、ただとりとめもないおしゃべりで破ろうとするのは、無が現前することを証明するに外ならない。（ハイデッガー『形而上学とは何か』[*2]）

この一九二九年の講演の聴衆たちをとらえた気分――〈根本気分〉の暗い激しさを、私たちはいま容易に想像してみることができるだろう。ハイデッガーはドイツの学生市民の眼前に、なじみ深い西欧近代の世界像の無音の地滑りを描いてみせる。世界の地滑りを前にしては、守るべき〈私〉の位置などはありようもなく、人はみなひとしなみにこの宿命のまえに投げだされた存在であることに、愕然たる思いで気づいたにちがいない。

ヨーロッパの三〇年代におけるみなれた世界のこうした地殻変動は、たんに西欧の近代的世界像の崩壊にとどまらずに、ギリシャ以降ヨーロッパ文明の誇ってきた〈理性〉の没落のごとくに思われた。

＊2　マルティン・ハイデッガー『ハイデッガー選集1』大江精志郎訳、理想社、一九五四年、四八頁。

たとえば、ヨーロッパに考古学的発掘が爆発的流行をみたのもこの時代であり、皮肉まじりにオルテガは、このままいけば、人類は地球を穴ぼこだらけにしてしまうだろうといっている。人びとは自分の依って立つ地盤の下に、実はまったく異なる地平を掘りあてたのであり、足下より出現してきたのは異貌の廃墟のみならず、異形の知識——世界観だったのだ。

このような〈私〉とその世界の全般的な崩壊状況こそは、まさしくファシズムの〈心理的〉温床を形成していったものであり、現に、経済的な生活基盤の崩壊を背景とする下層中産階級の絶望は、ナチズムの大衆運動を形成していった。

ナチズムが危機における新たな政治の一つの典型をなしたのは、近代の政治の疎外によって解体と腐蝕を深めた〈私〉の存在を、いま一度すさまじい加速度で統合し、この統合のイデオロギーによって〈私〉の再生をはかったからなのである。ひとたび経済的地盤の崩壊に直面するならば、解体に瀕した下層中産階級の〈私〉は、むしろ積極的な自己放棄にむかうだろう。このときは、彼らにとっても、〈私〉をいま一度普遍的な理念に包摂し、自己を確実に共同体の一員なのだと確信させる運動のイデオロギーが要求される。ナチズムはこの者たちの非合理的な自己破壊の情念と再生への希望とを、「ドイツ民族共同体」や「公益優先」というスローガンによって組織したのである。このような政治のかたちが爆発的な成功をおさめたということは、政治をその母胎にまでさしもどして思考しなければ、決して解けてくることはないのだ。

もともと、よくいわれるように、非合理的な神話的思惟は、共同体の共生感のゆるんだ社会の危機の時代にのみ、力をもつ一個の幻想——虚偽のイデオロギーである。たとえば、三木清はレヴィ・ブリュールによって次のようにいう。

社会群に対する個人の分与がなほ直接的に感じられてゐる場合、周囲の存在の群に対する社会群の分与がなお現実的に生きられてゐる場合、即ち神秘的な共生の時期が続いてゐる限り、神話は稀で貧弱である。これに反して一層進んだ型の社会においては神話は次第に豊富になる。神話は、もはや直接的なものとして感じられてゐない分与を実現するために媒介物の力を借り、これによつてもはや生きられてゐない共同を確保しようとする場合における未開人の心理の産物である。（『構想力の論理』[*3]）

ナチズムは、このような神話の〈意識的な適用〉として、まさに〈神話の技術〉を典型的に駆使した政治だった。それゆえにこそ、技術的な次元に安住する既成の政治は、ナチズムのごとき政治に抗しようもなかったのである。

そもそも、社会的に規定された〈私〉の解体状況における現代の〈大衆の蜂起〉は、政治党派によって目的意識的に創出され指導されないかぎり、それ自身の論理としては政治的な方向の選択について無力であり多義的である。〈大衆の蜂起〉は神話と技術的なものの相剋する政治の母胎である。だからこのとき、ナチズムはまさにレーニン的な党のヘゲモニーにたいして根底的に敵対する相手——革命の相手——として登場しうるのである。ヒトラーが明瞭に意識していたのもこのことだった。「デモクラシーの時代は過ぎ去ったのだ。なにものもこの趨勢を変えるわけにはいかない。〔…〕デモクラシーとリベラリズム、さらには、マルクシズムを含めて、これらうわべだけ偉大なるものの弱点を見ぬい

*3　三木清『三木清全集8』岩波書店、一九八五年、二四頁。引用にあたり旧字を新字に改めた。

た以上、私の成功は確実である」（ラウシュニング『永遠なるヒトラー』[*4]）。ヒトラーはこのように豪語している。もしも〔一九〕一〇年代における、ベルンシュタイン流の改良主義にたいする闘争だったならば、レーニン主義的政治にとっては、いわば同一の地平でのヘゲモニー争いという意味をもちえただろう。けれども、三〇年代におけるドイツ・ナチズムの出現は、改良主義とはまったく異質の新しい敵対者の登場を意味した。このような政治の危機における政治の思考は、たんに〈改良か革命か〉の論争ではなく、一層根本的にアナキズムをも含めた〈レーニン主義－アナキズム－ナチズム〉というトリアーデの思考とならなければならないだろう。

もちろん、政治に無縁の立場では、政治の危機にたいして、「戦争や動乱は、どのみち十年単位の問題として過ぎ去って行く。だが一国の文化的な運命は、それを越えてつねに千年の問題として残るのである」（山崎正和『反体制の条件』[*5]）として、タカをくくっていることだってできるだろう。たしかに、政治の一つの均衡の崩壊がまた別の均衡の再生へと移行していくのはある必然であろう。ナチズムが大方の予想を裏切って進撃していく時期に、多くのイミグラントの〈期待〉もこのことにあった。

たしかにこの過程においても、社会生活の永続性を瓦解させるような危険な段階がある。しかしながら、一般にこれらの段階は短いのであって、やがては他の段階にとってかわられ、葛藤し合う利害間の妥協も多かれ少なかれ達せられやすくなる。こうした闘争の時期が観念や発見の簇生する時代であるのに対して、その後につづく静かな時期は適応の時代であり、すでに生みだされた問題を念入りに仕上げていく時代である。（レーデラー『大衆の国家』[*6]）

彼らは一時的には成功し、華々しい勝利を収めさえするかもしれないが、しかし、それはつねに、はかない勝利にとどまらざるをえない。なぜなら、結局のところ、ちょうど物理的世界の論理が存在しているのと同じように、社会的世界の論理が存在し、そこに罰せられずには違背しえない、ある一定の法則が存在しているからである。(カッシラー『国家の神話』[*7])

たしかに、彼らの予想は事実となった。けれども、この政治の〈再生〉が、新たにより高次の秩序をもたらすという保証までが与えられているわけではない。〈動乱の十年〉がただ人間の疲弊と廃墟しか残さぬという結果を阻止する保証は、やはり〈政治〉にしかないだろう。

4

国家の政治であっても党の政治運動であっても、それらが硬直化し基本的な断絶の時期に直面するとき、政治への思考は政治という存在の根にまで下ってなされざるをえない。思考にとっての政治は、

---

*4 ヘルマン・ラウシュニング『永遠なるヒトラー』船戸満之訳、天声出版、一九六八年(前掲『ヒトラーとの対話』の旧版)、一三九頁。

*5 山崎正和『反体制の条件』中央公論社、一九六九年、一六五頁。

*6 エミール・レーデラー『大衆の国家——階級なき社会の脅威』青井和夫・岩城完之訳、東京創元社、一九六一年、一三六頁。

*7 前出カッシーラー『国家の神話』五〇四‐五〇五頁。

もはやたんに〈政治学〉の問題でもなければ、党派的戦略の選択の次元での問題でもない。政治は政治の基盤たる〈私〉の存在にまでさしもどして、その意味を露呈させなければならない。逆にいえば、政治は政治のうちにある行為のうちで〈生成する〉ものとして、〈発生史〉的に記述されなければならないだろう。

大衆の蜂起と政治――〈神話と技術〉――という二元の構図をつらぬくものは、ただ闘争者としてのアジテーターなのである。この者は自分の生に足場をおいた闘争者としてだけではなく、自分がまた政治の行為をしているのだということを、明瞭に意識している者でなければならない。現実には、これは闘争者の階級的立場への形成を意味する。

こうした政治を意識的に形成する者のうちで、政治的言語の問題ははじめて発生してくるのである。アジテーターが個別的な闘争者から政治を組織する者へと形成されるに応じて、彼の発する言葉のうちで、なにが政治の言葉なのかが明らかに意識されるようになる。政治的な状況への発言がそのまま政治の言葉ではないと同時に、闘争者がその個の地平で発する言葉がただちに政治の言葉なのではない。いまここに、政治的言語の特質を〈我々〉という主語によって規定するならば、このことは明瞭になるだろう。闘争者がその個の次元に固執するかぎり、彼の発言はあくまで〈私〉の発言であろうが、しかし、技術的なものとしての政治の言葉は〈我々〉の発言でなければならない。なにもこれは、社会的な集団の発言だから、発言の主語は複数人称なのだということではない。あるいはまた、〈一人ぼっちでは闘えないから〉という闘争者の連帯をもとめる心理に由来するものでもない。政治的言語の主語は、むしろ、個の権力体験の理念化という、技術的なものとしての政治の本性に根ざしたものなのだ。政治的行為者のうちで、彼の発言が〈私〉の発言から、〈我々〉の発言へ上昇していく宿命に、政治の発生の秘密があるのである。〈国民〉や〈階級〉の名によって発言する政治の根本的な〈欺瞞〉も、またここに発するのだ。

それゆえ、繰り返すけれども、政治的状況についての発言や〈我々〉の発言だから政治的言語なのではなく、発言が政治的行為者の発言だからなのである。別のいい方をするなら、政治的発言はそれが〈我々〉によって実現可能であることを前提にしている。レーニンは、実現しえない思想には我慢ができず苛立ちを隠さなかった。〈理論は大衆をとらえたときには物質力となる〉[*8]というマルクスの言葉も、政治の発言は彼にとってはすべてこうした党の理論を意味したことを示している。

別に、〈闘わぬものは闘いについて書くべからず〉といった修身のようなことをいうのではない。いまでは、さすがに、〈国民は何々しなければならない〉式の発言は少なくなったとはいえ、なおジャーナリズム左翼には、〈革新理論に戦略構想における具体的課題を提起する〉といった発言が後をたたない。私たちの政治的言語は、個の原点に固執した思想の表現にたいして、いま、鋭い対抗関係をつくりだしていかなければならないのではないか。私たちは私たちの発言に関して、一切のあいまいな意識を残してはならないのだ。

＊8　マルクス「ヘーゲル法哲学批判序説」『マルクス＝エンゲルス全集1』大月書店、一九五九年、四二二頁。

〈私〉の敵は〈我々〉だ

——政治の発言について

〈時計台〉に二、三日もたてこもっていると、つくづく、どこか清潔な便所でのびのびとウンコがしたくなる。

ところで、東大闘争はそもそも〈勝利も敗北もありえない闘い〉という性格をもっているのだとしたら、そこでは、闘争者たちが、鬱積した衝動をどれほど言葉へと解放したかが最も大きな問題となるだろう。ギリシャ悲劇の特徴の一つとして、アリストテレスは「カタルシス」ということをあげたわけだが、このカタルシスという言葉は「分泌」や「放出」などの生理的意味をもっているのだそうだ。日本でだって、昔から、「物言わぬは腹ふくるるわざなり」といわれてきたのであり、これらの事例すべてを通じて、イメージはまことに直截である。

別にぼくは、聖なるものを尾籠な言葉でおとしめて喜んでいるわけではない。何よりも、衝動を発言にもたらすことが問題となるような、そうした闘争——芸術や評論活動ではなくて大学の闘争――について話しているのだ。そこで、まず次のように問おう。
〈同志諸君、ウンコはしたか!?〉

数ヶ月前、ぼくは以上のような書きだしで駄文を草しはじめたことがあったが、ところで、「発言が何よりも問題となるような闘争（行為）」というとき、この発言の主語は闘争者の誰がひきうけるのか。行為の表現を発言する主体は「私」であるのか「我々」であるのか。明らかに、東大などの学園闘争では、「私」の発言がまずもって重要視された。教師たちが学生の追及に答える場合でも、教師の発言は、「先生自身はどう考えているのか」という詰問によって、幾度も執拗に中断させられる。

通常の政治闘争の親しみ深い舞台と比べてみるならば、このような「私」の表現への固執はめざましいものがある。前者にあっては、発言は必ず、「我々は主張する」という文体をとっている。とはいえ、何もアジ演説やアジビラの主語がつねに「我々」となっている、ということを問題にしているのではない。個人署名の文書でもないかぎり、どんな組織のアジにしろ、「我々は……」と発言することに変りはない。この次元では、「私」と「我々」の区別などは単に文法上のことにすぎないことになる。けれども、たとえば、「我々は憲法で保証された正当な請願権を行使しよう」と叫ぶのと、「我々の闘いにとって、より重要なことは政治的考慮よりも闘いを貫く思想の原点である」と発言するのとでは、形式的主語が同じく「我々」でありながら、発言の主体の構えはまるで違っているのである。

それでは、政治的行為における発言主体としての「我々」は、闘争主体のどんな構えを意味しているだろうか。伝統的に考えれば、「我々」は「歴史的必然」をになって行為する主体のことと解しうるだろう。「資本主義的階級支配の崩壊、プロレタリアートの勝利、それは必然である」といわれる場合、個々のプロレタリアは一つの歴史的階級としての「我々」を主張する。また、たとえば、騎馬で市内を偵察するナポレナンを見てヘーゲルがいったように、「この馬上という一点に坐って、全世界を蔽い支配しているような個人」は、単なる一個人ではなくてより普遍的な者、つまり「馬上の世界精神」であるとされるだろう。これらの例では、政治的行為への決意性の次元（私の次元）に固執する立場は「止揚」されて、普遍的な精神や階級の運動へと理念化がおこなわれ、「我々」の発言はこの地盤ではじめて確保されているのである。

これまで、「歴史的状況における個人」といった問題がだされ、幾度となく議論されてきたのだが、この場合「個人」は「歴史的状況＝我々」の立場にやがては高まるべきものと暗黙のうちに前提されている。事実、この問題はしばしば、歴史的必然と私小説的私という対立項で表現され、政治における「私」はいわばプチブル的残滓のごとく考えられた。政治のなかで、「私」は「我々」を名のることに努め、「私」はいつも一種のうしろめたさを背負っていた。

あるいはまた、政治における「我々」は、「ひとりっきりでは抗争できないから、たくさんのひとと手をつなぐ」というときのその「たくさんのひと」を指すのだといえば、もっと納得のいくことかもしれない。つまり、いわゆる「統一と団結」「孤立をおそれて連帯を求める」立場であり、ここでは、「我々」の発言は何よりも連帯意識を鼓舞するものとなろう。すると、逆にいえば、そうした「我々」は群集心理学の分析対象のごときものかもしれない。

こうしたわけで、政治のなかで行為する個人は自分を「我々」として発言するのが通常なのだが、けれども、このことはそれほど自明のことではない。行為にしても発言にしても、もとより「私」の発言であり「私」の決意にもとづいている。身体的存在としての私をはなれては、行為するもののいかなる発言もありえないことがむしろ自明である。それにもかかわらず、何故、政治における「私」はいつも自分を「我々」という名辞で呼びだそうとするのか。とはいえ、ぼくはいまここでもとめているのは、この設問にたいする説明なのではない。政治が本来複数の〈社会的〉人間のうえに成り立っている事実を、私の生活とは無縁の分析対象とみなしているのではなく、問題は現実に政治的行為を創り出していくその現場でのことなのだ。これまでの経験では、「私」は政治における「我々」の影にいつも自明のこととして葬られてきた。けれども、政治的な行為を創造しようとする政治形成の現場では、「私」が同時に「我々」であろうとすることはあくまでも一つの葛藤関係であり、この矛盾は行為主体にたいして激しい緊張を強いるものなのだ。逆にいえば、この矛盾から身を退く者にとっては、政治への「参加」は可能であっても、政治を創造することはできないのである。

それゆえ、「私」の発言に固執する立場といえども、「我々は主張する」という政治の発言を「私」の立場のたんなる「僭称」と考えるわけにはいかない。この「我々」というやつは、政治の領域だけではなくすべての技術的な認識と行為の主語として、宿命的な力を「私」の存在におよぼしているのである。たとえば、ヘーゲルが近代市民社会の原理を「主観的自由の原理」として、市民の主観性の次元で媒介しておきながら、しかもなおこの個別的利害を一般性の名で僭称し、「地上の神のごとき」近代国家に止揚した仕業をみればよい。また、ある午後に静かな屋敷町を散策するとき、ぼくらはこれらの広壮な邸宅の表札がほとんど聞きおぼえのない名前ばかりであるのに気づき、世の金持ちは必ずしもすべてが有名なのではないのだと驚くのだが、そのときただちに、ブルジョアとはそもそも無名の者なのだということにぼくらはあらためて思い到るのだ。工匠たちの名前が刻まれた道具に代って、いまでは財貨は抽象的な労働力によって作りだされているのである。こうした「無名性」

の世にあって、ぼくらはあたかもすべての発言が「客観的」で「価値自由」でなければならないという負目を自分に課し、自然科学での発言はいうにおよばず、たとえば「我々の引用したアリストテレスの考えによれば、我々は我々の見解の一部を修正すべきことになる」といった具合の文体を見出すことになる。これを読んでも、〈「我々」ではなくて、自分が引用したんじゃないか〉、と反論する者など誰もいない。

こんなわけで、「公の論理」が「私の論理」を滅ぼしたところに現代を近代から区別する指標があると主張する、公的発想の歴史学者もいまや現れてくるのである。テクノクラシーないしテクノストラクチュアの勝利が確認されるわけであり、ギリシャ以来のあのテクネーの本性は、完全に非人称的な技術として現代に開花する。それゆえ、政治における「我々」の地位といえども、政治家の気まぐれな詐称などによって確保されているのではなくて、「私」の存在の現実的・日常的なあり方として根拠をもつことになる。

けれども他方では、「我々」の政治といえどもまた、深い陥穽をこの現代の地平にもっている。なぜなら、どのような形式のもとであっても、非人称の行為はなま身の人間にとって一つの強制であることに変りはないのであり、この次元にとどまるかぎり行為の表現などはありえないからである。現代の地平での「我々」の勝利は、「私」の存在を深い闇にとじこめてしまう。この深い闇の部分を忘却して「我々」の発言に固執する政治の立場は、容易に非人称的な技術としての政治に転落し、「私」に触れることがなくなってしまう。もともと行為に値する行為は、機械の部品としての動きではなく、行為者の決意性の表現であるにもかかわらず。

さて、政治的行為の表現主体としての「私」と「我々」の関係は、以上のように、決して文法上の形式的区別をもつのではなく、行為のおこなわれるこの現代の地平に根をもってくる。もしも、行為を傍観して分析する立場だったならば、どちらかの主語に意識して固執することもできるだろうが、政治的な行為者としてのぼくらは、「私」でありかつ「我々」でなければならない。両者は行為のうちで統一されている、などというのは御都合主義にすぎないのであって、実のところ、行為者の表現衝動のうちでは、「私」と「我々」は耐えがたいまでに無限に循環する。この悪循環ともいえる「私」と「我々」の葛藤こそ、権力と闘う行為者が同時に自分自身のうちにみいだす相剋なのである。自分の行為を言葉に出そうとするとき、行為者のうちでは、文法上の主語の問題としてではなく、「私」と「我々」の発言は葛藤する。「私」の発言は必ず「我々」の発言でなければならず、これはこの世界の技術的地盤の性格からくることであり、かつまた、「私」の表現がたんに恣意的主観的なものではありえないことの証《あかし》である。逆に、「我々」の発言は常に「私」の発言でなければならず、これは「私」のない「我々」はないからというのではなく、「我々」こそはテクネーの自立性の主語なのであり、このかぎりでは近代の地平をつらぬく行為とその表現はありえないからなのだ。

人間の全体性を解放するものとしての政治的行為は、「客観的運動」などと呼ばれようとも、本来必ず、「私」の決意性と「我々」の客観性との激しい葛藤を身に宿している。これは、相手＝権力に苦痛を与えるために闘争者がかかえもたなければならない苦痛である。日常性のなかの永久革命者は、「私」と「我々」との無限の悪循環を逃れることはできないのだ。この悪循環をあくまでめざめさせつつ行為するとき、政治は、「語ってきかせる」のではなく「してみせる」ものとしての演劇表現に、思いもかけずちかしいのであり、このちかしさは、両者の「リアリズム」としての性格にあるのでもなく、また、両者がともに「暴力と狂躁の密儀」だからなのでもないのだ。

（69・4・18）

〈政治〉の破砕へ

——6・15の成熟と解体

《十年》という人為的なひとくぎりのうちで、時代の経験がある成熟をみせる、ということが、いつの時代にも起るものかどうかは知らない。けれども、「新左翼十年」などといわれるとき、私にとってはこの《十年》は、時代の政治的生の《遍歴史》のごとくに思われる。

《遍歴》といえば、一つの経験の出立と成長、そして過去を克服して何者かへと成就することを意味するかもしれない。あるいはまた、経験が、多様な風景をへめぐった後に、出発点である故郷へと回帰する場合のことをいうのかもしれない。しかし、私が《遍歴史》というとき、それは過去の清算と「より真なるもの」への前進でもなく、また現に在るものの唾棄から「原点への帰還」を意味するものでもなく、同時に「克服」であり「回帰」でもある経験の成熟をわがものとすることである。遍歴史は十年の政治的な経験の《経験》であり、ここに映ずるものは時代史であると同時に《私》の政治的生の遍歴でもある。

もちろん、時代の経験が遍歴史へと成熟するためには、自分と世界の根本的な破砕と解体が経験されてこなければならなかった。この十年の始まりとしての一九六〇年の経験、そこでの「戦後的なもの」や「既成左翼の権威」の破壊は、文字通りたんにはじまりにすぎなかった。六〇年代における政治的生の自己解体は、六〇年の闘争がまさしく解体の〝はじまり〟であったことをさし示している。

経過としては、六〇年代の半ばを境として、政治的生の自己解体は一挙的に進行した。思考のうえでいうならば、私にとってはそれは《技術》の了解を契機として展開したことである。テクノロジーとしての技術へのとらわれの状態が打破されてみると、かえって《技術》は一層広汎で巨大な姿をみせることになる。一方では、不分明なものへの思考の営みが、表現として形をとっていくとき、そこに知的作業の基本的な疎外が発生する。今日では、それは産業技術から科学的実証精神の自立へと、極限の姿をとっている。他方でまた、私たちの共存在（社会）としての宿命は、生活と行為の無定型で個的なあり方から、ついには「統治の技術」としての政治権力を発生させていくことになる。してみれば、政治的な生の場面で、私たちが「理論」といい「組織」という言葉のもとにとらえていたものが、やはり、根源的に破砕され、その破砕の経験のうちから、こんどは、政治の「理論」や「組織」も経験の一個の疎外態として発生するのがみえるようになる。

かつて私たちは「情勢分析派」などとレッテルを貼られたが、基本的な問題は、政治における「理論」の性格把握にかかわることだった。「革命的マルクス主義」にしろ他の何にしろ、理論の歴史の論理化された「原理」を中核にして党に結集する姿勢は、すでに六〇年に唾棄されていた。「革命（党）にとって、いったい理論とは何であり、その性格は何であるか、というところに問題は存在するのだ」と、六〇年の文書はいっている。[*1] そして、このように「原理論」を党の理論として拒否することから、ただちに、「段階論」ないしは「現状分析」としての「理論」へと党の理論の性格転換がおこなわれていった。

しかし、根本のところでは、この転換はなお以前と同じ地点を抜け出てはいなかったのである。いいかえれば、歴史的理論の「原理」化を党の理論とすることは棄てられても、党の「情勢分析」と経済学や社会学等々といった諸社会科学における「現状分析」との区別が、なお不分明のままにおかれてしまう。それゆえ、「党」の側の「情勢分析」といえば、なまかじりの社会科学的知の「利用」と、御都合主義的分析とのごたまぜとなり、党のテクノロジストの明確な姿勢が確立されないことになる。他方では、やまっ気の多い諸々の「科学者」からする実践の側へのわけ知り顔の「問題喚起」――その独善が、いまだに活字文化をにぎわすことになっている。このようなことは、十年前の宇野弘蔵でたくさんだ、というべきだろう。

したがって、こういった種類の「理論」から、私たちのユートピアは解放されなければならなかった。「論理的必然」や「科学的必然」によって、社会主義のイメージの造形に代える安易さから、いまでは私たちは訣別しているはずである。

このような事情は、しかしいうまでもなく、「党の理論」にとって、社会科学よりする客観的分析が無縁で無用のことだとしているのではない。むしろ、党が社会科学の成果を文字通り「利用」できるためには、党の活動（政治）がその根において大衆の叛乱との結合を保証されていることに唯一かかっている、というべきである。理論がおしなべてそうであるように、党の理論もまた、理論ならざる無形の行為に意識的に根を定める者にしか獲得されることはない。

そうすると、党にとっての理論それ自身のうちで、社会主義論からユートピアのイメージにいたる闘いの《思想》と、個々の打倒（破壊）目標のための狭い意味での《戦術》《政治》とが、ふたたび分裂をはらむことになる。それは、「社会革命」か「政治革命」かという論争をも生み出していくわけだが、この論争が現実的基盤をもって出発できるためには、「論理的原理」や「科学的原理」などといった党の理論の物神化が打破されなければならなかったのである。

かいつまんでいえば、以上のような経過をたどって、政治にとっての理論の意味が私たちのうちで破砕されていった。同じようなことは、また、政治にとっての「組織」についてもいいうることだけれども、ここでまた「かいつまんで説明」してもしかたがないことだ。いうまでもなく、六〇年からの新左翼がとらわれてきた《政治》の呪縛からの解放は、《私》の生活史と《私たち》の行為の成熟が七〇年にかけてもたらしたものにほかならない。戦後における市民としての《私》の生活史が、六〇年代に腐蝕の度を加えていくとともに、「新しい前衛」の建設を軸にして自分（の行為）を規定した《私たち》の自己解体もまた進行した。そして、この二年間における大衆叛乱の開始は、こうした解体を《私たち》自身によって加速させることになったのであり、この間の闘いは六〇年からの新左翼の解体過程を大衆的・最終的に明らかにしたのだとすらいわねばならないだろう。

市民的生活史から脱落する《私》と、新左翼において解体した《私たち》は、いま個々の闘いのうちであたかもおもいがけなく出会っている。そこでは、すでに、かつての《私》や《私たち》の名前はなく、私たちは何者でもない《無名》の者として出会っているのである。

このような六〇年代の解体過程は、結局、私たちの常識とする「政治」――党の理論と組織をも含

＊1　本書第Ⅰ部「付・安保闘争における共産主義者同盟」一八三頁。

めて——を、その原初の経験としての叛乱行為にさしもどす過程だといいうるだろう。だが、この「回帰」の過程が、何か固定した「原点」主義にいきつくことをいっているのではない。「政治」の解体といっても、成熟しているのはその「意味」の解体なのであり、解体された当のものは現に日々生起している。「政治」が仮象であるとか誤りであるとかということではなく、かえって政治——その理論化と組織化——にたいして、それにふさわしいもてなしをすることになる経験の成熟を私たちは意識するのである。

この経験の成熟とともに、いま根本のところで、「新左翼」の終焉が自ら確認されるだろう。それは、理論や組織の「欠陥」や闘いの「成果」のとぼしさなどから確認されることではない。「基本的に失敗だった」などと敗北を「総括」し、なにか別の「真理」、別の「真左翼」の看板をかかげる、などと思いちがいしてはならない。十年間における私たちの解体が、なにか別の囚われによって再生するのではなく、ただ《政治》の解体と生起の地平の根源での了解なのだと確認するとき、私たちは諸々の「理論」や「組織」のこけおどしをふりはらうことができる。

戦後とその破砕過程としての「新左翼」の十年が私たちをとらえてきた。その精神の凝りを、私たちはこの二年の闘いのうちで解きほぐしてきたはずだ。それは、一方では行為をいわばのびのびと解き放つとともに、あらゆる領域での政治の理論を根本の《経験》の地盤から出立させるための現実的基盤をつくりだしてきたはずなのである。

私たちの政治的生がふたたび何者かに成就していくための基地の確保を、こうして、いまはじめて、私たちは確認するのである。

アナルコ・ニヒリズムと政治
——『政治的なるものの概念』をめぐって

レヴィ《（ママ）》アサンを打ち仆すことに成功したとしても、それによってそのあとに生じた空間は、何物かによって満たされねばならぬであろう。しかし内的な空虚や信仰を失った状態は、その空間を満たす力を持たない。そういう理由からして、われわれがレヴィアサンの模像の崩れ仆れるのを見る時、ヒュドラの頭のように新しい形成物が続々と生え出てくるであろう。空虚がそれを招来するのだ。（エルンスト・ユンガー『この線を越えて』[*1]）

ナチズムにみられるような著しい〈政治〉のかたちがどのような現場に根ざしていたものか、私はまえから調べたいと思ってきた。この間、私の興味は、「政治を呼ぶ」現場——しかも「限定なしにすべての政治を呼びよせる」現場についてだったのだが、私はまたナチの政治に関しても、その現場をおさえることができるはずだと予想していた。けれども、いまなお、私はナチの政治の生成を跡づけてみる余裕をもたない。ただここで、ナチズムの政治の現場にてらして、私のこれまでの政治についての関心のあり様を、点検してみたいと思うのだ。

たとえば、後にナチの支持者となった法学者、カール・シュミット教授のことだ——どうしてこうドイツの学者にだけ「教授」の呼び名がしっくりいくと感じられるのだろう。このシュミット教授の政治についての思考に私はほとんど異和感をもたなかったのだが、この発見はべつに私を驚かさない。レーニン主義、アナキズムそしてナチズムは、「革命的政治」にとって同根のものなのだと私はいってきたが、こんどはナチズムの側からこの根に下っていくことができると感じるだけである。

もともと、「政治学」とはどのようなものを指すのか、私は知らない。ただ、もしも政治学は「政治」を前提とするものであるとするならば、「政治の現場をおさえる」作業は「政治学」の外にあるしかないだろう。カール・シュミットにとっても、政治は前提された所与なのではなくその「現場」にたいして或る限定されたものであった。「特に何が政治か」と設問するこの思考方法は、しかしどうじに、政治という限定された存在を世界は廃絶することができない、という政治にたいするシニシズムに裏うちされている。「政治は運命（宿命）である」と、カール・シュミットはいっている。[*2]

私はこれまで、「政治の宿命」を呼びおこすものとして、この組織化の著しい近代における逆説的な大衆叛乱の「無秩序」について考えてきた。政治が宿命であるということは、「叛乱はつねに在る」という事実のうちに異常だがそれだけに典型的に露呈されるのだと私は思ってきた。そしていま、

*1　エルンスト・ユンガー『文明について』高橋義孝・江野専次郎訳、新潮社、一九五五年、四六頁。
*2　カール・シュミット『政治的なものの概念』権左武志訳、岩波文庫、二〇二二年、一三九頁。

カール・シュミットによる「政治的なるもの」の概念探索のうちに、私は「政治の宿命」が同じように思考されていることを見出すのである。

1

『政治的なるものの概念』は一九二七年に刊行され、ナチの政権獲得の年（一九三三年）に、やや手を加えられて第三版がでている。邦訳は、この第三版にもとづいて昭和十四（一九三九）年に出された清水幾太郎氏のものが最初で、最近になってあいついで二種の新訳が加わった（清水多吉・矢代梓訳、『情況』七〇年十二月号。田中浩・原田武雄訳、未來社。ここでの引用は、主として清水・矢代訳によった）[*3]。この『政治的なるものの概念』は、今度私が読むことができたシュミットの五篇の著作のうちで、もっとも精彩のあるものだったが、同時に、これはシュミットのシニシズムが色濃くでているもののように思う。その意味で、彼はいつもホッブスに言及するのだが、あらゆる政治思想の根本にあるものについて、次のようにいわれている。

いっさいの国家論や政治的理念は、人間学を通じて吟味され、つぎのような区別によって分かたれる。つまり、それらの国家論もしくは政治的理念が、意識的にか無意識的にか、「性悪的な」人間、あるいは「性善的な」人間、そのどちらを前提にしているかによって区別されるのである。こうした区別はきわめて概括的なものであって、特別に道徳的な意味あるいは倫理的な意味に受け取られてはならない。むしろ決定的な点は、より広い政治的顧慮の前提として、人間が訳けのわ

からぬ存在なのか、むしろ疑問の余地など少しもない存在であるべきなのか、という点にある。〔…〕
こうして、つぎのような注目すべき、多くのひとにとって確実に不安感を与える確認がなお存在しているのである。すなわち、真の政治理論はことごとく人間を「悪」として、いいかえれば何ひとつ問題をもっていない透明な存在としてではなく、むしろ「危険に満ちた」「ダイナミック」な存在として前提としているという確認である。この確認が本来の意味での政治思想家の念頭にあったことは、容易に証明できる。〔…〕
真に体系をもった偉大な思想家であったホッブスにあっては、個人主義的な極端さがあるにしても「ペシミスティク」な人間についての把握がきわめて濃厚であるために、その見解が生々とした政治的意味をもっている。ホッブスのつぎのような正しい認識、すなわち敵と味方との両方に存在する真・善・正義の一方的な確信こそ、きわめて激烈な敵対関係を生ぜしめ、遂には万人の万人にとっての戦いになるという認識は、恐るべき狂気の幻想ではなく、自由「競争」に立脚した新しい市民社会のきざしであったのである。それは、ただきざしであったばかりではない。むしろ政治がもつ特質的主題を提起し、それに答えんと自覚した思想体系の根底的な前提であったのである。[*4]

＊3　清水幾太郎訳は『政治の本質』（三笠書房、一九三九年／中公文庫、二〇一七年）所収。二〇二四年現在、これらのほかに前注の権左武志訳・岩波文庫版、および菅野喜八郎訳がある（『カール・シュミット著作集1』慈学社出版、二〇〇七年所収）。以下、注釈では岩波文庫版の頁数を記載。
＊4　前掲シュミット『政治的なものの概念』一六五－一六六、一六八、一七二－一七四頁。

もちろん、政治思想の前提についてのこのような把握は、カール・シュミットに特有のものではない。しかし、マキャベリ、ホッブス以降の政治思想があばいた、人間本来のアナーキーという事実は、一九世紀における「民主主義の栄えある進軍」によって、再び隠蔽されてしまっている。ここでは、「法」とか「平和」とかいう言葉が、「明瞭な政治的思考を妨げ、自己の政治的努力を合法化し敵の資格を剝奪するため」に政治的に濫用されている。[*5]「法の支配」とは特定の現状の正当化以外のものではないことは、すでにホッブス以来、「政治家にとっては自明のことである」。いまでも、「政治的思惟の領域の独立性と完結性は、少しも否定される余地はない」のだ。[*6]

それでは、このような政治の人間的前提にとって、はたして、「政治」とは何か。もちろん、本来社会的秩序というものをつくり得ない人間にたいして、特定の人間がなす秩序の強制－権力支配が政治なのだということはできる。だが、そのような「政治」とは積極的にはなにか。そこで、民主主義的思考は、再び前提を忘却して、「人間一般」による秩序の内容へと逆転してしまう。

けれども、カール・シュミットの独自性は政治のシニシズムを政治の内的規定のうちにまで一貫させたところにある。『政治的なるものの概念』（第三版）は、次のような言葉ではじまっている。

> そもそも政治に固有な判断とは、敵・味方を峻別することである。このような峻別が、人間の行動と動機に政治的意味を与えるのである。あらゆる政治的行動や動機は、結局のところ、このような峻別に帰着せしめられる。したがって、このような敵・味方の峻別があって、はじめて、特徴となる目標《めじる》し、つまり、判断基準ができ、政治の概念規定も可能となる。[*7]

人が特に政治的に行為するとき、彼がイメージする「敵」とは何か。たしかに、このような設問は、〈平和と民主主義の時代〉の政治の行動にとっては、意表を突いている。民主主義的政治の行為は、狼狽して、〈敵は悪法であり制度である〉と答えるかもしれない。だが、そのように答えることによって、ほかならぬ〈政治〉が——固有の政治が、彼の意識からおちていることが示されるのである。それは〈政治の止揚〉ではない、たんに政治的な〈政治の隠蔽〉にすぎないのだ。

シュミットは、政治の行為が対象化する敵を二つの方向から規定している。一方で、彼のいう「敵」は、決して「論敵」や「競争相手」ではない。「敵味方という言葉は、ここでは、具体的、実在的な意味に取られるべきであって、象徴的もしくは比喩的いいまわしを考えたり、経済的、道徳的その他の観念の混入によって語の意味を弱めてはならない」[*8]。他方でまた、政治の敵は決して私的な相手、「敵手」をいうのではない。「敵とは公敵のみである」[*9]。私たちは敵を、個人的に忌み嫌う必要もなければ、また聖書のごとく、己れの敵を愛する必要もない。こうしたことは、すべて私事の範囲に属することである。

以上のような敵の実在は、激しい政治的対立のうちでは、自明のことであろう。「偉大なる政治の頂点は、同時に具体的・明瞭に敵が敵として認められる瞬間である」[*10]。だが、「危急存亡の秋」という

＊5　同書、一七五頁。
＊6　同書、一七六頁。
＊7　同書、一一九－一二〇頁、強調原文。
＊8　同書、一二二－一二三頁。
＊9　同書、一二四頁。

意識のない場合でも、政治的なるものの特徴が具体的な対立関係にあることは容易に認められる。すべての政治的な概念や用語がいつも論争的な意味をもっていることを想起してみればよい。たとえば、国家にしろ階級にしろ、また、法、秩序、平和という言葉にしても、これが具体的に誰を指し、誰を攻撃し、否認し、反駁しようとしているかを知らなければ理解することができない。なるほど、普通の政党国家においては、「政治的」という言葉はたんに「政党政治」を意味しているにすぎない。だが、「議会を政治の具にするな」といった要求は、たんに政党政治の否定をいっているだけであって、それ自体が政治的な要求以外のものではない。

いずれにしても、政治的な対立の領域は、その他の対立に還元されたり、そこから基礎づけられたりするのではなく、独立した領域をなしている。かえって、「宗教的、倫理的、経済的、その他のあらゆる対立は、人々を実際上敵味方に分類するに充分なほど深くなると、政治的対立に変化する」[*11]。マルクス主義における「階級」にしても、「階級闘争、すなわち内乱を真面目に考え、階級の相手方を実際の敵として取りあつかい攻撃する場合には、純経済的なものではなくなり、政治的勢力となるものである」[*12]。(第二インターへの皮肉!)

さて、以上のような意味で、政治に固有な概念が〈敵に直面する〉ことにあるとするならば、ここから重大な二つの帰結が導かれる。

第一は、敵に直面する〈私〉は味方=〈我々〉として同質化されなければならない、ということである。

このような〈私〉の結合体を、シュミットは「政治的単位体」と名づけている。政治的対立の激しさは、これに応じて味方における人間の結合と、敵にたいする自己の分離の強度を高めていく。

したがって、政治的単位体とは、そもそもそれが一般的に存在する限りにおいて、全体的かつ至上権をもった決定的統一体なのである。政治的単位体とは、とにかく「全体的」なのだ。その理由は、まず第一に、あらゆる事態は、潜在的に政治的であり、それゆえ、政治的決断を受け入れざるをえないからであり、第二に、政治に参与する人間は、全体的かつ生存の根底から政治にとらえられるからである。その意味で、政治は運命とも言えるのだ。〔…〕

それ故、ある団体の政治的性格を試す試金石は、誓約の実践にある。勿論この際の誓約の真の意味とは、人間が全体的に身を捧げ、あるいは、忠実な宣誓によって「誓って（かつ生存を賭けて）身を捧げる」ことにこそある。[*13]

もちろん、社会的生活では、人々は様々の「社会団体」の一員に属している。このようにして、社会は種々の団体による多元的な構成となっている。けれども、このような「社会的団体」が政治的単位体なのではない。政治的「社会」「組合」「団体」などというものがあるのではない。「ただ、政治的単位体、政治的『共同体』があるだけである。敵味方の区別の実在的可能性は、たんなる社会的団体なるものをこえて、これとは異なりかつこれに対し決定的勢力をもつ単位体をつくりだすに充分で

＊10　同書、一七七頁。
＊11　同書、一三六頁。
＊12　同書、一三七頁。
＊13　同書、一三八－一三九頁。

である。このような単位体自体が万一無くなるならば、政治的なるもの自体もなくなってしまう[*14]。

さて、カール・シュミットの「政治的なるもの」から導かれる第二の点は、政治の存在が戦争（武力闘争）の実在的可能性を前提にするということである。戦争といい闘争といい、ここでは決して象徴や比喩ではない。政治が敵と味方の実体を激しく区別するように、戦争はこの両者の間の、血なまぐさくも物理的な殺戮と解さねばならない。もちろん、何らかの軍国主義的なあるいは道徳的反発の意味でいうのではない。「敵味方の政治的区別の極端な結果は、戦争の際にはじめて示される。人間の生活は、かかる極端な可能性から、政治に特有な緊張を獲得する[*15]」という意味で、武闘の可能性を忘却した政治は自己欺瞞以外のものではない。もちろんまた、戦争そのものが特に政治だというのではない。「政治的なるものは、それ自体の技術的、心理的、軍事的法則をもつところの闘争自体のなかにあるのではなく、戦争の実際的可能性によって規定された態度のなかに、そのことによって規定される明確な自己の情況の認識のなかに、そしてまた、敵味方を正しく峻別すべき課題のなかにこそある[*16]」。カール・シュミットは、クラウゼヴィッツの有名な命題を註釈して、戦争は政治の最後の帰結であっても、戦争は「誰が敵か」という政治的決定をすでに前提にしている、といっている。「敵を決定するのは兵士ではなくて、政治家である[*17]」。政治は戦争の「脳髄」である[*18]、と。

政治の概念のうちに含まれるこのような戦争の実在性から、シュミットの特有なシニシズムが結論される。「世界」や「人類」の名による「戦争の放棄」は、世界の政治性が否定されない以上、たんに新たな敵味方の区別をもちこむものにすぎない。かえって逆に、政治の存在は、一つの政治的単位体による敵の抹殺を現にもたらしつづけている。「決定的政治的単位体である国家は、巨大な権能、すなわち戦争を遂行し、かくして公然と人間の生命を支配する可能性を掌握した。けだし、（国家に属する）交戦権はこのような処分を含むものである。つまりそれは、自国民には死の覚悟と殺戮の準備を要求し、かつ敵の側に立つ人間を殺害するという、二重の可能性を意味するものだからである」[19]「人間の肉体的生命に対するこのような支配権によって、政治的共同社会は、あらゆる他の共同社会もしくは利益社会の上に位する」[20]。

政治的共同体が掌のうちにする他人の肉体的生命にたいするこのように公然たる支配権は、ただ世界の政治性の宿命によって説明されるだけであって、いかなる「合理的目的、規範、綱領、社会的理想、あるいは合法性」等々によっても、「正当化」しえないし、また「廃絶」することはできない[21]。

政治的単位体は、その本質に関して、全人類と全世界を包括する単位であるという意味で普遍的であるわけではない。たがいに相異する諸民族、諸宗教、諸階級、それ以外の人間集団、それらがことごとく一体化され、その間での戦争が考えられる限り不可能になり、全世界を包括する

＊14　同書、一四五－一四六頁。
＊15　同書、一三三頁。
＊16　同書、一三〇－一三一頁。
＊17　同書、一三一頁。
＊18　同書、二〇〇頁。
＊19　同書、一四七頁。
＊20　同書、一五〇頁。
＊21　同書、一五三頁。

世界帝国のなかでの内乱の可能性すら事実上考えられなくなり、いいかえれば敵と味方を峻別する、たんなる未必性すらなくなってしまう、そうした時にはじめて人間は現世における人生の快楽を十分に保持したことになるであろう。そうなれば、政治も国家も存在しなくなり、政治と無関係な景観・文化・文明・経済・道徳・法律・芸術・話題等だけが存在するにすぎないこととなってしまうだろう。

こうした事態が地上の人類の前に出現するかどうか、出現するとすれば何時か、私は知らない。[*22]

2

さて、私は以上に、カール・シュミットの『政治的なるものの概念』について、やや細かい、しかも気ままな要約を綴ってきた。通常はたんに人間的諸事象の一領域のようにみえる政治が、にもかかわらず、敵と味方のぎらつく区別のなかで、人の生命にまでおよぶ公然たる支配権をふるうようになる――世界はこのような政治をなお廃絶しえない、とシュミットはいう。

しかし、政治の宿命をめぐっての彼のシニシズムが与える強い印象は、それが気のきいた箴言となっているからでも、また学問上のユニークさのためでもなく、ただ、語り手と聴き手がそれぞれにもつ固有の〈政治の経験〉にもとづいていることに私は気づく。たとえば、語り手カール・シュミットのシニシズムの響きを、私たちははからずも、埴谷雄高の有名な断定のなかに見てとることができる。

政治の幅はつねに生活の幅より狭い。本来生活に支えられているところの政治が、にもかかわらず、屢々、生活を支配しているとひとびとから錯覚されるのは、それが黒い死をもたらす権力をもっているからにほかならない。一瞬の死が百年の生を脅し得る秘密を知って以来、数千年にわたって、嘗て一度たりとも、政治がその掌のなかから死を手放したことはない。

＊

政治の裸かにされた原理は、敵を殺せ、の一語につきるが、その権力を支持しないものはすべて敵なのであるから、そこでは、敵を識別する緊張が政治の歴史をつらぬく緊張のすべてになっているのであって、もし私達がまじろぎもせず私達の政治の歴史を眺めるならば、それがあまりにも熱烈に、抜目なく、緊張して死のみを愛しつづけてきたことに絶望するほどである。[＊23]

『幻視のなかの政治』におさめられたこれらの論稿は、昭和三十三（一九五八）年から〔三十〕四年にかけて書かれている。埴谷雄高が、たとえばカール・シュミットなどにどのようにつきあってきたかは明らかではないけれども、いま、それはどうでもいい。「やつは敵である。敵を殺せ」[＊24]ということの悪しき箴言のうちにこめられている、埴谷雄高にとっての政治の経験だけに、いま私は注目しておかねばならない。ちょうど昭和三十一年のスターリン批判をきっかけとしたかのように、三十三年に集中して発表された諸論文は、しかし、とりわけ彼の戦前における経験を暗い背景としてもっている。

＊22　同書、一五八－一五九頁。
＊23　埴谷雄高『幻視のなかの政治』未來社、一九六三年、九－一〇頁。
＊24　同書、二四頁。

「すでに四半世紀以上も過ぎた昔のことであるが、私が党へはいったとき、まず驚き、つぎに苦しみ、そして最後には陰熱のように深い底に沈んだ暗い問いかけとなってその後の私のなかに長く棲みついてしまった二つの事柄があった[*25]」、として、埴谷はまず党員による非党員にたいする巨大な差別感のことをあげ、次にこう書いている。

私が驚いた第二の事柄とは、ところで、さて、死である。
そこには絶えず死があった。驚くほど無雑作な死があった。革命になったらあれを殺さねばならんという、真面目に渇望した、そして無慈悲で無頓着な日常会話が至るところで聞かれるのが党内なのであった。革命と殺人とは、そこで殆んど同義語であった。しかも、この殺人は、第一の事柄と結びつき、党員が革命によって本来抑圧から解放さるべき非党員に対して行使し得る当然の殺人として、なんらの感情的乃至理論的な反省も必要とされずに、さながらポケットからひとつの名が記入された四角い紙をとりだすような、無雑作さで会話のなかにもちだされるところに特徴があった[*26]。

このように引用してみると、私が何年か前『幻視のなかの政治』を読んだときの、一種の違和感が何であったかに、私はいま思いあたるのである。私はまえに、別のところで埴谷雄高を引用して、「けれども、私のなかでは、政治の印象は変に明るい」というふうにこの違和感を表明したことがある[*27]。彼にとっては、「戦後民主主義」の時代の政治——いわば「政治の否認」を売りものとする政治の狡智は、なんら問題ではない。けれども、「六全協以降」の日本の政治の経験はむしろ政治の手品の経験のごとくであった。政治は、「党」の暗い片隅に棲まっているのではなく、光の満ちた街路で砂塵を巻きあげて駆けぬけていった。くどくもいうことはない、ちょうどワイマール共和制についてシュミットがいったように、それは「大衆民主主義」の経験だと思えばよい。

　政治のなかの死もまた、一つの例外の現象であり、こうした白昼の死はただ私たちの個のうちに内攻する以外にはなかった。もちろん、このようにいうことで、私は自分たちの政治の経験が非合法や戦争の時代に比べてふやけたものにすぎなかったと自認するのではない。「大衆民主主義」の政治が、ひたすら中性的な未来にむけて現状を延長しているとき、死が、ただ「私の死」として、この政治の未来に直交する以外にないとしたら、この構図のなかの政治経験は同じように絶望的だ。すでに第二インターの時代のナチのイデオローグ、アルフレッド・ローゼンベルクが見すかしていたように、この時代のマルクス主義にしても、「神話を失ってしまって」おり、「市民的マルクス主義的ドイツは、信仰の対象となり、そのために戦いをも辞せぬような最高価値を最早もってはいない」（『二十世紀の神話』）。それゆえ、この時代の政治の発想には、現実の政治――それ自体政治的なものにすぎない「政治の否定」の自己欺瞞にたいして、一連の破壊作業が必要とされたのは当然のことだ。この作業のなかで現実的に出現してくる〈無秩序〉－〈反政治〉に直面して、いま再び、政治は、「政治的なるもの」の本来の問題性を回復するのだ。

＊25　同書、八六頁。
＊26　同書、八八頁。
＊27　本書第Ⅰ部「叛乱と政治の形成」九八頁。

カール・シュミットが政治に固有の概念として「敵に直面する」ことをあげたとき、彼はこの敵を、一方では「公敵」とし、他方では敵に直面する「政治的単位体」内部の同質性と「全体性」を強調した。私がこれまで使ってきた言葉でいえば、一方は「スローガン」による敵権力の一般的な設定であり、他方は、このスローガンのもとで「私を我々に〈階級に〉組織化すること」に相当するであろう。政治権力にたいする個的な敵対関係〈権力経験〉が、この「スローガンと階級組織」のもとに外化されていく宿命に、私は〈政治の形成〉の現場をみてきたのだが、いうまでもなくこの現場は私たちの六〇年代に生起したことだった。そこでは、「体制」の内にいるかぎり、私たちに「政治的なるもの」の意識が顕在化することはないのであり、ただこの「政治の隠蔽」を破る暴力のなかでしかその政治性がみえてこないものとしてあった。そして、政治の発想は、〈私〉の公敵への構えが、いかなる秘密によって和解させられてしまうのかを暴露することにあった、というようにいえるだろう。

では、カール・シュミット自身の政治の発想は、どのような現場に根づいていたか。疑いもなく、ヨーロッパの第一次大戦とボリシェヴィキ革命の経験があげられるだろう。だが、彼にとっては、彼の〈戦後〉、つまりワイマール民主制の政治こそが、不断の論戦の相手であった。

シュミットは一八八八年に生れているから、ワイマール時代はほぼ彼の三十歳代にあたっている。一九三三年以来ベルリン大学の教授で、同時にプロシャの参議員を兼ねており、すでにワイマール時代から名を知られていた数少ないナチの学者の一人であった。そのワイマール時代に、彼は多くの論戦的な論文で、自由主義的な法概念の破壊作業をおしすすめたことで知られていたというが、この作業の一端を、私たちはたとえば『現代議会主義の精神史的地位』（一九二三年、第二版一九二六年）にみることができる。

「近代の大衆民主主義」にたいする論争となっているこの書は、一方で「ボリシェヴィキの独裁」の余震を意識し、他方では民主制の自己矛盾からファシズム独裁を透視するというその構えのために、いまでも精彩を失ってはいない。シュミットによれば、現にあいまいな結合をなしている議会主義と民主主義はもともと別のものであるという。議会主義は本来自由主義思想に属し、「個人主義的＝人間的な道徳であり、世界観である」[*28]。ワイマール憲法の規定、「代議士は全国民の代表であり、彼等はただ自己の良心にのみ従いいかなる命令にも拘束されない」（二十一条）というように、議会制はもと「討論と公開」を原則とするものであった。だが、すでに現代議会制の現実が「公開討論による一致」というような原則から遠くなっていることは多言を要しない。「議会では、観念と観念とが触れ合い、その接触から火花が生じ、そして事理を明白にする」というベンサムの言葉は、今日では諷刺でしかないとシュミットは指摘する。

それでは、民主制はどうか。ここでも、平田清明氏が「近代民主制＝ブルジョア独裁に対するシニシズム」と名づけたものが、すでに明瞭に指摘されている。

あらゆる現実の民主主義は、平等のものが平等に取扱われるというだけでなく、その避くべからざる帰結として、平等ならざるものは平等には取扱われないということに立脚している。即ち民主主義の本質をなすものは、第一には、〔統治者と被治者との〕同一性ということであり、第二に

＊28　カール・シュミット『現代議会主義の精神史的地位』稲葉素之訳、みすず書房、一九七二年、二〇頁。

──必要なる場合には──異質的なるものの排除乃至絶滅ということである。[*29]（堀眞琴訳にもとづく）

それゆえ、「民主主義はその民主主義としての本質を変えることなく、軍国主義的であることもできれば平和主義的であることもでき、絶対主義的あるいは自由主義的、中央集権的あるいは地方分権的、進歩的あるいは反動的、そのいずれでもありうる[*30]」とされるのである。つまり、民主主義は決して独裁の対立物ではない。だから、人民の共同意志を形成する問題において自ら滅びるのが、民主主義の運命となる。

いま、議会主義と近代民主主義の現実にたいする以上のような論難を、論理の飛躍を犯さずに追ってみることが私の目的なのではない。問題は終始「独裁」のことだ。何が独裁という政治の極端な形を呼び寄せるのか、ということなのだ。そこで、シュミットは最後に、マルクス主義の独裁思想の検討に入っていく。その際、明らかに二〇年代ヨーロッパ・マルクス主義の影響のもとに、シュミットは「科学的マルクス主義」なるものを信じてはいない。

社会主義が空想から科学へ移行したということは、それが独裁を放棄したということではない。欧州大戦以来、二、三の急進的な社会主義者とアナキストが、社会主義が独裁への勇気をもつためには、科学から空想へ還らなければならないと信じたことは、注目すべき徴候である。このことは、いかに甚しく科学が今日の世代にとって社会的行動の明白な基礎たり得なくなったか、ということを示している。しかしこのことは、科学的社会主義には独裁の可能性が欠如しているということを証明するものではない。ただ、科学的なる言葉を正当に理解する必要があるのであって、それはたんに厳密自然科学的な術語に限定されてはならないのである。[*31]

このようにして、シュミットは俗流マルクス主義の「科学性」を排して、しかもなお、ヘーゲル以来の弁証法がマルクス主義に独裁を用意するものであることを示そうとする。だが、マルクス主義にとっても、独裁はたんに理論の問題ではない。「レーニンとトロツキー」の出現以降、直接的なゲヴァルト行使の思想によって、「独裁」は「合理的基礎づけ」の範囲をはるかに超えでるものとなった。「かくして、議会主義のみならず、合理主義的な独裁によって理論的に維持されてきた民主主義が、それとともにその根本から攻撃されるにいたっている」。[*32]このようにして、シュミットはボリシェヴィキを、そしてさらにジョルジュ・ソレルの「神話」の検討へと進んでいくのである。

たとえボリシェヴィスト政府は政治的理由からアナキストを抑圧したとはいえ、ボリシェヴィストの主張を事実上動かしているもののなかには、アナルコ・サンディカリスト的な思想を包含しているのであって、ボリシェヴィキがアナキストを根絶するためにその政治権力を行使するということは、あたかもクロムウェルがレヴェラーズに弾圧を加えたにもかかわらず、彼らとの関

＊29　同書、一四頁（堀眞琴訳は『世界全体主義大系4』白揚社、一九三九年、一七－一八頁。引用にあたり旧字旧かなを新字新かなに改めた）。
＊30　前掲シュミット『現代議会主義の精神史的地位』三五頁。
＊31　同書、六九－七〇頁。
＊32　同書、八五頁。

連を止揚しえなかったのと同じことである。[*33]

私たちは自然の勢いで、以上のようなシュミットの議論を、私たち自身の政治経験に重ね合せて読んでしまう。ワイマール共和制の二〇年代に、シュミットが終始攻撃しつづけたのも、一九世紀的自由主義にたいする時の政治の自己欺瞞的執着にあった。「政治闘争にもっとも有効な武器であるにすぎない」政治的なるものの否認――このような自由主義のイデオロギーにたいして、まさに「政治」それ自体に欺瞞なく直面しようとすることが、カール・シュミットの構えになっていたということができる。

けれども、それでは、シュミットの自由主義にたいする攻撃の銃座はどこに据えられていたか。疑いもなく、それは「国家」――全体的かつ至上権をもった決定的統一体としての、国家秩序である。それゆえ、シュミットの「政治の発想」は、あくまでも国家からの発想となっている。「政治的なるもの」がその頂点においてまさしく国家を意味するとき、政治に欺瞞なく直面するすべての思考は、このような国家に直面して自己の根源の位置を問われるのだ。そして、シュミットの自由主義への論戦が、一つの薄汚れたイデオロギーの立場以外のものでなくなるのもまた、この点にあるのである。しかしそのとき、もはや問題は、「政治的なるもの」の領域を決定的に離れた地点に存在するのである。

いいかえれば、国家、あるいは一般的にいって政治が、まさに「政治的なるもの」として露呈されるその根底にある経験領野が、シュミットには問われていないのだ。もともというまでもなく、ブルジョア的政治の自己欺瞞と政治そのものの暴露は、シュミットの筆の冴えによってはじめて可能となったものなどではない。第一次大戦から二〇年代へかけてのヨーロッパで、荒だつ大衆の存在とその行為のカオスのなかに、政治が自らの本性をもっとも鋭く映したからにほかならないのだ。それゆえ、この行為のカオスの中に、〈私〉がどのように立つかによって、形成される政治の内実はまったく異なったものになる。〈政治〉の廃絶を絶えず再生産して止まぬ行為の地点から政治に直面するのか、あるいは、政治そのものの宿命へのニヒリズム的自己投企によって政治を体現するのか。これが、政治における私たちの決定的分岐点となるのだ。

カール・シュミットは、一切の法的・政治的秩序は、なんらかの規範によっては正統化しえないと主張する。ただ主権的権威者の意志決断のみがこの正統化をよく行いうるのであって、なんら規範による正統づけを必要とせぬ「裸の意志」こそが、政治の無と混沌から秩序一切を生みだす源泉なのだ。このようにして、秩序の無に直面するシュミットは、「決断」し、目をつむって跳ぶ。

さて、未来の「ナチ御用学者」、カール・シュミットの論述を追って時代の政治の雰囲気に入ろうとする試みは、以上の地点で止まらねばならない。このシュミットの場合にも、私は、「政治的なるもの」へと収斂してくる様々な発想の一つを、その根へたどってみようと試みたのである。逆にいえば、「特に何が政治か」と設問する多くの発想が、それぞれの政治経験から出発して、相互に交錯しながら「政治的なるもの」の一点へと外化し集中してくる道筋は、あたかも政治という強力な磁場が、私たちの行為の暗いカオスを、打ち砕き加速し、そして吸引していく光景のごとくに、私には思われる。結果として、政治からみたこの道筋を、レーニン主義といいアナキズムといい、またファシズムと名づけようが、それらは私たちの経験の根源を指すたんに便宜的な名称にすぎないように思われる。そ

＊33　同書、八六頁。

していま、私たちは、私たちの経験のカオスが再び政治を呼び寄せる、という確実な予兆を感じている。いま、私たちにとって「政治的なるもの」の一点は、それでは再び、「ファシズムへ！」であろうか。

3

政治を、政党政治や田舎紳士の小細工としてではなく、人間的な経験の領野で発見しようとすると、この経験が「政治的なるもの」へと外化していくその根拠には、人間の「共同性」への志向という事実が存在していることに、私たちはあらためて気づくことになる。人はなぜ、味方としてであれ敵としてであれ、「共同する他者」との結合を求めるのか。敵対関係としての政治は、たんに国家の権力的な介入やまた自然法則の結果なのではない。「平和」だの「制度」だのといった「国民化」された政治が破壊され、これまで政治を自覚することなくそれぞれの「社会集団」に属していた者たちが社会的呪縛の外にはじき出されるとき、その人間たちの「自由」は、なぜ、しょうこりもなく再び新たに政治を呼び寄せるのか。

すでにシュミットがいったように、固有なものとしての政治には、政治的共同体の「全体性」と「同質性」ということが属している。すなわち、決定的な政治の組織に人はたんに「所属する」のではなく、自分を丸ごと投与するのであり、かつ、この組織の団結は構成員の同質的な自己確認にもとづいている。それゆえ、敵対関係として政治をあらわに呼ぶ時代は、同時に、人の全体的なかかわりを可能にする共同体を呼び寄せる時代だということができる。敵味方の激しい区別の形成は、一個の政治共同体の一員として自己を確認する過程を、その根拠にもっている。ナチズムの時代に、「戦士共同体」「闘争共同体」の幾万語がとなえられた。

それゆえ、政治的なものの性格は、敵に直面するという関係性においてとらえるだけでは十分ではない。さらにまた、経験から政治的なるものへの道筋を描くことでもなお不十分だ。これらの二様の発想は、経験のうちでことさらに政治的なるものを限定しようとする方法ということができる。いずれも、国家や社会が前提であり、したがって「国家論」や「政治学」をいじってみても「政治的なるもの」は見えてこない、という時代の発想である。それゆえ、いま再び、政治的なるもののその内部へ、すなわち政治的共同体の内部へと、私たちの発想は入っていくべきなのだ。時代に政治的なるものの廃墟を確認する仕事は、すでに終った。

カール・シュミットがその後支持するようになるナチズムの「全体主義革命」が、実際にどのようなものであったかは、いま問うところではない。しかし、ワイマール共和制の動揺のなかに貫徹していった彼らの「全体主義」のスローガンは、たんに愚かしいデマゴギーにすぎぬものではなかった。それというのも、時代がまさに新たに政治を呼び寄せており、これによってナチの「全体主義」は、文字通り「政治的なるもの」の顕著な形の一つとして形成されたのだ。危機の時代には、人間の「全体性」への極端な希求は、「政治的なるもの」の直接的な帰結なのである。

宣伝相ゲッベルスのアジテーションは次のようになっている。

……我々が行なった革命は全体的なものである。それは公的生活のあらゆる分野を捉え、これを根本的に改造した。また、人間相互の関係と、国家および存在の問題に対する人間の関係を一変せしめ、新しい形のものとした。事実、それは若い世界観の顕現であり、十四年の間、在野反対派として、政権を握った暁には、これを駆使してドイツ民族に新しい国家感情を与えることを目指して、政権獲得闘争をつづけてきた、若い世界観の顕現である。〔…〕今年一月三十日以来、演じられてきたものは、この革命過程のうち眼に見えた現れだけに過ぎない。だが、革命そのものは、まだ始まったばかりである。しかも、それと同時に完成されたのである。

……我々が打倒した制度は、自由主義の中にその最も適切な特徴がみられる。もし自由主義が個人を出発点とし、各人をあらゆる事物の中心におくものとすれば、我々は個人の代りに民族を、各人の代りに共同体を置き換えた。この場合、個人の自由が国民の自由と衝突するか、または矛盾する限り、個人の自由が制限されねばならなかったのは、もちろんである。これは自由概念そのものの限定ではない。個人のために自由概念を拡張し過ぎることは、民族の自由を賭すること、ないしは全く危険におとしいれることを意味する。それ故、個人的な自由概念の限界は、民族的な自由概念の限界と一致する。

その地位の高低に関係なく、各人には、国家的な自由概念を犠牲として自己の自由を利用する権利はない。何となれば、国家的な自由概念が確保されてこそ初めて、個人の自由が保障されるのである。民族が自由であればあるほど、その民族に属する各人がますます自由となる。[*34]（一九三三年十一月十五日の演説）

すでに一九二〇年に定められたナチ党綱領に宣言されている「公益が私益に優先する」（滅私奉公！）のスローガンが、ここでまた繰り返されている。「私」なるものの「全体」への従属、「私」をすべて「全体」へ投げ与えること——この意味での全体主義は、実際には「民族の全体性」のイデオロギーを意味していた。ナチにとっては、政治共同体の全体性は、国家でも階級でもなく民族の全体性であった。「〔…〕ドイツ指導者国家の指導者原理は民族的基礎の上に立っている。その根は民族的国家の国家権威、すなわち共同体倫理にある。共同体の理念、一民族の総体としての『我々』という理念が指導者国家の政治力となっているのである」と、オットー・ケルロイターはいっている[*35]（一九三四年）。

ここにいう「指導者原理」とは、彼らによれば、「政治的なるもの」のいま一つの帰結たる政治的共同体の内部的同質性（団結）に根をもっている。ナチの共同体の同質性は、たんにドイツ民族としての同質性につきるのではなく、民族内部の対立が止揚されたことをも指している。この点に関して、シュミットがつけた理屈は次のようにいう。

〔指導者原理という〕この概念は、直接的な現代および現存の概念である。それゆえに、この概念には、積極的な要求として、指導者と被指導者との絶対的な同質性ということが含まれている。指導者と被指導者との永続的で確実な接触と、その相互信頼――この同質性のみが、指導者の権力が独裁専制および横暴に化することを防ぎうるのである。この同質性のみが、異質的な意志の知的なまたは有利なあらゆる支配と区別される根拠となっている。

それゆえ、統一的なドイツ民族の同質性が、ドイツ民族の政治的指導の概念にとって、絶対的

*34 ワルター・ホーファー『ナチス・ドキュメント』救仁郷繁訳、ぺりかん社、一九八二年、一一七－一一八頁。
*35 同書、一〇九頁、強調引用者。

な前提条件でありまた基礎である。[*36]（『国家・運動・国民』一九三三年）

カール・シュミットは、一九三三年にナチ党が権力を獲得すると、ただちに同じ年にこの『国家・運動・国民』を書いている。「御用学者」の文章として名高いこの三題噺は、ナチズム革命の法的処置をほとんど「逐条的に」正当化しようと努めており、以前の彼の文章にくらべればほとんど読むに堪えない代物にみえる。だが、私は、シュミットが「ナチズム革命」をどのように合理化しようとし、それは革命の実態に照らしてどうだったのか、といった点にはほとんど興味をもたない。ただ、ワイマールの自由民主制の破壊的批判者からナチ御用学者への転身が、ほかならぬ「政治的なもの」の剔抉という作業を軸におこなわれたと見えることが、私を驚かす。彼はすでに一九二七年に、世界の政治性が否定しえぬ以上、欺瞞なくこの政治の帰結に直面せねばならない、という構えをとっていた。その際、シュミットは、闘争共同体への人間の全体的投企と共同体内の強固な同質性とを、政治的なるものの組織的帰結としてとりだしてきた。

しかし、「だからこそ彼はナチズムにいかれたのだ」、というのではない。この政治における闘争共同体、戦士共同体が、内容上、ナチズムで武装するか否かの問題は、もはや固有の意味での「政治的なるもの」の範疇を超えるのである。

ところで、カール・シュミットの御用文書が読むに堪えないのは、別に彼の場合だけのことではない。いまでは、ナチのイデオローグの書いたものも、ナチのアジテーターの言葉も、すべて極端に観念的な一つ繰り返しにすぎないように思われる。どの場合にも、「全体性」は一つの抽象的な観念だ。ゲッベルスだけではない。ナチの無数のうぞうむぞうのアジテーターたちが、この観念の一つ繰り返しに従事していたにちがいない。それゆえ、これらの言葉は、読むのではなく、アジテーターの言葉として想像してみる以外にないだろう。ことに、演説を聴いている大衆、一九二九年以降のドイツの無秩序のなかで不安にも自由な大衆のことを考えに入れなければ、「全体性」の観念がもった言葉の魔力はみえてこない。

私はいま、このようなアジテーターの現場を再現することはできない。ただ、手近なところではピーター・ゲイの書物（『ワイマール文化』）などに、私たちはいくらかの資料をみることができる。ワイマールの文化的雰囲気を全体として再現しようとするこの本の第四章は「全体への渇望」という題をもっている。ここで著者は、たとえばワンダーフォーゲルなどの青年運動が戦後の青年を激しくとらえたことを伝えている。「ワンダーフォーゲル運動が求めたものは、人間的な温情と同志愛であり、小市民の文化が生み落した虚偽からの逃避であり、アルコールとタバコの害にそまらない清潔な生き方であり、わけても、利己心と下劣な政党政治を超越した共同の生存であった。指導者も団員もともに、親密の度を現わす印として隠語を用いた。彼らにとりある種の言葉――たとえば〝アウフブルッフ〟（起き上り）とか〝ゲマインシャフト〟（共同社会）とかいった言葉はお守りであり、情熱的な反響とほとんど魔術的といえる力をもった祈りであった[*37]」。著者ピーター・ゲイは、この全体への渇望を総じて復古主義――近代化にたいする退行現象としてしかとらえていないが、ともかく、ナチの言葉と観念の数々は、すでにワイマール時代に一般に生きていたことが知れるのである。シュペングラーの

＊36　同書、五二頁、強調原文（前掲『世界全体主義体系4』二一五－二一六頁）。
＊37　ピーター・ゲイ『ワイマール文化』到津十三男訳、みすず書房、一九七〇年、一一三頁。

版を重ねたパンフレット『プロイセン主義と社会主義』（一九三〇年）は、露骨にワイマール共和国を侮辱し、「血にもとづくドイツ人の本能こそ頼りになるもので、それはものの見方も別なものにする。権力は全体のものだ。個人は全体に奉仕する」等々といっている。*38 ただ彼の場合には、「血の憎悪」が「われらの内なるイギリスに対して」むけられたという違いはみられるとしても。

全体性への以上のような渇望が、古い共同性の解体から不安にも一人「世界」のうちに投げこまれた人間個体のうちで経験されたものであることは、同時代の幾人かの思想によって想像することができる。たとえば、ハイデッガーだ。彼自身は、一九三三年のナチ革命に際し短期間ナチに身を投じ、「ドイツ大学の自己主張」のような不似合でできそこないのアジテーションを残したけれども、じきに再び森の中にひっこんでしまった。けれども、当時の彼の影響力は、彼自身が望んだ以上に、広汎なものだったという。ハイデッガーの書物は、「世に出た時には、ほとんどその意味がのみこめなかったものだが、やがて敬意を払われるようになった。そして、第二次大戦中にヘルダーリンとハイデッガーの作品を背のうの中につめて、ロシアかアフリカの何処かで死んでいった若いドイツの兵士は、数えきれないほどであった」と、ある評者は証言している。*39

一九六三年のことだったか、私がはじめてハイデッガーを読みはじめたときも、受けた印象は強いものだった。「人間本質が存在の真理にとって本質的なのであって、したがってそれだからこそ、人間そのものとしての人間は大事ではない」といった御託宣は、その雰囲気をもって私をとらえた。私にとってハイデッガーは、私の「戦後」の経験を壊す（言葉の上での）最初の契機となった。そこで、私はハイデッガーを通して、ヨーロッパの三〇年代に自分の六〇年代の経験を重ねて見るようになっていた。当時、「時代の薄明」という意識が私をとらえていたが、それはまさしくシュミットがいっているところでもある。「多元的国家は、その理論においても、実践においても、自由主義と社会主義との間にある薄明のなかに、つまり、私的なものと公的なものとの両者にまたがる薄明のなかにとどまっている」と。[*40]

私はいま、六〇年代の政治の底をぬってきた経験を、〈アナルコ・ニヒリズム〉という造語で呼んでみているけれども、この言葉は私たちの経験が内包する分裂を表示している。六〇年代の薄明の底をぬって現れる政治のアナーキーは、政治的なるものをそれとして露呈させることで、政治への決断を反合理的なレベルにすえる。政治的意志は一つの〈耐え〉の表現となり、それにもかかわらず、あるいはそれゆえに、政治を決意した者の体内をニヒリズムの病理が支配するようになる。悪魔的なデマゴーグと、その冷血な司祭たちが登場する。政治が日常的な技術である時代は、〈政治〉が万人にあらわにさらされぬゆえに、かえって、アナーキーもニヒリズムをも知ることはないであろう。そこでは、政治は一つの職業である。

もともと、アナーキーな暴力はニヒリズムとは別だ。逆に、政治的ニヒリズムこそ、アナーキーを必要とする。アナーキーにたいするニヒリズムからの決断は、アナーキーを行為し思考することを放棄し政治の名において冷血の秩序をもとめる。「混沌につくか、虚無につくかは一つの決断である」。

＊38　同書、一二三頁。
＊39　同書、一一七頁。
＊40　前掲シュミット『政治的なものの概念』一四五頁。

ナチの時代の雰囲気にどっぷりつかっていたエルンスト・ユンガーがこのようにいっている。政治のなかのニヒリズムは、生命的価値の無視や破壊的暴力にあるのではなく、〈政治〉を決断へ、秩序への決断へと意志することにある。政治の混沌こそ、この意志を招きよせるのだ。

ニヒリズムが拡大された秩序のシステムと和合しうるものであること、いや、ニヒリズムが積極的で威力を発揮する場合にはそれが定石であることは、われわれのこれまでの経験によって明かである。秩序はニヒリズムにとって有効な道具なのだ。ニヒリズムは秩序を自分の目的に合うように作り変える。ただその際、秩序が抽象的であることを前提とする。従ってつまり精神的であることを。——ここに属する第一のものは官僚と諸機構との完全に整備した国家であり、しかもまた指導理念が、ノモスとエトスとともに失われてしまっているか、乃至は没落にひんしているか、どちらかであるような時期、しかも一方うわべだけを見るとそういうものがこれまでよりも一層鮮明に存立しているように見える時期にこそ、なかんずくそうなのだ。(『この線を越えて』)[*41]

私たちの経験は、なおアナキズムとニヒリズムの不分明な薄明のもとにある。この薄明は、しかし静止ではなくて、一つの遠心的分離の過程にある。時代は、〈アナルコ・ニヒリズム〉の解体分化を通して、ふたたび、決定的に「政治」を呼ぶであろうか。

(70・11・16)

---

*41 前掲ユンガー『文明について』一七‐一八頁。

ブロンドのライオン
または政治のなかの反政治

どこかでニーチェが「ブロンドのライオン」について語っていたはずだ——こういうことを私に思いおこさせる一場面が、ルキノ・ヴィスコンティの映画『地獄に堕ちた勇者ども』にあった。

一九三四年六月三十日の明け方のことだ。ミュンヘン南方の保養地ヴィースゼーのほとりに、白んでくる湖面を背景に裸体の若者が立っており、彼の金髪が夜明けの風に揺れている。前夜は、隊長レームをはじめとしてSA（ナチス突撃隊）の面々が、翌日からの休暇を前に、明け方までのどんちゃん騒ぎを演じていた。くそ真面目なヴィスコンティは、この馬鹿騒ぎの場面を克明に描いており、それは文字通り、「暴飲はナチのイデオロギーの本質的要素の一つである」といったシャハト博士の言葉に忠実な場面だった。ミュンヘンでの最初の一揆以来、ナチの褐色シャツの暴れん坊には、いつもビールがついてまわる。昨夜も、ビールにつぐビール、そのあいまに、SAの隊歌とワグナーの合唱であった。そしていま、夜明けとともにこの騒ぎもようやくおさまり、湖畔のハンゼルバウアー・ホテルの庭には酔いつぶれた青年たちがたくましい身体をみせてころがっている。ここで場面は、一人だけ立上って湖のテラスにもたれるブロンドの青年のクローズアップとなり、そのとき、あたかも夜あけの光の訪れに歩調を合わせるかのように、来襲するSS（ナチス親衛隊）機動部隊のメカニカルな響が伝わってくる――こういう趣向であった。

ところで「ブロンドのライオン」のことだが、私は何年かまえに多少うさんくさい気持で読みとばしたニーチェの著作の、どこでこの言葉に出会ったかをもう忘れてしまった。たしか、世紀末ヨーロッパの「教養俗物」を攻撃し、街を闊歩する金髪の（アーリアンの）獅子を讃美したものだったように思う。ヒトラーもまた私的な会話のなかで語っている。

私の行なう教育は厳格である。弱点はたたきだされねばならない。結社の城の中で、世界が畏れをいだくような青年たちが、成長するであろう。強壮な、堂々とした、恐れを知らぬ、冷酷な青年を、私は欲する。青年は、これらの性質をすべてそなえていなくてはならない。苦痛を耐えしのばなくてはならぬ。弱々しさ、優しさがあってはならない。自由な、堂々たる肉食獣が、繰り返し彼らの眼の中から、輝き出ていなくてはならない。青年たちが強く美しいことを、私は欲する。あらゆる肉体の鍛練を課すであろう。筋骨たくましき青年を欲する。これが、まず第一の、もっとも重要なことなのだ。このようにして、私は数千年にわたる人間的馴致を拭いさる。このようにして私は、汚れなく高貴な自然の素材を得る。このようにして、私は新たなるものを創造できる。

知的な教育を私は好まぬ。知識によっては、青年を損うだけである。[*1]

ナチ党の政権獲得の後、SAはふくれあがって、一九三三年の末には全国で四百五十万の隊員を数えたという。SAはもともとからナチ党の武装部隊であり、最初は第一次大戦後のあぶれ者の軍人を中核とする暴れん坊の一団で、党の集会の「防衛」などに従事していた。このSAを当初から指揮してきたのが、大戦当時の大尉、ヒトラーの一番の旧友、エルンスト・レームであった。

＊

私はここで、ナチズムの歴史のうえで有名な六月三十日事件――SSによるSA幹部の撲滅についてあつかってみようとしているのだが、事件の登場人物たちはわざとのように皆類型的に思われる。ありふれている、という意味ではない。エルンスト・ユンガーのいうように、「われわれの時代の特徴のひとつは、重大な事件がつまらぬ出演者と結びつくことである」かもしれない。しかし、「忿懣にたえないのは、実に低級な人物が巨大な機能をもつ権力と結びついていることだ」といってみてもはじまらない。[*2] ともかくも、ナチの主役たちは、典型的にも、権力者の諸類型を示している。たとえば、SA隊長のレームだ。突撃隊はいわば彼の私兵で、その性格はレームの人となりを語ることでついわかったような気になってしまう。「ヨーロッパから遠くはなれた植民地に属する傭兵隊長」とラウシュニングが名づけた、[*3] この隊長レームの肖像は次のようになっている。

＊1　前掲ラウシュニング『永遠なるヒトラー』三〇七頁。
＊2　前掲ユンガー『文明について』八一、八二頁。
＊3　前掲ラウシュニング『永遠なるヒトラー』一九二頁。

レームは、ゲーリングやヒムラーと同じく、バイエルンの出で、市民の出であった。彼は多血質の堂々たる大男だった。脂肪分に包まれたその体つきはなかなか男らしいものではあったが、ゲーリングのように過度に肥満してはいなかった。とはいっても、彼は、宴会などでは牛飲馬食をしたもので、乗馬にせっせと精を出すくらいでは、とてもそのエネルギーはこなしきれないほどだった。でっぷりしてはいたが強健なその身体の上には、いかにも荒くれた派手な顔がのっていた。二重あごでほとんど丸に近いその顔には、青く浮き出た静脈が網のように細かく走っていた。

大きな低いひたいの下には、肉づきのいい頬にはさまれて、眼窩に落ちこんだよく光る小さな眼があった。深い傷あとが顔にアクセントをつけ、その徹底した野獣的印象を強めていた。傷あとは深いみぞとなって左のほお骨から、鼻を斜めに横切って、鼻をほとんど真二つに断ち切っているようにみえた。鼻筋の骨はくだかれて平になり、鼻の先端は丸く赤味がかって、そこだけピョコンと突出しているようにみえた。顔がもう少しまが抜けていたら、こっけいな印象を与えたことだろう。短く固い三角の口ひげがあって、薄く平たい口の長い上唇をかくしていた。

髪は短くいつも丹念に櫛が入れられていた。またその両耳は、上端が岬の上に曲がって外側に突き出して、その顔に何やら牧神フォーヌのような印象を与えていた。

レームは一種の放蕩の見栄から、みごとな肉体美の青年たちをいつも側においていた。その青年たちは悪習に染まっていなかった場合にも、レームの手でしだいに堕落させられていった。つまりその取巻きは運転手から伝令にいたるまで、男色者で占められていたということである。[*4]

つまり、典型的なボクサーくずれの肖像だが、彼と彼の軍隊は、もう一人の男グレゴール・シュトラッサーとともに、ナチつまり「国民社会主義」のその「社会主義」の方を代表していた。「われわれのやった革命は民族革命ではなく、国民社会主義革命なのだ。われわれはとくに、この社会主義という言葉を強調したい」[*5]。レームは一九三四年四月、外国新聞の特派員たちをまえにしてこう語っている。

レームが社会主義に結びつくのは、しかし、もはや彼の肉体的肖像においてではない。ナチズムがその初期から社会主義を掲げた大衆運動として、マルキストたちの運動と対をなして成長していったことは、よく知られている。ナチは、SAの青年たち、ヒトラーのいわゆる「純粋な、品位の高い自然材料」を、「革命の思想」で加工してきた。彼らは、すでに一九二〇年にナチ党綱領二十五ヶ条に定められていた、「社会主義的スローガン」を馬鹿正直にとなえてきた者たちだ。「労働によらず、努力によらない所得の廃止」「我々は〔…〕すべての企業の国有化を要求する」「我々は庸兵の廃止と国民軍の編成とを要求する」等々[*6]。私はいま、これらSAがその活動現場（地区）で、社民党や共産党の現場活動家とどのようにかかわってきたかをよく知らない。けれども、たまたまの集会における「左翼」と「右翼」の衝突といったことではなく、政治的雰囲気における常時の接触があったことはまちがいない。そして、多かれ少なかれ、SAの暴力と無秩序にたいしては「左翼」の側のほうが

＊4　ジャック・ドラリュ『ゲシュタポ・狂気の歴史』片岡啓治訳、サイマル出版会、一九六八年、九四－九五頁。
＊5　同書、一〇一頁。
＊6　前掲ホーファー『ナチス・ドキュメント』四二－四三頁。

「秩序」を代表していただろうと思われる。SAの形成は、どんな革命にあってもかならずみられる、暴力とアナーキーの組織化の一つの形をなしていた。それは、ある種の「階級形成」であった。

＊

ナチズムについての私たちの常識では、ナチの薄ぎたなさはぬぐいがたい。ローゼンベルクをはじめとしたイデオローグの薄汚れた知性、SAの茶色の軍隊服、彼らが好んで使ったこっけいでまがいもののシンボル、等々。そしてこれらは、ナチにたいする貴族趣味的軽蔑につながっていく。たとえばヒトラー。首相就任の日に大統領フォン・ヒンデンブルク元帥と握手している写真などをみると、巨大な元帥にくらべて、この「ボヘミアの伍長」の小さい印象はぬぐえない。老大統領は一九三二年八月、ヒトラーが政権をにぎるぎりぎりの交渉の段になっても、この伍長への軽蔑をかくしえなかった。「あれが首相になるというのか。わしは奴を郵便局長にしてやろう。そうすればわしの肖像つきの切手をなめることができるだろう」と、フォン・ヒンデンブルクは彼との会見のあとにいいすてた[*7]。実際には、ヒンデンブルクのほうがヒトラーをなめていたのだが。ヒトラーにたいする私たちの印象は、チャプリンの映画「独裁者」によってさらに強められている。ちょび髭をたくわえた金切声の小男。私はよく雑談のなかで、ヒトラーの身長と彼の声の質はどうだったか、と謎かけをやってみることがある。実際には、ミュンヘン会談での各国首相と並んだ写真を見ても、彼は決して小男などではない。またこの稀代のアジテーターの声は、決して心地よいものではなかったが、どら声に近い声量のあるバスであったことを、ヘルマン・ラウシュニングが証言している[*8]。

しかし要するに、このようなこっけいさの印象は、ナチズムが革命（反革命）運動であり大衆運動であったことを忘れているだけのことだ。「われわれは運動である。この言葉以上に、われわれの本質をうまく表現しているものはない」と、ヒトラーは語っている。[*9]

どんな大衆運動にとっても、旗指物やスローガンは一つの外化された表現以上のものでも、また以下のものでもない。ゲッベルスが自慢するところでは、「我々がおこなった革命は全体的なものである」。それは、「若い世界観の顕現であり、十四年の間、在野反対派として、政権を握った暁には、これを駆使してドイツ民族に新しい国家感情を与えることを目指して、政権獲得闘争をつづけてきた、若い世界観の顕現である」。[*10]

＊

だが、三三年の政権獲得後、在野反対派の十四年間に、「全体的な革命」や「新しい世界観の顕現」を文字通りに信じこんできた連中のあいだに、動揺と不満が拡がりはじめた。レームとSAだけのことではない。三三年には、なお革命的言辞はナチ党の指導者のうちに充満していた。[*11]「大産業家たちは、その生活自体が永遠の挑発である」（上シレジアの指導者ブリュックナー）。「資本主義は働くという固有

＊7　J・W・ウィーラー・ベネット『ヒンデンブルクからヒトラーへ』木原健男訳、東邦出版社、一九七〇年、三五一頁。
＊8　前掲ラウシュニング『永遠なるヒトラー』三一－三二頁。
＊9　同書、二三二頁。
＊10　前掲ホーファー『ナチス・ドキュメント』一一七頁。
＊11　以下の三人の発言は前掲ドラリュ『ゲシュタポ・狂気の歴史』九六頁。

の権利を、自分に都合のいいように適合させてしまう。この支配はモラルに反し、打倒さるべきだ」（ナチ労働戦線のケラー）。「国民社会主義政府は、大土地所有者にたいしてその所有地を分割し、最大部分を農民の手にまかせるよう強制すべきだ」（プロシャ州議会ナチ党議員団長クーベ）。

こうした者たちによって、政権獲得直後からすでに「第二革命」の要求があげられた。「剣帯をはずすな！」と、この頃のＳＡの合言葉はいっている。[*12] ヴィースゼーのほとりの酒宴では、「我々こそ革命の古参兵だ」という侮辱された誇りと、革命の揺籃期への感傷的追憶とがいりまじっていた——ヴィスコンティの映画はこの雰囲気をよく描いている。ＳＡの兵舎でささやく声が聞えるようになる、「アドルフが断乎たる処置をとらないなら消えてもらわねばならない」[*13]。隊長レームもベルリンの街中で、臆面もなくヒトラーを罵った、「アドルフは卑怯だ」と。

> われわれみなをあざむいた。今は反動派としかつきあっていない。昔の同志は彼にとって具合が悪くなった。そこで東プロイセンの将軍たちを近づけたのだ。彼らが現在の側近というわけだ。アドルフはおしゃれになり、燕尾服をあつらえた。
>
> 私が何を望んでいるかアドルフは、はっきりわかっている。彼には充分に話してある。昔のカイザーの軍隊の二番煎じはだめだ。われわれの革命なのか、そうでないのか。アロン・ザンファン・ドゥ・ラパトリーエ！[*14] もし革命であるなら、フランス革命の時の国民軍のように、われわれの熱狂の中から、何か新たなものが生まれでてこなくてはならない。もし革命でないなら、われわれは破滅しよう。[*15]

こうした争いのなりゆきも、また典型的なものにすぎない。形式的にいえば、同じような事態はどんな革命にもつきまとっている。レーニンの革命の後で、左派エス・エルやアナキストたちから、「レーニンは革命を裏切った」という叫びがあがらなかったろうか。ヒトラーの長い動揺と逡巡がはじまった。「長きナイフの夜」。動揺はむろん、俺お前で話せる唯一の人間を殺害することからくるだけではない。彼自身、アジテーションのおもむくままに、「永久の革命」を語ってきた者だ――「革命を終了させることはできない。決して終結させることはできない。われわれは運動だ。永久の革命だ」[*16]。しかし、いまや、革命の運動は三つの方面から停止の圧力を受けるようになった。国防軍、産業界、そして外交関係からのもので、これらはほかならぬ革命にとって、基本的な反革命の要件をなすものである。「軍は国家利益の観点からして、もはや現状を耐えしのぶことはできない。断固として是正を要求するであろう」（フォン・ブラウヒッチ将軍）[*17]。そして、「私〔ラウシュニング〕はその年〔三四年〕の春、エッセン鉱山協会で、重工業グループを前に講演を行った。その後の座談会で、私は政治情勢についての深い失望に気づいた。方々で聞かれる嘆きが囁かれた。――〝彼はわれわれを破滅に導くのだ〟[*18]」。

＊12　同前。
＊13　前掲ホーファー『永遠なるヒトラー』二〇一頁。
＊14　フランス革命時の革命歌（現在は国歌）の「ラ・マルセイエーズ」の冒頭の歌詞で（“Allons enfants de la Patrie”）、「行こう　祖国の子らよ」の意味。
＊15　前掲ラウシュニング『永遠なるヒトラー』一九二―一九三頁。
＊16　同書、二一八頁。
＊17　同書、二〇二頁。

ヒトラーのなかで、まったく正反対のものが極端から極端に揺れ動いた。「生かすか殺すか」ということではない。反政治的なるものと、政治的なるものとの確然とした境界で、彼は動揺し、しばしば痴呆状態を呈した。私は、シオランが「暴君学校」という題のエッセイで次のようにいったのを思いだす。

君の周囲にも、同じ〔野心の〕情熱にさいなまれる連中の、似たような変調ぶりが見られるだろう。この情熱の支配下にあるかぎり、どんなたぐいの陶酔ともおもむきを異にする、ある種の陶酔になやまされつつ、彼らは見ちがえるような別人となるだろう。何から何まで、声の調子に至るまで変ってしまうのである。野心は一種の薬品であって、これに耽溺する人間を権力痴呆症にする。この烙印、度を失った獣のような様子、うすぎたない恍惚感にあおられた不安そうな言動、こうしたものをおのれの中に、また他人の中に看破したことのない人間は、「権力」というこの地獄の強壮剤、毒薬と万能薬との調合品が、どんな呪いとどんな恩恵とをもたらすかを永遠に知ることはあるまい。

さて今度はまったく逆の過程を想像してみたまえ。熱はすっかり下って、君は今や呪縛を解かれ、過度に正常だ。もはやひとかけらの野心もなく、したがって相当の人物にも、なかなかの人物にも、なるべき手段が見あたらない。無価値の化身、空虚の権化だ。〔…〕

このみごとな対応関係がお分りいただけたろうか。政治家になるためには、つまり、圧制者の素質を手に入れるためには、ある種の精神錯乱が必要とされる。政治家たることをやめるためにも、やはり別種の精神錯乱を不可欠とする。要するに深いところでは、権勢に対する私たちの熱狂が、姿を変えて現われているにすぎないのではないか？[19]

＊

「運動がすべてだ」といったのは、どこの誰だったか。ナチズムの現場でも、くりかえし同じようにいわれたにちがいない。けれども、戦争そのものが「政治」ではないように、運動それ自体も「政治的なるもの」には属さない。これらは政治的なるものの結果であって、政治は依然として戦争や軍隊の「脳髄」だ。長い動揺の夜——睡眠薬は効かなかったか、あるいは、毒殺を恐れて飲まなかった——ヒトラーはまったく両極端のことを、同時に叫びつづけた。このとき、ナチスの指導者のなかではただヒトラーのなかでだけ、「運動がすべてだ」という一方の極から、いまやただ秩序のみを望むゲーリングと古きドイツからなる反極へと、たえまない動転が生起していた。「新しい軍は完全にナチ的要素から構成されるべきだ。〔…〕反動的な部隊を率いて革命戦争を遂行しようと欲するのは馬鹿げている[20]」。こういうかと思うと、「無責任な分子が、私の建設作業を破壊することは許さない[21]」「〔…〕職業

＊18　同書、二〇一－二〇二頁。
＊19　E・M・シオラン『歴史とユートピア』出口裕弘訳、紀伊國屋書店、一九六七年、六四－六六頁、強調原文。
＊20　前掲ラウシュニング『永遠なるヒトラー』一九九－二〇〇頁。
＊21　同書、二〇三頁。

軍人部隊の選抜は革命的志操とか、党員資格とかに基づいて行われてはならず、もっぱら職業的適性の有無によるべきだ。そうではなく、たとえば、がにまたのSA隊員が、軍人エリートの人材を提供してくれると、まじめに信じるべきだとでもいうのか[*22]」。

ヒトラーの嗜眠《レタルギー》状態と柔弱とは、誰の目にも「総統」の偉大さを疑問視させた。これが本当に神の恵みを受けたドイツの解放者なのだろうか。彼はカフェーにたむろして世に認められずにいる天才に似た、ちょっとほろりとさせる調子でドイツ国民の忘恩を嘆いてみせた。誹《そし》り、仏頂面をし、訴え、請い願う弱々しい人間だった。行動する代りに、「もしドイツ国民が私を望まないなら」などと不機嫌に考えこんでしまうのであった[*23]。

動転するヒトラーの片脇には、かの黒服のSSがひかえていた。SSはいまや国家と等しくなったナチ党の官僚であり警察である。SSは運動の中の秩序と規則そのものであり、またそれを人に暴力的に押しつけるすべを心得ていた。ただ、この押しつけ方もまた、機械のように冷酷に秩序立っていることが理想であった。

ルキノ・ヴィスコンティの映画では、暴飲と馬鹿騒ぎの終りと夜明けの風にゆれるブロンドとにたいして、遠くからひびいてくるエンジンの音が、SSを象徴していた。そして、黒い制服をつけ無表情で瘦軀の隊員たちによる、SAの有無をいわせぬ射殺――勝負ははじめから問題にもならなかった。

＊

私はさきに、この六月三十日事件の主役たちが、わざとのように類型的だと弁解を書いたが、ＳＳの相貌もまたその隊長の肖像によって語ることができる。

彼は中背をやや上回って、かなりよい体つきをしていた。顔はやや脂肪質で、警察商売に手を染めるころはまだ三三歳というのに、もう若はげが始まって、こめかみや額のあたりは、さっぱりと裸になっている。面構えは、まあしがないサラリーマンか、つましい簿記係か、小商人といったところで、ちょっとしゃくれてちっぽけな見映えのしない顎からは、どうにも強い意志力がありそうにもうかがえない。はなれすぎた両耳のあいだにはさまれたこのしまりのない顔に、チョビひげのアクセントをつけてはいるものの、いつも絶やさない薄笑いのために、まったくのところ板についた商人といった感じになっている。

ただ、強く警戒をそそるようなところが、二つだけあった。それは、非常に薄くて蒼ざめて血の気のない唇と、小さな灰青色の目で、冷えびえと固いその突きさすような眼差しは、丸いガラスのはまった鼻目鏡でもかくすべくもなかった。〔…〕

両の手は異常なほど小さくほとんど女の手のように、柔かく白く、透きとおるようで、青味をおびて、血管が浮いていた。話をしたり、あるいは、耳をすましたりしている時には、その手は、テーブルの上にペタンとおかれてピクリとも動かないのが無気味だった。[*24]

＊22　同書、一九七頁。
＊23　同書、二〇五頁。

この男ハインリッヒ・ヒムラーは厳格な小学校校長の子供として生れ、農業経済の学科に属して時のベルリンで屑のような生活をしていた。当時、彼は七歳年上の売春婦のヒモであり、警察を支配するようになってから自分の過去を抹殺したが、どうやら一九二〇年（二十歳）に彼女を殺して逃亡したことは確実らしい。その後、養鶏場をやったり薬草の栽培をはじめたりしていたが、この頃から中世的な神秘主義への異常な熱中ぶりをみせていた。SSの隊長としての彼は、文字通りに何時どんな場所でも休みなく仕事をした。その几帳面ぶりは徹底しており、すべての書類に目を通し、地味な緑色の鉛筆で余白にメモをかき、「読了」の文字と日付を書き、最後に鋭いピリオドでH・Hのイニシアルを結んだ。部下にたいしては、一度たりとも賞めたこともとがめたこともなく、あいまいな指示をして部下が上司の意図を満足させるかどうかを見る、といったやり方だった。しかし、いつも秘密保持が無条件絶対の掟であった。

SSはもともとはヒトラー個人の護衛隊としてつくられたが、その後SAに代って党と国家行政の全分野に配置されるようになった。レームの水ぶくれの組織化にたいして、ヒムラーはSSを未来のナチ・エリートとして厳格に選抜した。SS隊員を志願する者は実に煩瑣なまでの試験と訓練と誓約とを経過して正隊員になることができた。あるヒトラー・ユーゲントの場合は、こんな具合だった——十八歳でSSの適性検査と能力試験を経て隊員志願者、次いでSS身分証明書の交付を受け隊員候補生として入隊。十九歳のとき勤労奉仕隊、続いて国防軍入隊。二年後に国防軍を除隊して再び候補生としてSSに。世界観、SS基本法（とくにSS結婚法、SS名誉法）について特別教育、そしてほぼ一年後に正隊員となり、SS短剣所持の権利を取る。同時に一族とともにSS基本法の遵守を誓約し、以後三十五歳まで現役として勤務する。*25 ——こうしたSS候補生の教育としては、たとえば一担当者が次のようにいっている。「新しい指導者層中のエリートがＳＳである。その積極的な選抜手段は、予備段階としての国民政策研修所〔…〕と、未来のナチ貴族階級の真の大学である指導者錬成道場と、これに続く国家政策実習とである。その消極的な選抜手段は、人種生物学的に無価値なあらゆる要素の完全削除と、矯正不能な政治的反対者層〔…〕の急激な除斥とである」[*26]云々。

＊

かつて、ヒトラーは「結社の城」の中での青年の厳格な教育について語ったものだ。こうして、権力獲得後の一九三三年にもわずかに五万の隊員であり、また名士や貴族の子弟たちをも積極的に迎え入れ、ＳＳはやがて「シック」な部隊と見なされ、その黒い制服は男性的エレガンスのトップをいくものと考えられるようになった。

けれども、ナチ党が権力の座について間もない三四年には、まだレームのＳＡの力は圧倒的であった。レームは、人間の暴力をいわばそのままむきだしに解き放つことでＳＡを結集していた。彼らは長い間「市民」の嫌われ者で、権力を握るまでに、あわせて一万四千年の懲役と百五十万マルクの罰金刑を受けた勘定になるという。ヒムラーとそのＳＳが嫌ったのはこういったＳＡのやり口そのものではなく、ＳＡの無秩序ぶりであった。いわば、ＳＳは根本的に別の「形式」「体質」のものとして

＊24　前掲ドラリュ『ゲシュタポ・狂気の歴史』六九－七〇頁。
＊25　前掲ホーファー『ナチス・ドキュメント』一四二頁。
＊26　同書、一四三頁。

製作された。一九三四年の夏にかけて、ヒトラーの内部でせめぎあったのも、結局、政治の両極的な体質であり形式であったろう。くりかえすが、この格闘は、ただヒトラーという権力の絶頂でのみ、あらわにみてとることができた。他のナチ党員たちは、一方の体質のストレートな体現か、あるいは大部分が右顧左眄していた。彼らは、センチメンタルな「団結」のお説教で不安を忘れようとした。「困難な時代が訪れる。われわれはあくまで忠誠を守らねばならぬ。もしかしたら、もう一度、最初から、ほんの小さな運動からやりなおさねばならないかもしれぬ[*27]」。

＊

「あせってはいけない。私もあせりたくなる原因はいろいろある。だがその気持を抑えている。君らは気楽、私は憂鬱[*28]」。ヒトラーは無意識にマイスター・ジンガーのなかからハンス・ザクスを引用してみせ、それから、自分の任務の偉大さについて論じることに没頭して長い時間、「長きナイフの夜」に耐えようとした。

しかし、ついにヒトラーは決断した。「憎悪と嫉妬にもとづいて決断した[*29]」。六月三十日、すでにヒムラーとゲーリングによって慎重に仕組まれていた事件は勃発した。

この日と続く二日間、全国に荒れ狂った「レームの叛乱」の鎮圧については、私はもはや再現することをしない。それは、たんに「政治」の結果であって、殺戮それ自体であるにすぎない。ヒトラーの命令とSSへの感謝状は、この「結果」にふさわしくそっけないものだ。

余は本日付をもって幕僚長レームを免職処分に付し、党およびSAから追放した。幕僚長の後任に上級集団長ルッツェを補する。

各SA隊長および隊員が右の命令に服従せず、また違反したときは、これをSAおよび党から追放、または逮捕して裁判に付するものとする。

一九三四年六月三十日

党およびSA最高指導者　アドルフ・ヒトラー[*30]

……SSの偉大なる功績にかんがみ、特に一九三四年六月三十日事件との関連において、余はSSをナチ党内の独立組織に昇格せしめる。従って、SS中央指導者〔ヒムラー〕は、SA幕僚長とともに、SA最高指導者〔ヒトラー〕に直属するものとする。幕僚長とSS中央指導者はともに、党内において全国統率者の地位を与えられる……。

アドルフ・ヒトラー[*31]

＊27　前掲ラウシュニング『永遠なるヒトラー』二〇四－二〇五頁。
＊28　同書、一九八頁。
＊29　同書、二〇六頁。
＊30　前掲ホーファー『ナチス・ドキュメント』八七頁。
＊31　同書、九五頁。

＊

軍隊こそ男の天国ですよ。木の間を洩れる朝日の真鍮いろの光りは、そのまま起床を告げる喇叭のかがやきだ。男たちの顔が美しくなるのは軍隊だけです。日朝点呼に居並ぶ若者たちの金髪は朝日に映え、その刃《はがね》のやうな青い瞳の光りには、一夜を貯へた破壊力が充満してゐる。〔…〕昼、兵士たちは擬装によつて自然に化け、火を吹く樹木になり、殺す叢になつた。さうして夜、例外なく汗と泥に汚れた兵士たちを、手荒く迎へる兵営のそつけないやさしさ。自分の昼間犯した破壊をなほ夕映えのやうに頬に宿してゐる若者たちは、銃器の手入れをしながら、この油と革の匂ひに、自分たちの肉にしみこんだ野蛮な抒情を、この世界を大本《おおもと》で引きしめている鉱物と野獣の青黒い群の感覚を確認するのです。〔…〕

男の特性はすべてあらはになり、雄々しさはすべて表立つ軍隊生活は、それだけ殻の内側に、甘い潤沢な牡蠣の肉のやさしさを湛《たた》へてゐます。この甘い魂こそ、共に生き共に死ぬことを誓ひ合つた魂こそ、戦士のみかけのいかめしさをつなぐ花綵《はなづな》なのだ。兜虫《かぶとむし》は砂糖水でしか育たぬことをあなたは御存知ですね。

三島由起夫はレームに、このように美しい言葉を語らせている（『わが友ヒットラー』）[*32]。けれども、ナチの法学者になった著名なカール・シュミットがいったように、戦争そのもの、したがって戦争の技術としての軍隊そのものも、「政治的なるもの」ではない。政治は技術であり表現だとしても、すべての結社（ヒトラーのいうオルデン）が政治の表現なのではない。ナチ党の二つの軍隊の運命は、このことを示している。
しかし、いつの時代にも、多くの者たちが政治にひき寄せられる。それというのも、彼らが無頼を好んだり、強制的な秩序癖のもちぬしであるためなのではない。政治的なるものの宿命は、たえまない世界の崩壊の事実のうちにある。この事実が、政治を呼び寄せる。

どこの街でもよい、たまたま足の向いた大都市で、私はいつも、よくここに反乱が起らずにいるものだ、大虐殺が、名状しがたい惨鼻の屠殺が、世界の終りの擾乱が毎日のように突発せずにすんでいるものだ、と感嘆してしまう。かくも圧縮された空間に、かくもおびただしい人間が、どうして殺しあいもせず、いのちに関わるまで憎みあうこともなく共存していられるのであろう。ありていに言えば彼らは憎みあっているのであるが、憎悪を実行に移すだけの能がないのである。この凡庸さ、この無能力が社会を救い、その持続と安定とを保証しているわけだ。時々そこにかなりの震動が発生することがあって、私たちの本能はさっそくこの機会を利用する。だが、やがて私たちは何ごともなかったかのように眼と眼を見かわし、あらわに罵りあうこともなく共存をつづけてゆく。一切はふたたび秩序に復し、狂風はもとの凪ぎに帰る。ただしこの凪ぎも、化けの皮をはがしてみれば、突発した旋風にも劣らぬ恐怖すべきしろものなのである。[*33]

＊32　三島由紀夫「わが友ヒットラー」『決定版　三島由紀夫全集24』新潮社、二〇〇二年、五二六－五二七頁。
＊33　前掲シオラン『歴史とユートピア』一二五－一二六頁。

こうして、世界の政治性が否定しえぬ以上、アドルフ・ヒトラーはどこにでも出現し、かつすべてのヒトラーはこう叫ぶだろう。

今後一千年の間、ドイツに革命は起らない。（一九三四年九月、ナチ党大会）[*34]

（70・11・15）

*34　前掲ホーファー『ナチス・ドキュメント』六七頁。

時代経験と思想
——黒田寛一の「技術論」

一九五七年前後に、私は何度か黒田寛一氏に会っている。たしか五八年の春、黒田氏が主宰する「弁証法研究会」の勉強会に出席して氏に会ったのが、最後だったようにおぼえている。当日は、『社会観の探求』の読書会だった。「弁証法研究会」の会合に参加するのはこれ一度だけのことだったと思うが、この日、黒田氏が私にあたえたいくつかのいささか当惑な印象が、いまも私の記憶に残っている。

　読書会は、終始黒田氏による講義——というより徹底した注入のごときものであった。たとえば、私がもっている理論社版『社会観の探求』の余白には、次頁のような当日のメモが残っている。黒田氏は、このような図を、一つ一つ言葉で指示して参加者たちに書き写させていた。「まず〝人間〟と書きこれを四角でかこむ。次に〝客体〟と書き、〝人間〟から〝客体〟へ矢印を引く……」といった調子で、読書会は進行していった（次頁図参照）。

「弁証法研究会」のこうした読書会は、早稲田付近の薄暗い〈そば屋の二階〉でおこなわれていたが、この日、会が終って参加者たちが路上に散る時になって、黒田氏は私の脇に身を寄せてきて、「今日の参加者の——は、〝ペー〟だから気をつけろ」と耳うちしたものだった。そして私は、間の悪い話だが、〝ペー〟って何ですかと質問し、黒田氏にパルタイ（日共）のことだと説明してもらうはめになった。

　この頃、私は、武谷三男の「技術論」や黒田寛一の『ヘーゲルとマルクス』[*1]などの関心領域から抜け出られないでいた。そして、黒田が会話では「ヘとマ」と呼んでいたこの彼の処女作は、「技術論と史的唯物論・序説」と副題にあるように、終始、武谷技術論に深く呪縛された内容をもっている。この呪縛は、しかし、たんに武谷が黒田に投げかけた呪文によるだけのものではない。むしろ、〈スターリン批判〉以前の時期、つまり偶然日本の〈戦後〉に重なったこの時代の経験が、武谷や黒田も含めて彼ら「主体性派」にあたえた思念の凝り（〈戦後精神〉）であったように思われるのである。

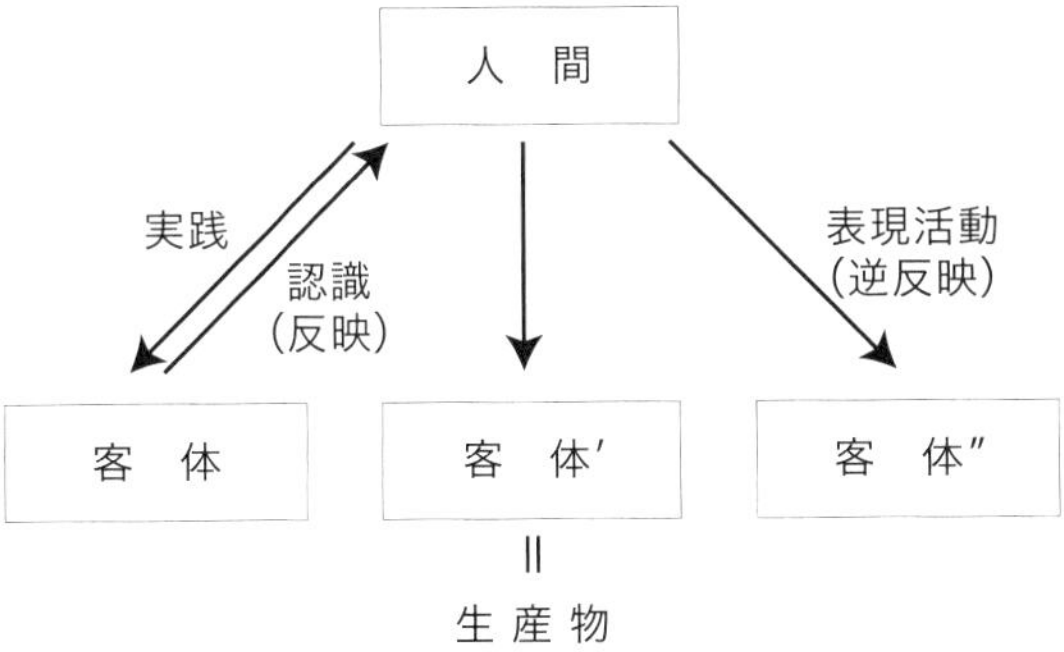

　私は、一九六〇年からは、もはや黒田の文章をフォローしてはいない。けれど、この時期以降も、『ヘーゲルとマルクス』には何度かたちもどっている。それは、そのたびごとに、黒田がここでこしらえ上げた「体系」を私の中でくずす過程であったし、さらにいえば、私の〈戦後精神〉に理論の上でも始末をつける機会だったということもできる。
　もっとも、『ヘーゲルとマルクス』が背景としている戦後唯物論の幾多の論争は、私の直接的な思想経験には属さない。黒田自身がいうところでは「戦後に展開された諸論争をば唯一の師として学んだ私の残骸」がこの書物だとされるのだが、いま私にで

＊1　黒田寛一『ヘーゲルとマルクス——技術論と史的唯物論・序説』理論社、一九五二年。

きることは、戦後の個々の論争のうちに『ヘーゲルとマルクス』を置いてみせることではない。いいかえれば、戦後唯物論史をあとづけることが私の問題なのではない。だが他方で、ヘーゲルなりマルクスなり、あるいはこれらの理論の今様の解釈なりによって、『ヘーゲルとマルクス』の内容を切っていこうというわけでもない。黒田が「まえがき」で述べているように、「植民地化されつつあるわが国の民族的な危機をみつめることによってめざめさせられた、一青年が、戦後唯物論のあらたなる展開を介して、理論的な面で自覚してきた過程を示す、一つの報告書として」[*2]、私は文字通りにこの『ヘーゲルとマルクス』を受けとってみようとしている。つまり、この書物を通して、私は日本の〈戦後〉を見るのであり、それはまた、私のうちで、『ヘーゲルとマルクス』の解体を見ることなのだ。

1　技術的実践と人間的自然

私はさきに、概念図を使った黒田寛一の『社会観の探求』講義のことを思い出したけれども、『ヘーゲルとマルクス』もまた、おびただしいくりかえしと錯綜に充ちた内容でありながら、黒田自身のうちではいくつかの図式として整理されているにちがいないと思える。なぜなら、この書物における黒田の体系は、結局二、三の筋書きによって構成されており、この筋書きはそれぞれ、ヘーゲルを背景とした戦後主体性派の幾人かの理論に帰着するからである。「戦後に展開された諸論争をば唯一の師として学んだ」という黒田があげている「唯物論陣営内部における三大論争」が、この点に関連してくる。「三大論争」とは、すなわち、「技術論論争」「主体性論争」および「自然弁証法の論理的主導説をめぐる論争」のことなのだが、このうち最後のものは「哲学的概念としての物質」（レーニン）をめぐっての論争だったわけである。それゆえ、これらの論争のなかで、黒田が主要に問題とせねばならなかった相手も、それぞれ、武谷三男、梅本克己および梯明秀ということになるのである。

黒田寛一の『ヘーゲルとマルクス』の内容は、以上のような背景をもって、三つの概念を主軸として展開されているといえるだろう。つまり、「物質」

「技術的実践」「自覚あるいは主体性」がそれである。もちろん、これら三つの概念の相互連関が黒田の「体系」を構成するのであるが、『ヘーゲルとマルクス』では、ことに「技術的実践」を中軸とした次のような展開になっている。

第一章　ヘーゲル「概念」のレーニン的転倒
Ⅰ　ヘーゲル的概念の「認識論」的性格——カントの物自体の直接的内在化
Ⅱ　ヘーゲル的概念の「存在論」的性格——スピノザ的実体のロゴス化
Ⅲ　「弁証法的物質」の構造
第二章　ヘーゲルにおける労働の論理と史的唯物論
Ⅰ　ヘーゲルにおける自覚の論理のマルクス的転倒
Ⅱ　ヘーゲルにおける「市民社会」と「労働」
Ⅲ　ヘーゲルの労働論と史的唯物論
第三章　ヘーゲル目的論と技術論
第一節　ヘーゲル目的唯物論と史的唯物論
Ⅰ　ヘーゲル概念論の唯物論的改作のためのマルクス・エンゲルス・レーニン的視点
Ⅱ　ヘーゲルにおける認識論と実践論のマルクス・レーニン的転倒
Ⅲ　ヘーゲル目的論と唯物論における目的論
第二節　技術論と自覚の問題——「認識論の基礎としての技術論」の前進のために
Ⅰ　唯物論的主体性論の方法論的欠陥——史的唯物論における例証主義
Ⅱ　梅本克己氏による「問題」の提起と「正統派唯物論」——「自覚の論理」と「古いものと新しいもの」論
Ⅲ　唯物論的自覚の問題と技術論
第三節　技術論と自覚の論理——ヘーゲル概念論の「武谷＝梯」的転倒
Ⅰ　唯物論における自覚の論理はいかに追求されるべきか
Ⅱ　「物質的自覚」と目的意識の形成の論理過程

＊2　同書、ⅰ頁、強調引用者。

一見して、「転倒」されるべきものとしてヘーゲルの体系が全般にわたって相手にされていることは明らかである。けれども、『ヘーゲルとマルクス』への私の関心は、ヘーゲルをいかに「転倒」したかという点にはない。むしろ、「否定的媒介」としてのヘーゲルの「転倒」が、マルクスの文献というより、「技術的実践」ないし「技術論」を軸になされていることに、私は注目するのだ。「技術論」は「史的唯物論の基礎」とも「認識論の基礎」であるともいわれているが、「ヘーゲルとマルクス」に関する思考が、ほかならぬこの「技術論」を軸になされているという点が特異な点であり、また、黒田の体系に特有のことであるといわねばならない。

私は、この私の文章のなかで、黒田のこうした特異な体系構成の意味を問うてみたいと思う。

黒田における「技術論」の位置は、さきにもふれたように、直接には、戦後唯物論の諸論争の一つの中心に「技術論」があったことを反映している。けれども、この点なら、ことは戦後唯物論の「論争史」をあとづけることですむであろう。しかし、技術論、とりわけ「武谷技術論」が論争の中で占めていたまさに法外な地位こそは、これとスターリン的哲学とのくらべっこという問題の次元を超えて、あの〈戦後〉という時代の経験の中でしか、決して了解することはできないことだと私は思う。以前私は、このようなものとし「武谷技術論」をあつかったことがある[*3]（「思想の科学」一九六五年五月号）が、「科学的」であることがスローガンだった〈戦後〉の「イデオロギー的状況」をここでもふたたび想起してみる必要があるだろうか。私はといえば、このような〈戦後〉のパトスの残照のうちでものごころがついた者であり、それが私を「東大自然弁証法研究会」に結びつけ、ここを介して武谷三男や黒田寛一に私をつなげたのである。この時期は、ロシアの地ではスターリンが死に、わが国ではブルジョアたちが「もはや戦後は終った」と叫びだした一九五六年から八年にかけてのことであったが、ここでの経験は返済しなければならない残高のようなものとしてその後も私のなかで尾をひいていた。

このような「科学」の雰囲気は、『ヘーゲルとマルクス』の時代のマルクス主義的サークルのうちでは、スターリン的な哲学の強制力によって倍加されていた。つまり、かの「弁証法的唯物論」だ。たとえば、スターリンの『弁証法的唯物論と史的唯物論』(一九三八年)は、「弁証法的唯物論の諸命題」を「社会生活の研究におしひろげ、適用する」ならば、「社会生活の現象のあらゆる複雑性にもかかわらず、社会史にかんする科学は、たとえば生物学のように正確な科学となることができ、そしてこの科学は社会の発展法則を実践的適用のために利用することができるのである」と、何のくったくもなく断言していたのである。[*4]

ところで、武谷技術論は、「技術の本質規定」を、「人間実践(生産的実践)における客観的法則性の意識的適用である」と把握している。[*5] この規定自体は、武谷の弟子である星野芳郎が当時はっきりと自認していたように、「本質論」として「技術学方法論の基礎」という意味をもつものにすぎない。[*6] そうであれば、武谷技術論は、本来テクノロジーにおける困難の解決に際して、技術家たちが反省する領域を超えることはなかったはずである。しかし実際には〈戦後〉特有の雰囲気のなかで、武谷の技術規定は唯物論の諸論争の中へと越境し、また他方で、「戦後社会」のなかで現実の技術現象にたいしても「批判の武器」として通用するようになっていった(武谷三男の技術規定のこうした法外な越権行為については、私の前掲論文を参照)。

ところが、このような武谷技術論の〈戦後〉への越権沙汰をまさにまともにかぶったのが黒田寛一だったということができる。黒田は、「技術は自然と社会を媒介するものである。それは人間の実践の根本にふれたものである」[*7]という、武谷の基本的観点に従って、武谷技術論の根底にある「技術的実践」という概念にとらえられるのである。黒田に

＊3 本書第I部「技術について——武谷三男論」参照。
＊4 スターリン『弁証法的唯物論と史的唯物論 他二篇』石堂清倫訳、国民文庫、一九五三年、一一三頁。
＊5 武谷三男『弁証法の諸問題』理論社、一九五四年、一九〇頁。
＊6 星野芳郎『技術論ノート』真善美社、一九四八年、二四九頁、強調引用者。
＊7 前掲、武谷『弁証法の諸問題』一七四頁。

とっては、これは、テクノロジーの領域にとどまるものではなく、むしろ唯物論における実践の本質形態をなすものであった。彼は次のようにいう。

唯物論における実践とは、本質的に、感性的な対象的活動であって、根源的には自然によって措定された人間的自然が自己のあらゆる本質力を現実的に外化＝対象化することによって、対象的自然を物質的に変革し人間化し、もって対象的生産物を創出する。と同時に、かかる過程において人間は自己の「自然」を展開するとともに、またその結果においても、すなわち対象的生産物を媒介として、あるいは主体化（＝「消費」）することによって、自己を自覚しかつ再生産する。

人間は、このような実践＝労働の所産であり、かかる労働を通じて自己意識を獲得し、自己を主体的に自覚し、かくして技術的な実践が可能となったのであり、人間実践は本質的技術的実践なのである。[*8]

このような労働＝「技術的実践」の把握が、黒田の思想体系のうちでどのような位置を占めているかについては、次の章以降で明らかにするとして、ここではまず、人間が「自己のあらゆる本質力を対象化し、対象的自然を変革する」ところの技術的実践＝合目的的な活動についての、黒田のこのきわめて「人間主義」的な高唱の意味について考えておこう。これは、黒田の全体系をつらぬくトーンになっているのである。

もっとも、「技術的実践」といっても、これは技術者や賃労働者の現実の生産のことではない。社会的労働の現実の生産関係をひとまず捨象し、一人の個体が労働において自然と直面する場所で、人間労働が抽象的・概念的にとらえられているのである。この手続きは、武谷技術論の場合と同様に、『資本論』の労働過程論を典拠としているわけだが、[*9]黒田の文体はむしろ、『経済学・哲学手稿』におけるマルクスの労働分析に直接に従っているといったほうがあたっている。

『資本論』の体系にとっては、この「労働過程論」は予備的な位置を占めるにすぎないと私は思うけれども、黒田にとってはこの合目的的労働という技術的実践の抽象には、また別な意味がこめられている。それは、人間の技術的実践がもつ「世界」形成（実現）力とでもいうべきものへの黒田の意義づけである。世界を思弁的な観念によって創造されたものとみなすのではなく、労働という人間実践によって開示されたものとする観点が、黒田の体系全体のなかで、技術的実践という概念をとりわけ重いものとしているのだ。その意味で、彼の労働論は直接に『経哲手稿』のマルクスにつながっていくのである。

初期マルクスの労働分析について、ここで紹介する必要はない。ただ、労働による世界形成という点に関しては、私は『経哲手稿』の内容に、ややたち入っておくべきだろうと思う。たとえば、「自然は人間の非有機的身体である」と、マルクスはいう[*10]。しかし、そうであれば、「自然」にたいする人間のこのような親しさはどこからくるのか。

実は、この異様な親しさのなかで、かつて神の被造物としてあった〈自然〉にたいする「とらえどころがない」という不安と懼れが、いまや消え去っていることが告知されている。それは、〈自然〉の人間的な変容である。これこそ、「対象的世界の実践的な産出、非有機的自然の加工」、すなわち人間による「全自然の再生産」を通じて、いまや「自然は、

---

*8 原注――前掲、黒田『ヘーゲルとマルクス』一五一頁。以下、引用は同書に基づき、頁数のみ記載する。

*9 原注――「だから労働過程は、さしあたり、どの規定された社会的形態にも係わりなく考察されるべきである。
　労働はさしあたり、人間と自然とのあいだの一過程、すなわち、それにおいて人間が、人間の自然との質料変換を自分じしんの行為によって媒介し・規制し・統制する一過程である。〔…〕
　だからわれわれは、労働者を他の労働者たちとの関係において叙述することは、その必要がなかった。一方の側には人間とその労働、他方のがわには自然とその質料、――これで充分であった」（『世界の大思想⑱マルクス「資本論」』長谷部文雄訳、河出書房新社、一九六四年、一五一頁、一五六頁〔第三篇第五章〕／『マルクス＝エンゲルス全集23a』二三三―二三四、二四一―二四二頁）。

*10 原注――マルクス『経済学・哲学草稿』城塚登・田中吉六訳、岩波文庫、一九六四年、九四頁／『マルクス＝エンゲルス全集40』四三六頁。

人間の制作物および人間の現実性として現われる」[11]ということにほかならないのだ。

このように、労働において全自然が「人間の制作物」として人間化されるという事実は、一つの「人間主義的」な観点からすれば、人間労働の対象として規定された「自然」以外に、他の一切の〈自然〉を拒絶する意味をもつことになる。マルクスはそれを、「自然といえども、抽象的に受けとられ、それだけで人間から分離されて固定されるならば、人間にとっては無である」というように断言している。[12]

もちろん、「労働する人間にとって無である自然」とは、ここではさしあたり、それまでの自然観――すなわち、自然を「理念」の他在とみなすヘーゲルや、人間から切り離された「物質」とみなす機械的唯物論の自然観の批判と拒否としていわれているであろう。けれども、当時のマルクスが自認したこのような「自然主義＝人間主義」の立場は、ヘーゲルや一八世紀的唯物論の自然観は批判しえても、実は決して、近代資本制社会の労働する人間が形成する自然観――その「人間主体主義」を根本から批判することはできない。彼の立場は、なお自然主義的なこの美しい「緑の牧場」への回帰（フォイエルバッハ）と人間主義的なブルジョア的自然観＝世界像との「中間」に、かろうじて足場を確保しているにすぎないのだ。それゆえ、これ以降マルクスは、資本主義的な生産労働のあくなき自然の加工（対象化）、それこそ「自然」の無限の実現を目のあたりにするとき、彼はこの不安定な批判の場所を捨てることになるのだと私は思う。

なぜなら、一度切っておとされた近代の生産実践による全自然の人間化（〈自然〉の「自然」への実現）と、この実践を媒介する人智への近代の確信は、ついには、人間の知と行為によって規定された対象的世界がすなわち世界（全自然）だとみなすところの一つの存在論的な意味づけを生みだすに到る。いいかえれば、近代労働の素材（加工対象）としての存在以外の存在は、「無」（無意味）でしかなく、この存在の外なる〈自然〉は端的に無とみなされるのである。たしかに、日々、新たなる素材は無限に発見されていく。しかし、それは労働（認識）の対象化しえぬ神秘な何者かの存在を意味するのではなく、たんに「未だ」対象とならざる物質であるにすぎない。この点でのエンゲルスの多くの発言もまた、このような近代のあまりに人間的な人間の〈驕り〉を露呈させているにすぎないのだと私は考えている。

もしも『ドイツ・イデオロギー』において、マルクスとエンゲルスが「古い哲学的良心を清算する」といいえたとすれば、それは「哲学」の清算から「経済学」へ移行したという意味ではなく、ヘーゲル以前のあらゆるイデオロギーの批判からまさに近代資本主義社会の存在とそのイデオロギーの批判へ歩を進めるにあたって、彼の「自然主義＝人間主義」の立場を捨てることであったように、私には思えるのである。『ドイツ・イデオロギー』では、『経哲手稿』の段階ではいまだ不分明のままにとどまっていた歴史的形成としての〈社会〉（とりわけ近代社会）の把握が、ドイツの諸イデオロギーを規定する「現実の生活諸条件」として歴史的に確保されるに到っている。ここでは、「全自然を社会化する」人間は、もはやマルクスの立場と二重写しになってはいない。むしろ、このような人間（社会）存在の根底的批判の場が確保されているのだ、というべきだろう。人間労働（技術的実践）の場は、マルクスにとっては、もはや自己の批判がよって立つ場所ではない。

初期マルクスの評価を考えることは私の本意ではない。以上の点については、のちに、マルクス主義の〈実践〉の意味を問う段で、あるいはまた、黒田の体系における「技術論」から「史的唯物論」への道程を測る際に、ふたたびたち戻ることになるであろう。ただここで指摘すべきことは、黒田が「技術的実践」の抽象に付与した意義に関することだ。彼の「技術的実践」は目的意識的労働過程の分析にとどまらずに、明らかに「人間主義＝自然主義」的観点からする意義づけがあたえられている。しかし、さきに『経哲手稿』のマルクスについてみたように、この観点は、ヘーゲル体系の転倒過程におけるフォイエルバッハ的色彩をなお色濃くもったものである。それればかりではない。近代世界の爛熟とともに、この立場は、人間の能動性と人智にたいする近代主義的確信のなかにその批判の立脚点を失うのであり、

＊11　原注――同書、九六－九七頁／四三七頁、強調原文。
＊12　原注――同書、二二二頁／五一〇頁、強調原文。

そのとき、近代主義の源をかえって逆に「概念的」に基礎づける立場に変貌していくのだ。テクノロジーの「方法的基礎」たる武谷技術論が、黒田の体系にあってこの人間労働の能産性の高唱につながられている事実[*13]こそ、まさしく、時代経験における黒田の思考のイデオロギー的特質をなすのである。テクノロジーと「人間主義＝自然主義」とは一見相容れない立場にもとづくようにみえながらも、黒田の体系では、「目的意識的労働実践」の意義という一点に下向することで結び合わされている。

もともと、武谷技術論は、その技術規定の条件として、「現代の技術の困難を解決し、技術の発展に役立つ現実に有効なものでなければならない」というように[*14]、現代技術の発展にたいするオプティミズムを発想としていたものであった。「客観的法則性の意識的適用」という技術的実践の目的意識性も、その「現実有効性」(つまり「実践的検証」に堪える)を基準としたものにほかならない。田中吉六の解釈に従って、黒田は「意識的適用」の具体的歴史的展開のなかで、技術主体は社会的に規定され、「技術は歴史的形態として現象する」と考えているが、これとて、武谷の技術規定の「論理的抽象操作」に黒田が「歴史」を接木しようとしたことを示すにほかならない。実際、武谷の技術規定が歴史上の「技術の現象形態」をあつかう(「全技術史が、正しく深くあつかえる」[*15])場合にも、近代主義的進歩史観によって技術の現実が批判されがちなのである(こうした点についても、まえにあげた私の「技術について」を参照)。

戦後のいわゆる「技術論論争」も、黒田がいうように、「技術論の固有の対象を決定しないところからくる、技術論と史的唯物論ないし経済学との問題領域の無差別的混同」(二八三頁)のうえでなされていたもののように思える。いいかえれば、他の論者は、技術的実践という「概念的把握」をなしえず、それを技術の現実にずらした上で批判したわけである。そうだとすれば、技術論をめぐる論争自体が結局一個の無意味に帰着してしまうが、しかし、論争が論争たりえたのも、〈戦後〉－スターリン論文－武谷技術論という連関が、「科学的であること」を無条件に前提としていたからだといいうるかもしれない。この点では、戦前現象学の影響のなかで構想された三木清の技術論(『構想力の論理』)は、本来論争の種になりえなかったことも理解できる。三木の技術論は、むしろ、西欧近代の技術文明批判の中で形成されてきた技術論の系譜をひくものであり、このような系譜は、武谷技術論の圧倒的影響のもとでは、戦後ずっと日の目を見なかったわけである。

　さて、以上のように、黒田の体系ではテクノロギッシュな武谷技術論が、「自然主義＝人間主義」的な人間労働の「本質論」によって意義づけされているということができる。ここが黒田の出発点である。それゆえ、黒田のいう技術的実践は、現実の生産諸関係を捨象したレベルでの概念として、いわゆる「疎外」をうけない労働の構造をなすものであり、*16 それゆえに、「疎外の諸現象」を展開する「史的唯物論」にとっての「基礎」だといわれるのである。

　けれども、技術的実践の分析を「基礎」とするのは、たんに「史的唯物論」だけのことではない。黒田にとって技術的実践は、スターリンが「史的唯物論」に適用されるべき原理だとしたかの「弁証法的唯物論」の内容が、その場において自覚され実現されるという意義をも担うものなのである。いいかえれば、「物質の自覚」と「人間の認識」の根拠が、技術的実践において確保されるものとみなされ、『ヘーゲルとマルクス』の大部分は、この根拠の解明に費されている。私は次の第2章と第3章で、こうした哲学上の問題に関して、「技術論」に触れる

＊13　原注——これはさきにあげた引用にもうかがわれるが、『ヘーゲルとマルクス』ではその第二章で、『経哲手稿』（とくに「ヘーゲル弁証法と哲学一般との批判」の項）にもとづいた労働分析が「技術的実践」と関連させてなされている。

＊14　前掲、武谷『弁証法の諸問題』八三頁。

＊15　同書、一八三頁。

＊16　原注——「マルクスの『労働過程』論を、『武谷技術論』を、主体的に把握し、そしてそれらを基底とすることによってのみ、人間労働の資本主義的自己疎外の論理を主体的に把握しうるとともに、その物質的変革のための革命的実践への拠点を真に獲得しうると考える〔…〕」（二一六頁）。「歴史的にも人間実践の技術性は労働の所産なのである。しかるに現実には生産的労働者の労働が、『自己活動』（マルクス）としての技術的実践ではなく、外的合目的性に支配された『強制労働』（レーニン）であるところに、『問題』があるのである」（四三七頁）。

かぎりで寄道をしてみようと思う。

2 技術的実践と物質の自覚

黒田寛一の「技術的実践」という概念は、武谷技術論にひきよせられて、近代の人間主体主義的色あいを濃くもつものであった。しかしこの色彩は、「物質の自覚」と「人間の認識」よりする哲学＝科学的意義づけによって、一層濃厚なものとなっていく。

技術的実践の概念は、論理的にみても、自然の存在論的意味づけだけでなく、当然その対象である物質あるいは自然自体の構造の問題と関連してくる。この点では、黒田が戦後唯物論の三大論争の一つとしてとりあげ論駁している「自然弁証法の論理的主導説」が直接問題にかかわってくる。この「主導説」は、むしろスターリン論文の論理のことなのだが、そこでは、自然弁証法の諸命題が、きわめて先験的にあたえられることになる。すなわち、スターリン論文冒頭の御託宣は、「自然現象」に関する弁証法的唯物論の諸命題を、「マルクス・レーニン党の世界観」として天下り的にあたえ、それを「おしひろげ適用する」ものとして、次に「史的唯物論」を位置づけている。[*17]

スターリン哲学のこのような体系構成にたいして、自然の弁証法性は、自然の内容を無限に実現していく目的意識的な技術的実践において、はじめて人間の認識にもたらされるのだと、黒田はいう。いわゆる「認識論の基礎」としての実践論である。「『自然弁証法の論理的主導説』が提起される現実的＝論理的根拠は人間実践そのものの論理構造の分析・解明が、客観主義化した唯物論においては、全く欠如しているということ、いいかえれば『武谷技術論』を無視することによってのみ可能な『問題提起』であり『反批判』であるということである」（二五頁）。

それでは、技術的実践において無限に人間の認識にもたらされる自然あるいは物質はどのような構造をそれ自体としてもっているのか。ここに、「物質」あるいはその「自覚」の問題が登場する。『ヘーゲルとマルクス』は、その第一章および第三章において、技術的実践の概念をこのような哲学的＝科学的な問題すなわち「弁証法的唯物論」に結びつけようとしている。そして、黒田は、結論的に次のようにいう。

マルクスにおいて唯物論が弁証法的唯物論として確立されたということは、まず第一に唯物論一般の原理である物質あるいは自然が**自己運動する物質**――これがレーニン的物質である――として把握され、それによって機械論的＝形而上学的唯物論が原理的に克服されたことを意味するものである。まさにマルクスはかかる自己運動する物質をば自己の世界観の原理としたからこそ、人間実践主体を、「外的自然」に対立する「人間的自然」あるいは「**人間的自然本質**」としてとらえたのである。そしてこのゆえに自然の弁証法性は当然把握された。（三〇頁）

マルクスに関しては後にふれるとして、エンゲルスが唯物論の原理として「物質が第一次で意識は第二次である」といい、また「世界の現実的統一はその物質性」にあると述べ、この事実の「証明」は「哲学と自然科学との長いかつ遅々たる発展」によってなされてきたのだ、と断言して以来[*18]、「唯物論の原理としての物質」ということがマルクス主義に受け入れられるようになった。もちろん物理的経験的な「物質」（個々の物）の存在ならば、人間の労働実践の対象物として日常的に開示され確認されていることであって、近代世界の常識に属することがらである。そしてまた、マルクスもいうように、哲学がこのような個々の物の存在の下向的思惟によって「物質一般」（物自体なるもの）を想定することもまた「やさしい」ことである。しかし、ここから、

*17 原注――「弁証法的唯物論は、マルクス＝レーニン主義党の世界観である。それが弁証法的唯物論と呼ばれるのは、この世界観の、自然現象の取扱いかた、自然現象の研究方法、これらの現象の認識方法が、**弁証法的**であり、またこの世界観による自然現象の解釈、自然現象の理解、その理論が、唯物論的だからである。

史的唯物論は、弁証法的唯物論の諸命題を、社会生活の研究におしひろげたものであり、弁証法的唯物論の諸命題を、社会生活の現象に、社会の研究に、社会史の研究に適用したものである」（前掲スターリン『弁証法的唯物論と史的唯物論 他二篇』九五頁、ゴチック原文、傍点引用者）。

*18 エンゲルス「反デューリング論」『マルクス＝エンゲルス全集20』四三頁。

下向的思惟を逆転させて、原理（始元）としての物質の自己運動によって個々の物（すなわち「人間的自然」と「自然的人間」）を、「自然史の最高の発展段階」として導くという哲学的思惟となれば、もはやマルクス主義が責任を負えるものではあるまい。[*19] これは、「物質一般」の存在とそれが「認識可能」だとする断定のあいだによこたわる哲学的難点を、何とか克服しようとする思弁である。また同時に、人間認識の無限の可能性を確信する近代の人間の、自負の姿勢をも映しているのだともいわねばなるまい。

けれども、ほかならぬこのような性格の思弁に、ヘーゲル哲学の「概念」を「レーニン的に転倒する」ことによって、黒田はとりくもうとするのである。「主体性原理をもつ物質」から技術的実践に到る黒田の思考は、ほぼ次のような展開をみせている。

①弁証法的唯物論が「自己の哲学体系の原理（＝始元）とする」哲学的概念としての「物質」は、その「最高所産」（レーニン）として人間の脳髄を生みだした（六九頁）。

②これは、「物質」が、「概念・思惟を、だからその物質的基礎たる人間存在をも、自己の内容とする動的な自然的実体」としてとらえられるからにほかならない。すなわち、「物質」は「その中に主体性原理をもつ、自己運動する物質」であるからである（六九頁）。

③けれども、このような自己運動する物質は、先験的天下り的に措定されてはならない。むしろ、「物質の発生的展開」はその所産としての脳髄（意識）においてはじめて開示されるのであり、「認識の結果として、自覚内容として把握」されねばならない（七一頁）。すなわち、「物質は、自己のかかる根源的性格をば、自己の人間的存在（＝人間的自然）の脳髄を媒介として自覚する」（七四頁）。

④このときはじめて、「物質は、自己のあらゆる規定性または実在性（＝物質の諸実存形態）を、全面的に展開し実現しうる可能性を獲得したのである」（七〇頁）。そして、このような物質の自己運動過程（すなわち「自然史的過程」）とは、「物質的＝客観的世界における物質そのものの否定的自己反省によって、無限なる宇宙的内容の全体が歴史的に実現されてゆく過程であり、この物質の主体的自己形成の歴史的過程が、天体史↓生物史↓社会史へと質的飛躍

において段階的に発展する」（七九頁）。――以上は、ほぼ「梯哲学」に従っている――

⑤ところで、このように根源的な物質、およびその歴史的展開は、さらにいえば、人間の思惟のなかでたんに思弁的に構成されたものではない。まさに、人間の技術的実践とそれを通じた認識の検証と深化こそ、物質のこうした存在過程、歴史過程の論理をあばいていくのである（一〇三頁および一〇五頁）。「物質」が人間に認識され対象化され、かくて「生産的労働を媒介として無限に合理化＝現実化されてゆく可能性」をもつものであるがゆえに、技術的な生産的労働は宇宙の全内容を無限に実現化していくのである（八五頁）。

⑥こうして、武谷技術論の本質である技術的実践は、決してたんに生産実践の原理や技術学の基礎にとどまるのではなく、「客観的法則性」（の意識的・実践的適用）は、「根源的＝存在論的には物質の自己運動過程（の検証）たる意義をもつ」（七四頁）のである。すなわち、根源的・哲学的「物質」を学的始元とし、その発生的展開を記述する弁証法的唯物論にとって、まさにそれが思弁でなく「弁証法的」であり「唯物論的」たりうる根拠となるものこそ、人間の技術的実践とこれを通した認識の深化なのである。「物質の自己運動」と技術的実践を統一する黒田の

*19 原注――「弁証法的唯物論」という用語をマルクスは使ったことがない、などといったくだらぬ話は別として、マルクスの次の一文を参照せよ。

「現実のいろいろの果実から一つの抽象の『果実』――『果実』なるものをつくりだした思弁は、そこで、現実の内容の仮象に到達するために、なんとかして、『果実』なるものから、実体から、ふたたび現実のさまざまの世俗的果実に、ナシ、リンゴ、ハタンキョウ（アーモンド）などにかえろうと、試みなければならない。現実の果実から、抽象的果実たる『果実なるもの』をつくりだすのは、いとやさしいとしても、抽象的表象たる『果実なるもの』から、現実の果実をつくりだすのは、たいへんむずかしい。〔…〕

思弁的哲学者は答える。それは、『果実なるもの』が、死んだ、区別のない、静止したものでなく、生きた、みずからのうちにみずからを区別する、動く本質だ、ということからくる、と」（『聖家族』第五章2「思弁的構成の秘密」、『マルクス＝エンゲルス全集2』五七頁、強調原文）。

以上のような論理展開を追ってみると、技術論が、「史的唯物論の基礎」という領域から、さらに弁証法的唯物論の「主体的把握」の分野へまで越境していることは、明瞭に見てとれる。それゆえまた、技術論は、「俗流化し機械化し客観主義化したわが唯物論」陣営にたいする、黒田の論戦の武器であった。いうまでもなく、このことは、戦後唯物論のサークルにスターリン論文が投げかけた影であり、黒田の体系構成もまた、スターリンがあたえた「弁証法的唯物論」の体系の枠内で生起したことだった。

ところで、スターリンのいう「自然現象」に関する「弁証法的唯物論」なるものが、そもそもなぜ、マルクス主義を名のらなければならないのか。私はいま、マルクス主義者がこんな「弁証法的唯物論」なるものを受け入れたり気にしたりする必要は少しもないと考えるけれども、そのためには、エンゲルス以来の「物質」とその「認識」に関するいくつかの問題にけりをつけておくことが必要となるだろう。そうでなければ黒田寛一の論理展開に即していえば、「物質」の自己運動に関する①〜④と、技術的実践の意義づけとしての⑤〜⑥との「統一」を断ち切ってしまうことはできないし、「武谷技術論」をそれ本来の位置に戻してやることも完全にはできないだろう。

さてそこで「認識」の問題になるのだが、これまで認識論に関するマルクスの発言となると、次のテーゼがひきあいにだされるのが常のことだった。

> 人間的思考に対象的真理が到来するかどうかという問題は——なにも理論の問題ではなく、実践的な問題である。実践において人間はかれの思考の真理性、すなわち現実性と力、此岸性を証明しなければならない。思考の現実性あるいは非現実性についての論争は、——この思考が実践から遊離しているならば——まったくスコラ的な問題である。（マルクス「フォイエルバッハ・テーゼ」[*20]）

この初期のマルクスの言葉は、認識論についてのマルクスの発言としてうけとられ、その後、エンゲルスからロシア・マルクス主義を通じて、いつも誤認されつづけてきたように思える。実際には、哲学的認識論の領域で考えるかぎりは、このマルクスの言葉は、むしろ認識論そのものの科学的認識への事実的解消を宣言しているにすぎないのだ。哲学上の認識論は、まさしく「人間的思惟に対象的真理が到来するかどうかという問題」であって、近代にいたって、人間と対象との被造物としての一体化がやぶれ、主体と客体との二元的分離が生起して以降、その人間主体の認識の「批判」として認識論は登場したのである。けれども、さきのマルクスの決定は、哲学的問題としてのかような認識論をスコラ談議として拒否し、真理問題はもはやすっきりと事実問題なのだといっている。

それゆえ認識問題についてのこのような決定は、認識論をまさしく近代の「科学的認識」の問題に事実的に解消しえてはじめてなしうることなのである。いいかえれば、マルクスのこのテーゼは、科学的認識が「実践、すなわち実験と産業」(「技術的実践」)の場で十分に検証され確信されるに到った〈近代〉という歴史的事実を前提にしてはじめて理解することができるのだ。マルクスのいう「対象的真理」とは「科学的あるいは事実的真理」を意味し、また、「理論」とは「哲学」を、「実践」は「技術的実践」をさすものと考えるときにだけ、このテーゼは認識論上の提言として意味をもってくるのである。

それゆえ、マルクス主義における哲学的認識論について論じる場合には、マルクスのこのテーゼにおける事実的決定を前提にして、それ以降から出発することは意味をなさないのであり、混乱をまねくだけである。いいかえれば、マルクス主義において哲学的認識論の議論がありうるとしたら、それはこのテーゼにおける認識論の事実的解消を、まさに認識論的に了解することなのだと、私は考えている。だから、このマルクスのテーゼそれ自身を認識論的に意味づけることなく、また科学的認識の成立根拠を了解することなしにテーゼを前提にするならば、人間的思考がたえず科学的認識の次元に解消されていく近代の現象を決して根底的に批判することはできないのだ、というべきであろう。こうして、知の批

＊20 原注――マルクス&エンゲルス『ドイツ・イデオロギー』古在由重訳、岩波文庫版、二三五頁／廣松渉編訳、二三三頁／『マルクス＝エンゲルス全集3』三頁。

判としての哲学は不要のものとなる。

それでは、マルクスのこのテーゼを認識論的に証明する道として、古来マルクス主義の認識論とされてきた「反映論」はどうか。しかし、「実践」という契機を無に帰する点は問わぬにしても、「反映論」は、固有の意味での認識論的点検に堪えうるものでないことは、いまでは明らかなことだ。[*21] どだい、この反映論によって、「物自体」にまつわる観念論を論理的に反駁することが困難であることは、エンゲルスもレーニンも認めるところなのだ。それゆえ、彼らはこの困難を、しばしば、実験あるいは技術的実践による認識の検証によってすり抜けようと試みる（レーニンの『唯物論と経験批判論』をみよ）。けれども、実践＝検証が明らかにしうるのは実践対象としての個々の具体物の存在だけであって、いくらこれが無限に深化拡大したとしても、カントのいう「物自体」に触れてくる性格のものではない。もともと、エンゲルスの定義するような「実践」は、哲学的認識論を事実問題に解消し科学的知を一本立ちさせるという役割をもつものだから、これをもって認識論となすことは、カント以降の議論にたいして的はずれでしかない。「コールタールからアリザリンを『ずっと安価に簡単に』とることができるということ、このことには、もちろん、どんな新カント主義者も驚かない。しかし、同じタールから、同じように安価な仕方で、アリザリンといっしょに『物自体』の論駁までがえられるということ、――これが注目すべき珍しい発見に見えるのは、もちろん、ひとり新カント主義者だけではないであろう」――レーニンがエンゲルスにたいするこのような皮肉は、レーニンが反論しようとしているが、けだし気がきいている（『唯物論と経験批判論』[*22]）。

さて、黒田にもどろう。認識問題に寄道することによって、私は、「技術的実践」における人間の意識から黒田流の「物質」へいたる論理の道筋を断ち切ろうと思ったのである。それでは逆に、「物質」から人間への黒田の道程はどうか。さきにあげた黒田の論理展開をみると、すでにバークレが「神秘論」だといって非難した、「経験や認識の外に在る物質」と「意識」とのスタティクで二元的な唯物論の構図を、彼が破ろうと考えたことは明らかである。その際、黒田がエンゲルスではなくてヘーゲル哲学における「概念」を「転倒」したレーニンの「物質」にもとづこうとしたことは、理由のないことではない。エンゲルスのいう「物質」をはじめて哲学の場にすえ、これを「哲学的概念としての物質」と解釈しようとしたのが、レーニンだったからだ。そして、黒田の批判者はしばしばこの点で的をはずすのだが、黒田の場合にも実は、一貫して問われているのは「事実」ではなく、哲学（「事実」の批判）だったのである。

ところで、しかし、『唯物論と経験批判論』では、レーニンはこの哲学的立場を徹底化することができていない。逆に、レーニンはすべて事実問題に論点をずらしており、それゆえ、同時代のマッハ主義者への批判という観点をはなれて見れば、この書物は、レーニンの哲学的立場のあやふやさを示すものにすぎない。*23

そこで、黒田が、哲学的概念としての物質をむしろヘーゲル的に解釈して、「主体性原理」をもち、それ自体、発生的展開をみせる物質を考える理由が生れてくる。だが、この哲学的物質の認識に、「反映論」と「実践検証論」とを密輸入することが許されぬ以上、彼の物質は、プロパーなる発生史的展開をみせる以外にはない。いいかえれば、概念としての物質の先験的可能性を展開する以外にはない。かくなれば、「転倒」したはずのヘーゲル哲学への逆もどり以外のものではない。

梯哲学にみられるような、この点での論理構築の妙は問わない。けれどもいずれにしても、「物質」と「技術的実践」との認識論的な結合は果しえないのだといわねばならないのだ。

*21 原注――たとえば、中原浩（竹内芳郎）「唯物論のマルクス主義的形態(1)」（現代思想研究会編『現代思想』一九六一年七月号、現代思潮社）参照。

*22 原注――『レーニン全集14』大月書店、一九五六年、一一三頁。

*23 原注――レーニンの「物質」を哲学的に徹底しようと試みた者に、アンリ・ルフェーヴルがある（『マルクス主義の現実的諸問題』大森和夫訳、現代思潮社、一九五八年）。しかし、結局、これは「仮説であり問題である」といわれ（一四五頁）、むしろ「唯物論的公準」（「概念」というより「行為」を意味する）とされている。

最初にもいったように、マルクスやレーニンやあるいはその解釈などを典拠として、『ヘーゲルとマルクス』を批判することは、私の本意ではない。ここでも、「技術的実践」が科学的思考と実験の基礎づけという本来の地位から、理念の越権行為を犯すまでに拡張され「意義づけ」されているということが、私の暴露したかったことなのである。そのためには、技術的実践の場では「自己運動する根源的物質」は認識論的にも科学的にも論証しえぬことを、ひとわたり示すことが必要だったのである。

いいかえれば、このような「物質」の体系的（学的）展開が思弁に属することだとしても、技術的実践の意義づけというそのモチーフからみれば、思弁的構成は、実は、きわめて近代的ないし人間主義的構えに支えられていたのである。こっちのほうが、「思弁的構成」の真の秘密なのだと、私には思える。黒田が、「人間主義」と技術的実践を統一せんとしたその動機が、ここでも働いている。それゆえ、黒田の構想は、エンゲルスやレーニンの段階ではなお隠されていた、この種の思弁の真の秘密をはっきりと露呈させることになっている。だから、人は黒田の思考を「抽象的」であるとか「観念的」であるとかいって批判するとしたら、批判は根本のところで的をはずれるのだ。黒田が「技術的実践」にこんな壮大な（?）夢を賭けたということこそが、黒田の評価としては重要なのだ。どだい近代の技術的世界が「客観的観念論」と同居できないと思いこむのは、まったくの錯誤ではないか。黒田が全面的に依拠した戦後唯物論における二人の「先生」、すなわち武谷三男と梯明秀という、表面的には対象的な理論性格（物理学・技術学と思弁哲学）を、彼が「技術的実践」という抽象の一点で結びつけたこと[*24]は理由のないことではなかったのだ。この結合はまさしく〈戦後〉主体性派の根底にある秘密をあばいたのであり、『ヘーゲルとマルクス』に私がひかれてきた理由も、この一点にあったのだと思い到るのである。

3　技術的実践と主体の決意

さて、黒田の『ヘーゲルとマルクス』は、その体系構成の発条を、いま一つ別の問題から受けとっている。「三大論争」に即していえば、梅本克己などによる「主体性論争」がそれである。この領域ではじめて、本来近代主義の範疇に属さない「問題提起」を、黒田は相手にすることになるのである。彼はいう――。

梅本氏の間違っているのは、個人＝人間をば「抽象的な社会性のうちに」とらえたことではなく、社会的性格を人間に貫徹せしめえなかったという意味における個人＝主体の抽象的把握にあるのでなければならない。

すなわち労働の所産であるとともに労働力として、いいかえれば技術的実践の担い手として、社会的実践主体として、人間をとらえなかったということである。これがすなわち梅本氏の理論展開における人間の倫理主義的把握の論理的根拠であり、「自覚の論理」の一面性の根本的な理由でもある。（三一六頁）

けれども、梅本が問題にしたのは、「科学的認識を主体的自覚にもたらすそのことを論理化する」ことだったのであり、「科学的戦略・戦術にもとづく革命的実践」へと「決意」する主体の「自由」こそが問題だった。すなわち、「純粋思惟が自覚の底にひらく空虚な論理的空間」にこの「決意」は座を占めており、それによって「超越の空間が超越者となり絶対否定性が実在となり、非理性的なものが理性的なものとなる」と。[*25] もともと、梅本が最後まで

*24 原注――黒田はまえがきで、「過程的には『梅本理論』の『問題』が問題であったわけですが、結果からすれば『武谷技術論』と『梯哲学』との統一的把握が問題となってしまいました」（xxx頁）といい、また本書の結論的部分（第三章第三節）の副題を、「ヘーゲル概念論の『武谷＝梯』的転倒」としている。

また、黒田のこの「統一」は、武谷技術論の認識主義的性格を梯の「存在論」と結びつけることによって、梅本克己氏の主体性論に応えようとした、という動機をもっている（後の第3章をみよ）。

なお、黒田による梯哲学の受容の仕方、したがって梯哲学そのものへの私の評価については、本稿でおこなうことはできない。

*25 梅本克己「唯物論と自覚の問題」、前掲『過渡期の意識』一三六、一三一頁。初出は『哲学評論』一九四九年一月号。

ひっかかっていた点は、西田哲学やハイデッガーに由来するものであり、それゆえ、本来、戦後唯物論の雰囲気とは根本的に異質のものだったと思う。[*26] したがって、黒田が、技術的実践、およびそれと「本質上同一の論理構造をもつ社会的実践（革命的実践）」の目的意識性の自覚をもって、この梅本の「形而上学的空間」を批判しても、それはすれ違い以外のものでなかったのは当然のことだ。梅本はいう――「元来主体性の問題は、少くとも唯物論の立場に立つかぎり、認識論や論理学や、更に経済学を土台とする実証的諸科学の研究ときりはなせない。しかし、きりはなせないということは、これがそれらの領域に解消されてしまってよいということではない。技術論における主体性論は、技術論を媒介として、弁証法的唯物論における対象認識と機械的唯物論における素朴な反映論とを区別することによって、同時に存在論としての主体的唯物論の本質を示そうとしたものであるが、固有の意味での主体性の問題は技術論の中に解消しきれぬ最後の一点をもつのである。そして、その一点こそ、観念論が唯物論に対して執拗に対決を迫るところのものである」[*27]。

武谷技術論をもって梅本主体性論を切るということの「不充分性」には、たしかに、黒田もまた気づいている。しかしそれは、武谷技術論でいう「意識的適用」ということが、たんに「認識論的」にしか規定されていないせいなのだと、黒田は思うのである。すなわち、

> 要するに、〔…〕〔武谷技術論を〕社会的実践に適用し、しかもそれが「唯物史観での主体性論」にとどまらないためには、なお「空隙」が残る、ということの可能根拠への問題がなお欠如している、――このことが、社会的実践の問題の特殊性・倫理性を媒介としてあらわならしめられたのである。〔…〕〔「意識的適用」ということが〕いかにして「実践への決意」へ転化し、客観的世界へ実現化せしめられるか、という「意識的‐適用」の論理過程そのものを究明すること、これこそが「武谷技術論」の主体的把握だ、ということである。だから要するに主客の認識論的構造を同時に存在論的に展開することである。（三四四頁）

このようにして、黒田はふたたび「武谷技術論の存在論的基礎づけ」として、かの「物質」との「統一的把握」の問題に還っていく。ただし、そこでは「根源的物質」という用語の代りに、梯氏の「歴史的自然」という言葉が使われている。かくして、人間主体の「決意」や「自由」は、結論的に次のようにのべられている。

人間主体の超越の無限性、すなわち意志の自由は、自己のうちに自己を超え出たものを潜在せしめている自己運動する根源的な物質そのものの無限性ないし普遍性を自覚することにしてはじめて現実的な意義をもつのであり、それこそが真の自覚、唯物論的自覚である。これがすなわち物質的自覚にほかならない。人間はこの物質的自覚において自然の普遍性または無限性を歴史的に合理化し対象化してゆくのである。（三九〇頁）

このように客体を自己の表現としてみる人間主体、主体的自覚にある人間は、それゆえに、現実的自己と超越的自己とへの自己分裂を止揚した自由なる主体である。単なる観念的自由ではなく、その物質的基礎をもった現実的自由を獲得したのである。かかるものとして主体は、あらたなる意欲や認識や技術的実践、それらの高度化を生み出す現実的根拠を取得し、根源的な物質の宇宙的全内容を無限に実現してゆくあらたなる物質的基礎に立ったのである。（四四三頁）

みられるように、ここでも、技術的実践の意識的

＊26 原注――ここでもまた、梅本克己氏の主体性論や戦後の主体性論争そのものを、主題的にあつかうことはできないことを、ことわっておかねばならない。私は一九六六年頃、「水戸唯物論研究会」の友人に連れられて、一度梅本氏を訪ねたことがある。たまたま、話がハイデッガーのことにおよんだとき、梅本氏が一挙に追憶的な気分になっていったことを、私はいまでも思いだすことができる。

＊27 原注――梅本克己「主体性論の現段階」、前掲書、一七六頁。初出は『思想』一九五一年三月号。黒田、三四一頁に引用。

目的実現の場で、「自由」の問題もまた論じられている。直観的意識経験のうちで衝動的にうずいている非合理的にして合理的なる「歴史的自然」の合理化として、結局、意志も意志の自由もあつかわれているのだ。テクノロジストの軽々とした自由と、天地の直観につき動かされる苦行僧の決意とが、ここに「統一」をみるのか！

人間の能産的技術実践から出発し、ついにこの中心軸から離れることのなかった黒田の体系構成は、こうして、ここに、「労働者階級の革命的実践における創造性または技術性」、すなわち「革命的実践における主体性原理の理論化」を、基礎的に明らかにするものとして、一点に収斂していくのである。

> 人間存在はその優越なる意味において、物質の主体的自己形成の創造的尖端として意義をもつことが、物質の存在論的把握によって自覚されるのである。ということは、それは、プロレタリアートの歴史的自覚としてはじめて可能であることを意味する。けだし、人間労働の資本主義的自己疎外の直観、プロレタリア的直観を発条としてはじめて物質をば自己の世界観の原理たらしめうるからである。（四二九頁）

4　「物質の自覚史」から〈アジテーターの遍歴史〉へ

> 唯物論の本質は、一切が物質にすぎない、というような主張にあるのではなくて、むしろそこにおいては存在するもののすべてが、労働の素材としてあらわれてくる、という一種の形而上学的な規定のうちにあります。労働の近代的・形而上学的本質は、ヘーゲルの『精神現象学』のなかで、無制限な生産の自己調整的な経過として考え進められていますが、これは、主観性として経験された人間による、現実的なものの対象化ということです。唯物論の本質は、技術の本質のうちにかくされているのですが、技術については、従来多くのことが書かれはしましたが、思考されたことはないのです。技術の本質は、忘却の淵に沈んでいる存在の真理の、存在史的な宿命です。

「唯物論の本質は技術の本質のうちにかくされている」という、このハイデッガーの御託宣（『ヒューマニズムとは何か』）[*28]に、かつて私は、黒田寛一や武谷技術論への関心領域のうちで出会った。「存在者をあらわにする一つの仕方」としての技術は、主体主義的な近代の労働による「現実的なものの対象化」の猛威のなかで——存在史的な宿命のなかで——、ついに、「存在するもののすべてが労働の素材としてあらわれてくるという、一種の形而上学的な」世界像を生みだすにいたっている——、私はこんなふうにハイデッガーの言葉を受けとったのである。それは、世界を開示し規定する能産的技術労働の場から世界を見るという視線を、端的に逆転することを意味した。いわば認識論的構えから、労働によって拓かれた存在者、とりわけ社会的労働に規定されて在る人間存在の、その意味を問う存在論的視点への逆倒であり、この経験は私にとってはめざましいものであった。存在する物すべてにたいする技術的労働による対象化、すなわちそのような人間の実践と認識は、同時にまた、トータルなものとしての〈自然〉の忘却——故郷喪失の根源ではないか。近代の物理学的世界像の発見者たるガリレオ・ガリレイを、同時に「隠蔽する天才」と呼んだフッサールのことが、ここで想起された。[*29]

　私は、『ヘーゲルとマルクス』における技術的実践の位置について、これまでいくつかの側面から光をあてることを試みてきた。くりかえすけれども、それは黒田の思考パターンにたいする別のパターンによる論駁を意図したものではない。黒田の思考が終始呪縛されていた武谷技術論への深情け、その精神の凝り様をほぐすことが、私の経験のうちで必要だったことを私は示したかったのだ。

　ところで、技術的実践の問題は、せんじつめれば〈自然〉や〈人間〉の存在史的在り方にたいする問

＊28　ハイデガー『ヒューマニズムについて』桑木務訳、角川文庫、一九五八年、四一頁。

＊29　「ガリレイは、発見する天才であると同時に隠蔽する天才でもある」（エドムント・フッサール『ヨーロッパ諸学の危機と超越論的現象学』細谷恒夫・木田元訳、中公文庫、一九九五年、九五頁）。

いに帰着した。私は最初の章でもこの点に必要なかぎり触れているけれども、一般にいえば、こうした議論にことさらハイデッガーをひきださねばならない理由はなにもない。たとえば、『ドイツ・イデオロギー』は、「人間は意識によって、宗教によって、そのほか任意なものによって動物から区別されることができる」といって、「人間とは何か」という問いにたいする回答が多岐にわたることを認めたうえで、次のようにのべている。

> しかし人間自身は、かれらがかれらの生活手段を生産しはじめるやいなや、自分を動物から区別しはじめる。〔…〕
> したがって、かれらがなんであるかはかれらの生産に、すなわちかれらがなにを生産するか、ならびにまたいかに生産するかに合致する。したがって諸個人がなんであるかは、かれらの生産の物質的条件にかかっている。[*30]

たしかに、この段階でテキストに即していえば、ヘーゲルの哲学体系の腐敗過程にあって、なお世界を「独立化された意識の産物」とみる青年ヘーゲル派にたいして、「たえざる感性的な労働と創造、この生産こそ、いま存在するような感性的世界全体の基礎」であると主張し、天上から地上へではなく「この地上から天上へのぼる」歴史記述がめざされているということができる。

けれども、人間を生産の物質的諸条件に規定された存在ととらえるこの観点も、古い観念論による人間の宗教的・唯心論的把握にたいする批判としては、いま別にとりたてて議論しなければならぬことはない。むしろ、「社会的諸条件の総体」としての人間というこの規定性の把握が、新しい歴史記述の方法となるだけではなく、とりわけ、近代世界とそのイデオロギーの内在的で根底からする批判をどこで可能とするのかという点こそが、いま問題とするに値する。

〈社会〉に拘束されて在るという人間（実践）の把握は、観念的意識の所産としてこの世界をみる立場を撃つと同時に、むしろ、もっぱら人間の能動的活動の産物として世界を想いえがくイデオロギーをも根本から崩そうとするはずだ。それというのも、近代のブルジョア的イデオロギーは、人間の物質的活動への忘却に基づくのではなく、かえってこの活動を創世記の主人公にまで高めてしまう倒錯にあるからだ。社会的労働の素材・産物としてのこの世界の規定性は、かえって積極的な物神にまで高められ排他的な一つの世界像として価値付与される。労働の秘密が近代世界形成の根源を明らかにするものだからこそ、社会的労働についてのマルクスの分析は、近代世界像の倒錯を根本で暴露しえているのだ。「商品世界のこの物神的性格は、商品を生産する労働の独自的・社会的性格から生ずる」(『資本論』第一篇第一章)[*31]。

黒田寛一のいう技術的労働は、最初にことわったようにマルクスのいう「商品を生産する労働」のことではない。たしかに現実の労働は、「いまでは自己活動の唯一の可能な」形であるにもかかわらず、「自己活動のあらゆるみかけをうしなってしまい、ただかれらの生活をみじめにすることによってのみこれを維持するにすぎない」ものとなっている(『ドイツ・イデオロギー』[*32])。これにたいして、『経哲手稿』のマルクスでは、労働はむしろ「類的活動」として、黒田と同じ次元で分析されている(そこには、社会的労働の把握、関係概念としての「社会」はなお積極的なものとしてはない)。

だが、マルクスの批判は、自然主義的人間の自己活動・故郷としての労働と、現実の「疎外された労働」とのコントラストにこめられていたのではない。私はそうは思わない。現に在る人間の「唯一可能な」自己活動が「疎外された労働」以外にないのだから、ヒューマニスティクな故郷憧憬は無力だと、「スターリニスト」風にいっているのではない。むしろ、この近代世界、近代の人間を「自己の成果」として実現した人間労働の存在史的な逆説をあばくことが内在的批判のかなめなのだ。故郷を出奔し転落した人間労働の批判ではなく、事態はあくまで社

*30 原注──前掲『ドイツ・イデオロギー』古在由重訳、二四-二五頁/廣松渉編訳、二六-二七頁/『マルクス=エンゲルス全集3』一七頁。

*31 前掲『マルクス=エンゲルス全集23a』九八頁。

*32 原注──前掲『ドイツ・イデオロギー』古在由重訳、一〇二-一〇三頁/廣松渉編訳、一九六頁/『マルクス=エンゲルス全集3』六三頁。

会的労働内部での逆説である。「疎外された労働」（「現実論」）とロビンソンの労働（「社会的生産の本質論」）の区別だてが必要なのではない。事は、対象的活動としての労働そのものに起因しており、この対象的活動の対象から〈社会〉を除外して労働の「本質論」となすのは、逆転すれば、人間の世界形成力への近代主義的驕りを「基礎づける」結果にしかならないだろう。

だからいまでは、「労働」といえば端的に社会的労働のことを指すものとしなければならないし、そのとき、内在的批判に問われるのは、まさしくこのような労働の「解体」なのである。いいかえれば、近代の存在世界の破壊を、私たちはまっすぐに「労働の廃絶」のうちにとらえるのだ[*33]。

さて、私は最初の章で、人間労働の素材・加工対象をはなれた自然は「人間にとっては無である」という、『経哲手稿』におけるマルクスの自然観に触れている。この場合にも、生産労働する人間の分析の際と同様に、直接の相手は「直観しようとみずから決心した抽象的な思想家」であった。けれども、ここでもまた、加工対象としてイメージされた自然像、いわば物理学的自然像ないし「社会化された自然」像の解体こそが、直截に問われなければならないと思う。『ドイツ・イデオロギー』では、「かれをとりまく感性的世界は、直接に永遠の昔からあたえられたところのつねに自己同一な事物ではなく、産業と社会状態との産物である」、また、「あの評判のたかい『人間と自然との統一』は産業のうちに以前から成立しており、しかも各時代にそれぞれ産業の発展の大小に応じて別なふうに成立してきた〔…〕」と述べられている[*34]。この場合には、『経哲手稿』でのように「社会」を眼中におかぬ分析から一歩がすすめられている。ハイデッガーの言葉をふたたびかりれば、マルクスは「人間の本質規定」を「社会」のなかに発見し、「社会的」な人間が、かれにとって「自然的」な人間なのだ、というわけである。「『社会』のなかに、人間の『自然』すなわち『自然的欲求』（食物・着物・生殖・生計）の全部が均しく確保されます[*35]」。

けれども、このような「社会化された自然」観そのもののうちには、これを内在的に批判し解体する契機は何もないのだと、ふたたび指摘しておかなければならないだろう。実際、マルクス以降、「社会のなかの自然」による〈自然〉の侵蝕と平定は激甚の度を加えていった。この自然は、観念による構成の立場を排除するだけでなく、「自然主義＝人間主義」的な故郷よりする外在的批判の場をもはじきとばしていく。また、かかる自然像の自動的あるいは必然的崩壊を予測する現代の「科学的」知見もまた、悪しき「内在」主義にすぎないことも経験された。このとき、ニヒリズムへむかう主観主義の放埒沙汰が、近代の自然像のうちに場ちがいな荒野を拡げていくのだ。

近代資本制社会のただなかでの〈批判〉として、〈プロレタリアート〉の行為が経験されるのもこのときである。

私は前の章で、技術的実践の分析から出発し主体性の問題を介して、黒田の体系もまた「プロレタリアートの歴史的自覚」の一点に収斂していくことを指摘した。そこで、私もまた、最後に、〈プロレタリアート〉の問題をあつかうことで、私の『ヘーゲルとマルクス』論にしめくくりをつけたいと思う。

けれども、このプロレタリアートの問題については、黒田の『ヘーゲルとマルクス』だけに論点をしぼったのでは不十分であろう。つまり、「物質を自己の世界観の原理として自覚する」プロレタリアー

＊33 原注――「人間はべつに、先験的に労働する存在でもなければ、労働に定められた存在でもなく、また労働する存在であることでのみ人間であるわけでもなければ、労働だけが人間の唯一の徴しであるわけでもない。〔…〕一般にある、労働を聖化する俗見は、歴史的な、ある時代的な限定に枠づけられたイデオロギー的な価値づけによるものであり、まさに、人間の生産活動が『意識した生命活動』にもとづく自由な生産活動であること、人間の生産活動のその『意識』性、その自由性こそが、また労働に関するそうした聖化的な謬見を可能ならしめる」。

国家の「共同幻想」をあばくという脈絡のなかで、片岡啓治氏もまたこのようにいっている。氏の直截な論文、「労働の幻想性と国家」（『情況』一九七〇年七月号）参照。

＊34 原注――前掲『ドイツ・イデオロギー』古在由重訳、一六〇、六一頁／廣松渉編訳、四四、四六頁／『マルクス＝エンゲルス全集3』三九‐四〇頁。

＊35 原注――前掲ハイデガー『ヒューマニズムについて』一五‐一六頁。

トという帰結は、なお疎外世界の分析を媒介としたものではないからである。そのため、『ヘーゲルとマルクス』と同じ時期に執筆されたその「後篇」の体系構成にまでわたって、黒田の思考の特異性をひとわたりみておかなければならない。

『ヘーゲルとマルクス』の「後篇」は、その後二つに分けて公刊された。『社会観の探求』（一九五六年）と『プロレタリア的人間の論理』（一九六〇年）とである。「史的唯物論の形成と原理」（『探究』七号、一九五九年。『マルクス主義の形成の論理』に収録）における説明をも参照して、この「後篇」の構成を示せば、次のようになっている。

一　社会的生産の普遍的本質論（史的唯物論の学の始元たる「生活の生産」、あるいは、生産と所有との根源的統一）。および、社会的生産の二契機、自然的側面（生活手段の生産）と社会的側面（人間の生産）。

二　疎外された社会的生産の現実論（生産と所有との機械的分裂）。あるいは、疎外の根拠としての現実的生産関係、および疎外された労働。

三　疎外の諸現象（社会的実践における疎外の諸現象）。

——以上『社会観の探求』

四　疎外された社会的生産の歴史的現実論（資本制生産の論理）。

五　階級闘争とプロレタリアートの自覚。「本源的蓄積過程」への反省とプロレタリアートの歴史的自覚、および、プロレタリアートの革命的自覚の構造。

——以上『プロレタリア的人間の論理』

みられるように、『ヘーゲルとマルクス』における技術的実践の分析は、この「史的唯物論の学的構成」のうち、「社会的生産の普遍的本質論」の一特殊契機たる「自然的側面」に関するものであり、その意味で「史的唯物論の基礎」ともいわれたのである。この「本質論」から出発して、黒田の「史的唯物論」の体系は、プロレタリアの故郷出奔と転落、そしてその帰郷とを描くものだと、私流にいうこともできるであろう。しかし、私はこれ以上ここで黒田の体系にたち入ることはできない。*36 内容的には全面的に『資本論』の位置と体系の問題に帰着するのだけれども、技術的実践をめぐる私の論旨にとっては、この構成の内容はほとんど関係のないことである。ただ、「物質」→「人間」→「生産」→「疎外」→「自覚」という、「学的上向展開」をめざす黒田の意図だけを心にとめておけばよい。

ところで、黒田にとっては、以上のような史的唯物論の学的体系がまさしく、プロレタリアートの自覚内容たる意義をもつのである。すなわち、「根源的な労働過程の自覚を起点とした、人間生活の社会的生産の根源的な形態の自覚——これを論理的出発点としたプロレタリアートの社会観が、まさに史的唯物論なので」あり、この「社会的生産の自己展開の学問的体系」は、生産様式の歴史的形態をば、「根源的な社会的生産の疎外された諸形態として概念的に把握せんとするプロレタリアの自覚過程として意義をもつ」(『プロレタリア的人間の論理』一二五頁)。したがって、現実の感性的直観をバネとして「自己自身の疎外を反省せざるをえない」、あるいは、「人間労働の根源的な形態へ復帰せんと自覚せざるをえない」賃労働者は、その反省過程の内実を「史的唯物論」のうちに見いだすものとして存在するわけである。

このようにして、「資本制生産社会における人間の自己疎外の物質的直観を出発点とした賃労働者は、対象認識活動に媒介された思惟活動、すなわち資本制的生産判断における物質的反省と概念的構成との統一を通じて、いまや、自己をプロレタリア階級として自覚することによって、出発点へ自己還帰したのである」(一四二頁)。かくして「人間の資本制的自己疎介の歴史的・論理的根拠を概念的に把握した」プロレタリアートにとっては、この「革命的自覚」の実現、すなわち階級闘争へと決断することが残された問題となる(一四五頁)。そして、「プロレタリアートとしての革命的自覚においてすでに自覚され

*36 原注——唯物史観を「史的唯物論」として学的に再構成するという意図にもとづく黒田のこの体系展開に、私は根本的に異議をもっている。けれども、いまではあまり関心がないので、とりあえず黒田の意図に関しては、前掲「史的唯物論の形成と原理」を参照されたい。私の意見は、結論的にはこの章の最後で述べることになる。

たこと」のこの現実化こそ、「資本制社会の客観的法則性の科学的分析に立脚して戦略戦術を作成する」前衛党の任務となるのである（一四七頁）。

さて、ほぼこのようにして、『プロレタリア的人間の論理』は、「物質の宇宙的必然性における自己実現」、そして「物質の特殊性として意義をもつ社会の歴史的必然性における自己発展」、という「階級闘争の存在論的意味」の確認をもってしめくくられ、『ヘーゲルとマルクス』の全内容にふたたび還帰するのである。

このように、黒田寛一の「弁証法的唯物論」と「史的唯物論」の全体系にとって、「プロレタリアートの自覚」の問題はまさに枢要な位置を占めているといってよい。しかし、いまここに、「プロレタリアートの自覚」のことをとりあげたのも、もちろん、あの「プロレタリアートと前衛党」の話に、黒田をひきずりこもうというのではない。この点についての批判なら周知のことであり、すでに過去に属することだといってよい。しかし、「物質の宇宙的全内容はプロレタリアートのうちで自己を自覚する」といわれるように、黒田の体系において枢要の位置を占めるプロレタリアートの問題こそは、唯物史観にとっても、問うに値する最初にして最後の問題なのだ。〈戦後〉の科学の雰囲気のなかで、技術的労働の分析から出発しながらも、黒田が〈プロレタリアート〉の主体性という「非合理的な」領域にまで突入していったことは、当時、一つの思考の冒険であったことを私は疑わない。その冒険によって、黒田は「戦後唯物論」の難破を自らもっとも残酷に示したのだといってよい。

武谷技術論の黒田による深追いは、プロレタリアートの主体性をも、しかし結局、認識主義的にとらえることになっている。認識主義は、実践概念を「実験と産業」にみいだす立場の当然の帰結である。もちろん、プロレタリアートの「自覚」は、スタティクな対象的認識そのものではない。けれどもこれとて、技術的実践、いわゆる「認識論としての実践論」が当必然に媒介する認識を、一つの主体の構え（主体性原理）にまで意識化したものにほかならない。「プロレタリアートは自覚せざるをえない」といった文体に、いまでは人は現実からの違和を感ずるのは当然のことだが、黒田におけるプロレタリアート措定の先験性は問題の核心ではない。「自覚せざるをえない」というい方は、ここでは「自覚するべきである」ということに変りない――つまり当必然においていわれていることである。

　プロレタリアートに関するこの認識主義は、もとはといえば、プロレタリアートの「革命的実践」を技術的実践と「本質的に同一の論理」のもとにとらえようとするところに由来しているのは、繰り返すまでもない。これまでにも、「実践、すなわち実験と産業」という技術家的なエンゲルスの規定以来、労働実践と〈プロレタリアート〉の実践とが無批判に混同されてきた。それは認識の本来の受動性を能動的な実践的構えにまで逆倒した近代の倒錯にもとづいている。認識論＝存在論という「統一」をめざした黒田の体系の失敗もまたここに由来する。現在では、たとえば対馬斉氏が、マルクスの「受苦に発する実践」について次のようにいうとき、その「逆転劇」の印象は、黒田の時代経験とのコントラストをきわだたせている。

　意識的、能動的実践ではなく、人間の在り方を、あく迄も、自己の意識を超えてあるものによって不可避的に措定されて在る在り方と把え、その〈受動的な存在であり、かつ苦《ライデン》しみを感じる存在なるが故に、情熱的な（ライデンシャフトリッヒ）存在である〉とマルクスが述べた、このような人間に発する、意識的でない、例えば革命のために戦うというようなそんな目的意識的な実践ではなく、いわば、得体の知れぬものに衝き動かされて、自己の意識にはおかまいなく、やみくもに動かされていく、それ故に、まさに、ライデンであるが故にライデンシャフトリッヒなパッションとしての実践こそが、社会変革の実践であることが、いささかなりとも彼ら〔これまでのマルクス主義者〕の存在を把えていなかった〔…〕。（対馬斉《ひとし》「試論・マルクス存在論」「思想と実践」、『情況』七〇年五月号。なお、同氏による「思想と実践」、『情況』同年七月号～九月号をも参照）*37

*37　「試論・マルクス存在論」「思想と実践」は、のちに対馬斉『人間であるという運命』作品社、二〇〇〇年所収。引用は同書、一一五－一一六頁。

さきに、唯物史観による近代世界の存在規定について触れた際に、私は、それ自体には内在的批判の契機は何もない、ということを指摘した。マルクス主義のかなめと称される〈実践〉を技術的実践と解するかぎり、その実践主体としての「プロレタリアート」もまた、何ら近代世界の根底からする解体=批判の場にはなりえない。「プロレタリアート」は、たかだか、「自覚」という啓蒙的タームのもとにとらえられ、それゆえ現実には、労働者階級の現存在のままで、「プロレタリアート」の原像はたえず難破し、ついには、「前衛党」という前提された組織の中でのみ、「プロレタリアート」は生きつづけることになってしまうのだ。くりかえすけれども、「人間労働の根源的な形態へ復帰せんと自覚」するプロレタリアート、すなわち労働の故郷が、唯物史観における〈批判の場〉なのではない。かえって逆に、近代世界の〈規定されて在る〉存在をその内部で根底から破壊する実践、すなわち社会的労働において労働を破壊する実践の噴出のなかで、〈プロレタリアート〉の登場がはじめて経験される。この点に、私は、マルクスの〈プロレタリアート経験〉を見るのであり、唯物史観による近代資本制社会批判の、マルクス自身の足場（経験）もまたはじめてこの点で確保される、と私は思うのだ。認識も、また技術的実践という労働の原像も、世界のただ中でのこの経験を経験することはない。かえって逆に、この「不合理」を努めて忘却する。近代市民社会の成立期にマルクスが経験し、日本の啓蒙時代が忘却したこの〈プロレタリアート経験〉を、戦後市民社会の解体のなかで、いままた私たちは経験するのだ。それはクロカンにおけるプロレタリアート経験の端的な逆転として生起している。

「受苦から発する実践」の噴出が経験されるのも、近代世界における〈飢餓〉の著しさの故にほかならない。労働による加工素材としての自然の形成が〈自然〉を喪失していくその度合いにつれて――いいかえれば、社会的富の増大につれて、この渇きの著しさは増す。かつて近代の形成期に、私たちの〈自然〉、かの「美しき緑の牧場」は、失われゆく故郷のごときものだった。けれども私たちは、この時代からすでに十分に遠くまで来ている。〈自然〉はただ端的に、私たちが明るい〈飢餓〉のなかで予兆する否定性の闇として存在する以外にはない。
こうして、私たちにとって〈プロレタリアート経験〉は、世界の渇きの度合いに応じて、無定形にも破壊的な〈自然〉の噴出となる。そこには、ロマン的かつ合目的的なプロレタリアートの帰郷のおもかげは、もはやなにもない。

私はかつて、「プロレタリアートの自覚過程の論理化」といった黒田の問題意識に、いつもある種の違和感をもって接していた。だがせんじつめれば、いまやこの問題意識こそが黒田に独自のものとして残るのではないかと私は考えている。これは、一瞬、私の関心と交差する。ただ私は、「プロレタリアートの自覚過程」を、根源的「物質」の自覚史のごとくに思い描くのではない。あるいは、「人間労働の根源的形態」へと帰郷する賃労働者の自覚史としてでもない。私は出発点をそのような「学の始元」にはとらないのだ。むしろ、叛乱における無形の暴力としての〈プロレタリアート〉——近代世界の規定性を一瞬破壊するこの〈実践〉主体（叛乱者としての〈アジテーター〉）の登場を事実的出発点として、彼の〈政治経験〉の全史を記述したいと、私は考えてきたのである。それは、「自覚史」のごとき賃労働者の啓蒙過程ではなく、同時に、〈自然〉の頽落史ともなるはずである。

私はいまそれを、〈アジテーターの遍歴史〉と名づけている。

情況出版版あとがき

本書（情況出版版『結社と技術』）には『叛乱論』（一九六九年）以降の文章をまとめてある。内容の上で、また文章のスタイルの点でも、「続叛乱論」のかたちになっていると思う。

ことに本書第ⅰ部には、『叛乱論』では欠けていた「組織問題」をあつかったものを集めてある。一九六八年の夏、私が「叛乱論」を書いたとき、そこでは叛乱の構造が権力問題から切断されそれ自体として構想されながら、「叛乱の宿命」としての政治はたんに「政治的ヘゲモニー＝党」の介入としてしか描かれていない。つまり、固有な意味での叛乱の組織問題も党組織の問題も、そこにはない。その後の運動のなかで、私はこの点を感じていた。

ことに一九六九年秋の政治ヘゲモニーの経験と七〇年に入ってからの運動の戦線の分散状況は、私自身に自分の「ヘゲモニー論」の結着をつける必要を迫った。そこで私は、七〇年の三月、大急ぎで「結社と技術」（『情況』七〇年五月号）を書いたのである。それゆえ、そこには「六九年秋」をめぐる組織的状況を「駈け足でめぐる」といった感があった。しかし旧稿「結社と技術」は、今となってはその中途半端なスタイルの印象をぬぐえない。今回本書をまとめるにさいして、この点はできるだけ改めるように努めたつもりである。

「主体性の死と再生」は、「結社と技術」をより状況論風なスタイルで同じ時期に敷衍したものである。ここには、結社の発想を促進する時代経験がより直截に述べてあると思う。なお、この一文は『構造』（七〇年十月号）の特集「国家と階級形成」の一部として発表された。今回加筆改稿はしていない。「大衆にたいしてストイックな《党》」（『情況』七〇年十一月号）と「ブランキスト百年」（『同志社大学新聞』七〇年二月十三日号）には、いくらかの加筆をほどこした。後者は、さきの二論文と同じ時期に同じ気分で書かれている。急進的大衆の気分のバロメーターのような人間を、私たちは仲間うちで「ブランキスト」と呼んでいたが、この経験的ブランキスト像に私の愛着するブランキその人を重ねたものである。レーニンの《党》については、「あとは実践的問題」という寸前のところまで書いてあるつもりである。

第ii部の文章は、この二年ほどの間により「時評風」の態度で書かれたものが集められている。今となっては気分的にそぐわない感じを受ける部分もある。はじめの三つはいずれも六九年秋以前のもので、私が大学にいた頃に書かれている。「政治的言語のために」は、『現代の眼』の編集部によって「政治の論理と『私』の論理」という題名にとり換えられて六九年九月号に発表された。たしかに、内容は政治の言語の穿鑿にまで到っていない。けれども、私が「叛乱論」で〈アジテーター〉という軸を設定した以上、政治における〈発言〉の問題は基本問題のはずである。私は政治を叛乱（大衆暴力）の〈表現〉の一つと考えているわけだが、この〈表現〉については〈発言〉の問題が中軸になると予想できる。それを私は叛乱から政治の形成過程における〈主語〉のすり替えの問題として考えてみたいのである。だがいまなおこの課題には手がつけられていない。「〈私〉の敵は〈我々〉だ」も同じ時期に同様の関心のもとに書かれている。菅孝行の演劇『ヴァカンス』の上演準備委員会の機関紙『遊撃』に寄せたものである。また「〈政治〉の破砕へ」（『日本読書新聞』七〇年六月十五日号）は、十年目の六・一五に際して、六〇年代「新左翼」の終焉を確認する形になっている。

なお、第ii部についてはいずれも加筆はほどこされていない。

第iii部には、私のドイツ・ファシズムにたいする関心が表現されている。それも政治の発生史を表現形式であつかうという方法がとられている。この方法は本書全体を通じて共通のものとなっている。「アナルコ・ニヒリズムと政治」（『情況』七〇年十二月号）はナチの御用学者となったカール・シュミットの著書を何冊か読んで書かれた。ナチの政治そのものというよりも、ここでも「政治的なるもの」のありようにたいする一般的関心につながれている。それは、ヒトラーの六・三〇事件、いわゆる「長きナイフの夜」をあつかった「ブロンドのライオンまたは政治のなかの反政治」（『季刊・同時代演劇』四号、一九七一年）の場合も同様である。ただ歴史的事象についての後者のようなスタイルは、それ自体として本格的な展開をしなければならないだろう。

第iv部の「時代経験と思想」（芳賀書店『黒田寛一をどうとらえるか』所収）は、黒田寛一の技術論の批判を通して、私のマルクス主義理解の仕方が現われていると思う。この理解の仕方は、マルクスの〈プロレタリアート経験〉の把握を基底として、マルクス主義を私の政治論の発想につなげるものとなっている。その意味で黒田論は、彼の「プロレタリアートの自覚史」に代えて「アジテーターの遍歴史」を予告して終っている。

総じて本書を構成する諸論文は、常に「アジテーターの遍歴史」の記述を将来に予測しながら書かれたといえる。そのための予備作業はいま終ったと思っている。それゆえ、政治について書く際の私のスタイルの危っかしさは、次には分解を余儀なくされるだろうと私は予想している。

一九七一年七月二十九日

長崎 浩

じた」と、『超国家主義の政治倫理』がもらしています。

実際、その後の私の政治論は一九七七年のこの二著のヴァリエーションになっていくでしょう。この意味で、今回『叛乱論』と『結社と技術』をお読みいただいた皆さんには、右の二冊にまで足を伸ばしていただけたらと、希望しています。

さて、今回は航思社の大村智さんが、私の初期の二冊を合冊の上で復刊してくださいました。これにより『結社と技術』をも『叛乱論』と同時に参照できるようになったことをとても喜んでいます。それればかりか、大村さんは両書に詳細な註を付し、また引用文献の出典を明記する作業をしてくださいました。幾重にも有難うございましたと申し上げます。

最後になりましたが、本書がなるに当たっては市田良彦氏と横山茂彦氏の御尽力を得ました。記して感謝する次第です。

二〇二四年九月

長崎　浩

解説

長崎浩の世紀はすでに到来している

廣瀬　純

1．長崎浩の仕事は「現代思想」である

日本語環境で「フランス現代思想」と呼び慣らわされている思潮は、フランス当国を含めた多くの国では「六八年思想」と呼ばれている。「六八年五月」に突き動かされてジル・ドゥルーズとフェリックス・ガタリは「欲望」概念を刷新し、ミシェル・フーコーは「規律社会」批判を展開し、アラン・バディウは「出来事」概念を創造し、ジャック・ランシエールは「ロゴスの擾乱」こそが「民主主義」であるとした。フランスの六八年五月とともに「1968」現象の一部をなす全共闘運動を見据えながら「叛乱」を「近代への叛乱」として再定義した長崎浩の仕事は、まさにその意味で、前記の思想家たちによる同時代の仕事と厳密に同じ資格において「現代思想」と呼ばれるにふさわしく、彼らの仕事と「わざとのように」響き合っている（長崎のいう「叛乱」は「欲望」の噴出であり、「規律社

会」の解体であり、「政治」を呼び寄せる「出来事」であり、「分業」から逸脱した者たちによる「ロゴスの擾乱」である)。

2.我々は近代に生きている

「ポストモダン」が人口に膾炙した一九八〇年代以来、自分があたかも近代後の世界に身を置いているかのように見做す傾向が我々にはある。しかし、人間のなすどんな生産活動も資本の価値増殖過程に包摂可能だという「ブルジョア的確信」に基づいて人間自身も含むありとあらゆるものを「商品」という抽象的かつ等質的な形式によって規定する表象体系こそが「近代」にほかならないとする長崎の定義(「叛乱論」)に従えば、我々は今日もなお近代のただなかで生きていると言わねばならない。自己を「労働力商品」として認識することへと人々が絶えず導かれているという状況は、長崎が「近代への叛乱」論を構想した六〇年代末あるいはそれ以前から変わっていないし、また、今日「環境破壊」として問題化されている地球温暖化をはじめとした諸現象も、地球環境が(「破壊された」とされる部分も含めて)商品として対象化されていることに起因するのは誰もが知る通りだ。

3.叛乱の萌芽は近代に内在する

人間が人間自身も含むすべてのものを商品として知覚し続ける限りで近代は維持される。しかし、当然のことながら、世界のあらゆるものは、いずれも、即自的には、商品形式でのその規定的表象には収まり得ないものとして存在している。この「事実存在と形式との分裂」こそが、より厳密には、人間によるその「受苦」こそが近代への叛乱を準備すると長崎は論じる（「叛乱論」）。近代人にあっては、ひとりの例外もなく誰しもが、自己を商品として対象化する知覚行為のうちで自己の非対称的な分裂（身体とそれに自らが与える表象との「相剋」）を受苦として生きており、その「日常的な」経験が近代人たちを近代に対する叛乱へとつねにすでに傾斜させているということだ。

長崎が叛乱論を着想したのは高度経済成長期の日本でのことである。しかし、日本においてのみならず、米国を筆頭とする他の先進諸国においても物質的な生産拡大が限界に達し、経済の金融化が推進され始めてほぼ半世紀が過ぎた今日、生産拡大期に主導的な役割を担った寡占企業がゾンビ化するのに並行して、とりわけそうした大企業において労働がシミュラークル化し、近代人の自己分裂は、客観的事実としても、よりいっそう深いものになった。二〇一〇年代前半にデイヴィッド・グレイバーによって造語されて以来、とりわけ先進諸国において多くの人心を捉えてきた「ブルシット・ジョブ」という表現は、労働のシミュラークル化によって深化した分裂がそれとして人々によって主観的に生きられるときに、人々が自己のその「権力体験」（「叛乱と政治の形成」）に与える名にほかならない。一九七六年刊行（原書）の『知への意志』でフーコーは、権力行使の対象に「快楽」がもたらされることなしには権力は作動しないと分析したが、「ブルシット・ジョブ」やそれと同時期にとりわけケア労働者などのエッセンシャル・ワーカーたちのあいだで語られるようになった「シット・ジョブ」は、商品形式での自己規定とそれに基づく行為とが「空虚の度を加え」、人々にもはやいかなる快楽あるいは「価値」も与え得なくなり、彼らにとってたんに「耐えがたいもの」になったということを証言しているのかもしれない（「政治的言語のために」）。

4・叛乱は近代に先在する

「近代への叛乱」または「近代にたいする叛乱」として叛乱が記述されるときには、確かに、人間を形式的自己規定へと導く近代権力の作動がまずあり、次いでそれに対する叛乱が到来するという順序で事態が想像されているように読める。しかし、長崎が「近代の根拠にかかわるものとして叛乱はつねにある」(「叛乱論」強調原文)と書くとき、この順序は動揺する。むろん、「地域的でとるにたりないもの」も含む「近代における無数の叛乱」という歴史現象がその直前の文で言及されていることに鑑みれば、叛乱についての「つねにある」という言辞は、近代権力が作動し続け、その効果が受苦として人々によって生きられ続ける限り、同権力に対する叛乱はいつでもどこでもどんな規模でも無数に繰り返されるという意味で理解できるだろう。しかし、「ある」に振られた傍点が叛乱の存在に過剰さを与えていることも明白だ。近代があるがゆえにそれから漏れ出そうとする叛乱がつねにあるという順序だけではなく、叛乱がつねにあるがゆえにそれを治めようとする近代があるという順序も同時に想定されているのである。

後者の順序は、近代が瞬間ごとにゼロから再開するものであることを語っている。すなわち、近代は、少なくとも原理的には、毎瞬間、「近代以前」の「〈神〉の統合」(「政治的言語のために」)とそれに基づく「身分」とから解かれた「なま身の人間」の「アナーキー」(「主体性の死と再生」)に直面し、そうした「何者でもない者」を個々に形式的な自己規定に導くことで彼らのアナーキックなフローを整流しているということだ。『叛乱論』と『結社と技術』に収められた諸論文が書きためられていたのと同時期に準備された『アンチ・オイディプス』(原書一九七二年刊行)でドゥルーズとガタリは資本主義について「一方の手で脱コード化するものを他方の手で公理化する」と論じた。資本主義は一方の手で「何者でもない者」にするものを他方の手で商品形式での自己表象に導く。ドゥルーズとガタリが「公理化」と呼ぶ後者の操作、「無定型のエネルギーに水路を設定」する操作（「大衆にたいしてストイックな党」）を長崎は「近代」権力の働きとして同定しているのである。

5. 近代国家は主体による主観性生産に基づく

近代以前の「身分」は「なま身の人間」そのものを直に物理的に秩序づける制度だった。これに対して、近代権力は、「なま身の人間」を「主体」として認めたうえで、その主体に働きかけて商品形式での「主体性」（「主体性の死と再生」）の自己生産へと導き、それによってまた、主体性を「媒介項」に立てた「統治の技術」としての「近代政治」（「叛乱論」）を可能にする。長崎のいう「主体性」は、主体としての自覚といったことでは些《いささ》かもなく、主体が自己に与える表象のことであり、この表現を用いる際に長崎が念頭に置いているはずの欧単語（英語ではsubjectivity）の別訳語である「主観性」のほうが長崎の議論により即しているだろう。

長崎は、「革命期」後の一九五〇年から六〇年までの日本にあって、六〇年安保闘争に至るそこでの大衆闘争が一貫して「平和と民主」の要求を軸に展開されたという点を確認したうえで（「叛乱と政治の形成」「政治的言語のために」）、しかし、長崎が「戦後」期として時代区分するその十年間に、同要求が、大衆自身にとって、「切実な戦争体験に裏うちされたもの」から「近代的エゴ」とそれに基づく「小市民的な個人生活」の「保守」を動機としたものへと「変質し」たと指摘している（「戦後政治過程の終焉」）。「平和と民主」の要求のこの漸進的変質に見出されるのは、まさに、終戦とともに「身分」あるいはその等価物から解放され主体として立ち現れた「なま身の人間」が主観性の自己生産へと徐々に導かれることで、主観性とそれが織りなす「市民社会」とを「基盤」とする統治体系としての「近代国家」が成立していく過程（「ある「永続革命論」の顚末」）にほかならない。だからこそ、長崎は、一九五〇年代のこの「戦後政治過程」を完遂させた六〇年安保闘争について、「明治維新〔の〕目指した日本の近代化が〔…〕百年経ってようやく〔…〕大衆的な意味で完成した」（『叛乱を解放する』月曜社、二〇二一年）とし、日本における近代革命に位置づけるのである。

「平和と民主」を掲げた戦後期の大衆闘争は、周知の通り、岸信介をはじめとした「戦前型」の右派政治家たちによるいわゆる「逆コース」に反対する構えで展開された。そして、六〇年安保闘争によって岸内閣は打倒され、自民党は「ニューライト」化を強いられ、市民社会に立脚した新たな政体が創出された（「戦後政治過程の終焉」）。それから半世紀後の日本で我々が居合わせることになったのは、逆コース派の遺志を継ぐと称する勢力（実際には、岸が対米従属の解消を目指したのに対して安倍晋三は同従属の強化を図った）による六〇年安保闘争への復讐だった。安倍政権下での特定秘密保護法の成立、解釈改憲を通じた集団的自衛権の法制化や武器輸出原則緩和の閣議決定などを眼前にして日本の大衆は再び「平和と民主」の要求を掲げて運動を展開した。同運動の主たるスローガンのひとつだった「安倍やめろ」は、六〇年安保闘争において日米安保条約改定の国会での強行採決後にそれまでとは比較にならない数の人々が国会前に押し寄せた際に叫ばれた「岸を倒せ」と明らかに響き合っている。長崎は後者に「議会制的〈秩序〉を破った者への怒り」を聴き取ったが（「結社と技術」）、近代が大衆に経済的な豊かさやそれのもたらす「快楽」を約束するものではもはや微塵もないことを大衆自身が知っている今日の日本にあってなお、大衆が近代秩序の維持を要求しているのだとすれば、それは何ゆえのことなのかと問うてみるべきかもしれない。

6．叛乱の世紀が到来した

長崎のいう「叛乱」とは、商品形式での主観性生産へと導こうとする近代権力による働きかけを主体が拒絶することであり、また、それを通じて、近代国家の基盤である市民社会の外に主体が溢れ出すことである。全共闘運動の主たるスローガンとなった「自己否定」は、長崎にとって、まさに、主観性の自己生産の拒絶、「学生」が「何者でもない者」になること（「主体性の死と再生」）を意味するものだった。すなわち、「学生」として自己表象することで市民社会とそれに基づく近代国家の存立を積極的に支えてきた主体が、そうした自己表象を拒否して「なま身の人間」そのものとして自己を顕現させ、その「無定型の暴力」（「結社と技術」）のうちにアナーキーを出来させるということだ。

長崎は全共闘運動が最初から叛乱として生起したとは考えていない。大学や高校において学校当局に対する「学生」（または「生徒」）の権利要求闘争として始まった全共闘運動は、「自己否定」をそのスローガンとして得たときにはじめて叛乱に転じたのだ。「学生」として自己規定することへと近代権力によって恒常的に導かれてきた主体は、「自己否定」という「言葉」を投げかけられてそれに触発されることではじめて「何者でもない《無名》の者」（「〈政治〉の破砕へ」）になり、市民社会の枠内での「学生」運動から脱して、市民社会と近代国家とにアナーキックな力を突きつける闘争に入ったのである。

近代秩序の枠内での闘争から近代秩序そのものに対する闘争への移行は、二〇世紀の闘争形態から二一世紀の闘争形態への移行だとも言えるだろう。二〇世紀は脱植民地主義的民族解放闘争の世紀だったが、それらの闘争はいずれも近代世界内での権利要求運動であり、国民国家を樹立することで終わり、植民地主義の別の仕方での継続を許すことになった。二一世紀に入って再開されることになった民族解放闘争は、多くの場合、「もう一努力」（サド侯爵）を求めるエイジェンシーを内部にあらかじめ含んでおり、最初から近代世界そのものに対する闘争として展開されている。ラテンアメリカ諸国での国内植民地主義に対する先住民族解放闘争は「家父長制を解体することなしに植民地主義を解体することはできない」というスローガンのもとで、クルド民族解放闘争は「女性解放なしに民族解放はない」というスローガンのもとでそれぞれ展開されており、イスラエル国家の植民地主義に対するパレスチナ人たちの民族解放闘争でもその内部から女性たちが「自由な女性なしに自由な祖国はない」と呼びかけている。これらのスローガンは、商品形式での自己表象へと各主体を導く近代権力のその中核的効果としてジェンダーを位置づけたうえで、ジェンダー解体を通じた近代秩序全般に対する叛乱へと民族解放闘争をその内部から誘うものである。植民地主義やその等価物からの諸民族の解放は、二〇世紀の諸革命とその帰結が教える通り、近代世界内での独立や自治によって達成されるものではなく、近代世界それ自体からのすべての人間の自己解放としてしか実現され得ない——二〇世紀にあっては長崎をはじめとした思想家たちによって諸革命の傍らで生産されるにとどまっていたと言っていいこのヴィジョンが世界中の闘争によって共有される世紀を我々は迎えたのだ。

フェミニズム自体についても、前世紀と今世紀とでは大きく異なると言うべきだろう。二〇世紀のフェミニズムは、基本的に、近代秩序の枠内での「女性」による権利要求運動だったが、二一世紀のフェミニズムは、世界中のあらゆる闘争に「ウイルスのように」（ベローニカ・ガーゴ）組み込まれていてそれらの闘争を内側から「もう一努力」へと導く横断的運動となっている。二〇世紀のフェミニズム運動の傍らでドゥルーズとガタリは「女性も女性へと生成変化しなければならない」としたうえで、「すべての生成変化は女性への生成変化から始まり、女性への生成変化を通過する」と論じたが（『千のプラトー』）、彼らのいう「生成変化（〜になること）」とは、まさに、近代秩序に従って主観性の次元で生産されるハイアラーキカルな二項関係を根底から突き崩すアナーキックな運動のことだった。六〇年代末にフーコーが「いつの日か世紀はドゥルーズのそれになるだろう」と書きつけたことはよく知られるが、ドゥルーズ＝ガタリの世紀、長崎の世紀はフェミニズムのウイルス化とともにすでに到来しているのである。

7.「叛乱＝革命」が資本主義を終わらせる

叛乱を眼前にした近代国家は、「何者でもない者」への生成変化に入った主体を主観性の自己生産に再誘導して市民社会内に回収しようとし、そうした「道徳的な」働きかけに応じない主体については武力によって「物理的に」圧砕しようとする（「叛乱論」）。近代国家とのこの不可避の敵対は、叛乱にとって、近代国家を打倒する「革命」とならなければならないことを意味し、この必然において叛乱は「限定なしにすべての政治を呼びよせる」ことになる（「大衆にたいしてストイックな党」）。全共闘運動においても、実際、同運動を各々自分たちの指導によって革命へと導こうとする数多の新左翼党派が呼び寄せられ、それらの党派のあいだで「叛乱のヘゲモニー」の掌握が争われた。長崎が強調するのは、叛乱が革命となるために政治諸集団によって叛乱内部に持ち込まれる「ヘゲモニーの問題」が「叛乱それ自体の構造から生まれるものではな」く、「叛乱の原基的構造にたいして外からやってくる」という点だ（「叛乱論」）。叛乱は主体が主観性の自己生産のいっさいを拒絶することだが、その「成就」のための革命に必要不可欠なヘゲモニー形成は、逆説的にも、叛乱する主体を特定の主観性の自己生産へと導くことなしには実現され得ず、この逆説ゆえにまた、ヘゲモニー形成のオペレイションを「ひきうけ」ようとする集団は「政治的力」として自らを疎外しなければならず（「大衆にたいしてストイックな党」）、叛乱本体からの政治集団のこの自己疎外によってさらにまた、主観性に基づく近代的「分業」（「主体性の死と再生」）と構造的に同型の抽象的かつ固定的な役割分担体系が「叛乱＝革命」のただなかに再建されることになる。近代の「日常の政治」において「受苦」として経験される「事実存在と形式との分裂」を叛乱者が自ら「叛乱＝革命」の二重性としておのれに課すと言ってもいい。叛乱を潰しにくる近代国家を打倒するために叛乱がおのれに反しておのれのうちに再導入しなければならないこれらの近代構造について長崎は「叛乱のヘゲモニーが近代の権力にはむかうために飲み下さなければならない近代の毒」であり、「叛乱が叛乱のヘゲモニーであるときに示す叛乱の宿命的な頽落の姿」であるとする（「叛乱論」）。

近代世界を粉砕し、資本主義の息の根を止めるには、叛乱が、「叛乱＝革命」として自己を二重化して自己の「頽落形態」を引き受けつつも、それに耐えて自己自身を保持しなければならない。二〇世紀の諸革命が社会主義や共産主義を標榜しながらも結局のところ資本主義の温存を導くことにしかならなかったのは、長崎において「頽落」と形容される次元だけにそれらの革命が例外なく収斂してしまったからにほかならない。マルクスのいう「プロレタリアートの階級への形成」が、近代世界とそれに立脚した資本主義とを打倒するために叛乱集団としてのプロレタリアートあるいは「大衆」によって宿命として飲み下される自己の「頽落」としてではなく、プロレタリアートに「前意識的に」内在する意志の「意識」化として理解され、それゆえにまた、無定型の暴力の出来としての叛乱が、階級意識に基づいて闘われるべき革命のたんなる萌芽として「単線的に」位置づけられてしまったために、二〇世紀の諸革命は近代世界と資本主義を生き存《ながら》えさせることしかできなかったのだ。「近代社会の支配もまた同じく人を「階級」に形成せずには存在しえないという事実」が「忘れ」られてしまっていたのである（「主体性の死と再生」強調原文）。

　長崎からすれば、そもそも叛乱は「前意識的なもの」など何も内包しておらず、叛乱のアナーキーは、いわば、近代秩序の下で形成される「無意識」（長崎自身の術語では「闇」）の無媒介的な噴出だということになるだろう。だからこそ、叛乱を導くスローガンについて、しかしまた、叛乱を「叛乱＝革命」へと導くスローガンについても長崎は「表現の手段として日常の言語の使用を余儀なくされるとしても、叛乱者がそれにこめようとする意味はつねに言語をはみでている」（「叛乱論」）と論じるのだ。「叛乱の言葉」はつねに言い間違い（lapsus）だということである。ラテンアメリカをはじめとしたグローバルサウス諸国での近年の民衆蜂起に頻繁に観察される「鍋叩き（cacerolazo）」がこの上なくよく示しているように、叛乱集団は言い間違い（鍋叩きでは、隣人が鍋を打ち鳴らす音）を人々が互いに発し解読し合うことで形成され、絶えず形成され直すのであり、そこでは誰もが「アジテーター」すなわち「アジテーター＝大衆」（「叛乱論」）となって、他者とともに生きる叛乱それ自体を言い間違いのうちに表現する。言葉が「抽象的な名辞」であり規定的な「普遍化」である以上（「政治的言語のために」）、無定型の暴力としてある叛乱を正しく名指す言葉はなく、叛乱は言い間違い、名づけ間違いにしかその不可能な名を持たない。叛乱集団がそれ自身と革命集団とに自己を二重化する局面でも、近代の外に生い立つ「無名」の集団が近代世界に名乗り出つつ、同時に、「固有名詞で名指しうる権力者が欠けている」（「叛乱と政治の形成」）その近代世界においてそれを名指すことで敵を「立てる」（「結社と技術」）以上、そこで跳梁する言葉は、命名による規定的対象化という近代秩序のその倒錯的使用としての言い間違い以外にあり得ない。長崎が「結社」概念を刷新するのは、叛乱集団の「叛乱＝革命」集団への転化のために叛乱集団から割って出る政治集団も含め、叛乱者の形成するどんな集団も例外なく言い間違いの「きしみ」から「創造さ」れるという「現実」を把捉するためにほかならない。新たな「結社」概念によって長崎は、叛乱から始まる闘争過程に発生するすべての集団を、無意識の働きによって生産される差異として把握し直すのだ。二〇一一年にはチュニジアやエジプトでの民衆蜂起に触発されてスペインやギリシャでも広場占拠を軸とした運動が開始され、さらにこれに触発されて米国でもオキュパイ・ウォールストリート（ＯＷＳ）が展開されたが、米国の運動でスローガンとなり、その後世界の多くの運動でも掲げられるようになった「我々は九九％だ」にも、叛乱する「私」たちが互いに「我々」と呼びかけ合い、それを解釈し合うことで結合し（「〈私〉の敵は〈我々〉だ」）、さらに、その叛乱集団が近代世界における「九九％」として自己規定するのと同時に「一％」の名を以て敵を設定することで自己を「叛乱＝革命」集団に二重化するという過程、すなわち、言い間違い（シニフィアン）による結社の「発生史」を聴き取ることができるだろう。もっとも、ＯＷＳに限って言えば、現実には運動が「叛乱＝革命」に転じることはなかった。『叛乱を解放する』での長崎による考察に従えば、その理由は、アナキズム的倫理とそれに基づく諸「作法」とが運動に導入されてアナーキックなフローが整流され、運動への政治の侵入が積極的に「予防さ」れたためだということになる（長崎は「アナーキー」と「アナキズム」を区別する）。

近代とは対象化に基づく体制のことのであり、対象化こそが「技術」の内実をなすとする『叛乱論』と『結社と技術』とに通底する立論を踏まえれば、「叛乱＝革命」における叛乱の頽落形態としての階級闘争についての「近代の毒」という位置づけは、プラトンの『パイドロス』からジャック・デリダが引き出した「パルマコン（薬＝毒）」としての技術という議論（原書一九七二年刊行『散種』所収「プラトンのパルマケイアー」）と突き合わせみることもできるだろう。しかし、ここでは再び、二一世紀の闘争に話を戻しておきたい。「近代の合理性を叛乱は「利用し」あるいは身にこうむることが不可避となってくる」と長崎は書いている（「叛乱論」）。「叛乱＝革命」は、叛乱が近代秩序自体を利用して階級闘争を導出し、階級闘争を利用して近代世界を崩壊させる政治過程だということだ。フェミニズムによって内側からつねにすでに叛乱へと導かれている今日の諸闘争も、二〇二二年九月からのイランでの一九七九年革命の再始動に対するイスラーム国家の対応に典型的に見られるように、近代国家による道徳的・物理的制圧を免れるものではまるでなく、「叛乱＝革命」に転じることなしにその成就はない。フェミニズムをあらかじめ組み込んだ今日の闘争にとって「叛乱＝革命」は具体的にはいかなるものであり得るか。この点について、ドゥルーズが一九六一年に発表した「ザッハー＝マゾッホからマゾヒズムへ」以上に示唆的なテクストはおそらくないだろう。一八四八年革命でのオーストリア帝国に対するスラヴ民族解放闘争についてザッハー＝マゾッホが「家父長制自体を利用することで女性支配（gynécocratie）を回復し、女性支配を利用することで原始共産主義を回復するということを夢想し」ていたとドゥルーズは論じるのである。同論文が執筆された当時アフリカやアジアで数多く展開されていた脱植民地主義的民族解放闘争の傍でのドゥルーズ自身のそれでもあったはずのこの「夢運動をいっさい不動化させることなくそれとして思考し、また、そうした思考の過酷さに耐えること、すなわち、近代を開示する規定的対象化としての技術から峻別して長崎が「根源的に〈技術〉と名づけられるべきこと」（「結社と技術」）とする思考の「スタイル」であると言えるかもしれない。

廣瀬純（ひろせ・じゅん）龍谷大学経営学部教授（映画論、現代思想）。一九七一年生まれ。著書に『美味しい料理の哲学』（河出書房新社）、『闘争の最小回路』（人文書院）、『アントニオ・ネグリ 革命の哲学』（青土社）、『暴力階級とは何か』『資本の専制、奴隷の叛逆』（ともに航思社）、『三つの革命 ドゥルーズ＝ガタリの政治哲学』（共著、講談社）、『新空位時代の政治哲学』（共和国）など。訳書にP・ヴィルノ『マルチチュードの文法』（月曜社）、A・ネグリ『未来派左翼』（NHKブックス）、F・ベラルディ（ビフォ）『ノー・フューチャー』（洛北出版）など。

初出一覧

叛乱論

叛乱論……『情況』一九六八年一一月号
叛乱と政治の形成……『情況』一九六九年四月号
戦後政治過程の終焉……『共産主義』一九六五年一二月復刊一号
戦後政治思想の退廃……『大阪市大新聞』一九六六年四月二五日号
付・安保闘争における共産主義者同盟……『革命の通達』五号（一九六〇年一二月）
ある「永続革命論」の顚末……『論叢』第一集（一九六四年一二月）
技術について（合同出版版「武谷技術論について」）……『思想の科学』一九六五年五月号
悲劇の構造……『黒の会』二号（一九六七年三月）

結社と技術

結社と技術……『情況』一九七〇年五月号
主体性の死と再生……『構造』一九七〇年一〇月号
大衆にたいしてストイックな〈党〉……『情況』一九七〇年一一月号
ブランキスト百年……『同志社大学新聞』一九七〇年二月一三日号
欺瞞的で自由なゲリラ……『展望』一九六九年七月号
政治的言語のために（旧題「政治の論理と『私』の論理」）……『現代の眼』一九六九年九月号
〈私〉の敵は〈我々〉だ……『遊撃』創刊号（一九六九年四月）
〈政治〉の破砕へ……『日本読書新聞』一九七〇年六月一五日号
アナルコ・ニヒリズムと政治……『情況』一九七〇年一二月号
ブロンドのライオンまたは政治のなかの反政治……『同時代演劇』四号（一九七一年）
時代経験と思想……『黒田寛一をどうとらえるか』芳賀書店、一九七一年

長　崎　浩
（ながさき・ひろし）

評論家。1937年生まれ。
東京大学理学部卒業、同大学院数物系中退。63－70年、東京大学物性研究所助手。以後、東北大学医学部、東京都老人総合研究所、東北文化学園大学に勤務。第一次共産主義者同盟（ブント）で活動、東大全共闘運動に助手共闘として参加。
主な著書に『政治の現象学あるいはアジテーターの遍歴史』（田畑書店、1977年／世界書院、2019年）、『日本の過激派――スタイルの系譜』（海燕書房、1988年）、『1960年代――ひとつの精神史』（作品社、1988年）、『叛乱の六〇年代――安保闘争と全共闘運動』（論創社、2010年）、『革命の哲学――1968叛乱への胎動』（作品社、2012年）、『叛乱を解放する――体験と普遍史』（月曜社、2021年）など。

カバー・帯写真｜中平卓馬（2002年、《原点復帰―横浜》）

叛乱論《はんらんろん》／結社《けっしゃ》と技術《ぎじゅつ》 増補改訂新版

著　　者　長崎 浩
発 行 者　大村　智
発 行 所　株式会社 航思社
〒301-0043 茨城県龍ケ崎市松葉6-14-7
tel. 0297 (63) 2592 ／ fax. 0297 (63) 2593
http://www.koshisha.co.jp
振替口座　00100-9-504724
装　　丁　前田晃伸
印刷・製本　モリモト印刷株式会社

2024年10月21日 初版第1刷発行

（定価はカバーに表示してあります）

ISBN978-4-906738-50-2　C0010

資本の専制、奴隷の叛逆
「南欧」先鋭思想家８人に訊くヨーロッパ情勢徹底分析

廣瀬 純　四六判 並製 384頁　本体2700円

テロ、移民、負債、地方独立……「絶望するヨーロッパ」では何が起きているのか。イタリア、スペイン、ギリシャの最前線の思想家がラディカルに分析。日本の社会運動はそこからどのような教訓を得、自らを立て直すのか。

暴力階級とは何か 情勢下の政治哲学2011-2015
廣瀬 純　四六判 並製 312頁　本体2300円

「暴力が支配するところ、暴力だけが助けとなる」 2011年の日本・反原発デモから、15年のシャルリ・エブド襲撃事件、ヨーロッパでの左翼政党の躍進、イスラム国の台頭まで、国内外の出来事のなかで思考する暴力と生、闘争と蜂起の新しいかたち。創造と自由のためのレッスン。

夢と爆弾 サバルタンの表現と闘争
友常 勉　四六判 上製 400頁　本体3800円

反日・反国家・反資本主義 東アジア反日武装戦線、寄せ場労働者、被差別部落、アイヌ民族、在日……当事者による様々な表現・言説の分析と革命の（不）可能性をめぐる考察。

NAM総括 運動の未来のために
吉永剛志　四六判 並製 400頁　本体3600円

「資本と国家への対抗運動」は何に行き詰まったのか 20世紀最後の、そして21世紀最初の日本の社会運動体、NAM。思想家・柄谷行人が提唱し、著名な知識人や若者が多数参加した「対抗運動」はなぜ２年半で解散したのか。解散から20年、運動の「現場」の視角から総括し問題提起する。

近代のはずみ、ひずみ 深田康算と中井正一
長濱一眞　A5判 上製 416頁　本体4600円

今もなお我々は「近代」のさなかにある 平民として自発的に統治に服す大正の教養主義が「民主」の言説ならば、昭和前期に「独裁」が勝利した滝川事件を機にいずれとも相容れない知識人が現出した――。２人の美学者を解読しつつ天皇制、資本主義－国家、市民社会等を批判的に剔抉する。

存在論的政治 反乱・主体化・階級闘争
市田良彦　四六判 上製 572頁　本体4200円

21世紀の革命的唯物論のために ネグリ、ランシエール、フーコーなど現代思想の最前線で、そして9.11、リーマンショック、世界各地の反乱、3.11などが生起するただなかで、生の最深部、〈下部構造〉からつむがれる政治哲学。『闘争の思考』以後20年にわたる闘争の軌跡。

平等の方法
ジャック・ランシエール 著　　市田良彦ほか 訳

四六判 並製 392頁　本体3400円

ランシエール思想、待望の入門書 世界で最も注目される思想家が自らの思想を、全著作にふれながら平易な言葉で語るインタビュー集。感覚的なものの分割、ディセンサス、無知な教師、不和、分け前なき者の分け前など、主要概念を解説。

もはや書けなかった男
フランソワ・マトゥロン 著　市田良彦 訳

四六判 並製 200頁　本体2200円

脳に障害を負った哲学者が、重い後遺症のなかで、アルチュセール、スピノザ、ベンヤミンなどに寄り添いながら思想をつむぎだすさまを、みずから描き分析した手記。

世界の夜
布施 哲　四六判 上製 280頁　本体2600円

非時間制＝「革命」の水脈 シュンペーター、シュトラウス、ラクラウ――「イノベーション」や「アントレプレナー」、新保守主義と政治哲学、そしてラディカル・デモクラシーで知られる一見相容れない３人の思想を根源的に捉えぬいた果てに立ち現れる未知の相貌。

啓蒙と神話 アドルノにおける人間性の形象
藤井 俊之　A５判 上製 368頁　本体3800円

市民社会のアポリアに挑む フランクフルト学派の異端の思想家がベケット、ベンヤミン、ワーグナー、ゲーテ、ベートーベンなどの文芸批評・音楽批評を通じて描いた近代市民社会批判＝「人間性」概念批判を丹念に読み解き、新たな光を当てる。